Entrepreneurship Management

제4판

창업경영

방용성 · 주윤황 · 조희영

도서출판
창명

제4판 머리말
PREFACE

'창업경영 제3판'을 출간한지 벌써 8년이라는 시간이 지나가고 있다. 그 사이에 여러 분야에서 많은 변화가 있었다. '창업'이라는 두 글자에 대한 세간의 관심은 날이 갈수록 높아지고 있으며, 수많은 사람들이 도전하고 있는 부분이기도 하다. 더불어 대학생들의 창업에 대한 관심은 단순한 관심의 차원이 아닌 보다 실체를 지니고 구체화 되고 있는 현실이다.

하지만 아직도 창업의 길은 멀고도 험한 상황이다. 열정만 있어서도 안 되며, 아이디어만 있다고 해서도 되지 않는다. 열정과 참신한 아이디어와 업무 추진력 등의 합이 어우러져야만 성공적인 창업의 길을 걸어갈 수 있는 것이다. 이에 따라 창업에 대해서 지속적인 학습과 지식의 습득이 매우 중요하다고 할 수 있다. 창업 아이템 선정, 창업의 절차, 사업계획서 작성 등 여러 가지 내용을 알아야 할 필요가 있다고 할 수 있다. 따라서 본 서는 창업을 희망하는 예비 창업자들이 창업을 실행하는 데에 있어서 지침서가 될 수 있도록 저자들은 현재까지 예비 창업자를 대상으로 한 창업 교육과 기업체에 대한 컨설팅을 수행하면서 쌓아 온 경험 및 사례와 자료를 체계적으로 정리하여 지식과 정보를 전달하고자 하였다. 시작부터 성공을 꿈꾸기 보다는 실패를 줄일 수 있는 방법을 찾는 것이 더욱 경쟁력이 있다고 할 수 있으며, 이를 위한 지침서라고 생각하면 되겠다.

본 서의 구성은 네 개의 영역에 총 12장으로 구성되어 있는데, 첫 번째 영역은 창업 개념 분야로서 창업에 필요한 창업자의 기본정신과 아이템 선정방법 및 실제 창업 절차에 대한 세부항목으로 구성하였으며, 두 번째 영역은 창업 실무 분야로서 창업을 위한 타당성 분석방법과 사업계획서 작성 및 외부 자금 조달을 위한 투자유치 전략에 대하여 기술하였고, 창업자가 창업 시 꼭 알아야 할 회계와 세무지식에 대해서도 기술하였다.

세 번째 영역은 창업 전략 분야로서 창업에 필요한 경영, 마케팅 등에 대하여 기술하였으며, 특히 소자본 창업자가 실행할 수 있는 실전형 마케팅 전략에 대하여 설명하였다. 마지막으로 네 번째 영역은 최근 관심의 대상이 되고 있는 주요 업종별 창업 유형 분야를 설명하였는데, 온라인쇼핑에 대한 높은 관심을 반영하여 네이버 스마트스토어 창업에 대한 정보를 전달하고자 하였다.

끝으로 이 책이 출판되기까지 창업자들의 필요사항에 대한 자료수집과 분석, 편집에 이르기까지 성심껏 도와주신 분들에게 감사를 드리며, 한 권의 책으로 결실을 맺을 수 있도록 지원해 주신 도서출판 창명 김사설 대표님께 특별히 감사의 뜻을 표한다.

모쪼록 본 서가 창업의 길을 걷고자 하는 많은 분들에게 조금이나마 필요한 가이드가 될 수 있기를 기대한다.

2024년 2월

저자 방용성 · 주윤황 · 조희영

차례
CONTENTS

PART Ⅰ » 창업 개념

chapter 01 창업의 기본

제1절 새로운 패러다임 / 4

1. 변화의 길목을 지켜라 / 4
2. 수익 기반을 확보하라 / 5
3. 기업 가치를 높여라 / 5
4. 종업원을 만족시켜라 / 5
5. 인터넷 기반을 확보하라 / 6

제2절 창업과 기업가 정신 / 6

1. 창업의 정의 / 6
2. 창업의 배경 / 7
3. 창업의 필요성 / 8
4. 창업의 중요성 / 9
5. 창업자의 특성 / 11
6. 창업자의 경영 마인드 / 12
7. 기업가 정신의 핵심요소 : 창의성과 혁신 / 14
8. 성공한 창업가의 특성 / 17
9. 21C 기업가 정신의 방향 / 18

제3절 창업의 종류 및 요소 / 22

1. 창업자의 유형 / 22
2. 창업의 종류 / 24
3. 창업의 일반적인 요소 / 26

제4절 창업가의 자질 테스트 / 29

1. 창업가 자질 테스트 Ⅰ / 29
2. 창업가 자질 테스트 Ⅱ / 30

제5절 창업가의 환경 분석을 통한 창업 방향 탐색 / 32

1. 창업가의 기회 및 위협요인 분석 / 32
2. 창업가의 강점 및 약점 분석 / 37
3. 환경 분석을 통한 창업 방향의 도출 / 39
4. 창업환경 / 41
5. 창업의 성공과 실패 / 43

chapter 02 창업 아이템의 선정방법

제1절 창업 아이디어의 중요성과 원천 / 48

1. 창업 아이템 선정의 중요성 / 48
2. 창업 아이디어의 원천 / 49

제2절 창업 아이디어의 개발 / 53

1. 창업 아이디어의 창출기법 / 53
2. 창업 아이디어 개발의 구체적인 방법 / 58

제3절 창업 아이디어의 선정 절차 / 60

1. 창업 아이디어 선정을 위한 정보수집 / 61
2. 예비 아이디어 분석 / 61
3. 창업 아이디어의 선별방법 / 62

제4절 창업 아이디어의 선정 / 65
1. 창업 아이디어 선정의 전제조건 / 65
2. 창업 아이디어 선정의 기본원칙 / 67
3. 창업 아이디어 선정의 핵심 3요소 / 69
4. 유망한 창업 아이디어 / 70
5. 창업 아이디어 선정에 따른 업종 선택의 원칙 / 72

제5절 비즈니스 모델 분석 / 76
1. 비즈니스 모델 분석의 중요성 / 76
2. 비즈니스 모델 분석 시 고려사항 / 77
3. 비즈니스 모델 분석의 구성요소 / 77
4. 비즈니스 모델 프레임 / 77

chapter 03 창업의 절차

제1절 창업 절차의 의의 / 80

제2절 창업의 구성요소 / 82
1. 창업의 구성요소 / 82
2. 창업의 결정요인 / 83

제3절 가족기업의 설립 / 85
1. 가족기업 / 85
2. 가족기업의 장점과 단점 / 85
3. 가족기업경영의 특징 / 86

제4절 기업 설립 / 87
1. 합명회사 / 87
2. 합자회사 / 88
3. 유한책임회사 / 89
4. 주식회사 / 89
5. 유한회사 / 90

제5절 개인기업과 법인기업 / 90
1. 개요 / 90
2. 세제상의 특징 / 91
3. 회계처리상의 특징 / 93
4. 소멸 절차(청산)상의 특징 / 94

제6절 개인기업의 설립 절차 / 94
1. 인·허가의 취득 / 94
2. 사업자등록 / 95
3. 사업개시 및 기타 신고사항 / 96

제7절 주식회사의 설립 절차 / 96
1. 설립 절차의 개요 / 97
2. 설립 절차의 내용 / 97

PART II » 창업 실무

chapter 04 사업의 타당성 분석

제1절 사업타당성 분석의 개념 / 108
1. 사업타당성 분석의 의의 / 108
2. 사업타당성 분석의 필요성 / 109

제2절 사업타당성 분석 절차 / 110

제3절 사업계획 수행 능력 평가 / 111
1. 적성과 자질 분석 / 111
2. 경험과 지식 분석 / 112
3. 업종 선택의 적합성 분석 / 112
4. 경영 능력 평가 / 112

제4절 기술적 타당성 분석 / 113

1. 기술적 타당성 분석의 의의 / 113
2. 기술적 타당성 분석대상 / 113
3. 기술적 타당성 분석 절차 / 114
4. 기술적 타당성 분석의 범위와 내용 / 114
5. 기술적 타당성 평가기관과 평가요소 / 115

제5절 시장성 분석 / 117
1. 시장성 분석의 의의 / 117
2. 시장성 분석의 절차 / 117
3. 시장성 분석의 범위와 내용 / 118
4. 전반적인 시장동향의 분석 / 119

제6절 경제성 분석 / 120
1. 경제성 분석의 의의 / 120
2. 경제성 분석의 절차 / 121
3. 경제성 분석의 범위와 내용 / 121

제7절 제품성 분석 / 122

제8절 경쟁적 지위 분석 / 122

제9절 시장 및 제품환경 분석 / 123

제10절 판매계획 분석 / 124

제11절 시장성 평가기관과 평가요소 / 125

chapter 05 사업계획서 작성

제1절 사업계획서 작성의 중요성 / 128
1. 사업계획의 청사진 / 128
2. 사업 성공의 지침서 / 128
3. 창업 지원 기본신청서류 / 128

제2절 사업계획서의 작성내용과 절차 / 129
1. 사업계획서 작성원칙 및 유의사항 / 130
2. 사업계획서 작성의 절차 / 131

제3절 사업계획서의 주요 항목별 내용 / 133
1. 사업의 개요 / 133
2. 인력계획 / 134
3. 상품계획 / 134
4. 산업 분석 / 134
5. 마케팅계획 / 135
6. 재무계획 / 136
7. 사업 차질 시 대안 / 136

제4절 기본 사업계획서의 구성 및 내용 / 136
1. 외부 관계기관 제출용 사업계획서 / 138
2. 간이 사업계획서 / 139

제5절 사업계획서 작성 시 주의사항 / 139
1. 사업계획서 작성 시 강조해야 할 점 / 139
2. 사업계획서에 들어가야 할 중요 기본 메시지 / 141
3. 창업자들의 사업계획서 작성 시 가장 부족한 점 / 141
4. 사업계획서를 작성하는 데 필요한 시간 / 141

제6절 사업계획서의 작성서식 예 / 142
1. 창업사업의 개요 / 143
2. 사업 아이템의 내용 / 143
3. 사업화 추진계획 / 144
4. 사업계획 지연 또는 차질 시 대안 / 146

chapter 06 창업 자금 조달

제1절 창업 자금 / 148
1. 창업 자금의 의의 / 148
2. 사업 성장 단계별 소요 자금 / 148
3. 기업의 자금 조달방법 / 149
4. 자금 조달 및 운용계획 수립 시 유의사항 / 151
5. 창업 자금의 조달방법 / 151

제2절 은행의 활용 / 153
1. 대출 신청 / 154
2. 담보수순 / 155
3. 신용조사 / 156
4. 대출 결정 소요기간 / 159
5. 대출 실행 / 160
6. 담보 / 161
7. 사후관리 / 164

제3절 보증기관 이용방법 / 164
1. 신용보증기금 / 165
2. 기술보증기금 / 169

chapter 07 투자유치 전략

제1절 투자유치 개념 / 172
1. IR의 개념 / 172
2. IR과 PR, 어떻게 다른가 / 173

제2절 IR의 목적 / 175
1. 주식시장 측면 / 175
2. 기업 목적 측면 / 175

제3절 IR활동이 필요한 이유 3가지 / 178
1. 경영환경 변화에 대한 능동적 대처 / 178
2. 증시환경 변화에 대한 탄력적 대처 : 자본시장의 국제화 / 181
3. 기업 목적의 효과적 달성 / 182

제4절 IR 작성 실무 / 184
1. 투자메시지의 개발 / 184
2. 목차구성과 주요 내용 / 185
3. IR원고 개발 시 유의사항 / 185
4. 기업설명회의 준비와 진행 / 186
5. 기업설명회의 필요성 / 187
6. 설명회의 준비 절차 / 188
7. 기업설명회의 실시 / 193
8. 프레젠테이션 기술 / 196

제5절 전략적 IR활동의 실천 / 199

chapter 08 창업 세무회계

제1절 회계의 본질 / 204
1. 회계의 개념 / 204
2. 기업경영에 있어서 회계의 중요성 / 204
3. 회계의 방법 / 205

제2절 창업과 재무제표 / 206
1. 재무상태표의 개념 / 206
2. 재무상태표 / 206
3. 손익계산서 / 208

제3절 주요 재무비율 / 210
1. 유동성비율 / 210
2. 안정성비율 / 210
3. 수익성비율 / 211
4. 생산성비율 / 212

제4절 장부의 비치 및 기장의 의무 / 213
1. 장부의 비치 및 기장 / 213
2. 금전등록기 / 214
3. 신용카드 / 216
4. 대리납부 / 217

PART Ⅲ ≫ 창업 전략

chapter 09 창업 경영 전략

제1절 경영 전략이란 무엇인가 / 222
1. 경영 전략의 정의 / 222
2. 경영 전략의 분석방법 / 222

제2절 창업 경영 전략의 개념 / 224
1. 어떠한 사업을 하는가 / 224
2. 언제 어떻게 사업에서 손을 뗄 것인가 / 224
3. 기업의 규모는 어느 정도이어야 할까 / 225
4. 무엇에서 이익을 올릴 것인가 / 225
5. 사업체는 누가 소유할 것인가 / 225
6. 사업자본은 어디서 구할 것인가 / 226
7. 어떤 마케팅 전략을 사용할 것인가 / 226

제3절 창업자의 사업계획 수행 능력 분석 / 228
1. 창업자의 선천적 적성과 자질 분석 / 228
2. 후천적 능력으로서 창업 분야에 대한 경험과 지식이 평가대상 / 229

chapter 10 창업 마케팅 전략

제1절 틈새시장 개척 / 234
1. 틈새시장이란 무엇인가 / 234
2. 틈새시장 공략하기 / 236
3. 틈새시장의 차별화 / 238

제2절 틈새시장 분석 / 243
1. 소비패턴(환경)의 변화 / 243
2. 마케팅환경의 변화 / 243
3. 진출산업의 환경 분석 / 244

제3절 마케팅 전략 개발 / 246
1. 침체기의 마케팅 전략 / 246
2. 기업의 마케팅 전략 수립 / 248
3. 마케팅 전략에 따른 신제품 개발 / 249

제4절 마케팅 전략을 활용하라 / 252
1. 3C 분석의 전략적 활용 / 252
2. STP 전략의 활용 / 259
3. 마케팅 믹스의 활용 / 261
4. 마케팅 수명주기별 전략의 활용 / 263
5. 마케팅 수행에 따른 위기관리 / 266

chapter 11 창업 인적자원관리 전략

제1절 창업 인력과 조직의 구성 / 272
1. 창업 인력과 조직의 중요성 / 272
2. 창업 인력과 조직구성 시 고려사항 / 273

제2절 직원채용 / 274
1. 필요한 인적자원의 파악 / 274
2. 가족 노동력 이용 시 고려사항 / 275
3. 인력확보방식 검토 / 275
4. 직원채용방법 / 276
제3절 임금계획 / 279
1. 임금의 개념 / 279
2. 임금관리의 내용 / 280
3. 임금관리의 원칙 / 280
제4절 교육·훈련 / 281
1. 교육·훈련의 개념 / 281
2. 교육·훈련의 목적 / 282
3. 교육·훈련의 순환 / 282
4. 신입사원 교육 프로그램 / 286

PART Ⅳ >> 창업 유형

chapter 12 업종별 창업 유형 Ⅰ

제1절 제조업 창업 / 290
1. 제조입지 선정 / 290
2. 공장설립 승인 / 293
3. 공장건축허가 / 295
4. 공장확보 / 295
제2절 유통업 창업 / 297
1. 입지 선정 / 297
2. 개업 준비 절차 / 299
제3절 e-business 창업 / 301
1. e-business 개요 / 301
2. e-business 창업 절차 / 304
3. 인터넷 쇼핑몰 마케팅 전략 수립을 위한 접근법 / 307
4. 인터넷 쇼핑몰 성공 가이드 / 309
5. 네이버 스마트스토어 활용방안 / 314

chapter 13 업종별 창업 유형 Ⅱ

제1절 외식업 창업 / 326
1. 외식업의 특성 / 326
2. 외식업의 유형 / 330
3. 외식산업의 동향 / 333
제2절 프랜차이즈 창업 / 338
1. 프랜차이즈 시스템 / 338
2. 소자본과 프랜차이즈 가맹점 경영 / 343
3. 프랜차이즈 사업 실무 / 349

■ 참고문헌 / 353
■ 찾아보기 / 355

ENTREPRENEURSHIP MANAGEMENT

PART 01

창업 개념

CHAPTER 1 창업의 기본

CHAPTER 2 창업 아이템의 선정방법

CHAPTER 3 창업의 절차

ENTREPRENEURSHIP MANAGEMENT

CHAPTER 01

창업의 기본

제1절 새로운 패러다임

제2절 창업과 기업가 정신

제3절 창업의 종류 및 요소

제4절 창업가의 자질 테스트

제5절 창업가의 환경 분석을 통한 창업 방향 탐색

제1절 새로운 패러다임

패러다임이란 현상이나 사물을 이해하는 데 있어 독특한 규칙이나 사고의 체계를 말한다. 이러한 패러다임에 경영을 접목하여 나타난 경영 패러다임이란 특정 시대의 기업경영에서 나타나는 수많은 현상들을 이해하는 틀이다. 환경 변화는 새로운 경영 패러다임의 변화를 초래하며, 결국 지배적인 가치판단기준 및 성공적 기업경영을 위한 원리, 즉 문제해결방식의 변화를 요구하게 된다. 결국 기업이나 개인이나 과거 패러다임의 파괴 없이 근본적 혁신은 불가능하다.

21C 기업환경 변화의 가장 큰 특징은 '집단의 시대'에서 '개성의 시대'로의 전환이다. 이 같은 전환을 가져오는 가장 큰 원동력은 주주 혹은 투자자들의 목소리이며 또 다른 원동력은 정보 · 커뮤니케이션 혁명이다. 21C를 맞은 국내 대기업 그룹들의 관심은 변화하는 환경에 적응할 수 있는 새로운 경영 패러다임을 찾는 일에 쏠려 있다. 기존의 규칙이나 질서는 붕괴되고 고객의 가치관과 기호는 1인 10색으로 다양화되며 수시로 경쟁상대가 바뀌는 등 21C 경영환경은 불확실성 그 자체이다. 이 같은 불확실성의 증대에 맞서 기업이 미래의 생존과 번영을 담보하기 위해서는 기존의 경영 패러다임을 뛰어넘는 새로운 경영 패러다임을 찾고 이를 기업경영에 적용하는 것이 필수과제다. 이를 위해 명심해야 할 내용은 다음과 같다.

1. 변화의 길목을 지켜라

미국 GE의 전 최고경영자인 잭 웰치 회장은 "정확하게 미래를 전망하는 것보다 변화의 흐름을 가장 빨리 읽는 경영자가 돼야 한다"고 조언한다. 정보통신 혁명의 발전 속도를 감안할 때 기업이 미래를 정확하게 예측한다는 것은 불가능할 뿐만 아니라 무모한 일이 될 수밖에 없다. 오히려 변화의 흐름을 읽고 변화의 틈새마다 숨어 있는 사업 기회를 포착하는 것이 보다 중요해진다. 어떤 상황에도 흔들리지 않을 만한 역량을 축적해 놓고 기회가 올 때 놓치지 않는 '유비무환 경영'이야말로 21C 기업경영의 최고 덕목이라는 것이다.

2. 수익 기반을 확보하라

기업 생존의 첫 번째 원칙은 수익창출이다. 이익을 내지 못하는 사업은 도태시키고 이익을 내는 사업에는 더욱더 많은 자원을 집중해 더 많은 수익을 창출할 수 있도록 하는 것이 경영자의 책임이다. 핵심 업종에서 지속적인 수익창출 능력을 키우는 데 주력해야 한다는 지적은 그래서 나온다. 선택한 업종에 경영자원을 집중하고 유연한 조직구조와 신속한 의사결정구조를 갖추는 것이야말로 미래의 수익 기반을 창출 · 유지할 수 있는 관건이다.

3. 기업 가치를 높여라

21C에서는 투자자들의 투자패턴에서도 선택과 집중이 두드러진다. 선택된 기업은 무한한 자본을 지속적으로 조달해 사업을 확충할 수 있는 기회를 갖지만 선택되지 못한 기업은 자본 조달은커녕 상품 판매조차도 원활하지 않을 것이다. 기업의 투명성을 강화해 투자자들이 안심하고 투자할 수 있도록 하는 한편, 책임경영체제의 확립을 통해 성과에 걸맞은 보상체계를 갖추는 것도 기업 가치를 높이는 일과 직결된다.

4. 종업원을 만족시켜라

기존의 사업 질서를 파괴하고 사업 비전을 창출하는 창조적 파괴의 인적자원 확보 유무는 21C 기업 존망을 좌우하는 잣대가 된다. 고객을 만족시키지 못하는 기업은 살아남을 수 없는 것이 21C이다. 정보화 · 디지털화 시대에 고객만족의 첨병은 바로 종업원이다. 종업원들이 회사에 만족하지 못하고 회사 내에서 자신의 아이디어를 실천하지 못하는 기업은 생존을 장담할 수 없다.

5. 인터넷 기반을 확보하라

인터넷은 인류역사상 가장 빠른 시간 내에 보급된 미디어이다. 5,000만 대가 보급되는데 라디오는 38년, TV는 13년, PC는 16년이 걸렸지만 인터넷은 4년 만에 5,000만 명 이상의 인구를 확보했다. 현재는 전 세계 대다수의 인구가 인터넷을 활용하고 있는 실정이다. 인터넷은 기존의 기업경영방식과 상거래 관행을 획기적으로 변화시키고 있다. 전자상거래를 통해 기업들은 국경, 시간, 인종의 벽을 뛰어넘어 최소한의 자본으로 세계시장에 대응할 수 있다.

제2절 창업과 기업가 정신

1. 창업의 정의

창업이란 사업의 기초를 세우는 것으로, 기업가의 능력을 갖춘 개인이나 집단이 사업 아이디어를 가지고 사업 목표를 세우고, 적절한 사업 기회에 자본, 인원, 설비, 원자재 등 경영자원을 투입하여 재화를 생산하거나 또는 용역을 제공하는 기업을 설립하는 것이다.

정부에서는 국민경제의 발전과 지역 간 균형성장의 일환으로 중소기업의 창업을 촉진하기 위해 중소기업창업지원법을 제정하였으며, 창업 절차를 간소화하고 금융 및 세제 등 다각적인 측면에서 중소기업을 지원하고 있다. 중소기업창업지원법에서는 창업이란 대통령령으로 정하는 바에 따라 중소기업을 새로 설립하는 것을 말한다. 특히 중소기업창업지원법의 조항에 따르면 부도 또는 파산 등으로 중소기업을 폐업하고 중소기업을 새로 설립하는 것에 대하여 재창업지원을 하는 부분도 포함될 정도로 창업을 예전에 비하여 보다 광범위하게 정의하고 지원하고 있다.

2. 창업의 배경

창업을 하게 되는 대표적인 이유는 사회적인 상황과 개인적인 상황에 따른 것으로 분류할 수 있다. 먼저 사회적인 상황으로는 오랜 경제불황 및 명예퇴직에 따른 조기 은퇴, 청년 취업난에 따른 실업률 증가 등 경제적인 부분이 대표적인 이유이며, 개인적인 상황으로는 예전에 비해 보다 개인적인 삶의 목표를 추구하고자 하는 분위기의 증가가 주된 이유라고 할 수 있다. 이에 따라 대표적인 창업의 배경은 다음과 같다.

1) 생계형 소자본 창업

오늘날 창업의 가장 큰 특징은 생계형 소자본 창업이 증가하고 있다는 점이다. 생계형 소자본 창업은 전체 창업의 약 70% 이상을 차지하고 있으며, 그중에서도 서비스 유형의 창업이 전체의 60%를 차지하고 있다. 정부에서도 이러한 창업 열기에 부응하기 위해 전국에 59개의 소상공인지원센터를 두고 예비 창업자들을 위한 자문과 더불어 애로사항을 해결하기 위해 활발한 지원활동을 전개하고 있다.

2) 직장관의 변화

전통적인 우리의 직장관은 평생직장의 개념으로 한번 입사하면 천직으로 여기고 평생 근무하는 개념이었으나, 이러한 직장관이 바뀌고 있으며 현재의 직장에서 정년까지 근무하겠다고 생각하는 직장인은 극소수인 것으로 나타났다. 지금 일하는 회사의 최고경영자가 되기보다는 직장경험을 바탕으로 언젠가는 창업을 해 사장이 되겠다는 꿈을 가진 사람이 계속적으로 증가하고 있는 추세이다.

3) 대학생 창업의 증가

경기가 어려울수록 창업에 대한 관심은 고조되고 있으며, 각 대학의 창업 강좌와 여러 곳의 정부기관에서 실시하는 창업 세미나에는 많은 대학생들이 참여하고 있다. 창업 연령도 갈수록 낮아지고 있는 추세이며 대학생 창업자도 늘어나고 있다. 정부에서도 활동이 우수한 창업 동아리를 신규 발굴하고 학생 창업 활동을 장려함으로써, 창의적이고 도전정신을 갖춘 학생들에게 기업가 정신 배양 및 창업 관련 활동을 지원한다는 취지에서 매년 여러 대학 및 고등학교 소속의 창업 동아리에 시설품 구입비 및 운영비를 지원하고 있고, 창업 동아리 중 활동이 우수한 선도 동아리를 발굴 · 지원하여 지속적 아이템 개발 촉진 및 사업화 유도와 창업 동아리 활동의 내실화를 도모할 목적으로 창업 관련 동아리에 아이템 개발비 및 개발운영비를 지원하고 있다.

4) 여성 창업의 증가

여성의 사회진출 확대와 맞벌이가 당연시되고 있는 사회 분위기 속에서 여성의 창업이 눈에 띄게 증가하고 있다. 여성의 창업은 주로 도 · 소매업과 서비스업을 중심으로 전개되고 있으며, 20대와 30대 미시족들은 남성들이 생각하지 못하는 감각적인 아이디어를 내세워 여성 창업의 주역이 되고 있다. 이러한 시류를 반영하듯 딩크족이란 신조어까지 등장하였다. 여기서 딩크(DINK)는 'Double Income, No Kids'의 첫 글자를 딴 것으로, 부부가 맞벌이를 하고 자식은 갖지 않는다는 것을 지칭하는 말이다. 그들은 배우자의 자유와 자립을 존중하며 직업에서 삶의 보람을 찾으려 한다.

5) 정부의 창업 지원정책

최근 정부의 정책은 창업을 촉진하고 중소기업을 육성하는 데 초점을 맞추고 있다. 특히 4차 산업의 핵심적인 내용도 창업을 독려하는 데 있다고 할 수 있다. 정부는 중소기업청을 통하여 중소기업 특히 기술혁신기업에 많은 투자를 하고 있다. 정부의 지원제도는 자금, 입지, 기술, 인력, 세제 등 매우 다양하다. 이 같은 창업 지원정책으로 창업 애로요인이 해소되어 창업 열기가 고조되고 있다.

3. 창업의 필요성

창업은 새로운 제품, 서비스, 기술을 개발하고 시장에서 경쟁력 있는 비즈니스 모델을 구축하는 것을 의미한다.

또한, 창업은 개인적인 성취감과 만족감을 가져다 줄 수 있다. 창업자는 자신이 만든 제품이나 서비스가 사람들에게 필요하고 유용하다는 것을 인정받을 때 큰 보람을 느낄 수 있으며, 창업을 통해 자신이 가진 역량과 가능성을 최대한 발휘할 수 있고, 자유로운 사업 환경에서 자신의 목표와 가치를 실현할 수 있다.

특히 우리나라에서 창업은 경제 발전과 일자리 창출, 새로운 제품과 서비스의 개발 등 다양한 면에서 중요한 역할을 한다고 할 수 있다.

먼저, 경제 발전 측면에서 우리나라는 기존 대기업 중심의 산업 구조에서 벗어나 중소기업과 창업을 지원하는 정책을 진행해 왔다. 이에 따라 창업을 통해 경제 성장을 도모하고, 새로운 비즈니스 모델을 개발하여 경쟁력 있는 기업 생태계를 구축하는 데 기여할 수 있다.

또한, 창업은 일자리 창출에 큰 역할을 하게 된다. 우리나라의 청년 실업률은 여전히 높은 수준에 있으며, 이를 해결하기 위해 창업을 통한 새로운 일자리 창출이 필요하다. 특히, IT 산업 분야에서는 창업 기업들이 새로운 일자리를 많이 창출하고 있으며, 디지털 경제와 스타트업 생태계가 발전함에 따라 창업 기회가 더욱 다양해지고 있다고 할 수 있다.

더불어 창업을 통해 새로운 제품과 서비스를 개발하여 시장을 혁신할 수 있다. 예를 들어, 우리나라에서는 최근 편의점과 배달 서비스, 모빌리티 산업 등에서 많은 창업 기업들이 성공적으로 진출하고 있으며, 새로운 시장을 개척하고 기존 시장을 변화시키는 데 큰 역할을 하고 있다.

마지막으로, 창업은 개인의 자유와 창의성을 존중하며, 다양한 분야에서 개인의 역량과 가능성을 발휘할 수 있는 기회를 제공한다. 따라서 창업은 개인적인 만족감과 성취감을 가져다 줄 수 있으며, 삶의 질 향상에도 기여할 수 있다.

이러한 이유들로 인해 우리나라에서 창업은 매우 중요한 역할을 하고 있으며, 창업을 통해 경제 발전과 일자리 창출, 새로운 시장 개척 등 다양한 가능성을 추구할 수 있다.

4. 창업의 중요성

기업의 창업은 개인의 관점에서 보면 개인적인 부를 창출하기 위한 활동이지만, 그것은 개인의 차원을 넘어서 사회적으로 여러 가지 중요성을 가진다. 여기에서 기업의 창업이 갖는 공적 및 개인적 중요성을 정리하면 다음과 같다.

1) 부의 창출

기업 창업의 가장 직접적인 목표는 부를 창출하는 것이다. 창업이 창출하는 부는 개인적으로 소중한 것일 뿐만 아니라 사회적으로도 유용한 것이다. 좀 더 많은 사람들이 물질적인 풍요로움의 혜택을 받기 위해서는 먼저 사회 전체의 부의 크기가 증가해야 하는데, 창업은 이러한 결과를 위하여 필요한 주요 활동인 것이다.

2) 일자리의 창출

기업의 창업은 일자리를 제공하게 된다. 이와 같은 일자리는 개인에게는 생활의 수단이며, 국가적으로 경제활동인구를 늘리고, 실업문제를 해결하는 데 있어서 가장 근본적인 방안인 것이다.

3) 자원의 활용

창업된 기업은 자원을 활용하여 가치가 좀 더 큰 새로운 재화를 생산하게 된다. 만약 기업이 창업되지 않는다면, 천연자원이 아무리 풍부하다 하더라도 그것을 활용하여 부를 창출하는 활동이 이루어지지 못하거나 저조할 것이다.

4) 생활공간의 창출

현대사회에서 직장이란 단순히 생계에 필요한 물질을 얻기 위한 활동이라는 차원을 넘어서 삶 그 자체의 매우 중요한 일부분이다. 그러므로 기업에서 근무하는 동안의 삶의 질은 종업원들의 삶의 질을 결정하는 중요한 요소가 된다는 것이다. 이와 같은 관점에서 볼 때, 기업의 창업은 창업자 본인과 종업원에게 중요한 삶의 공간을 창출하는 행위인 것이다.

5) 국제수지에 영향

한국과 같이 국제통상이 국가경제에서 차지하는 비중이 매우 큰 나라에서 창업은 앞에서 설명한 여러 가지 기능 외에 특별히 국제수지 개선에 많은 영향을 미칠 수 있는 경제활동인 것이다.

6) 과학기술의 발달 촉진

기업의 창업은 기술을 활용하게 되는 경우가 많으며, 기업활동은 새로운 기술의 발달을 요구하게 된다. 그러므로 기업의 창업은 결과적으로 과학과 기술의 발달을 촉진하게 된다.

7) 환경에 대한 영향

기업을 창업하여 생산활동이 전개되는 경우에 발생되는 폐기물은 자연환경에 영향을 미칠 수 있다. 그것은 오염일 수도 있으며 그렇지 않은 경우도 있을 수 있다. 예를 들면, 오염 물질을 많이 배출하는 낡은 생산시스템을 대체하는 더 효율적인 새로운 기업은 오염을 감소시키는 결과를 가져오기도 한다.

5. 창업자의 특성

중소기업창업지원법에서는 창업자(entrepreneur)란 중소기업을 창업하는 자와 중소기업을 창업하여 사업을 개시하는 날로부터 7년이 지나지 아니한 자를 말한다. 이러한 창업자가 갖추어야 할 조건은 여러 가지가 있다. 우선 형태적 측면에서는 사업에 대한 헌신 · 몰입과 확고한 결의, 기회에 대한 집착, 위험 · 모호성 · 불확실성에 대한 수용, 창의성 · 자립심 · 적응력, 남보다 앞서려는 동기, 리더십, 현실감각과 유머감각 등이 필요하다. 그러나 일반적인 창업자의 성향은 위험과 변화를 수용하는 추진가(promoter)로서의 성향과 현상유지 및 예측 가능성을 선호하는 수탁자(trustee)로서의 성향이라고 하는 두 극단의 범주에 속한다.

창업자는 [그림 1-1]과 같이 경영기술, 노하우 및 네트워크와 창의력 및 경영혁신 능력이 다른 사람에 비해 높다. 즉, 창의력 및 혁신 능력도 높고 경영기술 · 노하우 및 네트워킹 능력도 높아야 하는데 이런 사람들을 우리는 창업자(entrepreneur)라고 한다. 그림에서 나타난 바와 같이 기술만 아는 발명가도, 경영만 아는 관리자 · 행정가도 기업을 성장 · 발전시키기 위해서는 충분하지 않다. 기업가는 타고난 측면도 있지만 더욱 많은 부문은 만들어지기 때문에 기업가를 육성하려는 체계적인 노력이 매우 중요한 것이다.

일반적으로 창업자가 기술혁신 능력뿐만 아니라 경영지식을 다 가지기에는 어려움이

그림 1-1 창업자의 영역

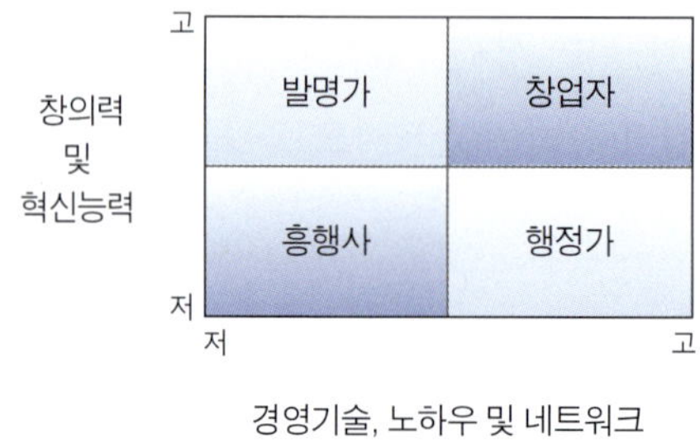

있으므로 개인 창업보다는 서로 보완적인 역량을 갖춘 사람들이 팀(team)을 구성하여 창업을 하는 경우가 많다. 창업을 하는 경우 창업자를 중심으로 한 창업팀이 중요한 이유 중의 하나는 팀 구성이 투자자가 투자심사 시 중요하게 여기는 요인 중의 하나이기 때문이다. "A급 아이디어를 가진 B급 창업팀보다 B급 아이디어를 가진 A급 창업팀에 투자하겠다"는 말과 같이 창업팀의 구성은 중요하다고 볼 수 있다. 따라서 팀에 의한 창업은 다양한 특기(talent)와 사업의 안정성을 제공하고, 부문별 전문성에 의한 사업의 균형유지 및 개인 창업의 부족한 점을 보완할 수 있다는 장점을 가질 수 있다.

이러한 창업자는 다음과 같은 기업가 정신의 특징을 가지고 있다.

① 기회에 초점을 둔 전략적 성향(현상유지보다는 기회인식 중시)

② 포착한 기회의 과감한 추구(신속하고 과감한 행동)

③ 적정한 자원의 확보(필요한 시기에 필요한 양)

④ 다양한 자원의 관리(소유, 임차 등의 활용)

⑤ 수평적 관리(상하보다는 수평, 네트워크)

⑥ 가치창조의 보상체계(가치창조 기여, 팀워크 중시)

6. 창업자의 경영 마인드

창업에는 많은 위험부담이 따른다. 한국개발연구원이 2000년대 들어 우리나라에서 창업한 기업의 현황을 분석한 결과 약 98%가 실패한다고 분석하였다. 그만큼 창업이 어렵다는 것이고, 창업환경이 아직은 열악하다는 증거이기도 하다. 창업을 희망하는 사람들의 가장 큰 소망은 바로 성공창업인데 이를 위해 가장 중요한 요소는 바로 기업가 정신이다. 오늘날 기업의 구조조정과 청년실업의 증가에 기인하여 많은 사람들이 이에 대한 대안으로 창업을 생각하고 있다. 만약 취업이 아닌 창업을 생각했을 경우 기업가로서 철저한 준비와 노력을 하여 성공할 수 있는 프로정신, 즉 기업가 정신을 갖추어야 할 것이다.

창업자가 지녀야 할 경영 마인드는 기업가 정신(entrepreneurship)을 말하며, 경영 마인드는 여러 가지가 있지만 특히 자금 조달 능력, 영업 능력, 진취적인 개척정신, 신용과 신뢰감 및 원만한 대인관계 등이 꼭 필요하다.

1) 기업가 정신의 일반적 정의

기업가 정신이란 현재 통제할 수 있는 자원 여부에 상관없이 기회를 포착하고 추구하는 것으로 인간의 창조적 행동을 의미하고 있으며, 무에서 유를 창조하고 개인적으로나 경제적으로 파악된 위험을 감수하는 것이다.

2) 기업가 정신의 역할

기업가 정신은 신속한 환경 대응과 혁신적 행동의 원동력이기 때문에 그 중요성이 더욱 증대되고 있다. 또한 기업가 정신은 새로운 과학적 지식을 제품과 서비스로 실물화함으로써 과학과 산업을 연결시키는 매우 중요한 역할을 한다.

이러한 기업가적 행위는 생산활동에서 마케팅 및 재무관리의 전반에 걸친 기업경제를 활성화하고 고용을 창출하는 등 국가경제에 중요한 영향을 미치고 있다. 이러한 기업가 정신의 역할을 살펴보면 다음과 같다.

첫째, 기업환경을 냉철하게 분석하는 능력을 겸비하고 미래를 예측하는 힘이 있어야 한다.

둘째, 위험을 무릅쓰고 과감한 투자를 행하는 도전력이 있어야 한다. 도전적인 창업가는 경쟁에서 이기기 위해 보다 혁신적인 신제품을 개발하여 소비자의 까다로운 욕구를 충족시키는 고객 지향적인 제품을 생산하여 기업경쟁력을 높인다.

셋째, 혁신력으로 기업의 위협요소를 발전기회로 전환시키는 능력을 가져야 한다. 기업을 둘러싸고 있는 여러 가지 환경요소 중 특히 위협적인 요소들을 적극적으로 이용하여 오히려 발전의 기회로 삼는 능력을 말한다.

넷째, 장기적 사고력으로 단기 업적을 추구하는 것이 아니라 미래 지향적인 관점에서 비전을 제시하여 종업원의 공감대를 형성하는 능력을 가져야 한다.

경제학자 슘페터는 창업가의 역할을 다음과 같이 정의하고 있다.

“기업가의 역할은 발명 또는 이전에 시도된 적이 없는 기술적 가능성을 적용, 원재료의 새로운 공급원과 제품의 새로운 판로를 개척하거나 더 나아가 산업을 재편성함으로써 생산양식을 혁신하는 것이다.”

기업가 정신을 처음으로 정의했던 그는 이 같은 기업가의 역할을 ‘창조적 파괴’라고 불렀다. 관례나 통념을 타파하고 두려움이 없이 도전하는 용기를 가진 사람을 기업가로 정의하는 것이다.

7. 기업가 정신의 핵심요소 : 창의성과 혁신

사업을 시작한다고 해서 무조건 기업가적인 창업(entrepreneurial start-up)이라고 부르는 것은 아니다. 일반적으로 기업가란 무에서 시작해 현재 경영하고 있는 유형의 기업을 창업한 사람이라고 말할 수 있다. 기업가적 기업이 되기 위해서는 기존의 것과는 무언가 다르면서 새로운 것, 즉 이전보다 가치 있는 것(something new different valuable)을 만들어 냄으로써 종래의 가치를 변화시키는 역할을 수행해야 한다. 한마디로 말하여 창의성, 혁신 및 기업가 정신이 서로 연관되어질 때 비로소 기업가적 기업이 될 수 있다.

가령, 맥도날드의 사례는 기업가 정신이 잘 발휘된 것으로 유명하다. 생각하기에 따라서 그들은 새로이 발명해 낸 것이 아무것도 없다고 볼 수 있다. 햄버거란 제품은 웬만한 미국의 식당이면 오래전부터 만들어 왔던 것이기 때문이다. 그러나 그들은 새로운 창의적인 사고 개념과 기능들을 병합시킨 경영기술을 적용하였다. 즉, 고객이 바라는 가치가 무엇인가를 연구함으로써 제품을 표준화하였고 제조과정과 조리기구들을 새롭게 설치하였으며 종업원이 해야 할 일을 분석하고 이를 새롭게 훈련시켰다. 나아가서는 모든 제조공정을 표준화시킴으로써 일정자원으로 생산효율을 급격하게 향상시킬 수 있었으며, 새로운 고객을 계속 유인, 창출해 낼 수 있었던 것이다.

이처럼 창의성, 혁신 및 기업가 정신은 상호 밀접한 관계가 있을 뿐 아니라 어느 하나를 소홀히 해서도 안 된다. 다음에서는 중요한 요소로 작용하는 창의성과 혁신, 그리고 기업가 정신의 연관성에 관하여 기업가 정신의 연계사슬로 정의를 내리기로 한다.

1) 기업가 정신과 창의성 및 혁신의 관계

기업가란 창업경영에 따른 위험과 모든 책임을 감수하면서 창의성에 따른 보상을 즐기는 자로 규정된다. 그러므로 기업가 정신의 특징은 개척정신인 창의성을 바탕으로 출발하여 보다 개선적이며 혁신적인 행동을 실천적으로 수행하는 데에 있다. 즉, 창의성은 새롭고 유익한 아이디어를 산출하고, 혁신과정을 통하여 보다 성공적으로 수행할 수 있게 하는 원동력이다.

다음에서는 창의성, 혁신 및 기업가 정신 각각의 정의에 대해서 살펴보고 나서 간단한 사례를 통해 종합적으로 설명하고자 한다.

2) 창의성

창의성(creativity)이란 이전에 없었던 새로운 것을 생각해 내는 것이다. 또한 원하는 만큼 충족되지 못한 욕구가 무엇인지를 생각해 내는 것이다. 창의성의 영역은 기업 간의 경쟁상대와 경쟁방법에 국한되지 않고 소비자의 취향, 제품 및 서비스의 범위, 진출시장의 지리적 위치, 유통 및 구매채널 등 광범위하다.

오늘날 창의성은 기업 경쟁력의 중요한 요소이며, 창의성을 키우기 위해서는 지적 경영자원 확보가 선행되어야 한다. 인재라는 개념도 기존의 양적인 노동자원을 뜻하는 객관적인 노동력이 아니라 다양한 개성과 사고발상적 창조 능력을 갖고 조직학습을 통해 이를 향상시키는 질적 주체를 말한다. 소프트화, 서비스화, 지식집약화로 진행되는 오늘날의 경영활동에서는 지적 경영자원의 확보가 더욱 중요하다. 왜냐하면 이것이 기업 경쟁력 창출에 필요한 창의성을 가져다주기 때문이다.

창의성 Tip

1960년대 미국의 펜실베이니아 주 시골에 살고 있던 찰스 후레아라는 치과의사는 치과용 거울이 안으로 구부러진 것에 착안해 머리가 구부러진 칫솔의 아이디어를 얻었다. 그는 뉴욕 스크리브라는 세면류 제작 전문회사와 이와 같은 칫솔을 합작생산해서 큰돈을 벌게 되었다. 오래도록 치과의사로 지내 온 터라 치아에 대한 관심과 생각이 많았던 그는 어느 날 어금니를 닦다가 그런 아이디어를 떠올렸다고 한다. 창의적인 아이디어는 유연성, 집중력, 순발력의 소산이라고 할 수 있다.

그림 1-2 기업가 정신과 창의성 및 혁신의 연결고리

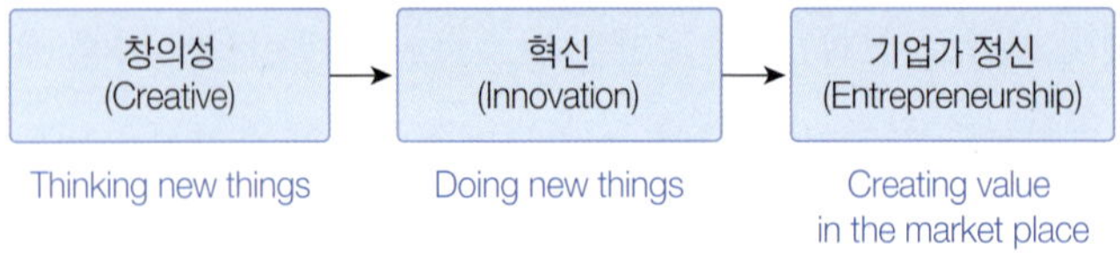

3) 혁신

혁신(innovation)의 어원은 더욱 새롭게(to renew), 혹은 다시 시작하는(being again)의 뜻이며 멈춰 있는 상황 속에서 새 출발하는(start fresh) 과정으로 이해해야 한다.

피터 드러커 교수는 "혁신이란 기업가의 특수한 도구이며 색다른 사업을 갖거나 보다 나은 서비스의 향유를 위한 과정이다"라고 말했다. 다시 말하면, 부를 창출하기 위한 새로운 능력을 갖춘 자원들을 얻으려는 행위라고 정의할 수 있다.

새로운 아이디어를 가지고 실행에 옮기는 것은 매우 중요하다. 이미 존재하고 있는 자원으로부터 부를 창조하는 잠재력을 새롭게 변화시키는 어떠한 행위도 혁신이라 할 수 있다. 즉, 기술적인 측면 이외에도 서비스, 유통, 종업원의 훈련기준 등 매우 다양하게 적용될 수 있다. 혁신의 종류에는 시제품 출현(prototype), 개량품(improvement), 모방품(imitation) 등도 포함된다.

혁신 Tip

한 기업에서 일정한 수량의 성냥을 조그만 상자에 넣는 지극히 단순한 아이디어가 50여 년간 특허권을 가지고 그 기업을 성장시켰던 경우를 보면 기업혁신은 적은 자금, 소수의 인력, 작고 한정된 시장을 지향하는 가운데서도 출발될 수 있다는 것을 알 수 있다.

4) 기업가 정신

기업가 정신(entrepreneurship)이란 시장 안에서의 화폐적 가치를 창조해 내는 행위이다. 다시 말하면, 혁신된 것을 가지고 상업적으로 상품을 출현시켜 시장영역에서 소비자에게 새로운 만족감을 부여하거나 새로운 수요고객을 창출해 내는 것이다.

피터 드러커 교수는 자신의 저서인 『이노베이션과 기업가 정신』에서 "기업가는 변혁을 일으키고 새로운 가치를 창조해야 한다"고 말했다. 따라서 기업가란 사회적 변화를 탐구하고 변화에 대응하며 변화위험을 기회로 여기고 도전, 이용하는 자라고 정의하고 있다.

우리가 기대하는 기업가 정신은 기업의 성장 및 안정과 함께 사회적 환경을 개선하는 데 이바지하는 모습에서 그 참뜻을 찾을 수 있을 것이다. 이와 같이 기업가 정신은 무엇보다도 창의성에서 출발하여 혁신으로 이어진다고 하겠다. 혁신 없이는 기업의 안정적 성장과 적정한 이윤의 확보가 어려울 것이며, 나아가서 사회적 책임을 다하거나 사회적 비용을 절감하는 노력이 뒤따르지 않을 것이기 때문이다.

8. 성공한 창업가의 특성

성공한 기업의 창업가는 험난한 역경과 도전을 극복하고 남다른 지도력과 투철한 신념을 가지고 각고의 노력을 하였을 것이다. 성공한 창업자들을 관찰해 보면 다음과 같은 공통된 특징을 가지고 있다.

1) 일에 대한 열정과 강한 책임의식

성공한 창업가들은 결과 지향적이며 성취욕구가 매우 강하다. 따라서 사회적인 지위나 권력을 추구하며, 보통사람들보다 일에 대한 열정이 강하다. 성공한 창업가들은 본인이 수행하고 있는 사업에 대해 강한 책임의식을 가지고 있다.

2) 강한 모험심과 신속한 기회 포착

성공한 창업가의 대다수가 강한 모험심을 가진 위험추구형이다. 그들은 새로운 가치를 창조하고 유지하는 것에서 보람을 느끼며, 신속하게 고객의 욕구를 파악하여 고객 중심적인 의사결정을 내린다.

3) 자신감이 높고 매사에 긍정적

성공한 창업가들은 매사에 긍정적이며 자신감이 강해서 스스로 원하는 것은 무엇이든지 얻을 수 있다고 생각한다. 스트레스와 갈등을 잘 견디며 불확실한 일에 강하다.

4) 실패를 교훈삼아 개선하려는 의지가 강함

성공한 창업자들은 실수로부터 기꺼이 배우려는 자세를 가지고 있으며 자신의 지식을 활용하여 더 좋은 성과를 얻으려는 욕구가 강하다. 또한 현재보다 미래의 목표달성을 중시한다.

5) 창의력, 유연성과 미래에 대한 비전

성공한 창업가들은 상황적응력이 높아 일을 개념화시키는 데 강한 추진력을 가지고 있다. 또한 타인에게 미래에 대한 믿음과 신뢰를 주며, 가족은 물론 타인의 지지를 끌어낼 줄 안다.

9. 21C 기업가 정신의 방향

기업가는 타인이 포착하지 못한 사업 기회를 포착할 수 있는 능력과 조직을 관리할 수 있는 능력이 무엇보다도 요구된다. 뿐만 아니라 투자자를 포함한 이해관계자들로부터 이해와 협조를 구하는 데 필요한 사회적 능력과 타인 평가 능력 역시 사업의 성공에 있어서 매우 중요한 특성이 될 수 있다. 이러한 특성을 포함하는 기업가 정신을 실현하기 위해서는 다음과 같은 전략적 사고가 요구된다.

1) 전략적 사고의 함양

21C에는 기업의 이해관계자가 다양한 형태로 등장하고 그들 이해관계자 간의 힘의 역학관계도 지배-종속관계가 아닌 대등한 성격의 관계로 되고 있기 때문에 전략의 수립 여부가 기업의 성패에 중요한 영향을 미치게 되었다.

전략적 사고를 하기 위해서는 다음 5가지 요소를 종합적으로 고려하는 것이 중요하다.

① 기업과 관련된 이해관계자들(고객, 종업원, 경쟁기업, 협력기업, 정부 등)의 역할은 무엇인가를 파악해야 한다.

② 자신의 부가가치를 정확하게 인식해야 한다.

③ 기업활동에 관련된 거래관행, 계약, 관습, 법률 등을 잘 파악해야 한다.

④ 경쟁자의 인식을 파악하여 조정하는 전술적 능력이 필요하다.

⑤ 부분과 전체를 고려한 전략적 사고가 필요하다.

2) 상생 전략의 중시

경쟁자들은 상생(win-win)을 통해서 각자의 이익을 극대화시킬 수 있다. 상생의 전략은 공급자에게만 적용되는 것이 아니다. 때로는 경쟁자에게 적용되는 경우도 있다. 즉, 경쟁자를 경쟁자로서 성공하게 하는 것이 최선의 전략인 경우도 많다. 또는 기존의 경쟁조건하에서의 상생만이 아니라 경쟁조건을 바꾸는 노력을 통해 상생의 효과를 더욱 크게 할 수도 있다. 나아가 그런 전략을 구체적으로 실행에 옮길 수 있는 교섭 능력도 향후의 기업가 정신에 있어서 매우 중요한 요소가 된다.

3) 인간 중심 전략

기술과 조직의 혁신은 구체적으로는 기술과 조직을 담당하는 인간의 혁신 여부에 좌우되는 경우가 많다. 예를 들면, 신제품 개발이나 생산공정의 개선은 기술자나 기능공이 그러한 개발이나 개선에 어느 정도 몰입하는가에 따라 결과가 크게 달라질 수 있다. 따라서 기업 내에서 일하는 인간을 최우선으로 하는 전략이 아니면 기술과 조직의 혁신은 성과를 거둘 수 없다.

이러한 인간 중심 전략은 경영자와 종업원 간의 신뢰, 종업원 각 계층 간의 신뢰, 또는 계층 내의 신뢰, 기업과 정부 간의 신뢰, 기업과 소비자 간의 신뢰를 중시하는 전략이다. 특히 기술과 조직의 혁신에 있어서는 관련 당사자 간의 신뢰관계 구축이 매우 중요하다. 그 이유는 기술과 조직의 혁신에 필요한 정보의 축적은 관련 당사자 간의 신뢰가 없으면 원활하게 수행될 수 없기 때문이다.

4) 정보화 전략

인간 중심의 상생 전략을 통한 기업가 정신을 발휘하기 위해서는 효율적 네트워크 구축이 병행될 필요가 있다. 이를 위해서는, 첫째, 정보화 수준을 향상시키기 위한 정보화 설비에 대한 투자가 요구된다. 둘째, 정보화 설비의 효율적 이용은 쏟아져 들어오는 정보들을 어떻게 효과적으로 처리하고 실질적인 노하우와 경쟁무기로 실현하느냐에 초점이 맞추어져야 한다. 셋째, 정보를 노하우, 기술, 시스템, 경쟁무기 등으로 전환하는 정보시스템의 구축이 요구된다. 넷째, 입수된 정보에 입각하여 신속하게 판단하고 그것을 실행에 옮길 수 있는 능력이 요구된다.

창업은 재미와 도전 때문에 한다

한국 벤처 기업인들은 '최고 집착증'이 유별나다. 최고 매출에 최고 성과를 강조한다. 최고 기술에다 최고 인재라는 말도 자주 쓴다. 최고 매출, 최고 기술, 최고 인재는 나무랄 일이 아니다. 오히려 권장해야 할 일임에 틀림없다.

그러나 자리문제로 옮겨 가면 이야기는 달라진다. 한국 벤처 기업인들의 '최고경영자(CEO) 집착증'은 대단하다. 한번 차고앉은 CEO 자리는 영원히 유지하겠다고 마음먹는다. 능력 있는 사람이 CEO가 되겠다는 것을 굳이 막을 이유는 없다. 그러나 자신의 능력과 관계없이 '내가 세운 회사에 내가 사장 하겠다는데 웬 말이냐'는 사람들이 많다. 창업자가 곧 최고경영자가 되어야 한다는 이상한 풍토다. 미국 캘리포니아 주 실리콘밸리에서 만난 조지 페르난데스는 이런 점에서 아주 달랐다.

페르난데스는 대학 졸업 후 무려 4개의 기업을 자신의 손으로 직접 차렸다. 하지만 최고경영자로 남아 있는 곳은 최근 창업한 기업 한 군데에 불과하다. 페르난데스는 명함에는 CEO라고 쓰여 있지만 '창업자(founder)로 불러 주었으면 좋겠다'고 말한다. 그는 창업자로서 크게 성공한 축에 든다. 자신이 세운 기업 모두가 떼돈을 벌어들였다. 나이는 현재 30대에 불과하지만 120억 원짜리 호화저택에 사는 백만장자다. 한국식으로 하면 변대규 사장이나 안철수 사장쯤은 된다.

그러나 그는 끝까지 사장직을 지키지는 않았다. 능력이나 실력이 모자라서가 아니다. 그는 공교롭게도 회사가 잘나갈 때 모두 물러났다. 퇴장의 이유가 '역할이 끝났기 때문'이었다.

한국에서는 어림도 없는 결정이라 할 만하다. 한국에서 잘나가는 회사의 CEO가 물러난다는 것은 상상도 하기 어렵다. 스스로 물러나지도 않겠지만 어떤 이유로 물러났다 하더라도 '회사에 뭔가 문제가 있는 것 아니냐'는 의심만 받을 게 분명하다.

그러나 그의 선택은 반대였다. 매번 '적절한 시기'에 물러나는 '아름다운 퇴장(beautiful gone)'을 선택했다. 그는 '창업은 재미(fun)와 도전(challenge) 때문에 하지, 최고경영자로 군림하기 위해 하는 것은 아니다'라고 당당히 말한다.

페르난데스는 지난 1988년 대학 졸업 때 시작한 창업기업에서도 창업자로서 어떤 권한도 누리지 않았다. 레이저 빛을 이용한 서바이벌 게임인 레이저 테크 개발로 회사 가치는 순식간에 1억 5,000만 달러 규모로 커졌지만 CEO로 머문 시간은 1년이 넘지 않았다. 성공한 창업자로서 느긋이 축배를 들 만도 했지만 선택은 고단한 창업의 여정으로 옮겨갔다.

그는 직원들에게 '창업자로서의 내 역할은 이제 모두 끝났다'며 미련 없이 떠났다. 기업 가치가 한참 오르고 있었지만 자신의 지분 20%를 팔고 CEO 자리는 경영경험이 풍부한 여자 친구의 아버지에게 넘겼다.

두 번째 창업도 마찬가지였다. 캘리포니아 주 산타클라라 대학 경영학 석사(MBA) 과정에서 만난 동료와 함께 바이오 벤처를 차렸다. 회사는 성공했지만 그는 '바이오 분야는 엔지니어 출신인 내가 감당하기는 벅차다'며 CEO 자리를 내놓고 물러났다.

페르난데스가 강조하는 창업정신은 다른 게 아니다. 창업자는 기술책임자(CTO)로 남고 경영은 전문 CEO에게 맡기는 것이 첫 번째이다. 그는 기자에게 '훌륭한 창업자는 자신의 역할을 정확히 아는 사람'이라고 말했다.

창업자가 자리를 탐내면 자신도 망하고 기업도 망한다는 경고였다. 창업은 최대한 돈을 적게 들이라는 원칙이 두 번째다. 그는 창업 때마다 '최소의 비용으로 최대효과를 거둔다'는 경제법칙을 반드시 지켰다.

백만장자인 그가 최근 설립한 비보텍의 창업 자금은 겨우 몇 만 달러에 불과하다. 그는 '벤처 창업자는 고객의 입에서 "아하! 바로 이것이다"라는 말이 나올 때까지는 돈을 함부로 써서는 안 된다'고 충고한다. 상상력이 뛰어난 기술이 아니면 함부로 창업 대열에 끼지 말라는 주문이 세 번째다. 그는 '기술 없는 벤처를 만들겠다는 사람은 어리석다'는 말까지 했다.

한국 벤처기업 CEO들에게서도 페르난데스와 같은 '아름다운 창업 인생'을 보고 싶다. 마지막으로 그가 말하는 창업자 10계명을 싣는다.

페르난데스가 말하는 창업자 10계명

① 고객의 소리를 들어라.
② 끈기를 가져라.
③ 창업 초기에 절대로 돈을 많이 쓰지 마라.
④ 창업 인력 모두가 충성을 하리라고 기대하지는 마라.
⑤ 투자를 받을 때 부가가치를 요구하라.
⑥ 뛰어난 상상력을 갖춘 기술력을 지녀라.
⑦ 팀워크를 중시하라.
⑧ 노력을 할 때 운이 따라온다는 것을 명심하라.
⑨ 최악의 상황에서도 희망을 버리지 마라.
⑩ 창업자가 전부를 가지려 들지 마라.

자료 : http://www.ktb.co.kr

제3절 창업의 종류 및 요소

1. 창업자의 유형

창업자는 다음과 같이 기술 창업자(technical entrepreneur), 일반(기회) 창업자(general/opportunistic entrepreneur) 그리고 사내 창업자(intrapreneur)로 구분할 수 있다.

1) 기술 창업자

기술 창업자(technical entrepreneur)는 기술적 경험과 아이디어를 중심으로 사업을 시작하는 창업자이다. 그들은 관리적인 임무를 수행하기보다는 기술적인 일을 선호하며, "부를 축적하는 것(making a lot of money)"보다는 "안락한 삶을 영위하는 것(making a comfortable living)"에 일차적인 동기요인을 가지고 있다. 또한 그들은 위험을 회피하고 다양한 투자자와 파트너를 선호하지 않으며, 변화를 수용하지 않으려는 성향을 가지고 있다. 따라서 기술 창업자에 의한 기술 창업은 가부장적인 방식으로 사업을 시도하려는 경향이 있는 숙련된 기술자 중심의 창업이며, 일반(기회) 창업과는 대조적으로 더 전문적인 방식으로 사업을 시도하고 비기술적 문제에 대해서는 특정 교육을 통하여 보완하려는 경향이 있는 창업이라고 볼 수 있다.

2) 일반 창업자

일반(기회) 창업자는 기술 중심의 창업보다는 사업의 관리 능력 위주의 창업자를 말한다. 기회 창업자(opportunists)는 폭넓은 경험과 고학력의 특성을 가지고 있다. 그들은 미래 지향적이고 관리적 · 도전적인 성향으로 설명될 수 있다. 따라서 그들은 환경에 대한 적응 능력에 자신감을 가지고 있으며 변화를 기꺼이 수용한다. 그들의 조직은 급속히 성장하며 다양하고 혁신적인 전략을 추구하고 외부 자금 조달에 적극적이다. 이들 창업자들은 재무적 이득과 성공적인 조직을 구축하기 위한 기회에 의해서 동기가 유발된다고 볼 수 있다.

3) 사내 창업자

사내 창업자(intrapreneur)는 조직 내의 실험실, 컴퓨터, 기자재 등의 확보된 제반 자원을 활용하여 조직 내에서 혁신을 창출하는 자를 말한다. 즉, 기업조직 내에서 아이디어를 수익성 있는 사업으로 구체화하는 데 실천적 역할을 수행함으로써 기업의 성장을 주도하는 사람을 말한다.

사내 벤처를 추진하려는 기업은 우선 조직구성원들을 대상으로 아이디어 발굴을 통한 신규 벤처의 기회를 찾는다. 그 후 조직이 벤처 사업을 하기로 결정하면 사내 창업자를 중심으로 벤처팀을 구성한다. 벤처팀은 벤처 사업을 성공시키기 위해 제반 벤처활동을 진행한다. 벤처의 결과가 성공적으로 결실을 맺으면 사업화를 추진하게 되며, 이때 사내 벤처 사업으로 계속 진행할 것인지, 사업부로 전환할 것인지, 또는 별도법인(spin-off)으로 독립시킬 것인지를 결정하게 된다. 또한 성과평가를 통해 성공에 대한 보상을 실시

그림 1-3 사내 벤처의 과정 모형

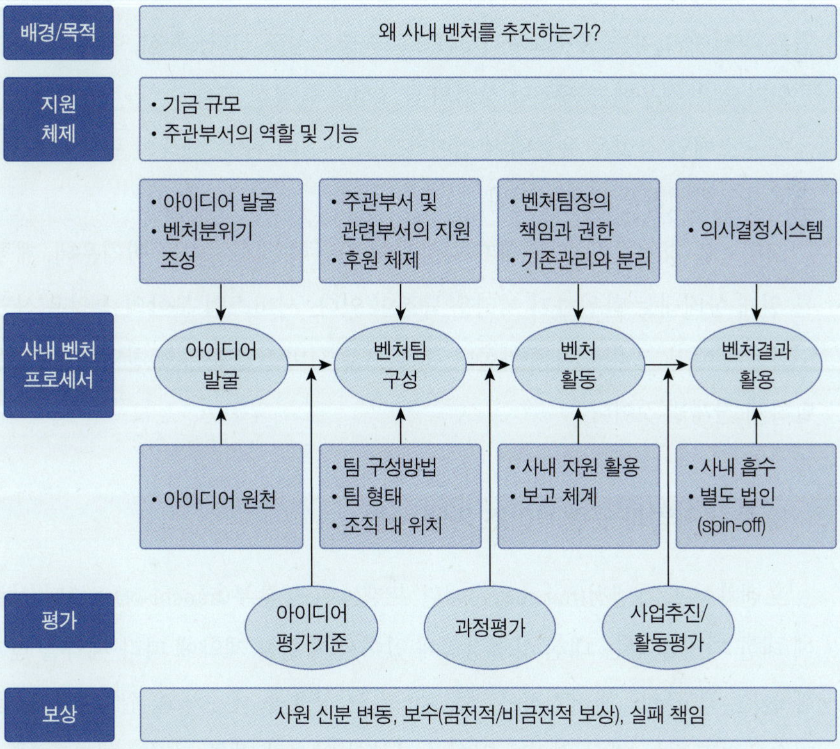

자료 : 백현기, 배종태(1998), "국내기업의 효과적인 사내벤처 구축방안," 벤처경영연구, 창간호, p.78.

하며, 실패 시 사내 벤처팀은 해체된다.

2. 창업의 종류

창업은 기준에 따라 여러 가지로 분류할 수 있다. 업종에 따라 제조업, 도·소매업, 서비스업 창업으로 구분할 수 있다. 또한 사업을 분류할 수 있는 기준으로는 새로운 정도, 경영의 독립성, 소유자의 수 등이 있다. 여기에서는 이들 기준에 의거하여 중소기업의 창업에 도움이 되는 사업의 분류와 그 특징을 알아보고자 한다.

1) 업종에 따른 분류

사업 분류에서 흔히 사용되는 기준으로 제조업, 서비스업, 도·소매업의 분류가 있다. 창업도 이와 같은 기준에 따라 분류해 볼 수 있다.

제조업 창업은 원료를 투입하여 새로운 제품을 만드는 사업을 창업하는 것이다. 제조업은 경제에 미치는 승수효과가 크므로 그 중요성도 크다. 특히, 한국 경제처럼 수출 의존도가 높은 경우에는 제조업 창업의 중요성은 특별히 크다.

도·소매업 창업은 유통업 창업이라고도 하는데, 주로 제품의 판매에 관련된 도매 및 소매점을 창업하는 것을 말한다.

서비스업 창업이란 그 형태가 다양하여 간단히 정의하기는 어려운데, 제공된 서비스를 원래 상태대로 환원하기 어려운 특징이 있다. 서비스업 분야의 창업은 산업사회가 고도화됨에 따라 그 비중이 증가한다. 그러므로 서비스업 분야의 창업은 앞으로도 매우 활발하게 전개될 것이다.

2) 독립 사업과 프랜차이즈 가맹 사업

프랜차이즈 가맹점(franchisee)이란 프랜차이즈 본부(franchisor)로부터 상품, 경영 등에 대한 지원을 받는 대신 사업경영에 있어서 체결한 계약에 따라 제약을 받게 된다. 예를 들면, 맥도날드 햄버거점은 맥도날드라는 상호를 사용하고, 원자재를 공급받고 경영기술을 지도받는 대신 경영에 있어서 본부와 약속한 바를 지켜야 한다. 예를 들면, 햄버거의 종류, 크기, 가격, 서비스 방법 등에 있어서 점포 주인이 자의로 결정하지 못하고 본부와 약속한 대로 해야 한다.

한편, 음식을 제공하는 중화요리점을 보면, 이들은 개별 점포마다 독자적인 상호를 사용하며, 원자재 구입, 제공하는 음식과 서비스의 종류에 있어서 독립적인 의사결정을 한다. 이와 같은 경우를 프랜차이즈 가맹 사업에 대비하여 '독립 사업'이라 칭한다. 최근에는 많은 소매업 및 서비스업에서 프랜차이즈 가맹점 형태의 사업이 확산되고 있으며, 이와 같은 추세는 앞으로도 상당 기간 동안 계속될 것이다. 이와 같은 프랜차이즈 가맹점 사업이 성장하는 것은 여러 점포가 같은 물건을 취급하게 됨에 따라 규모의 경제성이 커지며, 경영기술에 있어서 본부업체와 가맹점이 효과적으로 협력하여 수익성과 경쟁력을 높일 수 있기 때문이다.

3) 혁신적 창업과 모방 창업

창업 기업은 혁신성 정도에 따라 혁신적 창업 기업과 모방 창업 기업으로 나누어 볼 수 있다. 혁신적 창업이란 기존의 사업과는 기술, 경영, 제품 등에 있어서 크게 다른 형태의 창업을 의미한다. 예를 들면, 발명품의 사업화는 혁신적 창업이라고 할 수 있다. 또한 발명품은 아니더라도 새로운 정도가 큰 제품을 생산하고자 하는 창업은 혁신적 창업이라고 할 수 있다.

다만 창업되는 많은 기업들 중에는 혁신적이냐 모방적이냐로 구분할 수 없는 것들도 많다. 많은 기업들은 모방적인 창업인 것처럼 보이지만 혁신적인 요소를 많이 포함하고 있는 경우도 있다. 예를 들면, 음식점 창업에서 같은 음식을 제공하는 식당도 조리법, 맛, 분위기 등에 있어서 기존의 식당들과 크게 차별화되는 경우가 있다. 이런 창업은 혁신성이 강한 모방 창업이다.

4) 개인 중심 창업과 팀 중심 창업

개인이 창업을 주도하여 제품의 결정, 자금 조달, 경영 등을 주도하는 경우를 개인 중심 창업이라고 할 수 있다. 한편, 이와는 달리 2명 이상의 사람이 창업을 공동으로 주도하는 경우도 있는데, 이를 팀 중심 창업이라 한다. 창업 기업의 숫자로 본다면, 개인 주도형 창업이 팀 중심 창업보다 훨씬 많을 것이라고 짐작된다. 개인 중심 창업은 책임과 권한의 소재가 분명하고, 의사결정이 신속하다는 장점을 가지지만 자본과 경영기술 등에 있어서 개인에게 의존함으로써 한계를 가질 수가 있다. 팀 중심 창업은 구성원들의 견해에 차이가 생길 때 이로 인해 의사결정 속도가 느려지고 책임 소재가 애매하게 되는 단점이 있지만, 신중성, 전문화 등의 장점이 있다.

5) 무점포 창업과 점포 중심형 창업

창업을 하게 되는 경우에는 공장을 설립하거나 점포를 가지는 등 일정한 격식을 갖춘 공간을 중심으로 하는 경우가 많다. 이와는 달리 점포나 공장이 거의 없거나 거주 공간을 이용하여 격식을 갖춘 공간이 없어도 창업을 할 수 있는 경우가 있다. 이런 형태의 창업을 '무점포 창업'이라고 한다. 무점포 창업은 점포를 확보하는 데 자금이 소요되지 않으므로 자금 면에서 매우 효율적인 창업이 될 수 있다. 예를 들면, 정보제공업, 번역 사업 등은 점포가 없이도 창업할 수 있는 사업들이다. 무점포 사업은 사업 자금 조달이 어려운 처지에 있는 창업자들이 특별한 관심을 가지고 고려할 가치가 있는 창업 형태이다.

6) 기업 매입

사업을 시작하는 방법 중의 하나는 이미 설립된 기업을 매입하여 사업을 시작하는 것이다. 사업을 한다는 것은 창업 그 자체가 목적이기보다는 창업을 통하여 이윤을 실현하고자 하는 것이므로 기업 매입을 통하여 사업을 시작하는 것도 창업과 관련하여 고려할 만한 대안이다. 기업을 매입하는 경우에는 사업이 안정 단계에 이르는 기간이 단축되는 장점이 있다. 단점으로는 초기투자가 직접 창업하는 경우보다 크게 될 가능성과 전 사업자의 나쁜 평판이 지속될 가능성이 크다는 점 등이 있다.

3. 창업의 일반적인 요소

창업의 목표, 창업에 필요한 요소를 명시하여 창업을 정의한다면, "창업이란 창업자가 이익을 얻기 위하여 자본을 이용하여 창업 아이디어에서 설정한 재화와 서비스를 생산하는 조직 또는 시스템을 설립하는 행위"라고 할 수 있다. 이것을 분석해 보면, 창업의 궁극적인 목적은 이윤 추구이고, 기업을 설립하는 데 필수적인 요소는 창업자(인적 요소), 자본(물적 요소), 창업 아이디어(목표 요소)이다.

그림 1-4 창업의 일반적 요소

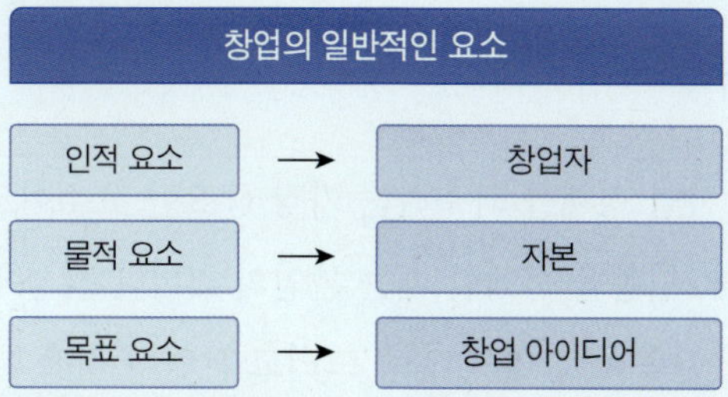

1) 창업자

사업의 성패는 창업자의 사업가로서의 자질, 사업계획 수행 능력에 의해 좌우된다고 해도 과언이 아니다. 왜냐하면 사업을 성공적으로 이끌기 위해서는 창업자 본인의 경험이나 선행지식, 성공에 대한 집념, 리더십, 의지력, 성격, 체력 등이 밑받침되어야 하기 때문이다. 창업 분야에 대한 자신의 지식 및 정보, 장단점 등을 스스로 체크하고 평가하여 자신의 능력에 맞는 창업을 해야만 성공할 수 있다.

창업자는 자기의 적성에 맞는 사업을 하여야 하고, 쉽게 돈 벌 생각을 하지 말아야 하며, 많은 정보를 수집 · 활용하고, 돈에 알맞은 사업을 운영하며, 체면과 자존심을 버리고 고객 위주로 생각을 바꿔야 할 것이다.

2) 창업 자금

창업을 하기 위해서는 사업규모에 맞는 자금이 필요한데 실제 창업자의 대부분이 창업과정에서 자금 문제로 많은 고민을 하게 된다. 초기 창업 자금은 본인의 능력에 맞게 최소화하는 것이 좋으며 예산편성은 개업 준비 자금, 운영 자금, 시설 자금 등으로 구분하여 계획하는 것이 좋다. 왜냐하면 시설 자금과 같이 장기적으로 투자해 놓아야 하는 자금은 조달과정에서부터 미리 알고 자기자본이나 장기차입금으로 충당하여야만 유동성 부족으로 인한 자금곤란 현상을 막을 수 있기 때문이다.

자기자본만으로 사업을 하는 것이 좋지만 대개는 남의 돈을 빌리게 되는 일이 많다. 되도록 개인 돈보다는 금융기관에서 빌리는 것이 보다 유리하다. 단, 이때 타인에게서 빌린 돈(부채)의 비중은 총비용 중 30%를 넘지 않게 하는 것이 좋다. 기존 사업경험자들은 총자금의 20% 정도는 예비비로 꼭 갖고 있어야 한다고 강조한다.

3) 업종 선택

업종 선택은 사업 성패를 좌우하는 가장 중요한 요소이므로 신중히 검토하여 업종을 선택하여야 한다. 업종을 선택할 때는 본인의 취미나 적성에 맞는 업종을 선택하여야 함은 물론, 작지만 실속 있고 알찬 업종 그리고 본인이 직접 할 수 있는 업종을 선정하여야 할 것이다.

이러한 업종 선택의 원칙을 살펴보면 한 가지라도 남보다 유리한 업종, 자신에게 맞는 업종을 선택하고, 자본규모에 맞는 업종, 전망 있고 성장성이 있는 업종, 자신의 조건을 잘 따져 보고 판단할 수 있는 업종을 선택하여야 할 것이다.

일반적으로 제품의 수명주기는 도입기, 성장기, 성숙기, 쇠퇴기의 과정을 거치게 되는데, 신규 창업의 가장 적합한 시기는 성장기 업종이다. 만약 성숙기 후반에 뒤늦게 사업에 참여하게 된다면 막차를 타게 되어 사업에 실패할 우려가 높다.

어떤 업종을 선택하더라도 창업자의 경험, 지식, 기술, 특성 등을 활용할 수 있는 사업이라면 그만큼 성공의 확률이 높아질 것이다.

4) 사업장

소점포 창업은 입지가 사업 성패의 80%를 좌우한다. 업종과 점포 위치도 궁합이 맞아야 매출이 많이 오른다는 얘기이다. 준비 단계에서부터 정확한 상권 분석 후 입지 선정을 해야 실패확률을 줄일 수 있다. 특히 소규모 사업 분야에서 점포 위치는 사업 성패를 좌우할 정도로 중요한 몫을 차지한다.

소자본 창업의 경우 점포의 입지가 사업 성패에 중요한 요인으로 작용할 수 있기 때문에 사업장 선정이 매우 중요하다. 제조업의 경우에는 제품의 특성이 매출에 중요한 요인으로 작용하지만 소점포 사업에서는 상품성보다 오히려 상권이나 입지가 더 중요하다.

제4절 창업가의 자질 테스트

많은 사람들이 취업을 하는 것이 좋을까, 아니면 창업을 하는 것이 좋을까, 그리고 만약 창업을 선택한다면 어떠한 업종을 선택하는 것이 좋을까에 대해 문의하곤 한다. 성공 창업을 위해서는 자신의 적성과 능력을 고려하여 신중하게 의사결정을 하여야 한다. 따라서 먼저 자신의 창업가 자질을 체크하여 자신에게 적합한 아이디어를 선택하고 성공 창업을 이루도록 하여야 한다.

다음에 소개한 창업가의 자질 테스트는 본인이 창업가로서 자질을 가지고 있는지를 살펴보기 위한 것이다.

1. 창업가 자질 테스트 Ⅰ

번호	질문내용	응답(V)	
		예	아니오
1	내 생활방식을 구체적으로 설명할 수 있다.		
2	일을 계획적으로 한다.		
3	일단 일을 맡으면 적극적으로 한다.		
4	실패를 하더라도 크게 실망하지 않는다.		
5	약속을 잘 지키는 편이다.		
6	창업 정보를 수집 중이다.		
7	친구가 많다.		
8	나와 다른 의견에도 귀를 기울인다.		
9	함께 고민해 줄 친지가 세 명 이상 있다.		
10	도전 정신이 왕성하다.		
11	의사가 분명한 편이다.		
12	건강에 자신이 있다.		
13	기초적인 재무지식이 있다.		
14	좋아하는 일이라면 먹고 자는 일도 잊어버린다.		
15	창업을 하기 위해 가족을 설득할 자신이 있다.		
16	일이 생각대로 잘 안 풀려도 곧 잊어버린다.		
17	즐겁지 않은 모임에 가서도 참고 즐길 수 있다.		

18	누군가에게 맞으면 반드시 반격을 한다.		
19	모르는 사람이 말을 걸어와도 일단 들어준다.		
20	친한 친구의 출세가 마음에 걸린다.		

자료 : 동아일보, 1998. 6. 30

※ 창업가적 자질 검사 및 해석

20개 문항을 각각 '예/아니오'로 체크하고, '예'는 5점, '아니오'는 0점으로 계산

- 60점 이상 : 창업환경이 성숙되어 있고 창업자로서의 자질이 충분하다. 업종 선택과 필요한 정보 수집이 끝났다면 언제 창업해도 좋다.
- 35~60점 : 그런 대로 창업할 환경이 조성돼 있으나 업종 선택에 유의하고 좀 더 폭넓은 정보를 수집해야 한다.
- 35점 이하 : 창업 동기가 명확하지 않다. 월 순수익 같은 숫자에 현혹될 위험이 높다. 스스로 자신에 맞는 업종이 어떠한지 생각해 봐야 한다.

2. 창업가 자질 테스트 Ⅱ

다음에 소개한 창업가의 자질 테스트는 현재 직장에 다니고 있는 샐러리맨들을 대상으로 한 창업가적 자질 테스트이다.

1. 10년 뒤 자신이 어디에 있을 것으로 생각하는가?

1) 그렇게 멀리 내다보지는 않지만 단기적인 목표는 있다.
2) 내가 생각하는 목표가 확고하며 목표달성을 위해 매진할 것이다.
3) 생활과 일을 매일매일 닥치는 대로 한다.
4) 목표도 있고 거기에 도달할 방법도 알고 있지만 더 좋은 아이디어가 있으면 받아들이겠다.

2. 다음 중 직장 내 경쟁에 대한 자신의 태도를 가장 잘 묘사한 것은?

1) 경쟁을 즐긴다. 경쟁에서 이기는 것이 유일한 낙이다.
2) 경쟁을 피한다. 경쟁은 인간의 가장 나쁜 면을 끄집어낸다.
3) 어쩔 수 없는 경우 열심히 싸우지만 주로 상대방에게 허세를 부리는 사람으로 잘 알려져 있다.
4) 열심히 경쟁하지만 항상 최종 이익이 무엇인가를 생각한다.

3. 상사가 "우리 회사에서는 이렇게 해야 해"라고 말하면 어떤 반응을 보이는가?

1) 직장을 옮겨야겠다고 생각하기 시작한다.
2) 그냥 받아들이고 따른다. 직장에서 쫓겨나고 싶지 않다.
3) 상사의 마음을 바꿔보려고 노력하지만 빠른 시일 내에 바꿀 수 없으면 그냥 따른다.

4. 다음 중 자신의 재정상태를 가장 잘 묘사한 것은?

1) 항상 지출을 초과하지 않으며 청구서가 오면 즉시 지불한다.
2) 예금계좌를 갖고 있으며 청구서 마감 기일이 돼야 지불한다. 그렇게 함으로써 이자를 조금이라도 더 받을 수 있다.
3) 신용카드를 여러 개 갖고 있지만 모두 한도까지 사용한다.
4) 서로 다른 신용카드를 이용해 경비지출의 공사를 확실히 구분한다.

5. 다음 중 직장에서 개인적으로 가장 큰 만족감을 주는 것은?

1) 아이디어를 갖고 그것을 추진할 수 있는 권한을 부여받는 것
2) 업무를 잘해 칭찬받는 것
3) 사무실의 경쟁상대를 이기는 것
4) 직장에서 내 지위가 확고하다는 것을 아는 것

6. 직장에서 상사가 자신을 비판하면 어떻게 처신하는가?

1) 충격이 너무 커 다음 업무를 하기가 더 힘들어진다.
2) 다른 시각도 종종 도움이 되기 때문에 귀담아 듣고 일리가 있다고 판단되면 받아들인다.
3) 위엄을 유지하면서도 어느 정도는 다른 사람에게 책임을 전가하려 한다.
4) 좋아하진 않지만 어쩔 도리가 없다. 비판을 받아들이고 넘어간다.

7. 현 직장의 가장 좋은 점은?

1) 급여와 특별수당, 나와 비슷한 다른 사람과 비교하면 그런 대로 괜찮은 편이다.
2) 회사의 좋은 평판
3) 독자적인 프로젝트를 추진할 수 있는 자율권을 누린다.
4) 정기적으로 승진하며 정상적인 경우 상위직에 무난히 오를 수 있다.

8. 직장에서 맡은 프로젝트에 대한 자신의 태도를 가장 잘 묘사한 것은?

1) 프로젝트를 시작하는 것은 좋아하지만 곧 흥미를 잃고 다른 사람에게 일을 넘긴다.
2) 한 가지 일을 끝내기도 전에 나도 모르게 새 프로젝트를 시작한다.
3) 시작한 일을 항상 직접 마무리한다.
4) 일단 어려움에 부딪치면 프로젝트를 보류하는 경향이 있다.

9. 직장에서 맡은 프로젝트에 어느 정도의 시간을 투자하는가?

1) 일정에 차질 없이 맞추는 것을 자랑으로 생각하며 그러기 위해서는 아무리 많은 시간이라도 투자한다. 그런 다음 잠시 쉰다.
2) 열심히 하는 편이지만 때로는 프로젝트 도중 하루 이틀 정도 휴가를 낸다.

3) 오전 8시 30분~오후 5시 30분의 정시 출퇴근을 지키는 편이다.

4) 일이 곧 삶이다.

10. 창업을 위한 좋은 아이디어를 갖고 있다면 어떻게 자금을 조달할 것인가?

1) 은행융자를 받는다.

2) 나 자신의 리스크를 줄이기 위해 친구나 가족에게 부탁한다.

3) 집을 저당 잡힌다.

4) 집을 팔겠다.

※ 창업가적 자질 검사 및 해석

10개 문항에 대해 자신이 선택한 번호를 점수로 계산하여 합산

- 10~19점 : 책임감 있는 직원이긴 하지만 창업에는 적합하지 않다. 업무를 찾지 않고 업무가 부여되기를 기다리며 무엇보다 안정을 중요시한다. 리스크 허용도가 상대적으로 낮다. 자신의 가치를 회사의 명성 같은 자기 외적 요소에서 찾는다. 직장에 머무는 것이 낫다.
- 20~29점 : 어느 정도 독창력은 있지만 반드시 실현되는 것은 아니다. 출세를 시도하지만 그 과정에서 다른 사람들을 다치지 않게 하려고 조심한다. 회사 내부의 파워플레이를 잘 알고 있지만 대담한 행동은 꺼린다. 아직 간부직에 오르지 못했다면 좋은 후보감이다.
- 30~35점 : 야망도 충분하고 기꺼이 개인 시간까지 희생해 가며 일에 매달릴 집념도 갖추고 있다. 그러나 참을성이 다소 부족하며 다른 사람들의 조언을 구하려 하지 않는다. 기업가로서는 좋은 특성이 아니다. 창업보다는 중역이 되는 것을 목표로 하는 것이 좋을 듯.
- 36~40점 : 창업가 자질을 갖추었다. 리스크 허용도가 높으며(창업에 필수적 자질) 자신의 아이디어에 대해 열정적이다. 자신의 야망만을 고집하지 않고 다른 사람의 생각에 관심을 갖고 그들의 감정을 배려할 수 있다는 것도 기업가가 되는 데 필요한 자질이다.

제5절 창업가의 환경 분석을 통한 창업 방향 탐색

1. 창업가의 기회 및 위협요인 분석

오늘날 경제환경의 급속한 변화로 미래의 경제상황을 예측하기 어렵다. 이런 객관적인 상황만 고려한다면 창업을 결심하기가 쉽지 않다. 그러나 이런 상황을 심층 검토해 보면 그 자체가 좋은 사업 기회인 업종을 발굴할 수도 있다. 뿐만 아니라 창업은 현재의 상황만 고려하는 것이 아니라 적어도 몇 년 후를 내다보며 준비하는 것이기 때문에 현재의

상황만을 고려하는 것은 바람직하지 않다. 창업 시기는 차후에 결정하더라도 현재와 앞으로의 상황이 어떻게 변화할 것인지를 분석하면서 준비하여야 한다.

환경변수와 자신의 잠재력을 감안해 창업의 방향을 설정하고자 할 때 많이 사용하는 방법 중의 하나가 바로 SWOT 분석이다. SWOT 분석이란 사업에 영향을 끼치는 각종 환경 분석을 통해 기회요인(Opportunity)과 위협요인(Threat)을 발굴하고, 이를 다시 자신이 가지고 있는 강점(Strength)과 약점(Weakness)에 연결시켜 타당한 방향을 찾는 방법이다.

SWOT 분석은 환경을 분석하는 안목을 갖출 수 있고, 나아가 자신의 잠재력과 결합해 거시적인 창업 방향을 탐색할 수 있다.

기회요인이란 지금의 환경변화가 창업을 할 때 어떤 점에서 유리할지를 찾아내는 것이다. 반면, 위협요인은 환경변화 중에서 창업자들에게 불리하게 작용할 변수들을 말한다. 기회요인이나 위협요인을 발굴하는 방법은 환경변화의 내용을 직시하고 그중에서 창업에 유리하거나 불리한 영향을 줄 항목들을 골라내면 된다. 환경요소를 분석할 때는 가급적 3년 정도의 중기적 관점에서 접근해야 미시적 접근에 따른 판단 오류를 방지할 수 있다. 3년은 중장기 전략 수립의 최소 단위이기 때문이다.

현재 우리 사회에서 전개되는 각종 환경변화는 법 · 정치적 환경변화, 경제 · 기술적 환경변화 그리고 사회 · 문화적 환경변화의 세 가지이다.

법 · 정치적 환경이란 창업에 영향을 끼치는 국회의 입법, 정치권이나 지자체의 움직임 등을 말하며, 경제 · 기술적 환경은 금융정책이나 소비구조, 기술의 변화 등을 말한다. 사회 · 문화적 환경은 사람들의 심리나 사회 흐름의 변화 등 소비구조에 영향을 미치는 여러 사회 현상을 일컫는 것이다.

SWOT 분석에서는 이와 같이 세 분야의 환경요소를 발굴하여 가장 크게 영향을 미칠 수 있는 요소를 찾아내고 분석하여 철저히 대비함으로써 실패 확률을 낮출 수 있다.

1) 법 · 정치적 환경

지금 우리 사회는 법률과 정치환경 측면에서 큰 변화가 일어나고 있다. 이러한 법 · 정치적 환경의 특징적 변화 내용을 창업자가 생각나는 대로 추출해 보고, 이를 다시 기회요인과 위협요인으로 분류해 보자.

환경변화의 내용 예시
① 각종 규제의 철폐 및 완화
② 외국자본의 국내 유입 가속화
③ 평화번영정책 등 통일 분위기 조성
④ 정치개혁에 대한 국민적 요구
⑤ 민생 관련 법률의 개혁
⑥ 중산층의 몰락과 사회계층의 양극화

어느 정도 해당 항목이 도출됐다고 생각되면 그 다음은 이러한 환경변화 중에서 기회로 작용할 요인과 위협이 될 만한 내용을 분류한다. 여기서 유의할 것은 환경변화 항목 중 어떤 측면에서는 기회도 되지만, 한편으로는 위협도 될 수 있는 양면성을 가진 것들이 많다는 점이다.

(1) 기회요인의 발굴

위의 내용 중에서 창업을 준비하는 자신에게 도움이 될 만한 것들은 무엇인지 생각해 보자. 먼저 각종 규제의 철폐나 완화 추세는 대단히 매력적인 내용이다. 그동안 어떤 사업을 시작하려고 해도 행정당국의 규제로 착수조차 하지 못하는 경우가 많았기 때문이다. 둘째로 외국자본의 국내 유입 가속화도 업종에 따라서는 좋은 기회요인이다.

이와 같은 방법으로 자신이 막연하게 구상 중인 사업과 환경변화의 내용을 연관 지어 생각해 보면, 좋은 기회가 될지 아니면 위협요인이 될지 창업 전략을 수립하는 데 도움이 된다.

(2) 위협요인의 발굴

기회요인과 반대로 위의 환경요인 중 자신이 구상하는 사업에 불리하게 작용할 수 있는 요소를 찾는 것이 위협요인의 발굴이다.

중산층의 몰락은 전 업종 공히 사업을 어렵게 할 가능성이 있다. 경제가 불안한 가운데 번창할 수 있는 사업은 거의 없기 때문이다. 외국자본의 국내 유입 가속화도 업종에 따라서 위협요인이 될 수 있다. 이는 곧 시장 개발을 의미하기 때문이다. 또한 정치권 개편은 선거대행업 등 업종에 따라서 유리할 수도, 불리할 수도 있다.

이렇듯 환경변화의 다양한 내용이 자신이 구상하는 사업에 어떤 영향을 끼칠지는 일률적으로 판단하기 어렵다. 그만큼 환경변화는 양면성이 있기 때문이다.

(3) 발굴항목의 정리

이와 같이 법 · 정치적 환경변화의 내용을 나열하고 이를 기회요인 및 위협요인으로 정리하되 가장 핵심적으로 영향을 미칠 수 있는 요소를 5개 이내로 간추려서 정리해 본다.

2) 경제 · 기술적 환경

IMF 외환위기 이후 경제 · 기술적 환경의 변화요인이 가장 많았다. 앞에서와 마찬가지 방법으로 경제 · 기술적 환경변화의 내용을 생각나는 대로 발굴해 보자.

환경변화의 내용 예시

① 경제개혁의 필요성 증대	⑦ 대기업들의 구조계획
② 도산기업 증가	⑧ 고용불안 및 실업증대
③ 주식시장 붕괴	⑨ 부동산 경기침체
④ 가계소비 축소	⑩ 신업태 등장 가속화
⑤ 경제문제에 대한 정부개입 증가	⑪ 창업 확산 분위기
⑥ 정보통신 기술의 발달	

3) 사회 · 문화적 환경

창업 방향을 수립하고 구체적인 아이디어를 구상할 때 사회 · 문화적인 변화들을 심층 고려하여 고객을 확보하는 영업 전략을 수립하여야 한다. 현재 전개되고 있는 사회 · 문화적인 변화들을 기술하면 다음과 같다.

환경변화의 내용 예시

① 소비자 의식의 변화
② 가격 및 개념파괴의 확산
③ 귀농, 귀향인력의 증가
④ 지자체 및 개인 이기주의 등장
⑤ 화이트칼라의 붕괴 가속화
⑥ 일본 대중문화 개발
⑦ 소비구조의 양극화
⑧ 복고주의의 등장
⑨ 도산 및 실직 증후군의 등장
⑩ 스포츠 영웅의 각광
⑪ 개인의 심리적 불안감 가속

4) 체계적 정리를 통한 환경변화의 활용

이상과 같이 세 측면에서 환경 분석과 기회 및 위협요인의 발굴이 끝나면 〈표 1-1〉과 〈표 1-2〉에 체계적으로 정리하고 활용방안을 모색해 본다. 그리고 SWOT 분석에 활용할 때는 세 분야의 요소들을 망라해 기회와 위협요인으로 가장 중요한 것을 다시 5개씩 추려서 대입시키면 된다.

표 1-1 환경 분석 결과 정리 시트

구분	기회요인(O)	위협요인(T)
법 · 정치적 환경 (중요 5가지 항목)	• • • • •	• • • • •
경제 · 기술적 환경 (중요 5가지 항목)	• • • • •	• • • • •
사회 · 문화적 환경 (중요 5가지 항목)	• • • • •	• • • • •

표 1-2 기회요인과 위협요인의 체계적 정리

번호	기회요인 BEST 5	위협요인 BEST 5
1		
2		
3		
4		
5		

2. 창업가의 강점 및 약점 분석

성공적인 창업을 위해서는 무엇보다 창업자의 자신감이 중요하다. 호경기라 하더라도 결의에 찬 창업자의 의식이 없으면 머지않아 어려움에 처하는 것과 마찬가지로 절망적인 불황이라 하더라도 자신감을 가지고 임하면 좋은 방법이 떠오르기 때문이다. 그러나 무턱대고 자신감을 갖는 것은 무의미하다. 환경이나 역량에 대한 분석적인 시각이 없는 돈키호테식 자신감은 오히려 사업을 망칠 수도 있다.

이런 점에서 자신감을 회복하기 위해 자신의 강점과 약점을 파악해 보는 것은 대단히 중요하다. 자신이 가지고 있는 강점은 최대한 활용하고 약점은 미리 보완하거나 피해감으로써 실패를 미연에 방지할 수 있기 때문이다.

자신의 강점과 약점에 대한 판단은 주관적이기 쉽다. 따라서 더욱 냉철하게 합리적으로 모색할 필요가 있다. 한 가지 유의할 점은 자신의 강점과 약점을 스스로 발견해야 하기 때문에 가급적 3자적 관점에서 접근하는 것이 중요하다는 것이다. 자신이 어떤 직장의 인사담당자가 돼 적재적소에 활용하기 위해 남을 평가한다고 가정해 보자. 물론 평가 대상은 자기 자신이다.

강점이나 약점 파악은 자만이나 자학의 목적이 아니라 창업에 전략적으로 활용하려는 것이므로 냉철하게 살펴보되 가급적 긍정적 안목에서 분석할 필요가 있다.

1) 자신의 강점

자신의 강점을 발견하는 것은 쉽지 않다. 특히 어려운 상황일수록 자신의 잠재력을 찾는 것이 중요하다. 부정적인 여러 상황을 발전시키기 위해서라도 자신의 강점을 찾아낼 필요가 있는 것이다. 자본금이 부족하고 조달할 방법이 없다면 더욱더 돈을 들이지 않고 아이디어로 돌파할 수 있는 방법을 찾아야 하며, 시장이 급랭해서 웬만한 것들은 사지 않는 분위기라면 또 그런 상황을 돌파할 수 있는 전략을 세워야 하기 때문이다. 자신의 강점을 평가할 때는 가급적 직장이나 학창생활에서 검증된 것들을 중심으로 기술해야 주관적 오류를 방지할 수 있다.

〈표 1-3〉의 체크리스트를 통해 자신의 강점을 발굴해 보자. 항목별로 자신이 어디에 해당하는지 체크해 보면 강점을 파악할 수 있다. 평가방법은 먼저 각 항목에 자신의 해당 정도를 체크해서 '보통' 이상으로 표시되는 항목을 강점으로 분류한다. 만일, 성품, 대인관계, 업무습관, 미래 대비 항목에서 자신이 생각하고 있는 내용이 없거나 추가하고자 하는 경우에는 새로운 항목으로 넣어서 점수를 매기면 된다. 이렇게 분류된 강점 항목을 상위 5개만 골라 〈표 1-4〉에 옮겨 적으면 된다.

표 1-3 강 · 약점의 예시항목 체크리스트

구분	항목	매우 그렇다	비교적 그렇다	보통 이다	그렇지 않은 편이다	전혀 아니다
		5점	4점	3점	2점	1점
성품	긍정적 사고를 한다.					
	겸손하다.					
	기지나 재치가 있다.					
	인내와 끈기가 있다.					
대인관계	대인관계의 폭이 넓고 깊다.					
	활발한 성격이다.					
	화술과 표현력이 뛰어나다.					
	인상이나 외모가 호감을 준다.					
업무습관	업무에 완벽하다.					
	일에 대해 집중한다.					
	기획 및 분석력이 있다.					
	추진력이 있다.					
	창의력이 있다.					
미래대비	정보 마인드가 있다.					
	컴퓨터 실력이 있다.					
	어학 능력이 있다.					
	독서를 많이 한다.					
	건강하다.					

표 1-4 강점과 약점의 체계적 정리

번호	강점 BEST 5	약점 BEST 5
1		
2		
3		
4		
5		

2) 자신의 약점

스스로 생각해도 능력이나 자질이 부족한 부분은 누구나 있기 마련이다. 체크리스트에서 '보통' 이하에 해당하는 항목들이 자신의 약점에 해당된다.

평균(30점)에 미치지 못하는 항목 중에서 하위 5개 항목을 골라 〈표 1-4〉에 강점과 함께 정리해 놓으면 된다.

3) 강점과 약점의 정리와 1차 활용

창업 전략을 수립할 때 강점이 기회를 극대화시키는 용도로 활용된다면 약점은 위험을 피하는 용도로 활용된다. 예를 들어, 컴퓨터를 이용해서 인터넷을 통한 정보 제공 사업을 하려는 두 사람이 있다고 하자. 한 사람은 컴퓨터에 능숙하고 정보 마인드가 높은 반면, 다른 사람은 그렇지 못하다면 누가 과연 성공 가능성이 높을까? 당연한 이야기지만 전자가 성공할 가능성이 높다. 따라서 후자는 이런 분야보다 자신의 강점이 있는 분야를 중심으로 창업을 준비하는 것이 현명하다.

3. 환경 분석을 통한 창업 방향의 도출

1) 창업 전략 도출

앞에서 도출한 기회 및 위협요인, 강점과 약점의 내용을 각각의 자리에 위치시키면 다음의 〈표 1-5〉와 같이 네 가지 유형의 전략 방향에 관한 매트릭스를 만들 수 있다.

① 기회와 강점을 결합한 전략 방향(SO전략)

② 위험에 대비하면서 강점을 활용하는 전략 방향(ST전략)

③ 기회를 살리되 약점을 감안한 전략 방향(WO전략)

④ 위험도 크고 약점도 많을 때의 전략 방향(WT전략)

표 1-5 SWOT 분석에 따른 전략 매트릭스

구분	기회(O)	위협(T)
강점(S)	기회를 살리고 강점을 활용하는 전략(SO전략) → 1순위(성공 전략화)	강점을 살리되 위험을 줄이는 전략(ST전략) → 2순위(위험회피)
약점(W)	기회를 살리되 약점을 감안하는 전략(WO전략) → 3순위(성공 전략화)	위협과 약점을 동시에 고려하는 전략(WT전략) → 4순위(위험회피)

2) 분석결과를 활용한 창업 방향 탐색

이상과 같이 네 가지 전략을 종합하면 자신의 창업 전략 윤곽을 가늠해 볼 수 있다. 예를 들어, 분석결과가 예시와 같은 사람이 창업을 고려한다고 하자.

대기업에서 영업기획부 중견사원으로 근무하다 퇴사한 이 사람은 기획력, 영업 감각, 컴퓨터 실력은 갖췄으나 외국어와 디자인 감각, 자금력이 취약하고 정보통신 분야에서는 나이가 많은 편이다.

이 사람이 처한 상황을 고려해 창업 방향을 찾아보면 국내를 대상으로 염가에 각종 정보를 제공해 주는 정보제공(Information Provider : IP) 업종이 바람직해 보인다. 그리고 투자규모는 가급적 소액으로 하는 것이 좋을 것 같다.

표 1-6 창업을 위한 분석 및 검사지 활용

1. SWOT 분석을 통한 창업 방향 도출	2. 창업환경 기회 · 위협요인 발굴 실습 나의 강 · 약점 발굴 실습
	• 기회요인 BEST 5 • 위협요인 BEST 5 • 나의 강점 BEST 5 • 나의 단점 BEST 5
3. 창업 방향 탐색을 위한 SWOT 분석	**4. 창업 능력 자가 체크리스트**

이러한 방법은 막연한 상태에서 적합한 방향을 모색해 보는 초기적인 방법으로 어느 정도 효과가 있으므로 창업자들은 자신이 처한 상황과 강 · 약점을 이용해 활용해 보자. 〈표 1-6〉은 지금까지의 내용을 종합한 창업을 위한 분석 및 검사지 활용방법이다.

4. 창업환경

1) 내부환경

창업에 영향을 미치는 내부환경요인으로는 기업의 조직구조와 창업자, 그리고 전략과 관련된 요인들로 설명될 수 있으며, 이들은 경영성과에 영향을 미칠 수 있다.

(1) 조직구조

조직구조는 경영자로부터 종업원에 이르기까지 권한과 책임에 관한 일련의 의사소통 과정을 나타낸다. 우리나라 벤처기업들은 대기업에 비해 상대적으로 작은 계층구조와 분권화된 의사결정구조를 가짐으로써 신속한 의사결정을 이루는 것으로 나타났다.[1] 특히 구성원의 잠재적인 창의성과 자발성이 중요한 업종에서는 자율적인 직무수행은 매우 중요한 요소로 강조된다.

(2) 창업자

창업자의 특성은 사업계획과 운영에 많은 영향을 주며, 창업 동기나 역량, 그리고 행동을 통해 실천된다. 창업자의 신뢰성 있는 행동과 네트워킹 활동은 중요한 정보의 수집 및 외부자원의 조달에 있어서 매우 중요할 수 있다.

---

1) 장수덕, 이장우(2003), "벤처기업의 기업가, 환경, 전략, 그리고 조직구조 특성과 성과변화," 경영과학회지, 28(2), p.38.

(3) 전략

내부환경으로서의 전략은 기업 내부의 모든 부문에서 행하는 의사결정에 영향을 미치게 된다. 예를 들면, 우수한 제품 공급과 마케팅 혁신에 의한 차별화 전략, 원가우위 전략, 외부자원을 적극적으로 활용하여 외부와 긴밀한 협력적 관계를 유지하기 위한 외부자원 활용 전략 등이 있다.

2) 외부환경

창업에 영향을 미치는 외부환경요인은 경제적 환경, 정치 · 사회적 환경, 시장환경, 기술적 환경 등으로 설명될 수 있다.

(1) 경제적 환경

경제적 환경에는 경제체제, 산업구조, 정부의 재정 및 금융정책, 경기흐름, 시장구조, 소비성향 등이 있다. 중소기업청에서는 각종 금융 및 세제 지원 등을 확대하고 중소벤처기업 창업 자금 지원, 중소기업 경영안전 자금 지원, 중소기업 개발기술사업화, 소상공인 창업 및 경영개선 자금 지원, 협동화사업 자금 지원 등을 적극적으로 추진하고 있다.

(2) 정치 · 사회적 환경

1990년대 이후 정치 · 사회적 환경변화는, 첫째, 경제의 고도화, 복잡화로 기업은 자체의 인력을 통한 정보획득이나 전략적 제휴 등을 통한 정보교류로 효율적인 정보수집활동을 행할 수 있게 되었다. 둘째, 금융자율화 및 자본자유화와 함께 공기업의 민영화, 규제완화, 지방자치제 실시 등으로 정부가 실행 가능한 정책수단의 폭을 좁히고 있다. 따라서 앞으로는 시장원리가 적용되는 범위와 정도가 늘어날 것으로 예상된다.

(3) 시장환경

1990년대 이후 시장환경의 변화는 가격경쟁력에 기초한 제품시장에서 품질이나 기술경쟁력에 기초한 제품시장으로의 변화이다. 이러한 변화의 배경은 임금의 대폭상승 및 후발개도국의 추격, 다국적기업의 세계화, 시장개방 압력이라고 볼 수 있다. 생산방식의 측면에서 보면 다품종소량생산방식, 혹은 변종변량생산방식[2]의 확립이 경쟁력 확보의 전제조건으로 요청되고 있다.

(4) 기술적 환경

기술적 환경은 재화 및 서비스의 생산과 관련되는 지식의 상태를 나타내는 것으로 어떤 일을 하는 방법에 관한 숙련된 지식인 노하우에 관련된 환경을 의미한다. 특히 벤처기업의 경우, 기술혁신에 의한 기술경쟁력은 기업의 글로벌 경쟁력을 판가름하는 요인 중의 하나이다. 이러한 기술적 환경은 정보기술, 생명공학, 공장자동화, 컴퓨터 지원 설계 및 생산시스템 등이 포함되며 최근에 로봇기술, 생명공학, 유전공학, 정밀화학, 멀티미디어 공학 등에 의한 새로운 제품 및 서비스의 창출이 확산되고 있다. 또한 인터넷에 의한 기업환경의 변화는 정보파괴, 시장파괴를 초래하고 공간적 · 시간적 제한이 없는 쌍방향 커뮤니케이션을 가능하게 하였다.

5. 창업의 성공과 실패

1) 창업 성공률

창업 성공률은 창업 후 특정 기간까지 생존하는 비율을 말한다. 창업 중소기업이 지속적으로 성장 · 발전한다는 것이 매우 어렵다는 사실은 많은 연구를 통해서 밝혀지고 있다. 우리나라에서는 중소벤처기업부와 통계청의 자료에 따르면 창업기업의 생존율이 1년 59.8%, 2년 46.3%, 3년 38%, 4년 33.4%, 5년 30.9%로 나타났다. 그런데 재도전 기업의 경우 생존율이 1년 97.2%, 2년 89.4%, 3년 80%, 4년 78.8%, 5년 73.3%로 나타나 재도전

2) 변종생산방식이란, 모델의 빈번한 변경보다는 주요모델상품을 '필요한 양'만 생산하여 '타사보다 빨리' 제공하는 생산방식이다. 이것은 빈번한 모델변경을 통해 판매극대화를 꾀하는 단순한 다품종소량생산방식이 과도한 연구개발비용, 모델변경에 따른 생산라인의 조정비용부담, 팔리지 않는 모델의 재고비용 등에 의해서 매출액에 비해 수익성이 낮은 것에 대한 반성에서 나온 것으로 다양성(variety)보다는 적응속도(speed)를, 그리고 디자인, 연구개발 등 상류부문보다는 마케팅 등 하류 부문을 중시하는 생산 개념이라고 할 수 있다.

기업의 생존율이 훨씬 높게 나타났다. 미국의 경우, 창업 실패율(도산기업 누적비율)을 보면 창업 후 1년 이내 도산한 경우가 24.1%, 5년 이내 40.1%, 10년까지는 91.7%로 나타났다. 또한 기업규모가 작을수록 생존율이 낮은 것으로 나타났다. 이는 중소기업이 초기에 도산할 가능성이 크며, 규모가 크고 창업 연수가 어느 정도 지나야 안정적인 기업을 운영할 수 있다고 볼 수 있다.

표 1-7 창업 중소기업의 실패율과 규모별 1년간 생존율

연도 말	실패율	규모(종업원)(명)	생존율
1차 연도	24.1%	0~9	77.8%
5차 연도	40.1%	10~19	85.5%
10차 연도	91.7%	20~30	93.3%
–	–	100~240	95.3%
–	–	250 이상	100%

2) 창업의 성패요인

창업을 성공적으로 이끌기 위해서 고려해야 할 요인들을 결정하는 것은 어려운 일이지만 일반적으로 다음과 같이 제시할 수 있다.[3)]

① 제품에 대한 시장의 적정한 제공
② 충분한 자본의 확보
③ 효율적인 인력의 모집과 이용
④ 정확한 정보의 이용과 획득
⑤ 효과적인 정부정책의 이용
⑥ 창업 분야의 전문성을 가진 창업자와 고용자
⑦ 효과적인 시간관리

그 밖에도 외적 또는 환경적인 요인에 의한 실패요인들은 다음과 같다.

① 인력난

3) W. L. Megginson, M. J. Byrd, and C. R. Scott, etc.(1994), *Small Business Management*, IRWIN, pp.33~34.

② 자금 조달의 어려움

③ 비효율적인 조세 지원

④ 과도한 규제

⑤ 새로운 소비성향

⑥ 특허 남용

미국의 경우, 창업 실패 원인을 살펴보면 '경제적 · 시장 요인'이 47.4%, '재정적 어려움'이 38.4%, '사업 경험의 미숙'이 7.1%, '기타'가 7.1%로 나타났다. 한국은행이 조사한 한국기업의 부도 원인을 보면, '판매부진', '매출채권 회수부진', '설비불량', '관련 기업 부도', '자금수급계획 차질' 등으로 나타났다.

미국의 성공 기업의 특징을 살펴보면 다음과 같다.

① 잠재력이 높은 사업을 선택하는 기업(매출액이 50만 달러에서 100만 달러 수준, 연평균 성장률 10% 이상)

② 매력적인 기회를 추구하는 능력과 경험 있는 사업가를 보유한 기업

③ 성장 가능성이 높은 사업을 선택한 기업(장기적인 가치창조, 지속적인 이윤창출)

④ 벤처자본이 투자된 기업(도산율이 15~20%)

ENTREPRENEURSHIP MANAGEMENT

CHAPTER

02

창업 아이템의 선정방법

제1절 창업 아이디어의 중요성과 원천

제2절 창업 아이디어의 개발

제3절 창업 아이디어의 선정 절차

제4절 창업 아이디어의 선정

제5절 비즈니스 모델 분석

제1절 창업 아이디어의 중요성과 원천

1. 창업 아이템 선정의 중요성

창업의 예비 절차는 사업의 핵심요소를 결정하는 사업구상 단계이다. 사업의 핵심요소 중에서 가장 중요한 무엇(what)을 할 것인가는 사업을 하고자 하는 창업자에게는 향후 인생의 방향을 결정하는 것으로서 매우 중요한 사항이기 때문에 창업 아이템의 무게를 가늠할 수 있을 것이다.

아이템(item)이란 업종이나 판매할 상품 또는 서비스의 총칭이다. 이러한 업종 및 사업 아이템 선정은 창업 성공의 열쇠라고 할 수 있으며, 이것의 결정으로 사업의 규모와 기업의 경쟁력 등의 핵심요소가 연관되어 사업구상이 이루어지며, 어떤 형태의 비즈니스 창업을 할 것인가 하는 고려사항도 이 구상 단계에서 구체화된다. 그렇기 때문에 창업의 시작은 어떻게 하면 좋은 업종과 아이템을 선정하느냐에 사업의 성패가 달려 있다.

창업 희망자가 자신에게 맞는 창업 업종을 선택함에 있어 실패율을 낮출 수 있는 몇 가지 요령은 다음과 같다.

첫째, 자신의 성격을 먼저 파악하고 그에 맞는 업종을 고른다.

둘째, 자신의 경력, 특히 전문지식이나 인맥을 활용할 수 있는 업종이면 더욱 좋다.

셋째, 자금 및 기술 등 경영자원의 관점에서 이상적인 기준과 너무 큰 차이가 없는 업종이 좋다. 즉, 현실성이 있어야 한다.

넷째, 시대 변화를 반영하되 자신이 따라잡을 수 있는 업종이 좋다.

다섯째, 상기의 성격, 경력 및 경영자원이 동시에 만족된다면 더욱 이상적인 업종 선택이 될 것이다.

그림 2-1 창업의 핵심요소

1. Who	2. What
정보수집, 사업적성 및 경영 능력 (동업관계, 조직 및 인력구성)	내게 맞는 아이템 선정 (평생을 투자해도 아깝지 않을 아이템 찾기, 5~6년에 트렌드 변화)
3. When	**4. Where**
창업 시기 결정 (비전을 담은 사업계획서 작성)	좋은 점포입지 결정 (위치, 크기, 인테리어, 설비 등을 사전에 파악)
5. How	**6. Why**
자금 조달 및 최적 사업 규모 결정, 사업 형태 결정, 경영 및 장사 전략 결정	장사 목적, 경영철학의 결정 [회사 설립(개인, 법인), 사업장 공사 및 오픈]

2. 창업 아이디어의 원천

창업 기회는 사업에 있어서 중요한 조건이다. 창업을 준비하는 사람들은 창업 기회를 어떻게 이용하느냐에 따라 사업의 성패를 좌우할 수도 있다. 미국독립사업전국협회(National Federation of Independent Business)의 회원을 대상으로 "지금 하고 있는 사업의 아이디어를 어디에서 얻었는가?"라는 설문의 조사 결과 "이전 일의 경험"이라는 비율이 45%이었고, 16%가 취미 또는 관심사였으며, 다음으로는 "우연한 기회"로부터가 11%, "어떤 사람의 제안"에 의한 아이디어의 획득이 7%이었다.

베스퍼(Karl H. Vesper)는 좋은 사업 아이디어를 가지게 된 사람은 이 아이디어를 오히려 무심코 발견하는 것이며 아이디어를 의도적으로 열심히 찾는 사람의 대부분은 실패로 끝난다고 보았다. 그는 수많은 사례를 찾아 예시해 보이면서 대부분의 사업 아이디어들이 뜻하지 않게 나타나는 것이며 체계적인 방법을 이용해서 탐색하거나 비상한 수단으로 발견하게 되는 것이 아님을 설명하고 있다. 그는 아이디어 창출을 일곱 개의 유형으로 나누어 설명하고 있다.[1)]

1) 조병주(1999), 기회발견과 창업메카닉스, 청아출판사, pp.85~108.

① 기대치 않았던 초대(unanticipated invitation) : 어떤 사업 아이디어는 초대성 제안이나 부탁의 형식으로 오면서 발생하는 경우

② 전직(prior employment) : 대부분 창업 아이디어는 예비 창업자가 몸담고 있었던 이전 직장의 업무와 관련해서 얻어지는 경우

③ 권리의 획득(obtaining rights) : 아이디어 개발권자로부터 권리를 사는 경우와 아이디어 창안자와 협력관계를 맺는 경우

④ 자기고용(self-employment) : 무슨 종류이든 사업을 하나 우선 시작하게 됨으로써 연이어 또 다른 사업의 기회를 만나게 되는 경우

⑤ 취미(hobbies) : 취미로 시작하게 된 것이 사업으로 이어지는 경우

⑥ 사회적으로 만난 사람들(social encounters) : 사회활동을 통해 만난 사람들로부터 아이디어를 얻는 경우

⑦ 단순한 관찰(pedestrian observation) : 주변상황을 단순히 관찰함으로부터 창업 아이디어를 얻게 되는 경우

롱제넥커(J. Longenecker) 등은 창업을 위한 기회의 유형을 새로운 제품과 서비스로 '새로운 시장'을 형성하는 방법, '새로운 기술'에 의해서 새로운 제품과 서비스를 제공하는 방법, 개선된 방식으로 기존제품과 서비스의 기능을 제공함으로써 고객에게 '새로운 혜택'을 제공하는 방법으로 구분하여 설명하고 있다.[2)]

창업을 시작함에 있어서 창업 아이디어는 매우 중요한 요소이다. 사업 아이디어의 바탕에서 사업구상을 체계화할 수 있고, 또 효과적인 사업계획서를 만들어 낼 수 있는 것이

그림 2-2 창업 아이디어의 유형

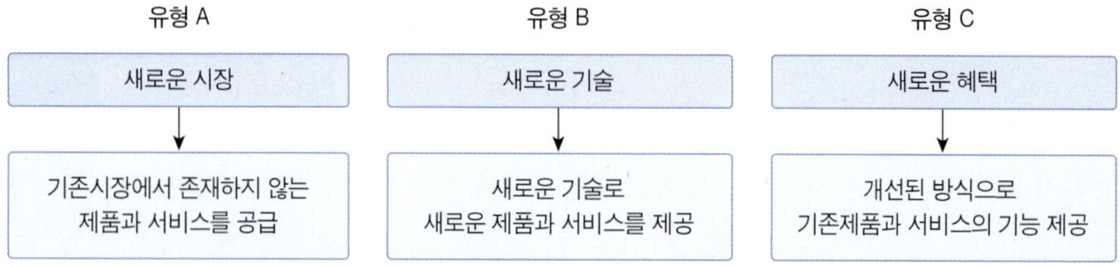

2) J. Longenecker, C. Moore, and J. W. Petty(2003), *Small Business Management : An Entrepreneurial Emphasis*, 12th ed., Southwestern Publishing, pp.18~19.

다. 이러한 창업 아이디어를 얻는 원천으로 다음과 같은 사항이 있다.

1) 전 직장

많은 사람들이 졸업 후 직장생활을 하게 되며, 독립적인 경제생활을 위해 창업을 하는 경우 그러한 경험을 바탕으로 사업 아이디어를 얻는 것이 일반적이다. 직장에서 전문화된 작업을 수행하다 보면 해당 업무나 제품 · 서비스의 기술적 현황과 미비점 및 발전 가능성에 대해 잘 파악할 수 있고, 시장에 나와 있는 제품 · 서비스의 장단점에 대해서도 비교 · 분석적인 시각을 지니게 되며, 브랜드나 명성이 중요하지 않을수록 이러한 직장 경험에 바탕을 둔 창업이 성공적일 수 있다. 또한 직원으로서 퇴사 후 생계를 위해서 자신이 취득한 지식이나 기술을 활용할 수는 있지만 그것이 과거의 직장에서 회사의 투자나 비용으로 얻어진 재산권일 때 회사는 그것을 보호할 권리를 가지는 것이며, 업무상의 기밀, 전 직장 고객의 호객행위 및 사내에서의 발명 등에 대해서는 법적으로 각별한 주의가 필요하다.

2) 사업설명회의 초청

어떤 경우 주변의 인물이 사업 기회를 인식하고 그것을 성사시키기 위해 사업 동업자나 투자자 등을 초청해서 사업계획서에 의거하여 사업설명회 및 투자설명회 개최를 통해 동업자 또는 투자자의 협력을 얻어 창업을 추진하게 될 수 있다. 이 경우 사업 기회의 포착이 상당히 소극적이지만 실제로 그것을 사업화할 수 있다고 판단하고 추진을 결정한 창업자의 사후적인 노력과 적극적인 추진력이 필요하다.

3) 권리의 취득

다른 사람이나 단체가 개발한 제품 · 서비스의 특허 등에 대해 라이센스(licence) 등의 제작 · 판매권을 취득하는 것은 사업을 신속히 전개할 수 있는 방법이다. 이러한 권리를 취득할 수 있는 원천에는 전 직장, 타 회사, 개별 발명가, 정부 등이 있다. 특허의 경우, 특허 소유권자를 대행해서 라이센싱 계약을 알선해 주는 국제적 브로커도 존재하고, 이들은 때로 특허권을 매입하여 재판매하는 경우도 있다. 제품에 대한 라이센싱은 기업체, 대학, 비영리 연구단체 등의 연구개발 결과로부터 얻을 수 있다. 기업체는 특정 제품 아이디어를 직접 개발하기는 했으나 기업의 규모에 비해 그 제품의 잠재시장이 너무 협소하다든지, 그것과 관련되지 않은 특정 시장에 특화해서 집중하려 한다든지 하는 이유로 라이센싱을 하게 된다.

4) 자영업

독립적 경제활동을 영위하는 사람들이 그 활동과 경험으로부터 사업 기회를 찾아낼 수 있다. 프리랜서 활동 등을 통해 고객의 욕구를 잘 알 수 있어 그것을 충족시키는 새로운 사업을 추진할 수도 있고, 어떤 경우는 특정한 업종에 종사하다가 우연치 않게 새로운 상품 아이디어를 개발하게 되기도 하는데, 이러한 종류의 사업 기회 발견을 샛길효과(side-street effect)라고 부른다. Polaroid사의 개발자 애드 윈(Edwin Land)은 처음부터 폴라로이드 카메라를 만들려고 한 것이 아니라 맞은편 차량의 광선을 차단하기 위해 자동차의 폴라로이드된 앞 유리와 전조등을 개발하려고 하다가 결국 카메라 사업에서 크게 성공한 경우이다.

5) 취미생활

자신이 즐겨 하는 취미생활로부터 사업 아이디어를 구체화할 수 있다. 자신이 좋아하는 특정한 아이템을 다듬고 멋지게 만들어 즐겨 쓰다가 주변 사람들이 관심을 표명하여 똑같은 것을 만들어 달라는 주문을 하게 되면 그러한 부류의 사람들이 일반 소비자화될 수 있다는 판단을 할 수 있다. 단, 취미생활은 자신이 좋아서 하는 것이고 자신의 돈을 기꺼이 투자하기 때문에 수익성 자체에 관심을 두지 않을 수 있다는 단점이 있다.

6) 인맥과 만남

직장 및 사회생활로부터 여러 부류의 사람들과 접촉한다. 이렇게 형성된 인맥이 상호교류의 과정을 통해서 좋은 사업 아이디어를 일깨우는 계기를 마련해 준다. 업무상 전문가집단, 예컨대 법조인, 회계사, 금융가, 투자가 등과의 주기적인 접촉을 통해서 그들이 알고 있는 특허의 라이센싱 기회나 매각업체 등에 대해 정보를 입수할 수 있다. 또한 업계나 관련 협회 등과의 공식·비공식적 네트워킹을 통해서 최근의 업계 현황과 사업 가능성 등을 타진해 볼 수도 있다.

7) 계획적 탐색

대부분의 사업 기회가 체계적인 탐색보다는 자연 발생적으로 발견된다고 해서 예비 창업자들이 우연적인 발견을 마냥 기다릴 수는 없는 것이다. 우연적인 발견(serendipity)도 적극적으로 탐색(search)하는 자에게 높은 확률이 있기 때문에 무언가 아이디어 탐색의 방안을 모색해야 한다.

예비 창업자들이 적극적이고 체계적인 방법으로 사업 아이디어를 얻을 수 있는 정보원천이 사실상 다양한 경로에 존재한다. 예컨대, 대형 장난감 제조업체의 경우 매년 대부분의 매출을 신제품 판매를 통해서 올리는데, 이는 장난감이 경쟁업체에 의해 쉽게 모방될 수 있고, 유행을 타서 시장 수요기간이 짧아 지속적으로 신제품을 개발할 수밖에 없기 때문이다. 이를 위해 장난감 회사는 각종 다양한 신제품 아이디어 개발기법을 총동원하는데, 이에는 브레인스토밍, 라이센싱, 경쟁사 제품의 모방과 수정, 내부 인센티브와 압력, 고객조사, 신기술 적용, 경진대회 등이 포함된다.

끝으로 창업 기업가의 가치관과 생활습관을 습득하는 것이 중요하다. 창업 기업가는 일정액의 자금을 저축하고, 늘 그것을 투자할 사업 기회를 모색하며, 사업성 있는 기회를 적극 행동으로 추구하는 실천가이다. 또한 주변의 인맥을 항상 자신의 자원으로 활용하고 도움을 받을 자세를 갖고 적극적인 사회활동을 한다. 이는 자신의 변화 기회를 포착하고, 가능하면 하나가 아닌 여러 회사를 단계적으로 창업할 수 있다는 마음가짐으로 살아가는 것이다.

제2절 창업 아이디어의 개발

1. 창업 아이디어의 창출기법

창의적이고 좋은 아이디어는 사업을 추진하는 창업자의 기본도구이며, 그것을 통해 사업 기회를 포착하는 발판을 마련하게 된다. 새로운 아이디어를 얻기 위해서는 남들보다 앞서 상황적 변화의 패턴을 인식하는 것이 중요하다. 이를 위해서는 직장이나 기타 일상생활의 경험을 새롭게 재구성하는 노력도 필요하고, 또한 창의적인 아이디어 창출기법을 적극 활용하는 자세도 필요하다.[3)]

1) 경험의 재구성

남보다 앞서 특정한 부문이나 시장에서 얻은 지식과 경험을 전혀 새로운 기술적 · 사업적 노하우로 연결시킴으로써 좋은 사업 기회를 포착할 수 있다. 예를 들면, 하워드 헤드(Howard Head)는 제2차 세계대전 중 항공 부문에서 새로운 경금속 합금을 개발하는 일을 맡고 있는 엔지니어였다. 그는 당시 목재로 된 스키를 배우다가 어려움을 느껴 자신의 합금 지식을 활용하여 금속 스키를 개발하여 헤드 스키 회사(Head Ski Company)를 창업하여 성공하였다. 그 후 테니스를 배우다가 어려움을 느껴 다시 자신의 알루미늄 지식을 활용하여 목재 라켓보다 편리한 오버사이즈 알루미늄 라켓을 개발하고 프린스 라켓 회사(Prince manufacturing Inc.)를 창업하여 크게 성공하였다. 헤드는 스키 개발에서 경험했던 패턴을 다시 테니스에서 인식한 것이고, 특정 부문의 지식과 기술을 새로운 영역에 적용하여 그 영역의 새로운 장을 열 수 있음을 보여 주었다.

2) 창의적 아이디어 창출기법

창의적 사고력을 자극하고 유도할 수 있도록 하는 몇 가지 기법을 살펴보면 다음과 같다.

(1) 브레인스토밍

브레인스토밍(brainstorming)은 가장 잘 알려진 기법으로 아이디어 창출과 창의적 문제해결에 많이 쓰이고 있다. 이는 주어진 시간 내에 특정한 문제에 대해 참여자들이 자발적으로 모든 가능한 아이디어를 창출해 내는 방법으로서 초기에 문제의 범위를 적절히 선정하여 아이디어의 다양성과 구체성을 확보하는 것이 중요하다. 또한 회의 중에 모든 아이디어를 기록하고 비판을 최대한 억제하는 것이 필수적이다. 다음은 효과적인 브레

3) 정승화(1999), 벤처창업론, 박영사, pp.74~84.

인스토밍을 위한 기본절차이다.

① 목적을 정한다.

② 참여자를 선정한다.

③ 진행자를 선정한다.

④ 즉흥적으로 브레인스토밍을 실시한다.

⑤ 비판이나 부정적 견해를 억제한다.

⑥ 아이디어 전반을 기록한다.

⑦ 백지 상태에서 아이디어를 낸다.

⑧ 특정 아이디어에 집착하지 않는다.

⑨ 가장 가능성 있는 아이디어를 파악한다.

⑩ 가다듬고 우선순위를 정한다.

특히 위의 절차 중 다섯 번째의 부정적 견해를 방지하는 점을 없애고 반대로 부정적 견해를 적극적으로 도입하는 브레인스토밍 방법도 있는데, 이것을 역 브레인스토밍(reverse brainstorming)이라고 한다. 이는 각 아이디어에 대해 그것이 실패할 이유와 확률 등을 되묻는 것이다. 이때 토의집단의 사기가 손상되지 않도록 주의할 필요가 있다.

(2) 시네틱스

시네틱스(synectics)는 윌리엄 고든(William J. Gordon)이 체계화한 기법인데, 이는 크게 두 단계로 구성된다.[4] 첫 번째 단계는 생소한 특정 문제에 대해서 그것과 유사한 친숙한 유형을 찾아내는 것으로 이를 통해 문제의 생소함을 제거한다. 두 번째 단계에서는 친숙화된 문제를 하나의 유추방법, 예컨대 개인적 · 직접적 · 상징적 또는 환상적 유추 등의 방법을 적용하여 추측과 짜 맞춤을 통해 해결책을 모색하는 것이다.

(3) 자유연상법

자유연상법(free association)은 우선 특정 문제와 관련된 단어나 문구를 적고 그것과

4) William J. Gordon(1991), *Synectics : The Development of Creative Capacity*, New York : Harper & Row.

관련된 새로운 것을 생각해 내서 추가하고, 또 추가된 어구에 관련된 새로운 것을 생각해 내는 과정을 반복하는 것이다. 이렇게 해서 일련의 아이디어 체인이 형성되고 결국 창의적 해결책이 구성된다. 이 방법은 특정 문제에 대해 전혀 새로운 관점을 개발하고자 할 때 매우 효과적이다.

(4) 강제연관법

강제연관법(forced relationships)은 새로운 아이디어 개발을 위해 특정 사안이나 아이디어에 대해 질의하고 새로운 조합의 개념을 다음 순서로 찾아내는 것이다. 문제요소를 분리하고, 요소 간의 관계를 찾아내고, 관계를 순서적으로 기록한 후, 그 결과로 나타나게 되는 관계를 분석하여 아이디어나 패턴을 찾아내는 방법을 말한다. 그러한 패턴으로부터 새로운 아이디어를 개발한다.

(5) 빅드림법

빅드림법(big-dream approach)은 최대한의 상상력을 발휘하여 특정 문제와 그 해결책에 대해 큰 꿈을 꾸듯이 생각해 보는 것이다. 즉, 문제와 관련하여 있을 수 있는 자원상의 제약 등 부정적 측면을 생각하지 않고 가능한 모든 방법을 생각해 본 다음 최종적으로 아이디어가 실현될 수 있는 형태가 되도록 개발해 내는 것이다. 이는 특히 먼 장래의 비전을 제시하는 사업구상을 할 때 원대한 꿈을 가다듬는 기틀을 마련하는 데 적절한 방법이 될 수 있다.

(6) 포커스 그룹

포커스 그룹(focus group)은 특히 신제품 개발 시 많이 쓰이는 기법인데, 진행자가 8~14명의 참여자들을 대상으로 특정 제품 영역에 대해서 심층적 토론을 유도해 나가면서 시장의 수요를 충족시키는 제품의 아이디어를 구상하고 대안을 모색해 내는 방법이다. 이 방법은 신제품 아이디어뿐만 아니라 초기의 사업 아이디어나 개념을 정리해 내는 데에도 매우 유용하다.

3) 사업 아이디어는 체계적인 방법의 산물

칼 베스퍼(Karl H. Vesper)는 성공적인 사업 아이디어를 발견하는 데 있어 보다 효과적인 방법이 과연 존재하는가 하는 문제를 제기하고 100여 명의 미국 창업 기업가에 대한 실증 연구를 한 바 있다.[5] 그의 연구결과는 일반적으로 사업 아이디어가 창업자 자신의 교육, 직장경험 및 취미활동 등을 통해 발견되는 것으로서 결코 우연한 과정이 아니라 신중하고 체계적인 방법을 통해 창조된다는 점을 지적하였다.

베스퍼는 각종 창업 관련 서적들이 제시하는 사업 아이디어 발견의 원천은 크게 다음과 같은 부류로 나누어 볼 수 있다고 정리하였다.

① 정신적 훈련(mental gymnastics) : 브레인스토밍, 관찰, 새로운 응용방안 모색 등

② 개인적 접촉 : 잠재고객, 잠재공급업자, 사업 브로커, 사업가, 성공적 창업자, 재산소유자, 교수, 대학원생, 특허 법률가, 전직 종업원, 예비 동업자 · 금융가, 투자가, 상공회의소, 기업체 라이센싱 부서, 경영 컨설턴트, 기술 에이전시, 지역개발단체와 접촉 등

③ 방문 : 업계 전시회, 도서관, 박물관, 공장, 발명 전시회, 대학, 연구소의 방문

④ 독서 : 업계 출판물, 업계 지침, 파산 공고, 사업 기회 광고, 고전 및 잡지, 정부기관 출판물, 신제품 관련 출판물, 논문, 아이디어 서적 및 소식지, 베스트셀러, 신기술 관련 출판물, 라이센싱 정보물의 독서

⑤ 추세 관찰 : 원자재 부족, 에너지 부족, 쓰레기 처리, 신기술, 레크리에이션, 유행, 법적 변화, 공해 문제, 건강, 자기개발, 무역, 사회 운동 등

조사결과 나타난 대부분의 성공적 아이디어가 위와 같이 남들로부터 얻는 것이 아니라 자신이 직접적인 경험을 통해서 얻은 전문지식에 기반한다. 특히 전 직장에서의 경험과 새로운 사업 아이디어 사이에 상관관계가 높아지는 경향이 있다. 따라서 예비 창업자는 사업 아이디어 발견을 위해서 단순히 사색을 즐기는 것보다는 주변을 잘 관찰하고 사람들을 만나는 등 적극적인 탐색활동을 추구할 필요가 있다는 것이다.

---

5) Karl H. Vesper(1992), "New-Venture Ideas : Do Not Overlook Experience Factor," In William A. Sahlman, and Howard H. Stevenson(Eds.), *The Entrepreneurial Venture*, Boston : Harvard Business School Press, pp.73~80.

2. 창업 아이디어 개발의 구체적인 방법

창업 아이디어를 개발하는 방법에는 크게 기존제품을 탐색하는 방법, 변경제품을 탐색하는 방법, 신제품을 탐색하는 방법의 세 가지가 있다. 먼저 기존제품을 탐색하는 방법은 이미 존재하는 제품을 가지고 기존시장에서 새로운 수요를 창출하거나 새로운 시장에 접근하는 방법이며, 변경제품을 탐색하는 방법은 기존의 시장을 목표로 이미 존재하고 있던 제품을 변형하여 만든 제품을 가지고 기존시장에서 새로운 수요를 창출하거나 새로운 시장에 접근하는 방법이다. 마지막으로 신제품을 탐색하는 방법은 기존의 제품과 다른 새로운 제품을 개발하여 기존에 형성되어 있는 시장이나 새로운 시장을 공략하는 방법이다. 〈표 2-1〉은 창업 아이디어를 개발하는 매트릭스이며, 이를 구체적으로 살펴보면 다음과 같다.

표 2-1 창업 아이디어 탐색 매트릭스

제품	창업 아이디어 선정기준
기존제품	기존시장
	새로운 시장
변경제품	기존시장
	새로운 시장
신제품	기존시장
	새로운 시장

1) 기존제품을 탐색하는 방법

이 방법은 아이디어를 개발하는 방법 중 가장 흔하고 쉽게 접근할 수 있는 방법이다. 이것은 기존제품을 변경시켰느냐 아니냐의 여부, 그리고 기존시장에 도입할 것인가 아니면 새로운 시장에 도입할 것인가의 여부에 따라 다음의 네 가지 방법으로 나눌 수 있다. 이들 방법들은 새로운 제품을 개발하는 경우보다 덜 위험하다는 장점이 있기는 하지만, 반면에 경쟁이 치열하고 수익성이 낮을 수밖에 없는 약점을 가지고 있다.

(1) 기존제품-기존시장 결합방법

이 방법은 이미 존재하고 있는 제품을 기존의 시장을 목표로 하여 생산하거나 판매하는 방법으로 창업 아이디어 개발방법 중 가장 낮은 차원의 방법이라고 볼 수 있다. 그러나 누구나 쉽게 접근할 수 있기 때문에 한편으로는 가장 많이 이용되는 방법이기도 하다.

(2) 기존제품-새로운 시장 결합방법

이 방법은 새로운 시장을 목표로 하여 이미 존재하는 제품을 생산하거나 판매하는 사업 아이디어 개발방법을 말한다. 이는 위에서 설명한 기존제품-기존시장 결합방법보다 약간 진보한 면이 있기는 하지만, 역시 누구나 쉽게 접근할 수 있으므로 앞의 방법과 마찬가지로 창업에 많이 이용되는 방법이다.

(3) 변경제품-기존시장 결합방법

이 방법은 기존의 시장을 목표로 이미 존재하고 있던 제품을 변형하여 만든 제품을 생산하거나 판매하는 사업 아이디어를 찾는 방법을 말한다. 이는 창조성을 가미하여 제품의 질이나 용도, 그리고 기능을 향상시킨 방법이므로, 앞의 두 방법보다 진일보한 방법이라 할 수 있다. 따라서 약간 차별화된 제품을 보유하고 있기 때문에 다른 사업자에 비해 유리한 경쟁력을 가질 수 있다는 장점을 갖고 있다.

(4) 변경제품-새로운 시장 결합방법

이는 새로운 시장을 목표로 변경된 제품을 제조하거나 판매하는 것과 관련된 사업에서 아이디어를 찾으려는 방법을 말한다. 이는 기존의 제품에 창조성을 가미하여 질이나 기능을 보강한 것이란 측면에서 바로 앞의 방법과 같으나, 기존의 시장이 아닌 새로운 시장을 목표로 한다는 점에서 다르다. 따라서 새로운 시장 개척 문제가 부과되기 때문에 변경제품-기존시장의 결합방법보다 더 위험이 크다는 약점이 있다. 반면에 만약 시장이 순조롭게 개척된다면 크게 성공할 수 있으므로 그만큼 유리한 점도 있다.

2) 신제품을 개발하는 방법

(1) 신제품-기존시장 결합방법

이 방법은 기존에 형성되어 있는 시장을 목표로 이미 존재하고 있던 제품보다 기능이나 성능이 개선된 신제품 또는 순수한 신제품을 생산하거나 판매하는 데서 사업 아이디어를 찾는 방법을 말한다. 이 방법은 기존에 이미 형성되어 있는 시장을 목표로 한다는 점에서 다음에 설명하는 신제품-새로운 시장의 결합방법보다 덜 위험하다는 장점을 갖고 있다. 그러나 시장에 선보일 신제품이 소비자들의 요구를 얼마나 충족시킬 수 있을 것인지에 대해서는 여전히 불확실하기 때문에 위험부담이 더 크다 하겠다.

(2) 신제품-새로운 시장 결합방법

이 방법은 새로운 시장을 목표로 신제품을 생산하거나 판매하는 데서 사업 아이디어를 찾고자 하는 방법을 말한다. 신제품의 성공 여부도 불확실한데다 이를 아직 있지도 않은 시장에 결합시키는 방법이기 때문에 가장 위험한 방법이다. 그러나 만약 성공하기만 한다면, 위험에 대한 대가, 즉 보상이 가장 크기 때문에 그만큼의 매력도 가지고 있다.

제3절 창업 아이디어의 선정 절차

창업을 준비하는 입장에서 창업을 위한 아이디어를 선정하기 위해서는 다음의 일련과정을 거쳐야 한다.

1. 창업 아이디어 선정을 위한 정보수집

1) 신문 · 방송

신문과 방송은 창업 아이디어를 제공하는 정보제공처 가운데 대표적인 곳이다. 이곳에는 창업에 관한 모든 초기 정보가 모여 있다. 관심 있는 뉴스나 기사를 찾게 되면 기사에 소개된 장소나 사람 그리고 관련기관을 찾아 더 자세한 정보를 얻을 수 있기 때문이다.

2) 검색엔진과 창업 관련 사이트

검색엔진도 창업과 관련된 정보를 수집하는 좋은 창구가 된다. 검색엔진은 창업과 관련된 사이트를 알려 주는 등대의 역할을 하며, 인터넷을 통해 찾은 유용한 창업 정보 제공 사이트에서는 많은 창업 정보를 제공해 준다.

3) 창업 관련 도서

창업과 관련된 서적은 그 독자층에 따라 수록된 내용과 형식이 매우 다르다. 먼저 창업 전반의 절차나 핵심요소들을 소개하는 창업 전반에 대한 종합안내서가 있다. 이러한 책자는 대학교수나 창업 컨설턴트 등의 전문가들이 창업 절차, 창업 지원제도, 사업타당성 분석, 사업계획서 작성요령 등 창업 전반을 소개해 놓고 있다. 다음은 특정 업종의 창업을 돕기 위한 창업 가이드북이다. 창업 가이드북은 중소기업청, 소상공인시장진흥공단 등 주로 정부지원기관에서 작성 · 배포하고 있다.

2. 예비 아이디어 분석

정보수집과정을 통하여 창업 아이디어로 몇 가지를 선정한 다음에는 후보 아이디어들에 대한 정밀분석과 검토가 필요하다.

1) 해당 업종의 체험 또는 업종의 경영자와의 면담

먼저 해당 업종이 실제로 수집정보처럼 성공 가능성이 있는지 체험하는 기회를 갖거나 또는 업종의 경영자와의 면담을 통하여 성공 가능성과 경영상의 어려움 등을 듣고 사업 전망을 타진해 보는 것이 중요하다.

2) 후보 아이디어에 대한 예비 사업성 분석

최종적으로 2개에서 3개 정도의 아이디어를 선별하고 아이디어에 대한 순위를 정한다. 다음은 가족, 친지, 전문가 등의 의견을 종합적으로 수용하여 아이디어에 대한 예비적인 사업성 분석을 실시한다. 예비 사업성 분석에는 후보 아이디어에 대한 소비자 및 소비지역 인식 정도, 사업장 확보 가능성 검토, 관련 업계에 대한 정보 등이 평가대상에 포함된다.

3. 창업 아이디어의 선별방법

창업 아이디어를 탐색하는 단계에서는 가급적 많은 수의 아이디어를 찾는 것이 좋다. 찾아낸 아이디어 중 대다수가 자신의 창업에 적절하지 못할 수도 있고 실현 가능성이 희박한 경우도 많다. 사업타당성 분석과 같은 심도 있는 분석을 실시하기 전에 창업 아이디어를 예비적으로 선별하는 방법에는 크게 2분류법, 점수법, 지수법의 세 가지 방법으로 나누어 생각할 수 있다.

1) 2분류법

2분류법은 평가의 대상이 되는 아이디어를 '예'와 '아니오'의 절대적 기준에 의해 평가하는 방법을 말한다. 이 방법은 사업수행에 필요한 가장 핵심적인 요소나 중요사항만을 체크함으로써 대상 아이디어의 수를 줄여 나가는 예비 선별방법이다. 문항을 체크한 후, '아니오'에 체크된 문항이 많을수록 매력적인 사업으로 평가되며 '예'에 체크된 문항이 많을수록 부적합한 사업으로 평가한다.

절대적 기준은 아니지만, 보통 '아니오'에 답한 문항 수가 6~7개 이상일 때 일단은 한

번 해볼 만한 사업으로 간주할 수 있다.

하지만 이 방법은 문항의 내용이나 선택이 주관적이며 응답의 범위가 '예'와 '아니오'로 제약되어 구체적인 내용에 대한 상대적인 평가가 곤란하다는 문제점이 있다.

표 2-2 2분류법 체크리스트

번호	질문내용	응답(V)	
		예	아니오
1	법적으로 금지된 사업인가?		
2	환경에 해로운 영향을 미치는가?		
3	국가의 산업정책에 위배되는가?		
4	업종이 사회적으로 혐오의 대상인가?		
5	거대자본과 특수설비가 필요한가?		
6	특수한 기술과 원자재를 필요로 하는가?		
7	경쟁이 치열하고 진입장벽이 낮은가?		
8	시장이나 판매조직이 없는가?		
9	대체재나 보완재가 존재하는가?		
10	진입이 어려운 독점기업이 존재하는가?		

자료 : 이석규(1997), 창업 및 사업성검토, 다산출판사.

2) 점수법

점수법은 어떤 내용을 가지고 아이디어를 선별할 것인지를 미리 정하여 이들 내용들을 설문문항으로 7점 또는 5점으로 점수화하고, 선택한 점수의 합계를 계산하여 아이디어를 선별하는 방법을 말한다.

일반적으로 아이디어를 선별하는 데 많이 이용되는 내용은 다음과 같다.

① 제품 관련 내용 : 용도, 품질, 가격, 대체재, 진입장벽 등

② 시장 관련 내용 : 잠재수요, 경쟁자의 수, 유통경로의 이용 가능성 등

③ 자원 관련 내용 : 자본 조달 능력, 인적자원의 활용 가능성 등

④ 생산(원가) 관련 내용 : 기술수준, 설비수준, 특허 유무, 원자재가격 등

⑤ 위험 관련 내용 : 경기나 계절에 따른 매출액 변동성, 법률의 개폐에 따른 위험, 기술·설비의 진부화 위험, 신제품 출현 가능성 등

〈표 2-3〉은 5점 점수법의 예이다. 여기서 평가하고자 하는 사업이 묻는 내용과 매우 가까운 경우는 5점, 비교적 가까운 경우는 4점, 보통인 경우는 3점, 그렇지 않을 경우는 2점, 전혀 그렇지 않은 경우는 1점에 체크한다.

20개 전체 문항에 대한 응답을 체크한 후 합계를 계산하고 각각의 점수에 따라 사업 아이디어의 적합성을 다음과 같이 평가할 수 있다.

- 80점 이상 : 매우 매력적인 사업
- 70점 이상, 79점 이하 : 약간 매력적인 사업
- 50점 이상, 69점 이하 : 확신할 수 없는 사업
- 50점 미만 : 위험한 사업

표 2-3 점수법 체크리스트

번호	질문내용	응답(V)				
		1점	2점	3점	4점	5점
1	제품의 용도는 다양하며 광범위한가?					
2	제품의 품질은 우수한가?					
3	제품의 가격수준은 품질에 비해 낮은 편인가?					
4	제품의 대체(보완)재의 개발 가능성은 낮은가?					
5	진입장벽이 높은가?					
6	제품에 대한 잠재수요가 큰가?					
7	경쟁자의 수가 적은가?					
8	기존의 유통경로를 쉽게 이용할 수 있는가?					
9	판매촉진활동의 필요성이 낮은 사업인가?					
10	자본을 조달하는 데 큰 문제가 없는가?					
11	필요한 인적자원을 활용하는 데 문제가 없는가?					
12	생산기술상 큰 문제가 없는가?					
13	생산공정과 설비를 갖추는 데 어려움이 없는가?					
14	특허권의 보호나 이용에 큰 문제가 없는가?					
15	원자재 가격은 비교적 안정적인가?					
16	인건비는 비교적 안정적인가?					
17	경기나 계절변화 시 매출액 변동이 크지 않은가?					
18	법률의 개폐에 다른 위험이 크지 않은가?					
19	기술과 설비의 진부화에 따른 위험이 낮은가?					

20	신제품의 출현 가능성이 낮은가?					
합계				점		

자료 : 이석규(1997), 창업 및 사업성검토, 다산출판사.

제4절 창업 아이디어의 선정

1. 창업 아이디어 선정의 전제조건

1) 업종 선택

(1) 업종 선택의 형태

업종의 선택은 다음과 같이 나누어 볼 수 있다. 첫째는 제조업, 도·소매업, 서비스업 중 어느 업태를 선택할 것이냐의 결정이며, 둘째는 제조업, 도·소매업, 서비스업의 어떤 제품, 어떤 상품을 취급할 것이냐의 결정이다. 셋째는 대리점 형식으로 경영할 것이냐 또는 독립점포로 운영할 것이냐 등의 운영방식 선택에 관한 결정이다.

(2) 업종 선택의 판단기준

업종 선택의 판단기준은 자금 조달 능력과 동 업계의 경험 등에 따라 결정하여야 한다. 먼저 자금 조달 능력 측면에서 제조업은 설비투자 등의 이유로 대부분 5억 원 이상인 경우에 가능하며, 도매업, 편의점, 서비스업 등은 1~5억 원의 자본이 소요된다. 자본금이 1억 원 미만인 경우에는 소매점이나 서비스업을 선택하는 것이 좋다.

동 업계의 경험 측면에서 살펴보면 제조업의 경우 생산, 관리, 판매의 3개 분야 중 적어도 2개 이상의 경험이 있는 경우 적합하며, 서비스업은 사무직 종사자나 지식산업 분야의 전문가에게 적합하다. 도·소매업 창업의 경우 비전문가인 경우에도 관심과 노력을 통해 어려움을 극복할 수 있다.

또한 금융 수혜 정도도 업종 선택 시 고려할 요소 중의 하나이다. 제조업의 경우 비교적 정책금융의 혜택이 많고, 자금량도 많이 배정되나, 서비스업, 도 · 소매업의 경우에는 소액 가계 자금 대출을 제외하고 창업자 자신의 자기자본에 의해 운영해야 하는 경우가 대부분이다. 마지막으로 개인의 목표나 취향도 중요한 고려요소가 될 것이다.

2) 기업 형태

(1) 기업 형태의 결정기준

사업규모의 결정기준은 자기가 가지고 있는 자금의 규모와 자금 조달 능력에 따라 결정된다. 안전한 창업을 위해서는 최소한 50% 정도의 자기자본 확보가 필요하다. 나머지 부분은 외부로부터 자금을 조달하여야 하는데, 총소요자금을 먼저 계산하고 이에 맞는 조달계획을 객관적으로 수립한 후 사업의 최종적인 규모를 결정한다.

(2) 적정 자금 투입범위 결정

적정 자금의 투입범위를 결정하는 것은 크게 다음의 4가지 안을 생각할 수 있다.

첫째, 가계에 전혀 지장이 없는 범위에서 사업을 시작하는 것이다. 이는 창업자 자신의 저축액에 창업자 거주주택 외 부동산을 담보로 조달한 자금을 더하여 사업 자금 총액으로 결정하는 안이다.

둘째, 첫째 조건에 창업자 거주주택 담보에 의한 자금 조달액까지 창업 자금에 포함시키는 조건이다. 이 경우 실패 시 타인에게 미치는 영향은 없으나 가계에 미치는 영향은 크다.

셋째, 타인에게 영향을 미치는 범위로 둘째 조건에 사채와 제3자 거주주택 외 부동산 담보를 창업 자금 투입에 포함시키는 경우이다.

넷째, 공멸을 가져오는 범위로 셋째 조건에 제3자 거주주택 담보를 통한 조달액까지 포함시키는 경우이다. 이 경우 사업이 실패하면 자신은 물론 타인에게까지 큰 타격을 입힐 수 있다.

(3) 기타 사업규모 결정요소의 검증

기타 사업규모의 결정 시 고려요소로는 생산설비 및 시설투자규모와 인력규모, 그리고 업종별 차이를 들 수 있다.

생산설비 및 시설투자규모는 경쟁사와 비교하여 시설투자규모를 조정하여야 하며, 설비투자는 단계별로 계획하는 것이 좋다. 또한 2년 내지 3년 이내에 손익분기점에 이를 수 있는 범위 내에서 계획하는 것이 좋다. 발주는 시설의 효율성을 정밀 분석한 후 실시하는 것이 안정적이며, 인력규모는 처음에는 소수정예로 출발하여 설비투자계획에 맞추어 증가시키는 것이 좋다. 또한 자동화계획과도 연계시켜야 한다.

(4) 기업 형태 분류

창업 시 기업의 형태에는 상법상의 기업 종류인 주식회사, 유한회사, 합명회사, 합자회사와 개인기업이 있다. 기업은 종류에 따라 설립상의 차이가 있으며, 각각의 장점과 단점을 가지고 있다. 따라서 무조건 어떤 형태의 기업이 좋다고 말할 수는 없다. 각 기업의 장단점을 따져서 자신의 창업 예정 기업에 알맞은 형태를 선택하는 것이 좋다.

2. 창업 아이디어 선정의 기본원칙

1) 성장 및 발전 가능성 있는 업종 선택

성장이 정지되었거나 저하된 분야의 사업은 경쟁이 격화되어 이윤이 감소하게 된다. 그러므로 창업하는 분야는 성장성이 큰 것이어야 한다. 또한 관련 사업과 연계하여 발전 가능성이 큰 사업이어야 시너지효과를 기대할 수 있다.

사람의 일생처럼 상품도 마찬가지로 시장에 도입되어 소멸할 때까지 도입 → 성장 → 성숙 → 쇠퇴의 과정을 거치게 된다. 도입기에는 업종이 출현 및 보급되기 시작하여 경쟁기업은 없으나 적자인 경우가 대부분이며, 성장기에는 수요와 참여 기업이 급증하고, 이익도 증가한다. 성숙기에는 기업 간 경쟁격화, 탈락기업의 출현 등으로 이익실적이 쇠퇴하고, 경쟁에서 승리한 일부 기업만이 생존하여 안정을 누린다. 따라서 신규 창업이 가장 적합한 시기는 성장기 업종이며, 성숙기 후반에 뒤늦게 참여하면 실패할 가능성이 매우 높다.

2) 경험이나 특징을 활용할 수 있는 업종 선택

성장성이 높은 업종이고 다른 사람이 성공했다고 하여 자신도 막연히 성공하리라고 기대하면 안 된다. 어떤 업종이든 창업자의 경험, 지식, 기술, 특징 등과 결합될 때 사업 성공 확률이 높은 것이며, 실패를 줄일 수 있다. 사회, 특히 전 직장에서 몸소 배우고 익힌 경험, 지식, 기술, 특징 등이 창업에 있어서 성패의 분기점임을 알 수 있게 된다. 창업자 중 절반 이상이 전 근무지에서 얻은 창업 아이디어 정보에 의해 사업을 시작하였다는 것만 보아도 현재의 경험이 중요함을 인식할 수 있다. 결국 훗날 창업에 대비하여 현 직장에서 열심히 배우고 노력한다는 것은 현재 몸담고 있는 직장에 충실하게 되는 결과이며, 미래 창업 사장으로서의 자질 개발에 더없이 좋은 기회임을 명심할 필요가 있다.

3) 인 · 허가 유무

아이디어가 좋고 사업 준비에 만전을 기했다 하더라도 제도적인 절차에 소홀해 창업 시기를 놓치는 경우가 많다. 법적인 허가, 인가, 면허등록 등이 없으면 창업을 할 수 없는 업종이 있으므로, 창업자는 해당 업종의 법적 요건을 사전에 확인할 필요가 있다. 우리나라에는 이와 같은 인 · 허가를 요하는 사업 분야가 상당수 있기 때문에, 사전에 이런 내용을 알아야만 창업자 자신이 그 업종을 선택할 수 있는지의 여부를 결정할 수 있다.

4) 실패의 위험이 작은 업종

흔히 위험이 큰 사업일수록 사업 성공 시에 이득이 많다고 한다. 그럴 수밖에 없는 것이 위험이 높기 때문에 도전하는 창업자가 적고, 이런 상황에서 성공하면 경쟁자가 없어서 성공할 수밖에 없다. 그러나 이와 같은 업종은 실패율이 성공률보다 훨씬 높다는 데 창업의 한계가 있다. 따라서 이익이 적어서 큰돈을 벌 수 없는 사업이라도 성공만 확실하다면, 그 사업을 선택하는 것이 안정적인 출발일 수 있다.

5) 자신의 적성에 맞는 업종

창업 아이디어 선정 시 가장 중요한 것은 창업자의 적성과 능력이다. 창업자의 적성과 능력은 사업가적 적성뿐만 아니라 사업 분야에 대한 적성이 함께 고려되어야 한다. 창업자의 능력도 창업 아이디어 선정 시 고려되어야 하며, 계속적인 능력 개발을 위한 시간적 · 물질적인 투자가 필요하다.

3. 창업 아이디어 선정의 핵심 3요소

유망한 창업 아이디어가 가져야 할 핵심적인 세 가지의 요소는 다음과 같다. 첫째, 제품과 목표시장이 조화를 이루어야 하며, 둘째, 창업자 연령에 맞는 창업 성공 유형을 선택해야 한다. 셋째, 유망 사업 아이디어의 기본조건을 갖추어야 유망한 창업 아이디어라고 할 수 있다. 이들 요소들에 대한 구체적인 내용은 다음과 같다.

1) 제품과 시장의 조화

성공형 제품이란 욕구충족형 제품, 경쟁력이 있는 제품, 성장성이 있는 제품을 말하며, 성공형 제품이 유망한 아이디어가 되기 위해서는 목표시장과 조화를 이루어야 한다. 즉, 신제품을 신시장에 팔거나 기존제품을 기존시장에 파는 경우에 비해 신제품을 기존시장에 팔거나 기존제품을 신시장에 파는 경우가 시장성이 있다. 따라서 제품과 시장이 조화를 이루어야만 성공 가능성이 높다.

성공형 제품은 다음과 같다.

첫째, 소비자의 요구 또는 충족도의 조사 · 분석을 통한 히트 예상 상품을 말한다.

둘째, 경쟁력 있는 제품을 말한다. 경쟁력 있는 제품은 품질향상(실용신안, 의장등록, 성능개선 및 특징 추가, 품질 및 외형개선, 신뢰도 증가), 원가절감(저렴한 원재료 개발, 기술혁신, 저렴한 가격) 등을 도구로 성공 확률을 높인다.

셋째, 성장 가능성이 있는 제품이어야 한다. 소비인구의 증가가 지속되는 경우, 소비자 취향과 의식의 변화 그리고 국민경제 수준의 증가에 발맞춘 적절한 제품이 성공 가능성이 높다.

마지막으로, 성공형 제품은 신선감이 있는 신기술, 신제품, 하이테크 제품을 말한다.

2) 창업자 연령에 맞는 창업 유형

창업자는 각각의 연령에 맞는 창업을 하는 것이 안정적이다. 즉, 50대 이후의 창업은 노후보장이 우선이며, 수입이 적더라도 안정성 있는 창업 아이디어를 선택하는 것이 좋고, 30대 중반 이전의 창업은 모험적 분야의 창업, 향후 전망이 밝은 21세기형 창업 아이디어로 창업하는 것이 좋다. 연령은 창업 아이디어 선정의 전제조건이 될 수 있다. 〈표 2-4〉는 창업 시 연령을 5단계로 나누어 살펴본 보편적인 창업 유형과 아이디어 선정기준이다.

표 2-4 연령별 창업 유형

연령	창업 유형	창업 아이디어 선정기준
20대	모험 창업	자신의 전공・직업과 관계없이 어떤 분야를 선택하여 창업하여도 성패의 결과는 달라지지 않음
31~35세	선택 창업	자신의 적성과 업무와의 상관관계를 어느 정도 고려하여 선택적인 아이디어 선정
36~40세	기반 창업	사회생활 및 일정 분야에서 자기가 닦아놓은 기반을 최대한 활용하여 아이디어 선정
41~50세	전문 창업	학력을 불문하고 자신의 전문 분야를 최대한 살려서 아이디어 선정
51세 이상	안전 창업	모험성이 전혀 없는 안전한 사업 분야를 선택하여 아이디어 선정

4. 유망한 창업 아이디어

1) 작고 실속 있는 업종

일반적으로 기업규모를 구분하는 것은 자본금, 총자산, 창업 소요 자금 규모, 매출액 또는 상시종업원 수 등을 기준으로 구분한다. 그러나 사업이란 욕심만으로 되는 것이 아니므로 창업 초기에는 작고 실속 있는 업종 선택이 절대 필요하다. 사업의 확장은 창업 초기 취급상품에 대한 수요가 확실하고, 성공 전망이 밝다고 판단될 때 그 규모를 크게 하여도 늦지 않다.

2) 시대의 흐름에 맞는 업종

시대흐름에 맞는 업종을 선택하면 비교적 쉽게 창업에 성공할 수 있는 확률이 높다. 시대흐름에 맞는 업종 선택의 요점은 아래와 같다.

첫째, 정확한 시장을 예측하기 위해서 국가 경제성장수준, 국민소득의 증가 추세, 인구의 연령별 분포, 산업의 흐름 등을 주시한다.

둘째, 선진국의 산업흐름과 유망 업종의 국내 상륙이 가능한 적기를 포착하기 위해서 외국서적, 잡지, 박람회, 여행 등을 통해 적극적으로 아이템을 발굴한다.

셋째, 시대상황에 맞는 아이디어 개발을 위해서는 적절한 타이밍과 창업자의 적성이 맞아야 한다.

3) 대기업이 참여하기 곤란한 새로운 분야의 사업

대기업의 영향력을 벗어난 새로운 사업 분야 개발방법은 다음과 같다.

첫째, 중소기업을 위해 정책적으로 지원하고 있는 업종으로서, 정부가 고시한 중소기업 우선 육성 업종, 중소기업 계열화 업종, 중소기업 고유업종과 공업배치법 시행령에서 규정하고 있는 도시형 업종 및 창업지원법 시행령상 기술집약형 중소기업 업종 중에서 자기에게 적합한 업종 및 제품으로 창업할 수 있는 기회를 포착할 필요가 있다.

둘째, 차세대 성장사업의 부수산업, 부품산업 및 하청제품의 사업 가능성을 찾아볼 필요가 있다. 이는 하부 산업구조를 심층 분석하여 대기업으로서는 불가능한 분야의 창업 아이디어를 선택하는 것이다.

4) 기동성 있는 창업 아이디어

기동성이 있는 업종이라고 하면 틈새시장 진입이 쉬운 업종을 말한다. 틈새시장 진입이 쉬운 업종이란 투입 자금이 비교적 적고 다시 분류산업으로 세분화되는 신축성 있는 2, 3차 가공산업을 말한다. 또한 분점이 비교적 용이한 식품가공업이나 레스토랑 산업도 기동성 있는 아이디어라 할 수 있다.

5) 자본규모에 적합한 업종

아무리 좋은 업종이라도 자금이 뒷받침되지 않은 사업구상은 허구에 불과하고 결국 실패로 돌아갈 수밖에 없는 것이다. 따라서 업종 선택은 조달 가능한 자본규모와 연결하여 검토하는 것이 필수적이다. 자본규모별 업종 선택 순서를 보면 다음과 같다.

첫째, 자금 조달은 자기자본, 가까운 인간관계를 통한 조달 가능액, 금융기관 차입 가능액(담보력, 신용 등을 감안하여 은행과 제2금융기관을 구분하여 선정)으로 구분하여 선정한다.

둘째, 적정 자금의 투입범위는 가계에 전혀 지장을 주지 않는 범위(저축 및 주거용 이외 부동산의 담보), 가계에 영향을 주는 범위(주거용 주택의 담보), 타인에게 영향을 주는 범위(사채 및 제3자 주거용 이외의 부동산 담보), 창업자와 조력자의 공멸을 가져오는 범위(제3자 주거용 담보 활용) 등으로 구별하여 결정한다.

셋째, 자본규모에 적합한 업종으로 자기 경험과 적성에 합당한 3~4종의 예비 아이디어를 선정한다.

넷째, 예비 선정된 아이디어는 업종별로 구체적인 정보 수집 및 검토와 사업타당성 분석을 거쳐 창업 업종으로 선정한다.

5. 창업 아이디어 선정에 따른 업종 선택의 원칙

1) 창업을 위한 업종 선택 원칙

이상과 같은 선택의 몇 가지 요령을 종합해 보면 우리가 일반적으로 적용할 창업을 위한 업종 선택의 원칙을 찾아낼 수 있을 것이다.

① 경쟁업체보다 유리한 업종을 선택한다.

② 자신의 적성에 맞는 업종과 사업규모를 선택한다.

③ 성장성이 있는 업종을 선택한다.

④ 자신의 사업조건에 맞는 업종을 선택한다.

(1) 경쟁업체보다 유리한 업종 선택

사업을 하려면 누구든지 경쟁업체와의 선의의 갈등, 마찰 등을 경험하게 된다. 그러므로 시작부터 경쟁업체보다 무엇이든지 우위에 있어야 후발업자로서 경쟁이 가능하고 주도권을 잡을 수 있다. 이런 면에서 같은 종류의 산업 분야라고 하더라도 고객들의 니즈에 부응하고, 어떻게 가깝게 다가갈 수 있는 업종이 있는가를 우선 생각해 볼 필요가 있다.

같은 외식업이라 해도 고객들의 선호도가 높은 쪽이 어느 곳인가 하는 것을 생각하여 한식이냐, 일식이냐, 아니면 패스트푸드냐, 새로이 선호하는 퓨전 분야의 프랜차이즈 같은 어떤 특정 업종이냐 하는, 선점이나 차별화에서 선취권을 누릴 수 있는 곳을 찾으면 시작부터 그만큼 고객과의 거리를 줄일 수 있는 이점이 있을 것이다. 이런 것은 고객의 취향과 성향을 가장 잘 파악할 수 있도록 현장체험을 통한 자료나 정보 수집에서 나올 수 있는 결론이며 그만큼 성공 확률을 높일 수 있을 것이다.

(2) 자신의 적성에 맞는 업종과 사업규모

무조건 수익성이 높고 유리하다고 창업을 시도하는 것은 절대로 금물이다. 가령, 젊고 건강할 때는 경영 상담가가 가급적 창업을 권유하지만 자신의 경력 개발이란 관점에서 사업을 자기 적성에 맞게 선택하는 것이 무엇보다도 중요하다.

어떤 업종에 적성이 맞는지 안 맞는지 알아보는 방법은 관심 있는 업종의 구체적인 정보와 사업 애로사항을 파악한 후 자신의 적성과 부합되는가를 스스로 사전 체크하는 것이다. 또는 특정 업종 성격과 자신을 잘 아는 친지나 경험자로부터 특정 사업 진출에 대한 권유 여부를 물어보는 것도 바람직하다.

가장 좋은 방법은 가급적 일정기간 이상을 직접 체험하면서 자신의 적성 여부를 점검하고 이를 통해 업종을 선택하는 것이 바람직한 것이다.

그림 2-3 업종 선택의 기본원칙

- **경쟁업체보다 유리한 업종 선택** : 현장체험
- **자신의 적성에 맞는 업종과 사업규모** : 구체적 정보와 사업 애로사항 파악(경험 및 특징)
- **성장성이 있는 업종** : 유망 업종과 유행 업종
- **자신의 사업조건에 맞는 업종** : 자본규모

(3) 성장성이 있는 업종 선택

흔히 유행 업종을 선택하는 경우가 많다. 모든 사업은 그 나름대로의 사업수명주기(Business Life Cycle : BLC)가 있게 마련이다. 최소한 1년에서 5년 이상 주기로 업종의 라이프사이클이 변하고 있다.

일반 업종은 사업수명주기가 최소 5년 이상이고 업종이 쇠퇴기에 들어가도 스스로의 업종 변환과 기술변화로 새로운 유망 업종으로 변신할 수 있다. 반면에 히트상품에 크게 의존하는 유행 업종은 그 주기가 1~2년에 불과하며 업종의 변신이 타 업종에 비해 어려운 경우가 보통이다. 즉, 유망 업종과 유행 업종(또는 반짝 업종)은 다르다는 점을 주의하고, 높은 권리금과 엄청난 시설비를 투자하고도 값싸게 받고 처분하는 유행사업 전문가를 조심해야 한다.

표 2-5 업종 분석 조사서

산업에는 경쟁업체의 수가 많은가?	많다( )	보통이다( )	적다( )	모르겠다( )
조사 대상 업종에는 독점업체가 존재하는가?	그렇다( )	아니다( )	–	모르겠다( )
독점업체 3개가 차지하는 시장점유율은 어느 정도 인가?	40%( )	중간( )	80%( )	모르겠다( )
산업특성으로 가진 새로운 기술이 몇 년마다 변화하여 영향을 주는가?	1년( )	5년( )	10년( )	모르겠다( )
신규업체가 가지는 업종진입의 장애 정도는 높은가?	높다( )	중간(( )	낮다( )	모르겠다( )
경쟁업체가 업종탈퇴 시 장애 정도가 높은가?	높다( )	중간( )	낮다( )	모르겠다( )
업종이 가진 성장률은 어느 정도인가?	성장 중( )	안정적( )	쇠퇴 중( )	모르겠다( )
당신의 업종이 가진 이점을 취할 시장이 있는가?	있다( )	아마도( )	없다( )	모르겠다( )
당신의 업종은 제품라인의 기능을 선택할 수 있는가?	탄력적( )	평균적( )	제한적( )	모르겠다( )
업종 성격이 제품구매 시 가격의존이 높은 소비자들인가?	그렇다( )	아니다( )	–	모르겠다( )
소비자 입장에서 대체상품으로의 구매전환이 쉬운가?	용이하다( )	어렵다( )	아니다( )	모르겠다( )
공급업체들의 영향력이 큰가?	그렇다( )	아니다( )	–	모르겠다( )
소비자들이 가진 구매협상력이 큰가?	그렇다( )	아니다( )	–	모르겠다( )
유통업체가 가진 협상력이 큰가?	그렇다( )	아니다( )	–	모르겠다( )
산업에서 차지한 총비용의 크기가 어떤가?	하락 중( )	안정적( )	상승 중( )	모르겠다( )
산업에서 차지한 이윤의 크기가 어떤가?	높다( )	산업평균( )	낮다( )	모르겠다( )

업종 선택에는 고객들의 경제적 · 사회적 추세, 사회적 도덕성, 기술의 변화, 시장의 규모 등을 종합적으로 검토할 필요가 있다. 따라서 관심 있는 업종의 관련 경험자들로부터 정보를 수집하여 판단하는 것이 바람직하다.

(4) 자신의 사업조건에 맞는 업종

업종 선택에서 사업가 자신이 가장 갈등을 겪는 문제가 자본규모의 크기이다. 기업 도산의 중요요인 중 하나가 자본부족이라는 언론보도에서도 보듯이 사업상 자본의 조달 능력은 매우 중요하다.

자본규모에 맞춰 업종을 선택할 때에는 단순히 창업에 가능한 자금만을 염두에 두어서는 안 된다. 특히 초보자의 경우는 최소 3~6개월간의 운영 자본이 창업 이전의 사업계획서의 기대보다 2~3배 정도 진폭이 있게 된다. 따라서 창업 준비 자금과 창업 초기 운영자금을 모두 포함한 창업 필요 자금을 동원할 수 있는 조건을 갖출 필요가 있다.

또한 건강상의 문제가 있는 사람이나 육아 등 부담을 안고 있는 사람은 업종 선택 시 신중히 생각하여 판단하여야 한다. 설령 사업 전망이나 성장성이 아주 좋고 적성도 맞고 자금규모까지 맞는다고 하더라도 자신의 조건과 사업상의 가치관이 맞지 않으면 그 업종은 포기하는 것이 바람직할 것이다.

결론적으로 창업자 자신이 동원할 수 있는 금전적, 인적 및 물적 등 제 자원과 외부환경 분석을 한 후 여기에 자신의 의지를 반영하여 업종 및 아이템을 최종적으로 선정해야 한다.

2) 사업조건의 판단기준

우선 자금 조달 필요성 면에서의 규모는 제조업인 경우 최소 5억 원 이상, 도매업이나 편의점 등의 유통업은 1~5억 원 정도가 예상되고, 소매업이나 서비스업일 경우는 1억 원 미만일 경우에도 창업이 가능하다고 본다.

창업자의 자금사정상 조달 능력 면에서의 기준은 사업규모를 자기자금 조달 능력의 2배 정도를 감안하여 최소한 자기자금이 사업의 규모에 필요한 50% 이상은 되어야 여유 있는 조건으로 창업자가 일상생활을 하는 데 아무런 영향을 주지 않을 범위라고 생각할 수 있다.

그림 2-4 사업조건의 판단기준

자금 조달 능력	
• 5억 원 이상 : 제조업	• 1~5억 원 : 도매업, 편의점
• 1억 원 미만 : 소매업, 서비스업	• 금융수혜 정도

사업규모의 결정	
• 자금 조달 능력 : 총소요자금 × 2	• 자기자본 : 최소한 50% 이상
• 가계에 전혀 지장 없는 범위 : 저축 + 거주주택 외 부동산 담보	

그리고 수익성 분석과 투자자금에 대한 회수기간 판단을 위한 손익분기점 면에서의 기준은 생산설비나 시설투자의 규모를 고려하여 판단해야 한다. 통상 창업 후 2~3년 이내에 손익분기점에 도달하여 이후 수익을 올려 투자 자금을 회수할 수 있으면 가능한 시설규모라고 볼 수 있다.

제5절 비즈니스 모델 분석

1. 비즈니스 모델 분석의 중요성

비즈니스 모델 분석은 기업이 제품이나 서비스 등 수익모델을 창출하는 시장에서의 상대적 경쟁우위 요소를 체계적으로 분석하는 방법이다.

비즈니스 모델에 대하여 앨런 아푸아(Alan Afuah)[6]는 "비즈니스 모델은 기업이 주어진 산업에서 보다 우수한 고객가치를 창출하고 그 가치를 점유하기 위한 포지션에 자신을 위치시키기 위해, 어떤 활동을, 언제, 어떻게 수행할 지에 관한 일련의 사항이다."라고 정의하였다.

비즈니스의 수익모델과 가치사슬에 대한 부분을 상세히 검토, 분석하고, 이를 통하여 경쟁사와 대비한 상대적 우위요소를 찾아내는 것이다.

6) Afuah, A.(2014). *Business Model Innovation: Concepts, Analysis and Cases*.(2nd eds). NewYork: Routledge.

2. 비즈니스 모델 분석 시 고려사항

1) 기업 제품 및 서비스의 목표고객과 핵심가치
2) 목표시장과 회피하고자 하는 목표시장
3) 비즈니스 가치사슬과 각 수행단계별 활동과 비용
4) 비즈니스의 수익모델과 잠재수익
5) 가치사슬상의 강 · 약점, 경쟁자의 강 · 약점
6) 경쟁전략과 지속 가능한 경쟁우위 전략 등

3. 비즈니스 모델 분석의 구성요소

비즈니스 모델은 고객에 대한 가치제안, 세분화된 목표시장, 가치사슬과 비용구조, 수익모델, 가치 네트워크, 경쟁전략 등을 보유하여야 한다.

그림 2-5 비즈니스 모델 구성 요소

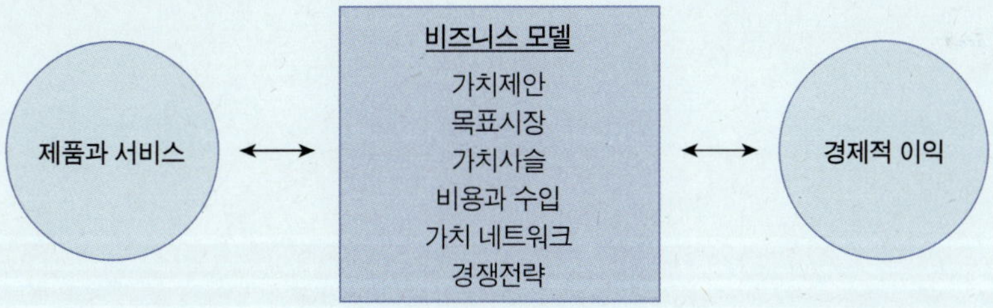

출처: M이코노미뉴스, 2015. 4. 22. 기사, "창업추진을 위한 비즈니스 모델 분석과 환경 분석전략"

4. 비즈니스 모델 프레임

비즈니스 모델의 프레임은 명확한 목표고객과 고객에 대한 니즈 파악을 통한 가치를 제공하고, 고객에게 접근하기 위한 전달활동 등으로 구성된다.

표 2-6 비즈니스 모델 프레임

• 어떻게 고객을 유치하고 유지하는가? • 고유한 가치제안은 무엇인가?					• 어떻게 전달하는가?	
• 누가 고객인가? • 고객의 니즈는 무엇인가?	• 고객에게 무엇을 제공하는가? - 상품 - 서비스 - 체험 - 무형자산	• 고객에게 어떻게 접근하는가? - 물리적공간 - 매장 - 디지털 - 대인접촉 - 제3자 - 미디어	• 어떻게 가격을 책정하는가? - 초기고가 - 침투가격 - 제품수명주기에 따라 차별화 가격	• 기업의 재무구조?	• 실행 프로세스는 무엇인가?	• 기업의 고유한 자원/능력은 무엇인가?

CHAPTER 03

창업의 절차

제1절 창업 절차의 의의

제2절 창업의 구성요소

제3절 가족기업의 설립

제4절 기업 설립

제5절 개인기업과 법인기업

제6절 개인기업의 설립 절차

제7절 주식회사의 설립 절차

제1절 창업 절차의 의의

창업을 생각하는 대부분의 예비 창업자는 사업을 구상할 때부터 어려움에 직면한다. 창업 아이디어는 무엇으로 하며, 사업 자금은 얼마나 필요하고, 어떻게 조달하여야 하며, 어느 것부터 어떻게 시작해야 하나 등의 문제를 결정하고 해결하여야 한다. 이러한 창업 초기의 선택은 사업의 성공과 실패를 결정짓는 중요한 요인이 된다. 창업의 절차는 업종에 따라 약간씩 차이가 날 수 있는데, 기본적으로 자신의 적성 등을 고려한 창업 아이디어 탐색으로부터 시작한다. 즉, 유망하게 보이는 창업 아이디어를 선정하여, 이에 대한 타당성을 분석하고 결과가 긍정적일 때, 자본을 동원하여 기업을 설립하고 만약 부정적이면 다시 창업 아이디어 탐색으로 돌아가는 과정을 반복해야 한다.

또한 창업자들은 창업에 앞서 다음의 창업 기본절차에 포함된 사항 정도는 반드시 체크하여야 실패를 줄일 수 있다. 먼저 전반적인 창업 절차를 순서에 따라 설명하면 〈표 3-1〉과 같다.

표 3-1 창업의 기본절차

순서	계획	세부사항	가중치
1	자신의 성격, 취미, 자가진단	• 평생사업을 택하라. • 성격에 맞지 않으면 창의력이 생기지 않으며 아이디어도 떠오르지 않는다. • 취미가 있어야 피곤하지 않다. • 평소에 관심 가진 분야가 남보다 앞선 분야다.	10%
2	대분류 업종 선택	• 제조업, 서비스업, 도 · 소매업 중 한 업종 선택	5%
3	고객 분석	• 고객의 욕구 파악 • 표적시장 선정 • 고객층 선택 • 표적고객의 최근 수요 성향 파악	40%

4	세부 특정 업종 확정	• 창업 실행 가능한 업종을 선택 • 고객유치를 위한 품질개발연구 착수 • 인·허가, 행정 절차관계 파악(자격증 소유 등) • 고객유치방법(방문, 광고 등) 계획 수립 • 체인가맹점 여부 등 고려 • 벤치마킹, 실습 등	20%
5	영업지역 물색	• 고객이 가장 많은 지방, 지역 선택	10%
6	특정 장소 확정계약	• 최종적 영업장 위치 확정 • 점포물색 : 위 특정 지역 내 상가, 근린 등 • 공인중개사, 인터넷, 지인, 광고 등 이용 • 유망한 장소는 높은 보증금을 염려할 필요 없다.	10%
7	고객유치, 원재료 조달, 손익 분석	• 개업확정을 전제로 고객유치를 위한 광고 • 원재료 조달 시 애로요인 파악 • 체인가맹점 : 조건, 본사 신용조사 • 예상매출 및 향후 증가계획 • 손익 분석	–
8	자금계획 및 조달	• 적정 투자규모 • 시설공사, 구매, 부가서비스 시설 • 차입금 조달규모(정책지원자금 유리) • 투자규모 결정 • 자금 조달 실행 • 본인신용불량 규제 여부 확인	5%
9	행정 절차, 종업원 연수	• 허가사항(등록증), 자격증, 사업자등록(세무서) 기타 • 세무서 지정, 계약 • 종업원 연수(철저한 고객입장에서) 실시	–
10	개업계획	• 개업광고 • 초도상품, 원재료 구매 • 영업장 분위기, 청결상태 • 요금징수방법 및 관리 • 카드이용점 가입	–

제2절 창업의 구성요소

1. 창업의 구성요소

기업을 설립하려면 필수적으로 요구되는 몇 가지 요소들이 있다. 그중에서 가장 기본적인 것으로 창업자, 아이템, 자본이라고 하는 창업의 3대 요소가 있다.

1) 창업자

창업자는 특정 아이디어와 자본을 가지고 기업을 설립하려는 사람이다. 설립자는 기업의 설립은 물론 경영의 주체로서 경영목표, 기업 이미지, 기업 성장 등에 영향을 미치는 중요한 요소이다. 창업자는 기업가 정신을 가지고 창업팀(business team)을 구성함으로써 사업을 시작할 수 있는 준비를 하게 된다. 사업계획서를 작성함에 있어서 창업팀의 구성은 매우 중요한 역할을 하게 된다.

2) 아이템

사업 아이템은 창업을 하게 되는 결정적인 요소로서 기업이라는 시스템의 산출 또는 생산품을 규정하는 것이다. 이러한 생산품은 물리적으로 구체적인 형태를 가진 재화일 수도 있고, 물리적인 규정이 불가능한 서비스일 수도 있다. 그 외에 발명품, 기존상품, 국내에 소개되는 외국상품 등도 창업기업의 생산품이 될 수 있다. 창업의 성공 가능성을 높이기 위해서는 그 업종에서 선도적이어야 하며(be first), 제품 · 서비스가 탁월해야 하고(be best), 차별성을 가지고(be unique), 적정한 수익을 창출할 수 있는(be profitable) 아이템이어야 한다. 일반적으로 검토되어야 할 항목들은 다음과 같다.

① 사업타당성 분석(성장성, 수익성, 기술성, 시장성)

② 인 · 허가 요건

③ 기타(규모, 유형, 입지)

3) 자금

자본은 창업자가 의도하는 기업을 실현하는 것에 필요한 기계설비, 원자재, 인력 등을 동원하는 데 요구되는 원천적 자원이다. 창업 자본을 제공하는 사람은 창업자 자신 또는 개인투자가, 벤처자본가(venture capitalist), 정부, 금융기관 혹은 창업투자회사일 수도 있다. 창업과정에서 소요되는 창업 자금과 창업 후의 운전 자금을 어떻게 운용할 것인지, 그리고 장 · 단기 자금을 어떤 자금 원천으로부터 조달할 것인지, 장기적으로 안정된 자금 수혈을 위해서 어떻게 할 것인지를 전략적으로 구상하여야 한다.

2. 창업의 결정요인

창업의 3대 요소(창업자, 아이템, 자본)를 창업을 위한 1차적인 요소라고 하면, 이와 관련하여 구체적으로 창업을 위해서 고려되어야 할 요소들은 무엇인가 살펴볼 필요가 있다. 창업과정상에서 직면하게 되는 주요 결정요인은 시장성, 기술성, 경제성, 정부정책(지원제도) 그리고 경영 능력에 관련된 요인으로 분석할 수 있으며, 세부요인의 내용은 다음과 같다.[1]

1) 시장성

① 시장성장성 : 아이템(제품 또는 서비스)의 시장에서의 성장 가능성

② 예상 시장점유율 : 아이템이 시장에 출시되었을 때 예상되는 시장에서 차지하는 정도

③ 유통경로 : 원자재 또는 제품이 분배 · 수집되는 과정(절차)의 원활한 정도

④ 가격경쟁력 : 아이템이 시장에 출시되었을 때 타사의 경쟁제품에 대한 가격의 경쟁우위

2) 기술성

① 국산화 정도 : 완제품 생산을 위해 소요되는 생산기술 중에서 국내기술이 차지하는 정도

1) 이상석(1998), "중소기업 창업결정요인," 중소기업연구, 20(1), p.184.

② 기술인력 확보 : 완제품 가공 및 생산을 위해서 요구되는 기술인력의 확보 정도
③ 기술 집약도 : 제품 생산을 위해 요구되는 기술 중에서 첨단 하이테크의 확보 정도
④ 생산기술 능력 : 완제품 생산을 위해 요구되는 기술(소재, 가공, 조립, 포장 등)의 확보 또는 운영 능력

3) 경제성

① 공장(건물)부지 : 제품 생산을 위한 공장(건물)부지
② 기계(장치)설비 : 제품을 생산하기 위한 공장의 기계(장치)설비
③ 운전 자금 : 사업을 운영하기 위한 원자재, 인건비, 제조경비 등에 투하되는 자본
④ 수익성 : 창업을 했을 경우 예상되는 아이템에 대한 매출액 대비 이익

4) 정부정책(제도)

① 정부 지원품목 : 중소기업을 보호 · 육성하기 위해 정부에서 중점적으로 적극 지원하는 대상품목(아이템)
② 정책 자금 지원 : 창업을 위해 정책적으로 지원하는 자금의 종류 및 자금의 지원규모, 조건(금리, 원리금 상환 등)
③ 환경규제 문제 : 제품 생산과정에서 환경오염(공해유발)과 완제품 폐기 시 재활용 및 환경규제와 관련성 정도
④ 세제 지원 : 정부로부터 적극적인 지원을 받는 세제감면의 혜택항목

5) 경영 능력

① 자금 조달 능력 : 창업 및 원활한 기업운영을 위해서 요구되는 운영 자금의 조달 능력
② 판매 · 서비스 능력 : 제품의 판매(판매촉진) 및 A/S와 고객관리 능력
③ 조직 · 인력관리 능력 : 기업의 조직 · 운영 및 효율적인 구성원의 인력관리 능력
④ 동종 및 관련 산업관리 능력 : 창업 아이템(제품)과 관련된 제품 및 산업의 예측과 분석 능력

제3절 가족기업의 설립

1. 가족기업

핸들러(Handler)는 기업의 대부분을 가족이 함께 공유하고 있고 적어도 가족구성원 중의 한 명 이상이 관리하고 있을 때 이를 '가족기업(family business)'이라고 정의하고 있다. 즉, 가족기업은 단일가계에 의해 적어도 기업의 51%가 소유되고 있고, 적어도 2명 이상의 구성원이 관리행동에 포함되어 있어야 하며 덧붙여서 경영권이 다음 세대 가족구성원에게 넘어간다고 예측되는 것이어야 한다. 가족기업은 소유권의 정도, 가족구성원에 의한 관리의 정도, 가족원의 포함과 다음 세대로의 권력이양 정도에 따라 정의될 수 있다. 또한 넓은 의미의 가족기업은 '가족이 기업의 주요한 의사결정이나 전략적 방향을 지배하는 기업'을 말하며, 좁은 의미로는 '창업자나 창업자의 후계자 혹은 복수세대가 경영하는 기업'이라고 할 수 있다. 우리나라의 경우, 대부분의 중소기업은 좁은 의미의 개념을, 대기업은 넓은 의미의 개념을 적용할 때 가족기업이라고 볼 수 있다.[2)]

가족기업은 창업 세대에서 다음 세대로 계승될 때 또 다른 하나의 가족기업으로 특징지어질 수 있다. 대부분의 가족기업은 규모가 커짐에 따라서 가족에 대한 고려가 중요한 요인으로 작용될 수 있다. 월마트, 삼성, LG와 같은 기업들은 아직까지 많은 사람들에게 가족에 의해서 승계되어 온 기업으로 인지되고 있다.

2. 가족기업의 장점과 단점

가족기업의 장점으로 내세울 수 있는 것은, 첫째, 기업에 대한 가치관의 공유는 가족구성원 간의 결속력을 강하게 하고 세대 간의 기업승계에 대한 사명감을 가지게 한다. 둘째, 가족구성원은 사업을 계속적으로 유지하기 위해 헌신하며 가족의 이름과 사회적 지위에 대해서 공동의 목표를 가지고 일한다. 셋째, 가족명을 이용한 광고는 경쟁자와의 차별화를 추구하고 기업에 대한 확신과 기업윤리의 실천을 고객에게 인지할 수 있도록 한다.

2) 남영호(2000), "가족기업의 이사회에 관한 연구," 중소기업연구, 22(2), pp.137~164.

반면에 가족기업의 단점은, 첫째, 가족구성원 간의 기업계승, 경영문제 등으로 인하여 갈등을 가져올 수 있고, 둘째, 가족과 기업의 역할 모호성과 기업 내에서 역할수행에 대한 혼란이 발생할 수 있다.

3. 가족기업경영의 특징

효율적인 경영은 기업의 영속성을 위해서 필요하며 가족기업도 예외는 아니다. 가족기업의 바람직한 경영을 위해서는 다음과 같은 경영관리의 실천이 요구된다.

① 가족기업은 전문경영자에 의해서 경영되어야 하며, 경영 능력이 결핍된 가족구성원이 개입해서는 안 된다.

② 경영의사결정에 가족구성원의 편파적인 개입이 아닌 비가족구성원의 객관적인 평가가 포함되어야 한다.

③ 가족기업의 승계계획은 소유권의 변화에 관한 의지가 공개적으로 의논되고 개발되어져야 하며 전문적인 개발 절차에 의해서 진행되어야 한다.

이 외에도 가족기업의 특징으로 가족기업의 종업원은 비가족기업과는 다른 특성을 가지고 있다. 비가족기업은 종업원에 대한 인적관리를 필요로 하지만 가족기업은 기업에 참여하고 있는 가족구성원과 비가족구성원 모두를 관리해야 한다. 특히 가족구성원에 대한 적정한 인적관리를 통해서 비가족구성원과의 갈등을 최소화하고 효율적인 경영을 모색해야 한다. 가족기업은 가족구성원에 대한 업무수행 평가, 승진기회의 객관성 유지가 어려우며 원만한 가족관계를 유지하면서 가족기업의 경영에 저해가 되지 않는 인적자원관리가 요구되기 때문에 일반기업과는 다른 특수성을 가지고 있다.

제4절 기업 설립

법인격이 있는 회사를 법인이라고 하는데, 법인은 사람이 모여서 이루어진 단체인 사단법인과 특정 목적을 위하여 출연(특정의 목적을 위하여 일정한 재산을 증여 또는 기부하는 것)된 일정한 재산이 모여서 이루어지는 단체인 재단법인으로 구분하여 생각할 수 있다. 그리고 이러한 법인은 영리를 추구하는가에 따라 영리법인과 비영리법인으로 구분된다. 상법 제169조는 '회사라 함은 상행위 기타 영리를 목적으로 하여 설립한 사단을 이른다'라고 규정하고 있으며, 상법 제170조는 회사의 종류로 합명회사, 합자회사, 유한책임회사, 주식회사, 유한회사의 5가지 형태의 회사를 규정하고 있다. 그리고 상법 제637조의2까지에 걸쳐 위에서 말한 5가지 형태의 회사에 대한 법률관계를 규정하고 있는데, 이 부분을 통상 '회사법'이라고 칭하고 있으며 회사에 대한 일반법으로서의 기능을 하고 있다.

일반적으로 접하게 되는 형식은 주식회사이기는 하지만 상법에 규정된 회사에 대해서 기본적인 개념을 알아보면 다음과 같다.

1. 합명회사

합명회사는 개개 사원의 개성에 기초를 두고 설립되는 회사로 회사 채권자에 대하여 직접적으로 연대하여 무한책임을 지는 2인 이상의 무한책임사원으로 구성되는 회사이다.

따라서 합명회사의 채권자들이 합명회사에 대한 채권을 회수하는 경우, 그 회사 재산이 아닌 무한책임사원 각각의 개인 재산에 대해서도 민사소송법에 따른 강제집행 등 법적 조치를 할 수 있다는 것이다. 위와 같은 위험을 부담하는 관계로 각 무한책임사원은 원칙적으로 회사의 업무를 집행할 권한과 회사를 대표할 권한을 가지는 자기 기관으로서의 성격을 가지며 회사의 중요한 사항에 대하여는 총사원의 동의를 받아야 하고 그 지분을 타인에게 양도하고자 하는 경우에도 다른 사원의 동의를 받지 않으면 양도할 수 없다. 이러한 특성 때문에 합명회사는 인적 신뢰관계가 두터운 소수의 사람들이 동업 형태로 소규모의 폐쇄적인 회사를 경영하는 데 적합하다고 할 수 있다.

합명회사를 설립하기 위해서는 2인 이상이 정관[3)]을 작성하고 회사의 본점 소재지에 설립등기를 하여야 하는데, 타 회사와 비교하여 설립 절차가 간단하다.

2. 합자회사

합자회사는 인적 회사와 물적 회사의 결합 형태를 취하는 회사로 2인 이상의 무한책임사원과 유한책임사원으로 설립되는 회사이다. 주식회사와 유한회사가 유한책임사원만으로 구성되고 합명회사가 무한책임사원만으로 구성되는 것과 구분된다. 합자회사의 유한책임사원은 회사 채권자에 대하여 출자가액을 한도로 직접, 연대책임을 진다는 점에서 주식회사 주주의 유한책임과 구분이 된다. 즉, 인적 회사와 물적 회사, 양 성격을 모두 갖는 형태의 회사가 바로 합자회사라 할 수 있다. 합명회사와 마찬가지로 회사의 업무를 집행할 권리와 의무는 무한책임사원만이 가지고, 유한책임사원은 회사의 업무 집행을 할 수 없다. 합자회사는 유한책임사원이 사원으로 참여한다는 점을 제외하고는 합명회사와 거의 유사하므로 상법의 합명회사에 관한 규정 대부분은 합자회사에 그대로 적용되고 있다. 결과적으로 합자회사는 합명회사에서 변형된 형태의 회사로 일반적으로 경영 능력이 있는 무한책임사원과 자본력이 있는 유한책임사원이 협조하여 회사를 운영하고 그 이익에 대하여 분배를 꾀하는 회사 형태라고 할 수 있다.

합자회사를 설립하기 위해서는 무한책임사원 및 유한책임사원 각 2인 이상이 정관을 작성하고 회사의 본점 소재지에 설립등기를 하는 간단한 절차에 의하여 할 수 있다. 이때 유한책임사원은 신용이나 노무 등으로 출자를 할 수 없으며 정관에는 위 합명회사와 같은 정관의 기재사항 이외에 각 사원이 무한책임사원인지 유한책임사원인지의 여부도 구분하여 기재하여야 한다.

---

3) 정관 : 실질적으로 회사의 조직과 활동에 관한 기본규칙을 기재한 서면을 말한다. 정관의 기재사항은 반드시 기재하지 않으면 정관 자체의 효력이 무효화되는 절대적 기재사항과 정관에 기재하지 않으면 정관 자체의 효력에는 영향이 없지만 해당 사항의 효력은 발생하지 않는 상대적 기재사항, 그리고 회사의 필요에 의하여 기재하는 임의적 기재사항으로 구성된다.

3. 유한책임회사

유한책임회사는 2011년 개정 상법에 의해 새롭게 도입된 기업의 형태로서, 미국의 유한책임회사(Limited Liability Company: LLC) 및 일본의 합동회사와 유사한 제도이다.

유한책임회사의 특징은 대표적으로 인적회사의 장점과 물적회사의 장점을 모두 반영하고 있다는 점이다. 즉, 대내관계에 있어서는 폭넓은 사적 자치를 가지는 인적회사의 요소를, 대외관계에 있어서는 사원이 유한책임을 부담하는 물적회사의 요소를 가지고 있다.

유한책임회사는 사원의 책임에 있어서는 유한회사, 주식회사와 같이 사원이 출자금액을 한도로 간접 · 유한책임을 부담하는 회사이면서도, 회사 설립 및 운영에 있어서는 합명회사, 합자회사 처럼 단순하여 중소기업에 적합한 형태이다. 우리나라에서의 대표적인 유한책임회사의 예로는 주로 외국계 기업으로 월트디즈니컴퍼니코리아, 네슬레코리아, 아디다스코리아 등이 있다.

4. 주식회사

주식회사는 오늘날 가장 일반적인 형태의 회사로 거의 대부분의 기업이 주식회사에 속한다고 하여도 과언이 아닐 것이다. 따라서 본 서의 내용들은 거의 주식회사에 초점을 맞추어 기술되어 있다고 보아도 좋을 것이다.

주식회사는 균등하게 세분화된 주식의 형태로 사원(주주)이 출자한 일정한 자본이 모여서 이루어진 회사로서 사원인 주주는 주식인수가액의 한도 내에서만 출자의무를 질 뿐 회사 채권자에 대해서는 개별적으로 전혀 책임지지 않는 회사를 말한다. 세분화된 자본(주식)과 주주의 유한책임을 특징으로 하는 주식회사는 다수 대중이 출자한 적은 금액의 지분을 모아 대규모 자본을 조성하고 이 자본으로 대규모 사업을 할 수 있다는 점에서 자본주의 사회에서 그 존재가 매우 유익하다 할 수 있다.

5. 유한회사

유한회사는 균등한 금액으로 분할하여 출자된 자본으로 구성이 되고, 출자자는 회사에 대하여 출자의무를 부담할 뿐 회사 채권자에 대하여 직접 책임지지 않는 유한책임사원이라는 점에서 주식회사와 유사한 물적 회사이다. 최소 자본금이 금 1,000만 원 이상으로 주식회사에 비하여 소규모 회사를 전제로 하고 있으며, 사원(출자자)의 수에 있어서도 주식회사인 경우에는 제한이 없지만 유한회사인 경우에는 2인 이상 50인 이하로 제한이 따른다. 유한회사는 소규모를 전제로 하는 회사이므로 주식회사에서 인정하는 주식, 사채, 건설 이자, 공고방법 등과 같은 제도는 두지 않고 있으며, 조직의 구성에 있어서도 이사가 필수기관이기는 하지만 1인이라도 상관없으며 임기도 제한이 없다. 또한 이사회 제도가 반드시 필요하지 않으며, 감사도 임의기관으로서 두지 않을 수도 있다.

유한회사를 설립하기 위해서는 사원이 되고자 하는 2인 이상이 정관을 작성하여 총사원이 기명날인하고 회사의 본점 소재지에 설립등기를 하여야 한다. 상법이 규정하는 다른 회사들과 마찬가지로 유한회사의 경우도 정관의 작성에 의하여 실체가 완성된다.

제5절 개인기업과 법인기업

1. 개요

일반적인 회사의 형태는 주식회사이며 법적으로 회사의 개념에는 들어가지 않으나 개인 사업자 형태의 개인기업이 우리나라에는 많이 존재한다.

따라서 개인기업과 주식회사의 장단점을 비교하여 예비 창업자에게 사업계획 검토 단계에서 기업의 형태를 결정하는 데 도움을 주고자 한다. 참고로 주식회사는 개인기업보다 신주 및 회사채 발행을 통한 자금 조달이 용이하고 영업수행에 있어서도 기업의 이미지가 제고되어 유리한 점이 많다.

표 3-2 개인기업과 법인기업의 일반적인 장단점

구분	개인기업	법인기업
장점	• 설립등기가 필요 없고 사업자 등록만으로 사업 개시가 가능하므로 기업 설립이 용이 • 기업 이윤 전부를 기업주가 독점 가능 • 창업 자금이 비교적 적게 소요되어 소자본 창업 가능 • 일정 규모 이상으로는 성장하지 않는 중소규모 사업에 적합 • 기업활동에 있어 자유롭고 신속한 계획 수립 및 변경 등 용이 • 개인기업은 인적 조직체로서 제조방법, 자금 운용상의 비밀 유지 가능	• 대표자는 회사 경영에 대해 일정 책임을 지며, 주주는 주금 납입을 한도로 채무자에 대해 유한책임을 짐. • 사업양도 시 주식을 양도하면 되므로 주식양도에 대하여 원칙적으로 낮은 세율의 양도소득세가 부과되며 상장 후에 주식을 양도하면 세금 면제 • 일정 규모 이상으로 성장 가능한 유망사업의 경우에 적합 • 신주발행 및 회사채 발행 등을 통한 다수인으로부터 자본 조달 용이 • 대외 공신력과 신용도가 높기 때문에 영업수행이나 관공서, 금융기관 등과의 거래에 있어서 유리
단점	• 대표자는 채무자에 대하여 무한책임을 짐. • 대표자가 바뀌는 경우는 폐업을 하고 신규로 사업자등록을 하여야 하므로 기업의 계속성이 단절 • 사업양도 시 양도된 영업권 또는 부동산에 대하여 높은 양도소득세 부과	• 상법 제329조 제1항의 "주식회사의 자본금은 5천만 원 이상으로 한다"라는 규정이 삭제되어 실제 자본금 100원 이상이면 법인설립을 할 수 있는 법률적 근거 마련 • 대표자가 회사 자금을 개인 용도로 사용 시 회사는 대표자로부터 이자를 받아야 함.

2. 세제상의 특징

개인기업은 소득세법의 적용을 받으므로 과세기간은 매년 1월 1일부터 12월 31일까지이고, 과세소득은 총수입에서 필요경비를 공제한 금액이 되며, 재무상태표 공고 의무가 없다. 이에 반해 법인은 법인세법의 적용을 받는바, 과세기간은 정관과 규칙에서 정하는 회계기간에 따라 달라지고 과세소득은 익금총액에서 손금총액을 공제한 금액이 되며, 재무상태표의 공고 의무가 있다. 익금과 손금은 세무회계상 개념으로 익금 또는 손금에 산입하거나 불산입하는 세금 부담은 여러 가지 상황에 따라 차이가 있을 수 있으나, 세율 측면에서는 개인기업보다 법인기업이 유리하다. 세무사의 의견에 의하면 세금 부담 측면에서 고려해 볼 때, 기업의 연간 매출총액이 5억 원 이상이거나 과세표준이 2,500만 원 이상으로 예상되면 절세효과가 개인기업보다는 법인기업이 더 크게 되므로 법인기업으로 전환하는 것이 유리하다고 한다.

표 3-3 개인기업과 법인기업의 세제상의 특징

구분	개인기업	법인기업
과세근거법	소득세법	법인세법
과세기간	매년 1월 1일부터 12월 31일까지	정관에서 정하는 회계기간
과세범위	특정 소득에 대해서는 종합과세를 하지 않고 원천징수만으로 분리과세	분리과세가 인정되지 않음
이중과세 여부	하나의 원천소득에 대해 이중과세가 되지 않음	법인에게 법인세 과세 후 주주의 배당에 대해 소득세 과세
세율구조	• 세율 : 6~42% 누진 적용 • 주민세 : 소득세의 10%	• 세율 : 10~25% • 주민세 : 법인세의 10%
납세지	개인기업의 주소지	법인등기부등본상의 본점/주사무소
기장의 의무	수입금액에 따라 일기장의무자, 간이장부의무자, 복식부기의무자로 구분	수입금액에 관계없이 복식부기의무자
외부감사제도	적용 안 됨	자산총액이 100억 원 이상 또는 자산총액 70억 원 이상+부채총액 70억 원 이상, 자산총액 70억 원 이상+종업원 수 300명 이상인 경우 공인회계사의 감사를 받음
대차대조표 공고	공고의무가 없음	법인세 신고기간 내에 일간신문에 공고의무가 있음
과세소득	총수입금액 – 필요경비	익금의 총액 – 손금의 총액

표 3-4 소득세율표 – 개인기업에 적용

과세표준	기본세율	누진공제
1,200만 원 이하	6%	–
1,200만 원 ~ 4,600만 원	15%	108만 원
4,600만 원 ~ 8,800만 원	24%	522만 원
8,800만 원 ~ 1억 5,000만 원	35%	1,490만 원
1억 5,000만 원 ~ 3억 원	38%	1,940만 원
3억 원 ~ 5억 원	40%	2,540만 원
5억 원 초과	42%	3,540만 원

표 3-5 법인세율표 – 법인기업에 적용

<table>
<tr><th rowspan="2">소득종류
법인종류</th><th colspan="3">각 사업연도 소득</th><th colspan="3">청산소득</th></tr>
<tr><th>과세표준</th><th>세율</th><th>누진공제</th><th>과세표준</th><th>세율</th><th>누진공제</th></tr>
<tr><td rowspan="3">영리법인</td><td>2억 원 이하</td><td>10%</td><td>–</td><td>2억 원 이하</td><td>10%</td><td>–</td></tr>
<tr><td>2억 원 초과
200억 원 이하</td><td>20%</td><td>2,000만 원</td><td>2억 원 초과
200억 원 이하</td><td>20%</td><td>2,000만 원</td></tr>
<tr><td>200억 원 초과</td><td>22%</td><td>42,000만 원</td><td>200억 원 초과</td><td>22%</td><td>42,000만 원</td></tr>
<tr><td rowspan="4">비영리법인</td><td>2억 원 이하</td><td>10%</td><td>–</td><td colspan="3" rowspan="4">–</td></tr>
<tr><td>2억 원 초과
200억 원 이하</td><td>20%</td><td>2,000만 원</td></tr>
<tr><td>200억 원 초과
3,000억 원 이하</td><td>22%</td><td>42,000만 원</td></tr>
<tr><td>3,000억 원 초과</td><td>25%</td><td>942,000만 원</td></tr>
<tr><td>조합법인</td><td colspan="3">9%</td><td colspan="3">9%</td></tr>
</table>

* 2018. 1. 1. 이후 개시하는 사업연도 분부터 적용

3. 회계처리상의 특징

1) 대표자의 인건비

법인의 대표이사는 고용관계에 의하여 근로를 제공하므로 그 대가인 임원 보수와 상여금을 손금에 산입한다. 이에 반해 개인기업의 대표는 사업의 경영주체로서 고용관계에 있지 아니하므로 급여를 지급받을 수 없다. 급여를 지급받아도 그것은 출자금의 인출에 불과하므로 필요경비에 산입하지 아니한다.

2) 퇴직급여충당금의 설정

법인세법은 1년 이상 근속한 모든 임직원에 대해 퇴직급여충당금을 설정할 수 있다. 따라서 대표이사도 퇴직급여충당금의 대상이 될 수 있으나 개인기업의 대표는 소득세법상 퇴직급여충당금 설정대상에 속하지 않는다.

3) 대손충당금 설정대상

법인세법은 대손충당금 설정대상 채권에 소비 대차계약에 의한 대여금과 미수금을 포함하고 있으나 소득세법은 사업과 관련된 채권만 대손충당금 설정대상으로 규정하고 있으므로 소비 대차계약에 의한 대여금과 정상적인 사업거래에서 발생하지 않는 투자자산, 유형자산 처분 미수금에 대하여 대손충당금을 설정할 수 없다.

4. 소멸 절차(청산)상의 특징

개인기업은 기업주가 영업을 중지하고 관할 세무서에 사업자등록증을 반납하고 폐업신고를 함으로써 기업이 소멸된다. 그러나 주식회사와 같은 법인기업은 상법의 규정에 따라 청산에 관한 절차 또는 파산법에 의한 파산 절차를 밟아야 한다. 회사를 청산하려면 청산인 선임 및 해산 등기를 한 후 채권의 추심이나 채무의 변제 등 청산에 관한 절차와 잔여 재산의 분배에 관한 절차를 우선 종료하여야 한다. 그리고 청산에 관한 사항의 승인을 구하는 주주총회를 열어 청산에 대한 주주의 최종 의견을 거친 후에 청산 종결 등기를 함으로써 법인기업이 법률적으로 소멸된다고 할 것이다.

제6절 개인기업의 설립 절차

신규로 사업을 개시하는 자(개인사업자)는 당해 업종을 관장하는 주무부처에 필요한 인·허가를 받은 다음, 사업개시일로부터 20일 이내에 관할 세무서에 사업자등록을 신청하여 사업자등록증을 교부받음으로써 설립된다.

1. 인·허가의 취득

법령에 의하여 인·허가 등록 및 신고를 득해야 사업을 개시할 수 있는 업종은 미리

그림 3-1 개인기업의 설립 절차도

사업 아이템 선정 : 사업타당성 조사

↓

사업계획 수립 : 사업규모, 기업형태 등 결정

↓

인 · 허가 취득 : 업종의 소관부처에서 인 · 허가 취득

↓

사업자등록 : 소재지의 관할 세무서에 등록

↓

사업개시 : 정상적 영업활동 시작

당해 업종을 주관하는 주무관청 또는 지방자치단체에서 인 · 허가를 취득하여야 한다.

표 3-6 개인기업의 세무회계 처리

신고일자	신고내용	비고
매월 10일	갑종근로소득세 및 원천징수액 신고 납부기한	전월분
매월 말일	특별소비세 신고 납부기한	전월분
매년 1월 10일	연말정산 신고 납부기한	전년도분
매년 5월 31일	종합소득세 신고기한	전년도분
4월, 10월 25일	부가가치세 분기 예정신고 납부기한	분기분
1월, 7월 25일	부가가치세 분기 확정신고 납부기한	분기분

2. 사업자등록

신규로 사업을 개시하는 자는 사업장마다 소재지 관할 세무서 민원봉사실에 신고하여 사업자등록을 하면 된다.

사업자등록 신청 시 구비서류

- 사업자등록 신청서 1부(세무서 민원봉사실 비치)
- 사업 인 · 허가증 사본 1부(법령 규정 업종의 경우)
- 주 사업장 매매계약서 또는 임대차계약서 사본 1부
- 주민등록등본 1부

한편, 신규로 사업을 개시하고자 하는 자는 사업개시일 전이라도 등록이 가능하다.

신규로 사업을 개시하고자 하는 자가 사업 인 · 허가를 득하기 이전에 사업자등록을 하는 경우에는 사업 인 · 허가증 사본 대신 사업허가신청서 사본이나 사업계획서를 제출하면 된다.

관할 지방 세무서에는 사업자등록 신청일로부터 7일(또는 14일) 이내에 사업자등록번호가 기재된 사업자등록증을 교부한다. 요즘에는 민원처리 속도가 빨라져 신청 즉시 사업자등록증이 교부되기도 한다.

3. 사업개시 및 기타 신고사항

사업자등록이 끝나면 법적으로 사업을 시작할 수 있는 절차가 완료되나 기타 행정 절차를 요하는 경우에는 신고를 하여야 한다. 근로자 명부와 임금대장의 작성, 취업규칙 작성, 국민연금, 건강보험, 산업재해보험, 고용보험 등의 신고 절차를 밟아야 한다.

제7절 주식회사의 설립 절차

많은 사람들이 보통 법인이라고 하면 주식회사로 이해하는 경우가 많다. 그 이유는 법인을 설립한다고 하면 대부분 주식회사를 설립하기 때문이다. 사업을 운영하는 데 있어 일반적으로 법인이 개인기업보다 유리한 점이 많기 때문에 최근에는 주식회사를 설립하는 경향이 높다.

실제적으로 법인을 설립하고자 할 경우 사업을 영위하고자 하는 대상지역 소재지의 법무사와 상의하여 설립을 진행하는 것이 편리하다.

1. 설립 절차의 개요

주식회사를 설립하기 위해서는 개정 상법에 의거 1인 이상의 발기인이 기명날인 또는 서명을 하면 된다.

그리고 주식의 인수와 청약 및 기타 설립요건에 필요한 사항을 법원에 신고함과 동시에 창립총회를 거쳐 설립등기를 마침으로써 설립하게 된다. 주식회사를 설립하는 데 있어서 자본금을 확보하는 방식에는 주식을 인수하는 방식과 현물출자를 통하여 자본금을 확보하는 방식이 있다.

2. 설립 절차의 내용

1) 설립 형태

정관에는 발행예정주식의 총수와 설립 시에 발행하는 주식의 총수를 기재하여야 하는데, 발기인만이 전부 인수하여 회사를 설립하는 경우를 '발기 설립'이라고 하고, 그 일부만을 발기인이 인수하고 그 외의 것은 주주를 모집하여 주식을 인수시키는 것을 '모집 설립'이라고 한다.

2) 설립 절차(발기 설립의 경우)

(1) 발기인

① 발기인의 의의 : 발기인이란 형식적으로는 정관에 발기인으로 기명날인한 사람을 말하지만 실질적으로 볼 때는 회사의 설립사무에 참가하더라도 정관에 발기인으로서 기명날인하지 않은 이상 법률상 발기인이 되지 못한다. 이를 반대로 해석하면 정관에 발기인으로서 서명한 이상은 실제로 설립사무를 담당하지 않았다고 하더라도 발기인으로서의 책임을 지게 된다.

상법은 발기인이 설립사무에 종사한 회사에 참여토록 하기 위하여 각 발기인은 적어도 1주 이상의 주식을 인수할 것을 요구하고 있다.

② 발기인의 자격 : 발기인이 될 수 있는 자격에 대하여 현행 상법에는 별다른 제한 규정이 없으나 그 중요성으로 보아 행위무능력자는 발기인으로 선임하는 것을 삼가야 할 것이다.

③ 발기인의 수 : 주식회사를 설립하기 위한 발기인은 개정 상법에 의거 1인 이상이면 된다.

④ 발기인과 주식인수 : 발기인은 반드시 1주 이상을 인수하여야 한다.

⑤ 발기인의 주식인수와 자금출처 : 회사 설립 시 발행주식의 대부분은 발기인이 인수하며 개인기업의 법인 전환 시에도 주식의 대부분은 발기인이 인수하게 되는데, 이 경우 발기인은 자금출처가 명확하여야만 상속세나 증여세의 과세대상에서 벗어날 수 있다. 자금출처가 입증되지 않은 발기인은 상속세법의 규정에 의거 과세될 것이다. 직업, 성별, 연령, 사회적 지위 등을 감안하여 조사하고 있으나 미성년자, 부녀자 등이 주식을 취득하였을 경우에는 간접조사를 배제할 수도 있다.

(2) 정관의 작성

① 정관의 의의 : 정관이란 실질적으로는 회사의 조직활동을 정하는 근본규칙을 말하고 형식적으로는 그 근본규칙을 기재한 서면을 말한다. 정관은 곧 회사의 준칙이기 때문에 설립자는 물론이고 그 후의 신입사원도 구속하는 자치적 법규의 성질을 가지므로 공증인의 인증이 있어야만 효력을 발생시킨다.

② 정관의 기재사항

㉠ 절대적 기재사항 : 정관의 절대적 기재사항은 목적, 상호, 회사가 발행하는 주식의 총수, 본점의 소재지, 회사가 공고하는 방법, 발기인의 성명과 주소이며 이들 절대적 기재사항 중 하나라도 기재를 누락하면 정관은 무효가 된다.

- 목적 : 목적이란 회사가 경영하고자 하는 사업을 말한다.
- 상호 : 상호란 상인이 영업상 자기를 표시하기 위하여 사용하는 명칭을 말한다. 상법상 상인이 상호를 선정하는 것은 원칙적으로 자유이나 여러 가지 제한 규정을 두고 있으며, 상호권을 인정하여 타인의 부정침해로부터 법적 보호

를 하고 있다. 예를 들어, 상호를 등기한 자는 더욱 강력한 보호를 받을 수 있다. 즉, 동일한 특별시, 시, 읍, 면에서 동종영업으로 타인이 등기한 상호를 사용하는 것은 부정한 목적으로 사용하는 것처럼 추정되므로 거증책임이 전환된다는 점이다.

- 회사가 발행할 주식의 총수 : 회사가 발행할 주식의 총수란 회사가 장래 발행하기로 예정하고 있는 주식의 총수, 즉 이사회에 대하여 발행을 부여받은 권한은 주식의 최대한도를 의미하는 것으로 발행예정주식의 총수를 말한다.
- 1주의 금액 : 1주의 금액은 균일하여야 하고, 1주의 금액은 100원 이상이어야 한다.
- 회사의 설립 시에 발행되는 주식의 총수 : 이것은 발행예정주식총수 중에서 회사 설립 시에 실제로 발행하는 주식총수를 말하는 것이다.
- 본점의 소재지 : 본점의 소재지는 최소행정구역을 표시하면 충분하고 지번까지 기재할 필요가 없다.
- 회사가 공고하는 방법 : 주식회사의 여러 이해관계인의 이익을 보호하기 위하여 일정한 사항에 대하여는 공고를 요구하고 있는데, 공고는 관보 또는 시사에 관한 사항을 게재하는 일간신문에 한다.
- 발기인의 성명, 주민등록번호 및 주소 : 발기인의 동일성을 확증하기 위한 것이며 그 기재방법에 특별한 제안은 없다.

㉡ 상대적 기재사항 : 상대적 기재사항이란 이를 정관에 기재하지 않아도 정관 자체의 효력에는 아무런 영향을 미치지는 않지만 그 사항을 정관에 기재하지 않으면 그 사항이 회사와 주주에 대한 관계에 있어서 효력이 발생하지 않는 사항을 말한다.

- 발기인이 받을 특별이익 : 특별이익은 회사 설립을 위한 발기인의 공로에 대하여 회사가 주는 특별한 이익이며 이익배당이나 잔여재산의 분배 또는 신주인수에 관한 우선권, 회사의 설립비용에 관한 특권 등을 그 예로 들 수 있다.
- 현물출자 : 현물출자는 금전 이외의 재산으로서 하는 출자를 지칭한다. 주식회사에서는 금전출자가 원칙이며 현물출자는 예외로 정관에 그에 관한 규정이 있는 경우에만 인정된다. 현물출자를 하는 경우에는 현물에 대한 적절한 평가가 선행되어야 한다. 회사 설립 시 현물출자를 하는 경우에는 현물자산

에 대한 감정가가 있으면 되지만 개인기업으로 운영하던 중 현물출자에 의한 법인전환을 하는 경우에는 보다 적정한 현물출자가액 산정을 위하여 공인회계사의 감사보고서가 필요하다. 정관에는 현물출자자의 성명과 출자 목적물인 재산의 종류 · 수량 · 가격과 이에 대하여 부여할 주식의 종류와 수를 기재하여야 하며, 목적물인 재산은 그 동일성을 파악할 수 있을 정도로 구체적으로 기재하여야 한다.

- 재산인수 : 회사 설립에 있어서 그 성립 후에 특정인으로부터 일정한 재산을 회사가 매수한 것을 약정하는 것을 '재산인수'라 한다. 이것은 발기인이 설립 중의 회사를 위하여 회사의 성립을 조건으로 특정 재산을 넘겨받을 것을 내용으로 하는 계약이다.
- 설립비용과 발기인의 보수 : 설립비용이란 회사의 설립사무를 집행하는 데 필요한 비용으로 정관의 작성, 인증비용, 주식청약서, 기타 필요한 서류의 인쇄비, 설립사무의 임차료, 설립사무를 위한 통신비, 비품비용, 인건비, 주식모집의 광고비, 주금납입의 취급을 위탁한 은행이나 신탁회사 등에 지급할 수수료, 창립총회의 소집비용, 현물출자의 목적물을 감정인에게 감사 내지 감정을 받은 경우 그 비용 등을 포함한다. 즉, 물적 회사의 설립 절차는 인적 회사인 합명회사나 합자회사의 설립 절차보다 많이 복잡하여 정관의 작성으로부터 설립등기를 종료하기까지의 상당한 비용을 필요로 한다. 여기에서 주의할 것은 설립비용이란 회사 설립에 소요된 경비이므로 회사의 설립 시까지만 발생된 비용이며 그 이후의 비용은 설립비용이 될 수 없다.

ⓒ 임의적 기재사항

이것은 정관에 기재할 것인가, 기재하지 않을 것인가를 완전히 회사의 자유의사에 맡기는 사항이다. 일반적으로 발행주권의 종류, 주식의 명의개서 등의 절차, 주권의 재발행에 관한 사항, 주주총회의 의장, 이사 및 감사의 수, 사업연도, 주권불소지 제도 등이 있다.

③ 정관의 인증 : 정관이 작성되었을 경우, 그 정관이 정관으로서 효력이 발생하기 위해서는 공증인의 인증을 받아야 된다. 즉, 정관은 공증인의 인증을 받음으로써 효력을 발생시키게 된다. 인증을 받지 않은 정관은 무효이다.

④ 이사 및 감사의 선임

⑤ 검사인의 선임 및 조사보고

⑥ 설립등기 : 법인설립등기는 회사의 설립 절차에 있어서 최후의 단계에 속한다. 회사는 설립등기에 의해서 성립하며 법인으로서 존재하게 된다. 창립총회가 종결된 날로부터 2주 이내에 이사의 공동신청에 의하여 법원(본점소재지 관할 등기소)에 설립등기를 하여야 한다. 구체적인 법인설립등기업무를 법무사에 의뢰하여 신청하며 첨부서류는 다음과 같다.

- 정관
- 주식의 인수를 증명하는 서면
- 주식청약서
- 발기인이 정한 주식발행에 관한 사항
- 이사와 감사 또는 검사인이나 공증인의 조사보고서와 그 부속서류 또는 감정인의 감정서와 그 부속서류
- 검사인의 보고에 관한 재판이 있는 때에는 그 재판의 등본
- 발기인이 이사와 감사를 선임한 때에는 그에 관한 서면
- 창립총회의 의사록
- 이사 · 대표이사와 감사의 취임승낙을 증명하는 서면
- 명의개서대리인을 둔 때의 명의개서대리인과의 계약을 증명하는 서면
- 주금의 납입을 맡은 은행 기타 금융기관의 납입금 보관에 관한 증명서

⑦ 사업자등록신청 : 신설법인의 사업자등록신청은 법인설립신고와 병행하여야 하는데, 관할 세무서(법인세과)에 사업자등록을 하여야 한다. 사업자등록 시 유의할 점은 다음과 같다.

㉠ 사업장단위로 사업자등록 : 사업장이란 사용인이 상시 주재하여 거래의 전부 또는 일부를 행하는 장소를 말하는데, 여러 개 있을 경우에는 사업장마다 사업자등록을 해야 한다. 다만, 보관 · 관리시설만 갖춘 하치장은 설치한 날로부터 10일 안에 하치장 소관 세무서장에게 설치신고서를 제출한다.

㉡ 여러 가지 사업을 겸업할 경우 : 부가가치세가 과세되는 사업을 하는 경우(면제되는 업종도 함께 하는 경우도 포함)에는 부가가치세법에 의한 사업자등록을 하여야 하고, 면제되는 사업만 하는 경우에는 소득세법 또는 법인세법에 의한 사업자등록을 하면 된다.

ⓒ 공동사업자의 경우 : 2인 이상이 공동으로 사업을 하는 경우는 사업자등록신청은 공동사업자 중 1인을 대표자로 하고 공동사업자 전원의 주민등록등본을 붙여서 대표자 명의로 신청하며 동업계약서 등의 서류를 함께 제출한다.

ⓔ 사업자등록을 이행하지 않을 경우 가산세 부과내용 : 사업자등록을 하지 않고 사업을 하면 사업개시일로부터 등록한 날이 속하는 예정신고기간(예정신고기간이 지난 경우에는 그 과세기간)까지의 공급가액에 대하여 해당하는 금액을 가산세에 부과하게 된다.

(3) 구비서류

① 회사에서 준비할 서류

- 회사설립사항 명세표(상호, 본점소재지, 사업목적, 자본금 등)
- 발기인 인적사항 및 주식인수사항
- 이사, 감사 인적사항
- 주금납입증명서

② 법인설립 소요비용

자본금 규모	과밀 억제권	과밀 억제권 이외
1천만 원 이하	21만 5천 원	48만 5천 원
2천만 원 이하	21만 5천 원	48만 5천 원
3천만 원	22만 4천 원	51만 2천 원
5천만 원	32만 원	80만 원
1억 원	56만 원	152만 원

③ 법인기업의 사업자등록신청의 서류 : 소정의 절차에 따라 법인을 설립하여 설립등기가 완료되면 사업장 소재지 관할 세무서에 다음 서류를 구비하여 사업자등록을 신청함.

- 법인설립신고 및 사업자등록신청(소정양식)
- 법인등기부등본 1부
- 정관사본 1부
- 개시 재무상태표 1부

- 주주 또는 출자자명세서 1부
- 현물출자명세서(현물출자 시)
- 사업허가증 사본(법령에 의한 허가사업인 경우)

④ 법인등기 시 구비서류

- 설립등기신청서
- 정관작성
- 주주명부, 주주의 인감증명서, 주민등록등본, 자산명세서, 주주 출자확인서 등
- 발기인총회 이사록, 이사회 이사록

⑤ 법인설립신고 시 구비서류

- 법인설립신고서
- 법인등기부등본, 정관
- 개시 재무상태표, 주주 및 출자자 명부, 임원명부 등

⑥ 세무서의 법인설립신고 검토 시 보정요청 서류

- 임원명부 1부
- 주주 주민등록등본 각 1부(대표이사는 2부)
- 법인 인감증명서 1부
- 주주의 출자확인서(자필 서명날인) 각 1부
- 주주의 인감증명서 각 1부(용도 : 주주 확인용)
- 주금납입금 보관증명서 사본 1부
- 법인인감 도장

ENTREPRENEURSHIP MANAGEMENT

PART 02

창업 실무

CHAPTER 4 사업의 타당성 분석

CHAPTER 5 사업계획서 작성

CHAPTER 6 창업 자금 조달

CHAPTER 7 투자유치 전략

CHAPTER 8 창업 세무회계

ENTREPRENEURSHIP MANAGEMENT

CHAPTER

04

사업의 타당성 분석

제1절 사업타당성 분석의 개념

제2절 사업타당성 분석 절차

제3절 사업계획 수행 능력 평가

제4절 기술적 타당성 분석

제5절 시장성 분석

제6절 경제성 분석

제7절 제품성 분석

제8절 경쟁적 지위 분석

제9절 시장 및 제품환경 분석

제10절 판매계획 분석

제11절 시장성 평가기관과 평가요소

제1절 사업타당성 분석의 개념

1. 사업타당성 분석의 의의

사업타당성 분석이란 창업 혹은 신규로 진출하고자 하는 사업의 가치를 평가하는 것으로, 기술적 측면, 경제적 측면, 시장점유율 등을 평가하는 총체적인 분석을 통한 가치 측정 과정이다. 급변하는 경영환경으로 인하여 기업은 이에 적응하지 못하면 미래에 계속기업으로서의 위치를 확신하지 못할 정도이다. 따라서 기존의 기업은 살아남기 위해 자신의 사업 분야에서의 위치를 확실히 하는 한편, 유망한 신규사업에 참여하는 능동적인 노력이 절실히 요청되고 있다. 또한 창업이나 신규투자의 경우, 대부분 막대한 자본이 필요하기 마련이며, 이에 대한 적정수준의 투자수익이 일정기간 계속되지 않는다면 창업으로 인한 막대한 손실을 감당하기 어려워 폐업에 이르거나, 기존 기업의 경우 기업 자체의 존립위기로까지 내몰릴 수 있기 때문이다.

따라서 사업타당성 분석에는 사업 아이템에 대한 분석을 기초로 하여 기타 창업 요소와 요건에 대한 타당성을 검토하면서 [그림 4-1]과 같이 시장성 분석, 기술성 분석, 경제성 분석, 공익성 분석 등을 단계적으로 구분하여 수행해야 한다.

이와 같은 사업타당성 분석은 사업계획서를 작성하기 전에 반드시 분석해야 할 필수적인 요건이며, 창업을 실패 위험으로부터 사전에 방지할 수 있는 역할을 하기 때문에 비록 소규모의 창업일지라도 반드시 사업타당성 분석을 실시하고 창업을 해야 하는 필수 과정이다. 이러한 사업타당성 분석은 외부 전문가 또는 제3자에게 의뢰할 수도 있지만, 창업자 자신이 사업타당성 분석의 항목과 내용을 가지고 직접 분석 절차에 의거하여 사업타당성 분석을 실시하는 것이 가장 바람직하다고 볼 수 있다.

그림 4-1 사업타당성 분석의 내용

시장성 분석

- 전체시장의 동향 분석
- 제품성 및 경쟁관계 분석
- 상품의 수요 분석
- 상품가격 분석
- 시장 및 제품의 환경요소 분석

경제성 분석

- 투자수익 및 매출액 분석
- 투자비용 및 원가 분석
- 손익분기점 분석
- 재무적 타당성 분석

기술성 분석

- 원재료의 수급 분석
- 생산 및 제조공정 분석
- 제품의 사후관리 분석
- 신제품 개발 분석

공익성 분석

- 부가가치효과
- 국제수지효과
- 고용효과
- 시장경제 활성화
- 환경요소 영향력

2. 사업타당성 분석의 필요성

창업이나 사업의 성공 여부는 창업자 자신과 창업과 관련된 사람은 물론 경제적 · 사회적 측면에서도 매우 중요하므로 체계적인 사업타당성 분석이 필요하며, 이러한 사업타당성 분석은 다음과 같은 측면에서 유용하다.

첫째, 사업타당성 분석은 사업계획의 필요요소를 명확히 파악하게 해준다. 새로운 사업은 생산설비, 시장성, 소요자금 등 수많은 요소들을 필요로 한다. 사업타당성 분석은 이러한 요소들을 전체적으로 고려하여 분야별로 기술성, 시장성, 경제성을 분석하므로 이들 요소들을 빠짐없이 점검하게 해준다.

둘째, 사업타당성 분석을 통해 창업자나 경영자는 자신의 사업 분야에 있어서의 운영 능력을 향상시킬 수 있다. 사업타당성 분석의 전 과정에 관한 인식을 통해 사업상 어려움에 직면하더라도 적절한 대처와 해결을 통해 창업자나 경영자 자신의 능력을 키울 수 있다.

셋째, 사업타당성 분석은 사업계획의 수립과 개선의 기회를 부여한다. 사업타당성 분석을 통해 이미 수립된 사업계획의 문제점을 파악하고 이를 수정함으로써, 전체적인 사업의 성공 가능성을 높일 수 있다.

제2절 사업타당성 분석 절차

사업타당성 분석 절차를 살펴보면 먼저 사업 아이템을 탐색하고 눈에 띄는 좋은 아이템을 발견하게 되면 예비 사업성을 검토한다. 예비 사업성을 점검한 결과 성공 가능성이나 잠재력이 충분한 아이템으로 시장성이 있다고 가정하였을 경우 기술성 분석과 경제성 분석을 실시하여 제품을 생산하는 데 문제점이 있는지, 아니면 기술적인 부문에 문제

그림 4-2 사업타당성 분석의 절차

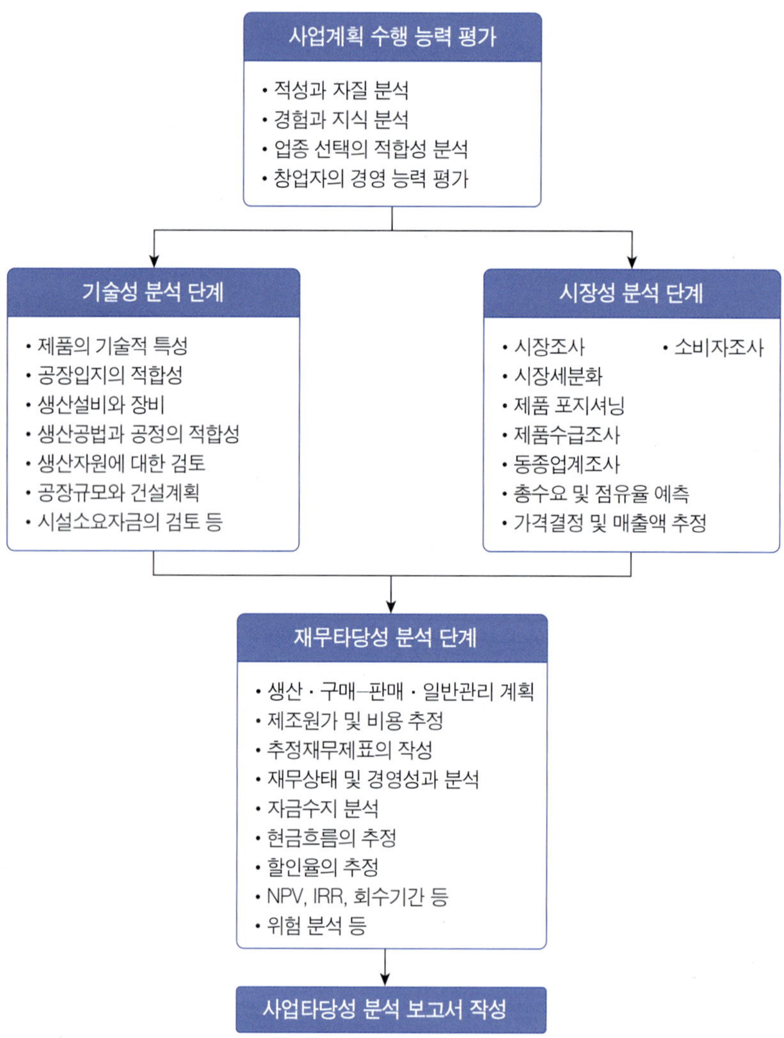

점이 있는지 타당성을 검토한 후 기술성 부문에서 타당성이 인정되면 경제성 분석을 실행할 준비를 한다.

만약 기술성 부문이 부적합하다고 판단되면 경제성 분석을 할 필요 없이 이 대안을 기각시켜야 할 것이다. 경제성 분석에서도 경제적으로 수익과 이익의 규모가 크므로 경제성이 있다고 판단되면 공익성 분석을 실행하고 만약 제품을 생산하면 할수록 손실이 발생하여 경제성이 없다고 판단되면 기각시켜야 할 것이다. 경제성 분석에서 적정한 대안이라면 공익성 분석을 실행하여 긍정적인 결과가 도출되면 사업계획서를 작성하고 창업 준비를 시작한다.

구체적으로 사업타당성 분석은 사업의 종류와 경우에 따라 조사하는 내용과 형식이 다르기는 하나 주요 평가항목은 일반적으로 ① 사업계획의 수행 능력 평가, ② 생산 가능성과 품질, 성능 및 하자 여부 등을 검토하는 기술성 분석, ③ 판매시장의 환경, 시장 진입 가능성, 제품수급조사, 동종업계조사, 총수요 및 점유율 예측, 제품 가격결정 및 매출액 추정 등을 검토하는 시장성 분석, ④ 소요자금의 추정과 자금 조달계획, 추정재무제표 작성, 계획사업의 경제성 평가 등을 검토하는 재무적 타당성 분석 등이다. 구체적인 사업타당성 분석의 절차는 [그림 4-2]와 같다.

제3절 사업계획 수행 능력 평가

1. 적성과 자질 분석

창업자의 적성과 자질 분석은 선천적인 능력에 대한 평가이다. 사업의 성패도 결국 경영자가 사업가로서의 적성과 자질을 얼마나 갖고 있느냐에 의존하는 바가 크며, 그 분석 대상으로는 사업에 대한 모험심, 성공에 대한 집념, 리더십, 의지력, 성격, 체력 등이 있을 수 있다. 또한 성공에 대한 강한 집념과 의지력은 사업가가 갖추어야 할 가장 기본적인 자세이다. 아무리 좋은 아이템과 여건이 조성되어 있더라도 창업자가 성공에 대한 확신과 강한 집념 그리고 의지력이 없다면 성공적인 창업이 될 수 없다.

2. 경험과 지식 분석

신규로 창업을 하는 경우에는 경영자의 자질과 더불어 업종에 대한 경험 · 지식 및 관련성이 필수 불가결한 요소이다. 이는 후천적인 요인으로 본인의 노력으로 얼마든지 습득하고 개선할 수 있는 요소이다. 만일 경험과 지식이 부족한 경우에는 전문적인 지식을 습득하거나 창업자를 대신할 수 있는 전문가를 확보하는 것도 하나의 방안이 될 수 있다. 아울러 거래처나 미래의 소비자들과의 원활한 교류도 창업에 있어서 유리한 창업 여건이 될 수 있다.

3. 업종 선택의 적합성 분석

번뜩이는 사업 아이템의 발견은 창업자의 수행 능력 평가에서 매우 중요한 요소이다. 창업자는 정확한 시장예측 능력을 가지고 유망한 업종을 선택하였는지를 면밀히 검토해야 한다. 또한 제품수명주기도 충분히 고려하여야 한다. 제품수명주기상 시기적으로 맞지 않는 업종을 선택한다면 사업자의 헌신적 노력에도 불구하고 낭패를 보는 경우가 허다하다. 따라서 창업자는 업종 선택의 적합성을 충분히 고려하여야 한다.

4. 경영 능력 평가

창업자의 경영 능력 평가라 함은 창업자의 경제환경 변화에 대한 대처 능력이나 기술혁신 능력을 분석하는 것이다. 사업을 하다 보면 여러 가지 예기치 않은 상황이 발생하게 되는데, 경영자는 순발력 있는 대처 능력을 갖추고 있어야 한다. 만일 경영자가 경영 능력의 부족으로 인하여 적절한 방안을 강구하지 못하면 기업은 커다란 위기에 직면할 수도 있다.

무엇보다도 위에서 제시한 사업수행 능력과 적합성에 대한 판정을 누가 하느냐가 매우 중요하다. 자기 자신을 가장 잘 아는 사람이 자기 자신인 것은 당연하지만 본인을 평가하는 데 있어서는 매우 주관적일 수 있다. 따라서 창업자는 자신의 가족과 자신이 속해 있는 조직의 구성원들 또는 전문적인 지식을 갖춘 전문가와 충분한 검토를 거쳐 이에 대한 결론을 도출하는 것이 바람직하다.

제4절 기술적 타당성 분석

1. 기술적 타당성 분석의 의의

기술적 타당성 분석(technical analysis)이란 계획하고 있는 제품이나 용역의 생산과 판매에 관련된 기술적 측면에 대한 전반적인 검토와 분석을 말한다. 즉, 기술적 타당성 분석은 계획하고 있는 사업을 영위하는 데 필요한 기술, 기계와 장비, 자재와 노동력, 입지 및 시설 등을 대상으로 하여 제반의 기술적인 측면을 검토하고 평가하는 분석영역을 말한다. 이러한 기술적 타당성 분석은 계획된 사업이 기술적으로 타당한가를 조사하고 현실적으로 기업에 적용하는 데 문제점이 없는지를 분석하고, 여러 가지 기술적 문제점을 분석하여 합리적인 대안을 선택하는 과정을 말한다.

2. 기술적 타당성 분석대상

기술적 타당성의 분석대상은 크게 네 가지 요소로 나누어 생각할 수 있다.

첫째, 계획 제품의 용도 · 품질 · 경쟁성 분석이다. 여기서 고려해야 할 항목은 제품의 용도 및 소비처, 제품의 기능, 물리적 · 화학적 특징, 품질 및 기술의 수준, 제품 및 기술의 경쟁성, 국내외 경쟁업체 현황, 기술의 장래성 등이 있다.

둘째, 입지조건과 환경 분석이다. 여기서 고려해야 할 항목은 자연적 입지인자, 경제적 입지인자, 사회적 입지인자의 세 가지 요소이다.

셋째, 계획시설의 적정성 및 장래성 분석이다. 여기서는 주요계획시설 및 계획시설의 적정성, 시설 상호 간의 효율성과 균형 여부, 시설배치의 합리성, 계획시설의 장래성 등이 고려된다.

넷째, 생산 및 재고 분석이다. 여기서는 생산방식과 생산공정의 효율성, 생산 능력 및 가동률 사정 등을 그 분석대상으로 한다.

3. 기술적 타당성 분석 절차

기술적 타당성 분석은 시장분석 결과에서 기술적인 부문의 대안을 탐색한다. 또 약식으로 상황 분석을 통하여 긍정적인 결과의 경우 원가추정을 하게 되고 부정적인 결과이면 대안을 기각한다. 기술적인 부문에 대한 제품의 원가추정자료에 의거하여 생산일정, 생산공정, 기계장치나 설비의 구입 또는 임대, 원재료의 수송 등 상세한 기술적 타당성 분석을 실시한다. 여기에서 소요되는 인력(노동력 부문)과 투입되는 생산조직의 설계(자본요소 부문) 및 생산공간(장소) 등을 추정하여 기술적 타당성 분석을 실시한다.

기술적 타당성 분석은 모든 기술적 사항이 건전한 것인가를 검토하는 것으로 생산계획, 시설계획, 기술 능력, 입지조건 등을 비롯하여 소요인력계획, 원가계획 등에 대한 광범위한 조사가 포함되며, 그 사업 아이템의 기술적 조건이 충족될 가능성, 즉 기술적 실현 가능성 여부에 중점을 두고 검토하여야 한다.

또한 계획하고 있는 제품이나 용역의 생산과 판매에 관련된 기술적 측면에 대한 전반적인 검토와 분석을 실시하여, 계획사업의 핵심기술에 대한 내용을 정확히 파악함은 물론 기술의 유용성, 독창성 및 사업의 성공 가능성 여부를 평가하는 것을 핵심과제로 삼고 있다.

4. 기술적 타당성 분석의 범위와 내용

기술적 타당성 분석은 원재료의 수급 부문 분석, 생산 및 제조공정 부문 분석, 제품의 사후관리 부문에 대한 분석, 신제품 개발 부문에 대한 분석으로 구분하고 구체적인 내용은 〈표 4-1〉과 같다.

표 4-1 기술적 타당성 분석의 범위와 내용

범위	내용
원재료의 수급 분석	• 소요 노동력 • 원재료의 특성 및 수급관계와 공급체계 확보 • 원재료 조달 가능성
생산 및 제조 공정 분석	• 제품의 용도 및 특성 • 제조공정 • 생산일정 및 공장규모 • 생산기계 및 장비선정 • 생산설비와 장비 • 생산방법과 공정의 적합성 • 생산자원에 대한 검토 • 공장위치 선정 및 레이아웃 • 공장규모와 건설계획 • 생산 능력 및 조업도 • 공장입지의 적합성
제품의 사후관리 분석	• 예상 불량률 및 개선 가능성 • 기술 및 기능인력 확보 전망 • 제품의 기술적 특성 • 기존제품에 대한 비교우위성 • 기업 경영에 필요한 기술적 능력
신제품 개발 분석	• 시설소요자금의 검토 • 신제품 개발 능력

5. 기술적 타당성 평가기관과 평가요소

기술적 타당성을 평가하는 기관은 발명진흥법에 의거하여 한국생산기술연구원의 연구관리과, 기술신용보증기금의 기술평가센터 등의 기관이 있다. 각 평가기관과 평가분야에 대한 세부적인 내용은 〈표 4-2〉와 같다.

〈표 4-2〉의 기술적 타당성 평가기관에서 기술성을 평가할 때 활용하는 기준은 〈표 4-3〉에서처럼 크게 4가지 항목이다. 이 기준에 따라 평가한 종합의견을 내고 평가결과 판정은 우수, 보통, 불량의 셋 중 하나를 선택하는 것이 일반적이다.

표 4-2 기술적 타당성 평가기관과 평가내용

평가기관	평가기술 분야
국가기술표준원	화학, 섬유, 기계, 금속, 전기전자, 요업
한국생산기술연구원	생산설비 개발, 생산시스템 개발, 생산기반기술
한국산업기술시험원	재료 분야, 기계 · 생산설비, 자동화, 계측제어, 광응용
한국식품연구원	농축수산물과 식품 관련 기술
한국건설생활환경시험연구원	건자재에 대한 각종 성능, 기술 평가
한국산업기술평가관리원	산업기술 전반
한국화학융합시험연구원	화학, 환경(대기, 수질 관련 품목 등), 미생물 등
한국인삼연초연구원	담배 및 홍삼의 제조
한국해양과학기술원	해양 관련 제 분야
한국기계전기전자시험연구원	전기, 전자, 정보통신기기 및 관련 부품
한국원자력연구원	원자력 관련 제 분야
한국에너지기술연구원	에너지 이용 관련 분야
한국지질자원연구원	자원 관련 제 분야
한국화학연구원	화학 관련 제 분야
한국전기연구원	전력계통, 전력전자, 전력기기, 전기재료 등

표 4-3 기술적 타당성 평가기준과 내용

항목	내용
기술성의 수준	기존제품 또는 특정 규격 등과 비교한 기술의 수준 평가
기술의 활용성	기존기술 또는 기존제품과 비교한 활용도 평가
기술의 파급성	기술적용 범위 및 응용성에 대한 평가
제품생산 가능성	국내 기술적 여건에 의한 제조 가능성 평가

제5절 시장성 분석

1. 시장성 분석의 의의

사업에 있어서 시장성 분석은 사업성패의 핵심요소가 될 수 있다. 특히 창업 초기에 계획하고 있는 제품이 시장에서 얼마나 팔릴 수 있을 것인가, 즉 판매예측(sales forecast)을 여러 가지 객관적인 상황변수가정(가격, 환율 등)하에서 실시하지 않고 막연한 추측에 의해 제품생산을 시작했을 경우 낭패를 볼 수 있다. 따라서 최소한의 시장성 검토는 창업자 스스로가 실시하여 보고 부족한 경우에는 전문조사기관이나 전문가와 상담하는 것도 고려해 볼 만하다.

시장성 분석이란 고려하고 있는 상품을 어느 정도나 팔 수 있겠는가를 조사하는 일이라고 할 수 있으며, 시장조사는 사업 아이템의 선별수단으로 이용될 수 있다. 시장조사란 시장을 발견하고 발견된 시장에 대하여 표적시장을 선정하고 표적시장이 선정되면 시장을 세분화하여 계량화할 수 있는 자료를 조사하고 분석하여 판매량 추정사항을 포함한다.

2. 시장성 분석의 절차

예비 사업성 검토에서 타당성의 결과가 긍정적이면 시장성 분석을 하게 된다. 시장성 분석은 먼저 목표시장을 설정하고 표적시장이 결정되면 약식조사를 하게 된다. 약식조사에서 시장에 대한 타당성이 인정되면 정식적인 시장조사를 착수하게 된다. 왜냐하면 정식적인 시장조사를 하려면 필요한 인력과 자본이 많이 투자되므로 사전에 약식으로 시장조사를 한다. 정식 시장조사는 문헌조사 등 2차 자료에 의한 조사와 직접 방문 조사하는 1차 조사 방법 등이 있다. 조사한 자료를 수집하게 되면 자료를 코딩 처리하여 데이터화하여 회귀 분석이나 상관관계 분석, 군집 분석 등 통계기법을 사용하여 통계처리하고 그 결과를 해석하게 된다. 결과의 해석이 긍정적으로 판단되면 추가적인 시장성 분석을 실행하게 된다. 시장성 분석에서 타당성이 인정되면 판매계획을 수립하고 기술성 분석 절차를 수행할 준비를 하여야 한다. 분석 절차는 [그림 4-3]과 같다.

그림 4-3 시장성 분석 절차

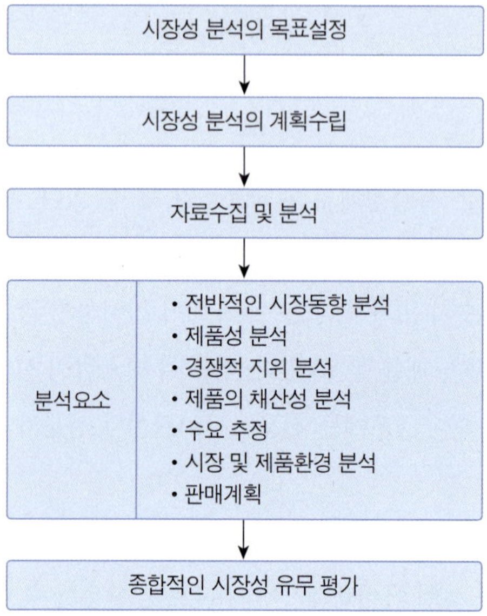

3. 시장성 분석의 범위와 내용

시장성 분석의 범위에는 전체시장의 동향에 관한 분석, 제품성 및 경쟁관계에 관한 분석, 상품의 예상수요 부문에 관한 분석, 상품의 가격 부문에 관한 분석, 시장 및 제품에 대한 환경 분석 등으로 구분할 수 있다. 그밖에도 시장의 진입 가능성과 확대 가능성, 상품의 라이프사이클 등에 관한 필요한 정보와 자료를 분석하여 경영의사결정에 필요한 정보를 창출하는 분석이다.

표 4-4 시장성 분석의 범위와 내용

범위	내용
전체시장의 동향 분석	• 시장조사 • 시장의 전체적 규모 측정 및 소비자의 구성 분포 • 표적시장에 대한 시장세분화 • 경쟁제품과 유사품의 특성 및 구조 • 시장변화 추세 분석 • 제품의 유통경로

제품성 및 경쟁관계 분석	• 경쟁제품과 자사제품의 장단점 분석 • 품질수준 비교 • 경쟁사 현황(재무상태 · 영업실적 · 가격경쟁력) • 동종업계 조사 • 동업자 또는 유사제품과의 경쟁상태 및 향후 경쟁 • 국내외 가격 구조 및 가격 동향 • 국내의 제품수급 동향 및 중장기 수급 전망 • 시장 특성 및 구조 • 제품 포지셔닝 • 경쟁제품의 출현 가능성
상품의 수요 분석	• 경쟁업체의 시장점유율 • 지역별 판매 가능성 • 소비자에 대한 시장조사 및 시장점유율 예측 • 수요에 대한 예측 • 판매처, 판매조직 및 유통경로 · 해외시장 분석에 의한 수출 가능성
상품가격 분석	• 가격결정 • 매출액 추정
시장 · 제품 환경 분석	• 시장 및 제품의 환경 분석 • 판매전략

4. 전반적인 시장동향의 분석

전반적인 시장동향 분석요소에는 시장규모 분석과 시장의 특성 및 구조 그리고 소비자 분석의 3가지로 나누어 고려할 수 있다.

1) 시장규모 분석

시장규모 분석은 기존시장에 대한 과거 및 현재의 자료를 통하여 미래를 예측하는 과정이다. 먼저 국내적으로는 당해 회사의 취급제품과 대체 가능성이 높은 유사제품에 대한 과거의 수요와 공급실적 및 향후 전망에 대한 가능성을 분석한다. 이때 기간이 너무 짧을 경우 제품의 전반적인 수급동향을 파악하기 어려우므로 가능하다면 과거 5개년 정도의 자료를 분석하는 것이 좋다.

2) 시장특성 및 구조 분석

시장특성 및 구조 분석은 관련 제품시장을 사전에 분석하여 시장침투 시의 성공 여부와 시장구조를 사전에 파악하여 발생 가능한 돌출상황에 미연에 대처할 수 있는지의 가능성을 사전에 파악하는 데 있으며 유통구조 및 특성에 대한 분석은 유통경로, 경로별 마진, 고객의 특성, 거래방식 등에 대한 분석이 고려되어야 한다.

3) 소비자 분석

소비자 분석은 전반적인 시장동향 분석 시 필수적인 분석요소이다. 소비자 분석은 먼저 소비자의 지역별 · 연령별 성향과 변화추세 분석이 이루어져야 하며, 제품의 소비형태, 1회 구매 시의 소비단위, 재구매의 순환주기 등에 대한 분석이 이루어져야 한다.

제6절 경제성 분석

1. 경제성 분석의 의의

기업의 목표는 이윤의 추구에 있으므로 시장성 분석과 기술성 분석을 통하여 획득한 자료를 종합하여 여러 가지 재무제표를 추정하고, 필요한 자본의 규모를 결정하며 투자안의 경제성을 평가하는 활동을 수행한다.

사업의 내용이 시장성과 기술성을 만족시킨다 하더라도 최종적인 투자의 결정은 경제성의 여부에 있다고 해도 과언이 아니므로 경제성 분석은 매우 신중히 결정되어야 한다.

경제성 분석을 재무 분석이라고 할 수 있는데, 재무 분석은 시장 분석과 기술 분석에서 나타난 결과를 가지고 창업 업종의 사업화에 필요한 소요 자금 및 창업 후의 수익성을 추정하기 위한 분석이다. 즉, 시장성 분석을 통해서 장 · 단기적으로 예측되는 수입계획과 지출계획을 비교하여 경제적 타당성을 평가한다. 경제적 타당성 분석은 추정재무제표를 근거로 하여 미래의 경영상태와 자금 흐름 그리고 손익분기점 분석을 포함한다.

2. 경제성 분석의 절차

기술성 분석에서 타당성이 인정되면 경제성 분석을 하게 된다. 경제성 분석의 절차는 먼저 총비용 및 원가를 추정하여야 하고, 그 다음 최근 3년 내지 5년간의 추정손익계산서와 추정재무상태표를 작성하여야 하며, 현금흐름을 파악하기 위하여 추정현금흐름표가 작성되면 경제성 분석을 실시하여야 한다. 추정손익계산서 작성 시에 유의해야 할 점은 매출액이나 매출원가의 추정이 중요하므로 객관적이고 신뢰할 수 있는 통계자료를 제시하여야 한다는 것이다. 경제성 분석에서 경제성이 인정되면 미래의 재무상태를 분석하고 투자운영 부문 등 경제성 평가를 실시한다. 경제성 평가에서 긍정적인 결과가 도출되면 투자안의 제안 준비를 한다.

3. 경제성 분석의 범위와 내용

표 4-5 경제성 분석의 범위와 내용

범위	내용
투자수익 및 매출액 분석	• 매출액 추이 및 판매목표를 토대로 한 손익계산서
투자비용 및 원가 분석	• 원가 및 비용추정 • 원부자재 조달에 관련된 자료를 근거로 한 원부자재 소요 검토 • 노무비 수준 및 소요 인원을 기초로 한 노무비 및 인건비 검토 • 투자시설에 대한 감가상각비 • 제조활동에 필요한 유틸리티 및 연구개발비 등을 근거로 한 제조경비 • 판촉활동과 관련된 판매비 및 일반관리비 • 원리금 상환 및 기술료 지급 등이 포함된 영업비용 명세 • 주문량 및 재고량 등에 기초한 제조원가
손익분기점 분석	• 운영 자금 흐름을 파악하기 위한 현금흐름표 • 예상사업의 경제성 분석 • 손익분기점 분석 • 추정재무제표의 작성 • 재무상태 및 경영성과 분석 • 경제적 · 재무적 타당성 분석
재무적 타당성 분석	• 자금수지 분석 • 할인율의 추정 • 순현가법, 회수기간법에 의한 투자수익비용의 분석 • 위험분석

경제성 분석 범위는 투자수익 및 매출액에 관한 추정 분석, 투자비용 및 원가 부문에 관한 분석, 손익분기점에 관한 분석, 재무적 타당성에 관한 분석 등으로 구분할 수 있으며 구체적인 내용은 〈표 4-5〉와 같다.

제7절 제품성 분석

제품성 분석이란 제품의 특성과 품질을 고려한 제품의 강·약점과 제품의 수명주기(life cycle), 보급률에 대한 분석이다.

제품의 강·약점에 대한 분석은 타사제품과 비교한 자사제품의 기능, 특성, 차별성, 기술성, 브랜드 보유 여부 등에 대한 분석을 하는 것이다. 이 경우 중요한 것은 자사의 강점에 초점을 맞추어 분석하되 동시에 취약점 분석도 병행하여 자사의 경쟁력을 강화시키는 분석이 병행되어야 한다는 점이다.

다음으로 제품의 수명주기와 보급률에 대한 분석이다. 모든 제품에는 수명주기가 존재하기 마련이며, 내가 시작하려고 하는 사업은 도입기, 성장기, 성숙기, 쇠퇴기 중 과연 어디에 속하는지를 도표를 그려 가며 철저히 분석하여야 할 것이다. 또한 현재 시장에 존재하는 제품을 가지고 기존시장에 뛰어들 경우 기존회사의 제품 보급률에 대한 분석도 병행되어야 한다.

제8절 경쟁적 지위 분석

경쟁적 지위 분석이란 계획제품을 생산하는 경쟁기업의 범위와 경쟁요소를 분석하는 것이며, 시장성 분석의 핵심 분석 요소이다. 경쟁기업의 범위는 계획제품과 동일제품을 생산하는 기업과 유사제품의 생산기업, 나아가 대체제품을 생산하는 기업까지를 분석의 대상으로 하는 것이 좋다. 선정된 기업을 대상으로 기본적인 재무상태, 생산 능력과 생산

실적, 그리고 기타 주요 경쟁요소를 분석한다.

먼저 기본적인 재무상태의 비교 분석은 상장기업 재무총람이나 기업에서 공시한 재무제표를 이용하여 분석한다. 또한 분석은 과거 약 5년 정도의 자료를 비교한 추세 분석이 좀 더 유용할 수 있다. 재무 분석과 더불어 생산 능력과 생산 실적을 비교 · 분석하는 것은 경쟁기업의 잠재적인 생산 능력을 분석하는 것이므로 매우 중요하다. 사업장 규모는 공장부지 면적, 건평 그리고 보유기계대수로 분석할 수 있으며, 생산 능력은 기업의 설비 능력과 가동 능력에 의하여 분석할 수 있다.

노동집약적 산업의 경우 1일 또는 1개월간의 근무시간과 종업원 1인당의 생산실적을 고려하여 연간 생산 능력을 산출하고, 자본집약적 산업의 경우 생산설비의 능력에 대한 검토 후에 생산 능력을 산정하여야 한다. 결과적으로 생산 능력은 연간 생산 가능량을 가동률로 나누면 산출할 수 있다. 생산 능력과 생산 가능량이 산정되면 경쟁회사의 손익계산서상의 매출액을 조사하여 비교 · 분석한다.

제9절 시장 및 제품환경 분석

시장 및 제품환경은 크게 기업의 인적자원과 물적자원을 포함한 개념인 자연환경과 기술적 환경, 마케팅환경으로 나누어 생각할 수 있다. 자연환경 중 인적자원에 대한 분석은 기업의 인적자원의 사무수행 능력, 생산기술 노하우, 영업조직의 효율성, 생산조직의 효율성, 신제품 개발 능력 등이 분석대상이 될 것이다. 물적자원에 대한 분석은 에너지 및 에너지 대체자원에 대한 수요 · 공급과 원재료에 대한 수요 · 공급의 용이성이 분석대상이 될 것이다.

기술적 환경요인 분석은 대내외적인 기술환경의 변화 추세를 미리 분석하고 예측함으로써 그에 상응한 대책을 수립하기 위하여 실시한다. 또한 경쟁기업의 제품에 대한 해당 기업의 전반적인 기술수준을 측정하여, 측정 결과를 토대로 시장점유율과 시장의 수요 · 공급에 어떠한 영향을 미치는지 분석되어야 한다.

마케팅환경 분석은 당사에 가장 합당한 최적의 마케팅 전략은 어떤 것이며, 선택한 전략이 판매량 변화에 어떠한 영향을 미치는지를 분석대상으로 하며 판매방법은 직판인지

대리점으로 할 것인지, 판매대금의 회수방침, 어음과 현금 결제비율의 정도 등을 미리 내규로 정하여 놓고 이에 대한 검토 · 분석을 실시하여야 한다.

제10절 판매계획 분석

사업 아이템에 대하여 충분히 시장수요가 존재한다 하더라도 어떻게 그 아이템을 시장에 도입시켜 자리를 잡느냐가 사업성공에 또 하나의 중요한 관건이 된다. 판매계획이란 어느 지역에서 언제, 얼마만큼 팔 것이냐의 목표를 정하고 그 목표를 달성하기 위한 여러 가지 마케팅 수단들을 동원하는 마케팅계획과 광고 및 판촉계획, 판매비용계획을 말한다.

시장성 검토에서는 이러한 판매계획의 실현 가능성과 적정성을 판단하여 실제 제품을 생산하여 출시하였을 때 발생하는 생산차질에 대해 충분히 대비할 수 있도록 한다. 경험적으로 보면 대부분의 제품에 있어서는 판매단가가 향후 판매량을 결정하는 주요 요인이 되는데, 경쟁제품에 비해 우수한 품질의 저렴한 제품이라면 비교적 용이하게 시장에서 자리를 잡아 나갈 수 있지만 그렇지 않은 경우 생각과는 달리 고전을 면치 못하게 된다.

흔히 경쟁제품이 새로 개발되어 시장에 나타나면 기존업체는 가만히 방관하는 것이 아니라 가격을 내리거나 품질을 더욱 개선시킴으로써 시장을 방어하고자 하므로 사업성 분석 시에는 반드시 이 점을 염두에 두어야 할 것이다. 특히 수입제품을 국산화하여 개발 · 도입 시에는 수입상대국은 원가 이하로 덤핑하는 경우가 허다하므로 그만큼 위험요소가 당초 예상보다 많아질 수 있다는 점을 감안하여 가급적 사업계획을 보수적으로 잡아 나갈 필요가 있다.

제11절 시장성 평가기관과 평가요소

시장성을 평가해 주는 기관에는 중소기업진흥공단의 지도기획부, 기술신용보증기금의 기술평가센터, 산업기술정책연구소의 기술담보팀 등이 있다.

시장성의 평가분야는 시장성, 경쟁력, 업무추진 능력, 그리고 재무구조의 네 분야로 나눌 수 있다. 각 분야별 평가항목은 〈표 4-6〉과 같다.

표 4-6 시장성 평가분야와 평가항목

평가분야	평가항목
시장성	수요 및 시장규모, 시장증가율, 수입대체효과 및 수출 가능성
경쟁력	유사 및 동종제품과의 경쟁관계, 판로 및 가격경쟁력, 부가가치생산성
업무추진 능력	사업자 경력, 사업자 능력 및 의지, 자금 조달 능력, 사업 준비
재무구조	자본구성, 유동성, 수익성

ENTREPRENEURSHIP
MANAGEMENT

CHAPTER
05

사업계획서 작성

제1절 사업계획서 작성의 중요성

제2절 사업계획서의 작성내용과 절차

제3절 사업계획서의 주요 항목별 내용

제4절 기본 사업계획서의 구성 및 내용

제5절 사업계획서 작성 시 주의사항

제6절 사업계획서의 작성서식 예

제1절 사업계획서 작성의 중요성

1. 사업계획의 청사진

창업 시 사업계획서를 작성하는 것은 계획사업을 실제로 시작하기 전에 계획사업의 전반적인 사항을 조명해 보는 중요한 과정이라 할 수 있다. 즉, 계획사업의 내용, 계획제품시장의 구조적 특성, 소비자의 특성, 시장 확보의 가능성과 마케팅 전략, 계획제품에 대한 기술적 특성, 생산시설 입지조건, 생산계획 및 향후 수익전망, 투자의 경제성, 계획사업에 대한 소요 자금 규모 및 조달계획, 차입금의 상환계획, 조직 및 인력계획 등 창업에 관련되는 모든 사항을 객관적이고 체계적으로 작성해 보는 중요한 절차라 할 수 있다.

2. 사업 성공의 지침서

계획한 사업을 실제 창업으로 연결할 때 사업계획서는 창업자 자신을 위해서는 계획사업의 타당성 검토를 통해 사업 성공의 가능성을 높여 준다. 동시에 계획적인 창업을 가능케 함으로써 창업 기간을 단축시켜 주며, 계획사업의 성패에 많은 영향을 미친다. 또한 창업에 도움을 줄 제3자, 즉 동업자, 출자자, 금융기관, 매입처, 매출처, 더 나아가 일반고객에 이르기까지 투자 및 구매의 관심유도와 설득자료로 활용도가 매우 높다.

3. 창업 지원 기본신청서류

사업계획서는 중요성과 수요가 계속적으로 증가하고 있다. 특히 정부의 각종 지원활동의 혜택을 받기 위해서는 사업계획서의 제출을 의무화하고 있는 경우가 많다. 산업단지나 농공단지 등 정부에서 조성한 단지 내에서 공장설립허가를 신청하거나 공업단지 내에 입주신청을 하기 위해서 그리고 정부의 창업 지원 자금을 신청하기 위해서도 사업계획서의 작성은 필수적인 기본신청서류로 작성하여야 한다.

제2절 사업계획서의 작성내용과 절차

사업계획서는 창업하고자 하는 기업의 청사진이요, 성공예감의 유일한 단서이다. 그런 만큼 충분한 자본과 고정 거래처를 확보하고 있지 못한 창업자는 사업계획서를 얼마나 잘 작성하느냐에 그 성패가 달려 있다 해도 과언이 아니다. 즉, 일반적으로 사업계획서는 계획사업이 어떤 방향으로 나아가고 있고 어떻게 목표에 도달할 수 있는지에 대해 설득력 있게 설명하는 문서라 말할 수 있다. 하지만 기본적으로 사업계획서를 작성하는 것은 두 가지 이유에서이다.

첫째, 사업계획서를 작성해 봄으로써 창업자가 자신이 하고자 하는 사업을 완벽하게 이해하고 있으며, 그에 따른 실천계획을 짜 본다는 데 그 의의가 있다.

둘째, 현실적으로 사업계획서는 투자자들에게 자금 조달을 목적으로 그들을 설득시키기 위해 작성하는 경우이다.

특히, 투자자를 찾는 창업자는 사업계획서의 작성에 많은 신경을 써야 한다. 투자자는 투자하기 전에 먼저 창업자가 어떤 사업을 어떻게 영위해 나갈 것인지를 구체적으로 제시해 주기를 요구한다. 그러나 사업 아이템만을 갖고 있는 창업자나 아직 정상궤도에 진입하지 못한 초기기업은 구체적으로 보여 줄 수 있는 실적물이 없기 때문에 특히 신경을 써야 할 부분이 사업계획서인 것이다.

사업계획서를 쓰기 전에 먼저 고려해야 할 사항은 누구를 위해 그리고 어떤 목적으로 쓰여지는 것인가 하는 점이다. 사업계획서는 벤처캐피탈리스트, 은행가, 투자자, 종업원, 고객, 컨설턴트, 공무원 등이 읽고, 그 용도는 주로 투자유치 및 금융, 입주신청, 인·허가 신청, 고객확보, 경영진단 등을 하기 위함이다. 따라서 사업계획서를 필요로 하는 사람과 목적에 따라 그 내용도 상당히 달라져야 한다. 또한 잠재적 투자자나 고객 등은 기술의 우수성보다는 시장 가능성이나 이익잠재력에 대한 관심이 더 높다는 사실을 잊지 말아야 한다.

기술을 바탕으로 하는 기업의 창업자들은 주로 기술 분야의 전문가로 기술 위주의 사업계획서를 작성하는 경우가 많으나 사업계획서는 기술성과 사업성이 균형 있게 담겨져야 한다. 다음으로는 시장정보, 사업운영정보, 재무정보 등을 충분히 조사한 후 사업계획서의 작성에 들어간다.

1. 사업계획서 작성원칙 및 유의사항

1) 설득이 용이하게 작성

사업계획서는 자신감을 바탕으로 설득이 용이하게 작성되어야 한다. 창업자는 자신이 계획한 창업 아이디어를 제3자에게 설득력 있게 납득시켜야 한다.

2) 객관성 · 현실성 원칙

사업계획서는 객관성과 현실성을 바탕으로 작성되어야 한다. 따라서 공공기관 또는 전문기관의 증빙자료를 근거로 정확히 명시하고 실사에 의한 시장수요조사와 회계 지식을 바탕으로 객관성 있게 작성하여야 한다.

3) 계획사업의 핵심내용 강조

사업계획서를 작성할 때에는 계획사업의 핵심내용을 정리하는 데 많은 시간을 투자하여야 한다. 사업계획서가 평범해서는 투자자들의 호감을 사지 못한다. 계획제품이 경쟁제품보다 소비자에게 높은 호응이 있으리라는 기대를 갖도록 해야 한다.

4) 상식적 수준에서 평이한 내용의 설명

제품 및 제품의 특징에 대한 내용은 가급적 전문적인 용어의 사용을 피하고, 단순하고 상식적인 수준의 내용으로 설명하여야 한다. 관련사업, 관련업종의 내용부터 제시한 후 해당제품을 설명하고, 제품 생산 공정을 구체적으로 설명할 필요가 있다. 또한 제품 및 기술성 분석의 근거자료로서 공공기관의 기술타당성 검토보고서 또는 특허증 사본 등 관련 증빙서류를 첨부함으로써 신뢰성을 높여 주는 것이 좋다.

5) 신뢰성 있는 자금 조달 및 운용계획

자금 조달과 자금 운용계획은 정확하고 실현 가능성이 있어야 한다. 창업자 자신이 조달 가능한 자기자본은 구체적으로 현금과 예금이 얼마이며, 부동산 담보 등에 의한 조달액이 어느 정도 되는지를 표시함으로써 제3자로부터 창업자의 자금 조달 능력을 신뢰하게 할 필요가 있다. 그 후 제3자로부터의 조달계획을 구체적으로 표시하여야 한다.

6) 문제점 및 위험요인의 심층 분석

계획사업에 잠재되어 있는 문제점과 향후 발생 가능한 위험요소를 심층 분석하고, 예기치 못한 사정으로 인하여 창업이 지연되거나 불가능하게 되지 않도록 다각도에 걸친 점검을 하여야 한다. 따라서 사업계획서를 하나만 작성하기보다는 다양한 상황을 예견하여 각각의 상황에서의 사업 차질 시 위험요소와 이에 대한 해결방안을 제시해 보는 것이 좋다.

2. 사업계획서 작성의 절차

1) 사업계획서 작성목적 및 기본방향 설정

사업계획서 작성의 첫 번째 절차는 사업계획서의 작성목적에 따라 기본방향을 설정하는 일이다. 사업계획서 작성의 목적은 크게 나누어 3가지, 즉 첫째, 사업타당성 여부 검증을 포함해서 창업자 자신의 창업계획을 구체화하는 수단, 둘째, 자금 조달의 목적, 셋째, 공장설립 및 인·허가 등을 위해 작성하는 경우로 구분해 볼 수 있다. 이들 목적에 따라 기본목표와 방향이 정해져야 한다. 정해진 기본목표와 방향에 따라 사업계획서의 작성 방법도 달라져야 한다.

2) 소정양식 검토

사업계획서 작성의 두 번째 절차는 사업계획서 작성목적 및 제출기관에 따라 소정양식이 있는지를 미리 알아보는 것이다. 구체적으로 어느 단지에 공장을 설치하거나 입주하는지, 또는 어떤 정책 자금을 조달할 것인지에 따라 각각 요구하는 사업계획서의 소정양식이 다를 수 있다.

3) 일정기한 내 작성

세 번째는 사업계획서 작성을 위한 일정계획을 수립하여야 한다. 대부분의 사업계획서는 사업계획 추진일정상 일정기한 안에 작성해야 할 필요성이 있다. 자금 조달을 위한 경우이든, 공장입지를 위한 경우이든, 관련기관에 제출하기 위해서는 정해진 기간 내에 작성하지 않으면 안 되기 때문이다.

4) 필요자료 및 서류의 준비

네 번째는 사업계획서 작성에 직접 필요한 자료와 첨부서류 등을 준비하는 일이다. 만약 앞에서 제시한 세 가지 기본절차를 거치지 않고 자료수집부터 할 경우 불충분한 자료수집과 불필요한 자료수집에 따른 시간낭비를 가져올 수 있다.

5) 사업계획서 작성형태의 구상

다섯 번째 절차는 작성해야 할 사업계획서의 양식을 구성하는 일이다. 두 번째 절차에서와 같이 특정기관의 소정양식이 있는 경우에는 그 양식에 의거하여 작성하면 별문제가 없지만, 특정양식이 없는 경우에는 미리 작성해야 할 사업계획서의 양식을 구상할 필요가 있다.

6) 작성요령 숙지

여섯 번째 절차는 실제 사업계획서를 작성하는 일이다. 제출기관에 따라 사업계획서 작성방법을 간단히 설명하고 있는 경우도 있지만, 그것만으로는 충분하지 못하다. 사업계획서 작성자는 사업계획서 작성요령을 미리 숙지하되 신속하게 작성하여야 한다.

7) 목적에 따른 편집, 재구성 및 제출

마지막 절차는 편집 및 제출이다. 사업계획서는 내용도 중요하지만 그 내용을 포괄하고 있는 표지 등 편집도 대단히 중요하다. 정성을 다하고, 모양을 새롭게 하여 제출기관으로부터 좋은 인상을 받도록 마지막 부분까지 최선을 다하여야 한다.

제3절 사업계획서의 주요 항목별 내용

1. 사업의 개요

누구나 사업계획서를 접하는 사람은 개요 부분을 먼저 접하게 된다. 이 부분은 사업계획서의 가장 핵심적인 부분으로 1~2페이지 정도의 분량이 적당하며, 사업계획서의 전체가 완성된 후 작성하는 것이 원칙이다. 여기에는 사업의 목표와 전망, 전반적인 사업 전략 등을 간략하게 서술하여야 하며, 개요 부분의 작성요령은 다음과 같다.

첫째, 사업계획서를 접하는 사람들로 하여금 호기심을 유발하여 나머지 부분까지 읽도록 유도하여야 한다.

둘째, 개요 부분만 읽어도 사업에 대한 전반적인 사항을 파악할 수 있어야 한다.

셋째, 사업의 강점이 부각되어야 한다. 읽는 사람이 누구인지에 따라 그들의 관심사를 집중적으로 부각시켜 그 분야에서 어떤 장점을 가지고 있는지를 명백하게 제시하여야 한다.

넷째, 어떠한 회사인지를 알 수 있도록 한두 줄 정도로 간략히 회사에 대해 언급해 주는 것이 좋다.

기타 내용으로는 회사의 연혁, 향후 계획과 목표, 기업의 비전, 경쟁회사와의 차별화 전략 등을 제시해 주는 것이 좋다.

2. 인력계획

사업계획서의 인력계획 부분은 회사의 경영자가 누구인지를 기술하는 곳이다. 실제로 투자를 하거나 제품을 공급하는 당사자는 경영진에 대해 정밀조사를 하는 경우가 대부분이다. 투자가들 중에 상당수가 아이디어에 투자하지 않고 사람에 투자한다고 한다. 이 부분은 솔직하게 작성하되 강점을 부각시켜야 할 것이다. 작성내용은, 첫째, 학력으로서 어떠한 학력을 부각시킬지를 고려해야 한다. 두 번째는 경력으로 경영진 중 현재의 사업과 관련한 과거의 경력이 있으면 그 내용을 구체적으로 기업명, 담당업무, 기간 등을 상세히 기술하는 것이 좋다. 셋째는 과거의 업적인데 이전 회사에서의 탁월한 영업성적 등은 투자가들에게 호감을 줄 수 있다. 이 경우 반드시 객관적인 수치로 표현해 주는 것이 좋다. 기타 사항으로는 향후 인력채용계획이나 인력에 대한 보상계획 등을 제시해 주어야 한다.

3. 상품계획

이 부분은 기업이 취급할 상품을 설명하는 곳이다. 상품을 설명할 때는 상품의 특징, 원가, 유통구조, 목표시장, 경쟁업체 등도 자세히 설명하여야 한다. 이를 구체적으로 설명하면 다음과 같다.

첫째, 상품의 특징 부분이다. 특징은 경쟁제품과의 비교를 통하여 본 제품이 어떠한 장점이 있는지 구별되는 특징을 제시하면 된다.

둘째, 가격적 측면이다. 일부 상품을 제외한 대부분의 상품은 가격이 저렴한 경우 소비자에게 호감을 준다.

4. 산업 분석

이 부분은 계획사업이 포함된 산업의 전반에 걸친 환경을 분석하는 것이다. 이에 앞서 먼저 전체 산업의 매출규모, 주 경쟁업체와 경쟁업체의 매출규모 및 시장점유율, 진입장벽 등에 대한 전반적인 내용들을 조사하여야 한다. 이 부분에 있어서 포함되어야 할 사항은 다음과 같다.

첫째, 목표시장에 대한 시장조사이다. 시장조사는 충분한 시간을 투입하여 파악하여야 한다. 먼저 우리 기업의 고객층을 누구로 할 것인지를 파악해야 한다. 이에 대한 결정이 끝나면 선정된 고객에 대한 접근방법, 고객의 제품수용 가능성, 구매경로, 구매결정기준, 우리 회사 제품으로의 변경 가능 이유 등을 기술하여야 한다.

둘째, 시장규모와 추이이다. 이는 과거 2~3년, 향후 3년 정도의 기간에 대한 관련 시장 전체의 규모와 이를 고객그룹별이나 지역별로 나누어 기술해 주는 것이 좋다. 더불어 시장의 성장요인이 있는 경우 이를 함께 기술해 준다.

셋째, 경쟁관계에 있는 경쟁기업들에 대한 자세한 분석이다. 국내외 주요 경쟁업체들의 현황을 제시하고 각 사의 장점과 단점을 분석하여 기술한다. 또한 주요 경쟁업체 고객의 제품구매 이유를 파악하고, 고객의 불만이나 이탈 가능성 여부, 이들을 우리 회사의 고객화할 가능성에 대한 근거 등을 제시한다.

5. 마케팅계획

마케팅계획은 전통적인 4P 전략, 즉 상품(Product), 가격(Price), 유통(Place), 촉진(Promotion)에 의해 주로 설명한다.

먼저 상품 전략은 판매하고자 하는 대상으로 이 부분에서는 계획상품의 특징과 편익을 설명한다. 또한 실제 판매상품에서 핵심상품이 무엇인지를 명확히 구분해 주어야 하고, 판매할 제품이 제품수명주기의 어디에 해당하는지도 명시해 주는 것이 좋다. 추가적으로 브랜드 전략과 후속제품 개발 전략, 생산시설 확장계획 등도 중요한 고려요소이다.

가격 전략은 경쟁회사의 제품과 비교하면서 계획제품의 가격결정 전략을 기술한다. 결정된 계획제품의 가격으로 시장진입에 성공할 수 있으며 시장점유율을 유지하거나 확대가 가능한지도 설명한다. 나아가 매출원가, 판매비와 관리비 등의 제비용을 회수하고도 이윤을 창출할 수 있는지 분석한다. 또한 판매대금의 조기 회수나 대량판매를 위해 가격할인정책 등을 사용할 예정이면 이를 구체적으로 제시해 준다.

유통 전략에서는 회사가 선택하는 유통방법과 경로를 설명한다. 나아가 판매가격에서 단위당 운송비가 차지하는 비중 등 물류 부분에 대하여 검토한다.

촉진 전략에서는 제품에 대한 잠재고객들의 흥미를 유발시킬 수 있는 다양한 방법들을 제시한다. 광고회사 활용, 인터넷 광고, 우편물 송부, 창업박람회 참여를 통한 홍보 등의 계획을 수립한다. 기간별로 촉진활동에 소요되는 비용 관련 예산을 편성한다.

6. 재무계획

일반적으로 재무계획은 사업계획서의 후반부에서 다루어진다. 이는 사업계획서상의 전략과 계획을 추진한 결과 예상되는 재무적 결과를 요약한 것으로 손익계산서, 재무상태표, 현금흐름표의 세 가지 재무제표가 주요 대상이 된다. 이 재무제표는 기업의 현재 경영성적과 재무상태는 물론 향후 이익창출 능력을 파악할 수 있게 해준다. 재무계획이 완성되면 이를 근거로 수익성 분석 등을 실시하여 투자유치 등의 협상자료로 사용된다.

7. 사업 차질 시 대안

이 부분에서는 작성된 사업계획서의 내용 중 실제 창업 시에 발생 가능한 문제점이나 위험 등을 생각해 보고 이에 대한 해결방안을 기술한다. 발생 가능한 문제점과 위험에는 자금 조달의 어려움, 계획사업 업종의 경기불황, 부품이나 원자재 확보의 어려움, 제품개발의 차질, 경쟁기업의 가격인하 등을 생각할 수 있다.

제4절 기본 사업계획서의 구성 및 내용

사업계획서의 대부분 내용을 망라한 기본 사업계획서를 외부 관계기관 제출용과 창업자 자체 용도의 두 가지 양식으로 나누어 그 구성과 내용을 간략히 제시하면 〈표 5-1〉과 〈표 5-2〉와 같다. 먼저 외부 관계기관 제출용 사업계획서는 창업 조성 실시계획의 승인과, 공장 인·허가 및 창업 자금 조달 등을 위한 용도에 사용되며, 간이 사업계획서는 창업자 스스로 사업계획을 구체적으로 수립하거나 이를 동업자·판매처 등에 활용할 목적으로 작성하는 창업자 자체 용도에 사용된다.

표 5-1 투자용 사업계획서(외부 관계기관 제출용)

사업계획서

Ⅰ. **일반 현황**
1. 기업체 개요
2. 기업연혁
3. 경영진 및 주주 현황
   가. 주요 경영진 현황 나. 주주 현황
4. 관계회사 현황
5. 영업 현황
   가. 영업실적 나. 원재료 조달 현황
   다. 거래추진 현황 라. 주요 거래처 현황

Ⅱ. **사업내용**
1. 사업개요 및 계획
   가. 사업개요 등 나. 관련법규
   다. 제품내용 라. 제품개발 및 생산・판매 추진일정
   마. 투자회수기간까지의 총소요자금
2. 시장성
   가. 제품의 시장동향 나. 수요전망
   다. 동업계 현황 라. 매출목표
3. 기술성
   가. 공업소유권 및 규격표시 보유 현황 나. 기술인력
   다. 기술개발실적 라. 기술제휴 현황
   마. 적용기술 내용 및 특성

Ⅲ. **재무상태**
1. 향후 6개월간 소요자금 및 조달계획
2. 차입금 현황
3. 추정재무제표
   가. 제품별 판매계획 나. 단위당 생산능력계획

Ⅳ. **사업추진일정**

Ⅴ. **첨부서류**
1. 정관
2. 법인등기부등본
3. 사업자등록증 사본
4. 주주명부
5. 이력서(대표이사, 과점주주인 이사, 기술진, 경영실권자)
6. 사업장 부동산 등기부등본(임차 시 임대차계약서 사본)
7. 대표이사 거주주택 등기부등본
8. 금융기관 금융거래확인서
9. 최근 3개년 결산서(최근연도 부속명세서 포함) 및 감사보고서
10. 최근년도 분기별 부가가치세신고서 사본(매출액・공급가액 증명원)
11. 최근 3개월 소득세징수액집계표(세무서 확인본)
12. 협회 및 단체가입 관련 회원증 사본
13. 제품에 대한 각종 공업소유권 및 인증서 사본
14. 기술 제휴 시 계약서 사본
15. 제품 안내 팸플릿
16. 조직도 및 담당업무
17. 제출일 현재 미결제 지급어음명세서
18. 리스거래 현황
19. 기타 심사에 필요한 서류

표 5-2 간이 사업계획서(창업자 자체용)

사업계획서	
Ⅰ. **기업체 현황**	
• 회사 개요	• 업체연혁, 창업 동기 및 향후 계획
Ⅱ. **조직 및 인력 현황**	
• 조직도	• 대표자, 경영진 및 종업원 현황
• 주주 현황	• 인력 구성상의 강・약점
Ⅲ. **기술 현황 및 개술개발계획**	
• 제품(상품)의 내용	• 기술 현황
• 기술개발투자 및 기술개발계획	
Ⅳ. **생산 및 시설계획**	
• 시설 현황	• 생산 공정도
• 생산 및 판매실적	• 원・부자재 조달 상황
• 시설투자계획	
Ⅴ. **시장성 및 판매전망**	
• 일반적 시장 현황	• 동업계 및 경쟁회사 현황
• 시장 총규모 및 시장점유율	• 판매실적 및 판매계획
Ⅵ. **재무계획**	
• 최근 결산기 주요 재무상태 및 영업실적	• 금융기관 차입금 현황
• 소요자금 및 조달계획	
Ⅶ. **사업추진 일정계획**	
Ⅷ. **사업 차질 시 대안**	
Ⅸ. **첨부서류**	
• 정관・상업등기부등본	• 사업자등록증 사본
• 최근 3년간 요약 결산서	• 경영진 이력서

1. 외부 관계기관 제출용 사업계획서

이는 주로 창업 조성 실시계획 승인신청 또는 각종 공장건설과 각종 용도의 자금 지원을 위한 승인신청 시 제출하게 되는데, 각 기관에 따라 내용상 다소 차이가 있다. 〈표 5-1〉은 중소기업진흥공단(www.sbc.or.kr)의 투자용 사업계획서 양식을 예시한 것이다.

2. 간이 사업계획서

간이 사업계획서(창업자 사업계획용)는 창업자 자신이 동업자 또는 주주, 거래처 및 이해관계자 등에게 자기 사업계획을 소개할 필요가 있거나, 스스로 계획적인 사업추진을 위해 비교적 간단하게 작성하는 사업계획서이다.

제5절 사업계획서 작성 시 주의사항

1. 사업계획서 작성 시 강조해야 할 점

사업계획서 작성 시 가장 중점을 두어야 할 사항은 경영진의 회사운영 능력과 시장기회라고 말할 수 있다. 창업자는 투자자에게 무엇을 줄 수 있는지 결정하고 그에 걸맞은 사업계획서를 구조화시킬 줄 알아야 한다.

만약 창업을 하는 경영진이 경험이 없고 사업을 처음 하는 것이라면 뭔가 다른 시장기회와 창업자의 제품이 어떻게 사업을 성공적으로 이끌 수 있는지에 대해 초점을 맞추어야 한다. 투자자들은 창업 멤버의 이력을 중요하게 생각한다. 많은 투자자들은 가장 처음 경영진이 어떻게 구성되었는지 알고 싶어 하기 때문에 이런 자료 제시가 미약하면 안 될 것이다. 반면, 경영팀이 경력 있는 멤버로 구성되어 있다면, 요약문 바로 다음에 경영진에 대해 기술함으로써 이 부분을 강조할 수도 있다.

사업계획서를 작성할 때는 가능한 한 핵심적인 내용부터 적어 내려가야 한다. 기술적인 사항이 창업 성공에 중요하게 작용한다면 그 내용을 부각시켜 놓아야 하고, 창업팀 가운데 관건이 되는 인물이 있다면 이 점을 역시 강조하고 우선시한다. 재무적 사항이나 고객 관련 사항이 중요한 것이 있으면 이 역시 마찬가지로 부각시킨다. 그리고 사업계획서 내용은 될 수 있으면 측정 가능하고 객관화할 수 있는 자료로써 뒷받침을 하고 분명하고 명확한 용어를 사용하도록 한다.

사업계획서 작성 시 창업자가 고려해야 할 사항

『*The Silicon Valley Way*』란 책에 의하면 사업 기회를 명확히 하고, 간결하면서도 효과적인 사업계획서를 작성하기 위해서는 다음의 7가지 질문에 각각 한 문장으로 답할 수 있어야 한다고 밝히고 있다.

첫째, 당신의 제품은 무엇인가?
둘째, 누가 고객인가?
셋째, 누가 이것을 팔 것인가?(유통채널)
넷째, 실제로 얼마나 많은 사람들이 이 제품을 살 것인가?
다섯째, 이 제품을 설계・생산하는 데 얼마의 자본이 필요하며, 이것을 어떻게 확보할 것인가?
여섯째, 제품의 가격은 어떠해야 하는가?
일곱째, 언제 손익분기점에 도달할 수 있을 것인가?

바로 당신의 제품(혹은 서비스)이 누구를 목표시장으로 어떻게 나아갈 것인가를 명확히 규정해야 한다.

투자자들에게 매력적인 사업계획서의 투자 포인트

IVP(Institutional Venture Partner : 창업 초기의 하이테크기업 투자를 전문으로 하는 실리콘밸리의 유명한 벤처캐피탈 기업)사의 캐피탈리스트들에 의하면 투자자들에게 매력적인 사업계획서의 투자 포인트는 다음과 같다.

첫째, 기업가적 자질을 지닌 능력 있는 경영팀을 소개한다.
둘째, 예상되는 시장수요를 보여 준다.
셋째, 차별화되고 특허 등의 등록된 기술을 보여 준다.
넷째, 실행 가능한 계획을 제시한다.
다섯째, 매력적인 투자수익률(5년에 걸쳐 10배 이상의 수익률)을 낼 수 있어야 한다.

이상의 투자 포인트는 IVP사의 벤처캐피탈리스트들이 하이테크 창업을 하고자 하는 엔지니어를 위한 사업계획 수립요령을 제시한 것이다.

2. 사업계획서에 들어가야 할 중요 기본 메시지

첫째, 개인투자자 혹은 벤처캐피탈이 제안된 사업계획을 연구해 볼 만한 가치가 있다고 느낄 수 있도록 하는 요약문을 구성해야 한다.

둘째, 사업운영에 있어 성공 가능성을 엿볼 수 있는 경영진을 소개해야 한다.

셋째, 제안된 사업 아이템이 차별화된 경쟁력이 있다는 것을 보여 줄 수 있는 시장기회를 제시해야 한다.

넷째, 제안하는 제품이 생산 가능하고 시판되어질 수 있는 제품이라는 근거를 제시해야 한다.

그리고 마지막으로 투자 대비 수익률(Return On Investment)을 만족시키는 재무계획을 제시해야 할 것이다.

3. 창업자들의 사업계획서 작성 시 가장 부족한 점

일반적으로 창업자들의 사업계획서 작성 시 가장 부족한 점은 다음과 같다.

첫째, 사업계획서의 30% 정도가 사업 전략에 대한 설명이 제대로 되어 있지 않다.

둘째, 40%는 창업팀의 마케팅 경험이 부족하고, 따라서 마케팅이 미숙하다.

셋째, 55%가 기술 아이디어에 대한 특허보호에 대한 언급이 없다.

넷째, 75%가 경쟁에 대해 자세히 언급되어 있지 않다.

다섯째, 10%가 재무예측을 전혀 하지 않고 있고, 15% 정도는 재무상태표가 없다.

4. 사업계획서를 작성하는 데 필요한 시간

사업계획서를 작성하는 데 소요되는 시간은 일반적으로 한 달에서 6개월 정도 걸린다. 물론 그 시간소요는 자료조사와 작성에 얼마만큼의 시간투자를 하느냐에 따라 다를 수 있다.

제6절 사업계획서의 작성서식 예

본 사업계획서는 소상공인시장진흥공단에서 창업 자금을 지원받기 위해 작성한 사업계획서 작성서식의 예이다.

소상공인시장진흥공단 창업 자금 신청용 사업계획서 작성서식

사업계획서	
대상분야	
작성일	
창업 사업명	
상호명	

사업계획요약서

사업형태		사업분야	
기업명		대표	
사업개념			
사업명			
아이템설명			

1. 창업사업의 개요

1-1. 사업개념

1-2. 사업목적

1-3. 기대효과

1-4. 사업추진 능력

2. 사업 아이템의 내용

2-1. 아이템의 특성

2-2. 핵심 아이템

2-3. 핵심 기술

2-4. 기술개발 진척도

2-5. 성공사례

2-6. 시장 분석

2-7. 자사 분석

2-8.경쟁업체 분석

3. 사업화 추진계획

3-1. 아이템 양산계획

3-2. 인력 확보계획

3-3. 마케팅계획

3-4. 사업화 추진일정

내용	창업추진연도				D+1년				비고
	1/4	2/4	3/4	4/4	1/4	2/4	3/4	4/4	
자금조달 매장확보 사원확보 및 교육실시 내부시설 확보 홍보, 판촉활동 인터넷 동호회 운영 이벤트 실시									

3-5. 추정손익계산서

(단위 : 만 원)

구분	사업추진연도	D+1년	D+2년	D+3년	D+4년
매출액					
매출원가(-)					
인건비(-)					
영업이익					
영업외손익(+, -)					
세전순손익(+, -)					
법인세 등(-)					
당기순이익					

3-6. 소요자금 및 조달계획

소요자금			조달계획		
용도	내용	금액	조달방법	기조달액	추가 조달액
운전 자금	1개월 운영비				
	판촉활동비				
	기타				
	소계		소계		
시설 자금	매장보증금				
	인테리어비				
	PC 구입비				
	프로그램 구입비				
	부수용품				
	기타				
	소계		소계		
합계			합계		

4. 사업계획 지연 또는 차질 시 대안

구분	대안
자금 조달	
인력 수급	
고객 유치	
부품 및 기자재 조달	

ENTREPRENEURSHIP MANAGEMENT

CHAPTER

06

창업 자금 조달

제1절 창업 자금

제2절 은행의 활용

제3절 보증기관 이용방법

제1절 창업 자금

1. 창업 자금의 의의

하나의 기업을 창업하여 그 기업을 크게 성장시키기까지는 여러 단계를 거치게 되며, 성장 단계별로 필요한 자금 규모와 자금 조달 형태도 달라진다. 창업기업에 대한 성장 단계별 자금 공급체계를 나누어 보면 "창업 단계, 사업화 및 성장 단계, 안정화 및 성숙 단계"로 구분할 수 있는데, 이 중에서 일반 창업자들은 창업 초기 단계의 자금 지원(start-up financing)을 가장 필요로 하고 있다. 그러나 유감스럽게도 우리나라의 창업 자금 지원 제도에서 창업 초기 자금 지원은 다소 빈약한 실정이다. 따라서 금융권의 유사한 자금 지원제도를 활용하여 필요한 자금을 조달하느냐 하는 것이 창업 자금 조달의 중요한 관건이다.

창업 초기에는 창업 인력의 인건비, 사무실 운영비, 연구개발비, 자재 구입비 등 생존과 사업 아이템 개발을 위한 최소한의 경비가 필요하다. 창업자가 할 일은 소요되는 자금을 정확히 계산해 내는 것이다. 사업계획 단계에서 아무리 치밀하게 계산하여도 실제 사업 준비를 하다 보면 전혀 예상치 못한 경비가 소요되고, 사업이 예상보다 지연되는 경우 더 많은 경비가 소요되기 때문에 처음부터 다소 여유 있게 예산을 세우는 것이 안전하다. 따라서 비용항목은 가능한 한 자세히 구분하는 것이 좋다.

2. 사업 성장 단계별 소요 자금

1) 연구개발 및 창업 초기 단계

연구개발 및 창업 초기에는 씨앗 자금(seed money)과 창업 자금이 필요하다. 씨앗 자금은 신기술, 신제품의 연구, 개발, 시험, 시장조사, 사업계획에 투여하는 초기 자금을 말하며, 창업 자금은 시제품의 생산 및 판매를 위한 마케팅 활용 자금을 말한다. 창업 초기 자금의 조달은 가급적 자기자본으로 충당하는 것이 좋으나, 자기자본이 부족한 경우에는 정부지원 자금 등 이자나 상환조건이 유리한 자금을 쓰는 것이 좋다.

2) 사업화 및 성장 단계

사업화 및 성장 단계에서는 초기 확장 자금과 기업약진 단계 자금이 필요하다. 초기 확장 자금은 손익분기점에의 도달을 추진하는 단계까지 소요되는 자금이며, 기업약진 단계 자금은 기업의 확장을 위한 투자 자금과 시설확장, 시장확대, 마케팅, 품질개선에 소요되는 자금을 말한다.

3) 안정화 및 성숙 단계

안정화 및 성숙 단계에 필요한 자금은 확장 자금이라고도 하는데, 이는 매출증가에 따른 운전 · 시설 자금과 신기술 개발 자금, 해외 투자 자금 등을 말한다. 이 시기에는 이미 손익분기점을 넘어서 기업의 자금 조달이 크게 어렵지는 않은 시기이다.

3. 기업의 자금 조달방법

1) 단기 자금과 장기 자금

통상적으로 외부 차입에 의한 부채나 외상매출금과 같은 자산의 경우 장 · 단기의 구분은 1년을 기준으로 하게 된다. 즉, 1년 이내에 상환기가 도래하는 부채의 경우를 단기부채, 또는 유동부채라고 하며 기업의 유동성에 큰 영향을 미치게 되므로 이러한 단기부채의 관리에 각별하게 신경을 써야 한다. 이와 비슷한 맥락에서 1년 이내에 현금화가 가능한 자산을 가리켜 유동자산이라고 하는데, 자산의 경우는 현금화 기간이 길수록 불건전 자산으로 분류되어 재무구조의 건전성 평가에 있어서 부정적인 영향을 끼치게 된다.

자금을 외부에서 조달하는 경우라면 조달조건에 좌우되기는 하지만 가급적이면 장기 자금으로 조달하여야 재무구조가 안정성을 띠게 된다. 그러나 금리가 하향하는 추세인 경우에는 반드시 장기라고 유리한 것만은 아니다.

2) 내부 자금과 외부 자금

이는 자금이 어디에서 만들어지는가에 따른 구분이다. 자금을 조달하는 때에는 항상 비용이 수반된다. 그 비용의 형태는 이자율과 같이 명시적인 경우도 있지만 그렇지 않은 경우라도 기회비용을 꼼꼼히 따져 조달 자금의 종류를 선택하여야 할 것이다.

그런데 외부 자금은 일반적으로 내부 자금에 비하여 높은 비용이 수반된다. 따라서 자금을 조달하여야 할 경우는 반드시 다음과 같은 내부 자금을 우선적으로 검토하여야 하는 것이다. 한편 유형적인 자금 조달에만 얽매이지 말고 거래조건의 변경 등 다양한 자금 활용방안을 모색하는 것이 중요하다.

(1) 내부 자금의 원천

① 당기순이익
② 내부 유보 이익 : 배당금 차감 전의 유보이익
③ 보유 자산 처분 : 설비, 매출채권, 재고자산, 기타 자산(자동차 등)
④ 회수 : 투자금, 주주 · 임원 · 종업원 단기 채권, 선급비용
⑤ 투자계획의 철저한 검토 : 보수적 투자계획
⑥ 비용관리 : 기업 각 부문별 활동에 대한 비용 분석 및 효과 분석
⑦ 이와 같은 내부 자금 활용에 대한 검토는 필연적으로 자산관리와 연관

(2) 외부 자금의 원천

① 신용거래 : 거래조건의 변경, 지급기일 연장 등 현재의 거래조건을 최대한 활용
② 차입 : 주변 인물이나 은행 등 금융기관으로부터의 자금 조달
③ 자본금 증자 : 외부투자자를 물색하여 자본금 증액

4. 자금 조달 및 운용계획 수립 시 유의사항

1) 충분한 소요 자금 계상 및 여유 있는 자금 조달계획 수립

하나의 기업을 창업하여 그 사업을 본궤도에 올려놓기까지는 예상하지 못한 많은 어려움과 사업실패의 위험이 항상 도사리고 있고, 창업 절차도 당초 예상했던 것보다 많은 장애로 인하여 지연되는 경우가 많다. 따라서 체계적이고 보수적인 자금계획을 세우지 아니하면 사업을 본궤도에 올리기도 전에 자금난에 부딪혀 실패할 가능성이 많다.

2) 자금 조달 능력을 감안한 사업구상

창업 자금 조달에 대한 구상을 할 때의 이상적인 형태는 본인이 구상한 사업을 실현시키는 데 얼마의 자금이 소요될 것인가를 분석하는 것이지만, 현실은 자금 조달의 애로가 너무 크기 때문에 먼저 조달 가능 금액을 계산해 보고 거기에 창업하고자 하는 사업의 규모를 맞추는 것이 보다 더 현실적이라 하겠다.

3) 설득력 있는 사업계획서 작성

창업기업이 창업 자금 지원기관으로부터 자금을 지원받기 위해서는 일정한 신용도와 계획사업의 수행 능력을 설득력 있게 제시하여야 한다.

그러나 창업기업이 과거의 영업실적이 없는 상태에서 자신의 신용도를 객관적으로 입증하기는 매우 어려우므로 사업계획서는 구체적이고 논리적으로 작성하되, 계획사업의 성공 가능성에 초점을 맞추어 작성하여야 한다.

5. 창업 자금의 조달방법

회사의 초기 단계에서는 투자자를 설득하기가 쉽지 않고, 투자를 받는다 해도 상당 부분의 지분을 할당해 주어야 한다. 따라서 초기 설립 자금은 창업자가 자기자본으로 충당하거나 창업 멤버, 친척 혹은 엔젤 투자가 등에게서 조달하는 것이 유리하다. 이 경우 기술력을 바탕으로 한 벤처기업은 기술보증기금 등의 여신기관으로부터 저리의 장기 자금을 소규모로 지원받을 수 있고, 크라우드 펀딩을 통한 엔젤 투자가로부터 초기자본을 조달하는 방법도 가능할 수 있다. 하지만 상대적으로 담보력 등의 창업 여건 전반에 있어서 열악한 상황에 있는 생계형 소자본 창업자는 자금 조달이 매우 어렵다. 이 경우 중소기업청의 소상공인시장진흥공단, 지역신용보증재단, 신용보증기금, 중소기업진흥공단 등 정부의 지원기관들에서는 생계형 소자본 창업자나 상대적으로 열악한 창업 여건에 있는 사람들을 위해 자금 지원제도를 두고 있다.

사업화 및 성장 단계는 기업이 시장성과 수익성 측면에서 사회적으로 널리 인정받고 있는 단계이다. 이 단계에서는 자본도 어느 정도 축적되어 있으며 담보력도 있는 경우가 대부분이다. 따라서 각종 금융기관으로부터 자금을 비교적 용이하게 조달할 수 있을 것이다. 또한 정부의 벤처기업특별보증지원으로 기술보증기금과 금융기관 협약에 의해 전액을 신용보증하기도 하며, 아울러 중소기업 구조개선 자금이나 중소기업 협동화 자금 등을 사업화 및 성장 단계에 있는 기업에 지원해 준다. 이 경우 통상적인 대출금리보다 낮게 우대지원하고 있다.

안정화 및 성숙 단계에서의 자금 조달방안으로는 코스닥 등록 또는 주식공개에 의하여 자금을 동원할 수 있다. 코스닥(KOSDAQ : Korea Securities Dealers Automated Quotation) 시장은 미국 NASDAQ시장을 벤치마킹하여 유망 중소기업에 직접금융의 기회를 제

표 6-1 사업 자금의 조달원 및 조달방법

사업 자금	자금의 조달원
개인	친척, 친구, 과거 고용주, 미래 납품업자·고객, 고용예정자, 투자가
기업	원자재 납품회사, 상품의 판매회사
금융기관	IBK기업은행, 국민은행, KEB하나은행, KDB산업은행, 한국수출입은행
창업투자회사	창업투자회사, 창업투자조합, 한국크라우드펀딩 기업협의회
중소기업진흥공단	중소기업진흥공단
신용보증기관	신용보증기금, 기술보증기금, 지역신용보증재단
리스회사	리스회사
투자기관	투자금융회사, 종합금융회사, 투자신탁회사, 증권금융회사
보험회사	생명보험회사, 손해보험회사
저축기관	신용금고, 체신예금, 신용협동조합, 상호금융, 새마을금고
증권회사	증권회사
정부기금	기술보증기금, 신용보증기금, 소상공인시장진흥공단, 중소기업진흥공단 등

공하고 벤처캐피탈 회사에는 자금 투자의 기회를 부여함으로써 중소기업의 원활한 자금 조달을 달성하기 위한 제도이다.

이와 같이 사업 자금의 조달방법은 개인, 기업, 금융기관, 정부기금 등 자금의 조달원에 따라 매우 다양하다(〈표 6-1〉 참조).

제2절 은행의 활용

은행의 융자 절차는 그동안 지속적으로 추진되어 온 융자 절차 간소화 작업으로 상당 부분 간소화되기는 하였으나 은행경영의 건전성 확보라는 면에서 융자 시 사전 신용조사에서부터 대출금 사후관리에 이르기까지 복잡한 절차를 거치게 된다.

은행의 융자 절차를 간단히 도식화하면 [그림 6-1]과 같은 과정을 거친다.

그림 6-1 융자 절차 흐름도

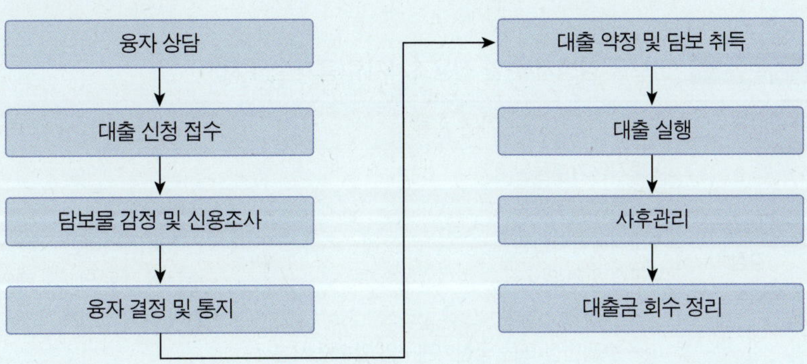

1. 대출 신청

1) 신청서류의 접수

은행은 대출신청기업과의 융자상담 결과 융자신청이 타당하다고 인정될 경우, 자금용도에 따라 차이는 있으나 일반적으로 다음과 같은 서류를 요구한다.

표 6-2 융자신청서류

기본 서류	필요시 요구 서류
• 융자상담 및 차입신청서 • 이사회 차입결의서(법인인 경우) • 법인인감증명서(법인인 경우)	• 사업계획서(시설 자금 대출) • 신용조사 및 감정서류 • 사업자등록증 사본(개인기업) • 주무관서의 인가서 또는 추천서 사본 • 기타 필요한 서류

이 밖에 은행은 융자신청서 담보물 감정에 필요한 서류, 신용조사에 필요한 서류 및 기타 융자신청과 관련된 서류를 요구하며, 융자실행 시에 채권보전에 필요한 서류를 요구하고 있는데 각각의 경우에 필요한 구체적인 서류내역은 〈표 6-3〉과 같다.

표 6-3 담보물 감정서류 및 신용조사서류(융자신청 시)

구분	기본 서류	필요시 요구 서류
담보물 감정 서류	• 토지등기부등본 • 건물등기부등본 • 도시계획확인원 • 공장인 경우 – 기계기구 목록 – 수입면장 또는 국산기계구입 영수증 사본	• 토지대장 • 건축물 관리대장 • 주택의 경우 임대차 계약서 사본 • 기타 필요한 서류
신용 조사 서류	• 사업현황서 • 법인등기부등본 • 사업자등록 사본 • 최근 2년간 결산재무제표 및 부속명세서 • 최근 월말 합계잔액시산표	• 주요 주주명부 • 납세완납증명서류 • 향후 3년간 추정재무제표 • 기타 필요한 서류

표 6-4 채권보전서류(융자실행 시)

기본 서류	필요시 요구 서류
• 어음 또는 여신거래약정서 • 채무자 및 보증인의 인감증명서 • (근)저당권 설정계약서 및 위임장	• 추가약정서 • (근)보증서 • 질권설정 계약서 및 위임장 • 기타 필요한 서류(담보제공 상담표 등)

2) 신청서류의 검토

은행은 대출실행을 결정하기에 앞서 기업이 제출한 융자신청서류 및 채권보전서류 등에 대한 검토를 하게 되는데 주요 점검사항은 다음과 같다.

① 신청인의 본인 여부, 본인이 아닌 경우에는 그 위임관계

② 신청인의 법률상 행위능력

③ 대리인이 본인의 인감을 소지하고 있는 경우에는 그에 대한 충분한 이유가 있는지 여부

④ 신청인의 호적상 지위, 직업 및 생년월일

⑤ 제3자가 담보를 제공하는 경우에는 구체적인 담보제공 사유

⑥ 담보물건이 적합하고 채권 보전상 충분한가의 여부

⑦ 사업의 개요, 사업 현황 및 전망, 과거의 거래 현황

⑧ 자금 용도의 적부

⑨ 차주의 인격, 경영 능력, 종업원과의 관계, 과거 경력, 건강상태 등

⑩ 상환자원의 적부 등

⑪ 법령, 기타 지시사항 및 관계규정과의 부합 여부

⑫ 기타 필요한 사항

2. 담보수순

담보대출의 경우 은행은 대출신청서류를 접수한 후 신청금액이 담보물가액 이내인지 제공된 담보물의 가치를 확인한다.

1) 감정기관의 감정

은행은 대출기업으로부터 담보가 제공되면 자체적으로 또는 한국감정원, 감정평가법인, 감정평가사무소 등 외부기관을 통하여 담보물에 대한 심사를 실시한다. 은행이 자체적으로 담보물을 감정할 수 있는 범위에는 특별한 제한이 없으나 보통 융자금액이 3억원 이하이고 담보가 부동산인 경우에는 대개 각 은행이 자체적으로 감정을 실시한다.

2) 감정서의 심사

한국감정원 등 외부 감정기관에 담보물 감정을 의뢰하는 경우 은행은 감정기관으로부터 받은 감정서를 토대로 다시 담보로서의 적격성이나 환가성에 관하여 심사하는데, 특히 다음 물건에 대해서는 현장 답사 후 심사를 실시한다.

① 대지 이외의 토지

② 환지 미정리지구(임야 포함) 내의 토지 및 건물

③ 도시계획에 저촉되는 건물

④ 공유지분대지 및 동 지상 건물

⑤ 공장

⑥ 기타 전문적인 감정기법을 필요로 하는 물건

3) 담보물의 재감정

은행은 필요 시 담보물의 재감정을 자율적으로 실시할 수 있는데 통상 담보 가치의 감소 등으로 채권 보전에 지장이 있는 경우, 대출한도 증액을 위하여 차주가 의뢰한 경우, 담보물 내용의 변경 등으로 담보물의 재평가가 필요하다고 인정된 경우 담보물을 재감정한다.

3. 신용조사

신용조사는 은행이 대출신청기업이 제출한 재무제표 등을 중심으로 사업의 안정성, 수익성 및 상환 능력, 기업의 성장성, 산업구조상 차지하는 비중, 정책적 사업에 대한 특전 등을 검사함으로써 대출 여부를 결정하기 위한 기초 자료를 작성하는 데 목적이 있다.

1) 신용조사대상

은행은 다음의 경우에는 반드시 신용조사를 실시한다.

① 여신거래 신청자 및 그 보증인

② 당좌거래를 신규로 개설하려는 자 및 기존거래자

③ 기타 필요하다고 인정되는 자

다만, 다음의 경우에는 예외적으로 신용조사를 생략할 수 있다.

① 정부, 지방자치단체 및 정부투자기관에 대한 여신

② 금융기관(투자금융회사, 보험회사, 증권회사, 종합금융회사, 투자신탁회사 포함) 및 시설대여회사에 대한 여신

③ 예금, 적금 납입금 또는 금전신탁 수익권을 담보로 하고 그 담보 범위 내의 여신

④ 타 금융기관(신용보증기금 등 신용보증기관 포함) 지급보증서 또는 신용보증에 대한 여신

⑤ 기타 은행장이 신용조사가 불필요하다고 인정하는 경우

2) 신용조사시기

은행이 신용조사를 실시하는 시기는 먼저, 여신취급에 앞서서는 반드시 신용조사를 실시한다. 또한 매년 1회 이상 실시하며 차기 신용조사는 전년도 조사일로부터 1년 이내에 실시함을 원칙으로 한다. 또한 신용상태에 중요한 변동이 있을 시에는 수시로 신용조사를 실시한다.

3) 신용조사내용

신용조사 시에는 기업의 연혁, 경영진, 조업상황, 재무상태, 금융거래상황 및 경영전망 등 기업에 관한 정보를 종합적으로 조사하며 통상 다음 사항에 대한 과거 2년 이상의 실적을 조사한다.

① 기업체 개요 : 기업체명, 대표자, 업종, 기업체 연혁, 경영진, 기업형태, 경영방식, 종

업원 관계, 조직, 계열기업 등

② 조업 현황 및 전망 : 생산 능력 및 생산 실적, 가동률, 재고상황, 원료 조달, 판매, 수출입, 기술수준, 입지조건, 업계에서의 지위 등

③ 재무 분석 평가 : 제출된 기업의 재무제표를 기초로 유동성, 안정성, 수익성, 활동성, 생산성 등 평가

④ 차입금 상환 능력 : 단기 지급 능력, 장기 지급 능력

⑤ 금융거래 현황 : 예금, 대출상황, 담보상황, 거래신뢰도

⑥ 동 업계의 현황 및 전망 : 생산, 판매, 수출 실적, 가동률, 원료 조달

4) 기업체 종합평가표 작성

은행은 신용조사와 더불어 기업체 종합평가표를 작성하여 이를 여신심사에 활용하고 있는데 신용조사가 주로 대출 적격 여부를 판정하는 데 이용되는 반면, 기업체 종합평가표에 의한 기업체 종합평가항목으로 재무상태, 사업 현황 및 전망, 은행과의 관계 등이 있는데 구체적인 내용은 아래와 같다.

① 재무상태 : 자본구성, 수익성, 안정성

② 사업 현황 및 전망 : 활동성, 성장성, 생산성, 사업 전망

③ 은행과의 관계 : 거래신뢰도, 채무상환 능력, 기업경영상담

④ 경영상태 및 인적사항(대기업) : 경영 방식, 경영 능력, 경영자 인격 및 종업원 관계

⑤ 인적사항(중소기업) : 경영 능력, 경영자 및 종업원 관계

그런데 은행은 다음과 같은 경우 기업체 종합평가표 작성을 생략하거나 별도의 기준을 설정하여 운용한다.

① 약식 신용조사대상, 간이 신용조사대상

② 복식부기 의무자 이외의 개인사업자 등 영세기업에 대한 여신

③ 기업체 종합평가표 작성기준에 의거, 평가가 불가능한 경우

4. 대출 결정 소요기간

은행은 차입신청서에 대한 심사결과 가능한 것으로 판정되면 해당 대출건에 대한 대출을 결정한다. 대출 결정은 신청금액의 규모에 따라 본부승인사항과 취급점장 전결사항으로 구분되는데 본부승인에 의하는 경우가 취급점장에 의하는 경우보다 대출 결정에 소요되는 기간이 더 긴 것이 일반적이다.

1) 신규대출

은행이 신규대출신청을 받았을 때에는 신용조사, 담보감정, 관계기관의 허가 또는 승인에 소요되는 기간을 제외하고는 통상 다음 기간 내에 그 실행 여부를 결정한다.

① 취급점장 전결한도 내 대출 : 4일 이내

② 본부승인대출 : 취급점장은 상기 ①항의 기간 내에 승인신청서를 본부에 제출하고 승인신청을 받은 다음 기간 내에 승인 여부를 결정하여 취급점에 통지한다. 다만 신용조사, 담보물 감정, 업무 감사 및 관계기관의 허가 또는 협의에 소요되는 기간 및 우송일수는 별도로 한다.

- 운전 자금 : 본부 접수일로부터 7일 이내
- 시설 자금 : 본부 접수일로부터 9일 이내

2) 기한 연장, 조건 변경

기존대출금에 대한 기한 연장, 조건 변경 등의 신청을 받았을 때에는 통상 다음 기간 내에 그 가부를 결정하며, 추가 소요일수는 신규대출의 경우와 같다.

① 취급점장 전결한도 내 대출 : 3일 이내

② 본부승인대출 : 3일 이내에 승인신청서를 본부에 제출하고 본부는 접수일로부터 4일 이내

3) 대출 여부 통지

은행은 대출 여부 결정 후 2일 이내에 이를 대출신청인에게 통지한다.

4) 대출 여부 결정 지연 시 처리

은행은 신용조사, 담보물 감정, 업무감사, 관계기관의 허가 또는 협의 기타 부득이한 사유로 처리가 지연될 때에는 그 지연사유 및 예상 소요기간을 신청인 앞으로 통지한다.

5) 보완서류 요구 및 조회 시 처리

은행이 융자신청에 대하여 서류의 보완이나 조회를 추가적으로 요구하는 경우에는 그 요청일로부터 보완서류 또는 회답문서의 접수일까지의 기간을 대출 여부 결정 시 소요되는 기간에서 제외하고 있다.

6) 통지방법

대출 여부의 결정 또는 지연, 보완서류의 요구 및 조회는 해당 은행 영업점 책임자가 신청인을 직접 면담하여 설명하거나 서면 기타 적절한 방법을 이용한다.

5. 대출 실행

차입신청에 대한 심사결과에 따라 결정권자가 대출 승인을 하면 대출이 실행된다. 이때 해당 대출금은 차주명의의 예금계좌에 입금시키는 것을 원칙으로 한다. 대출 실행 시 차주가 은행에 제출하여야 하는 서류는 다음과 같다.

① 어음 또는 차용금 증서

② 여신거래관계 약정서

- 어음거래 약정서 : 어음대출, 할인어음 취급 시
- 당좌계정차월 약정서 : 당좌대출 취급 시
- 지급보증 약정서 : 지급보증 취급 시
- 팩토링(외상매출 채권거래) : 팩토링 대출 취급 시

③ 저당권 또는 근저당설정 계약서 : 나대지인 경우에는 지상권 설정계약서가 포함된다.

④ 차주 및 보증인의 인감증명서

⑤ 담보제공증서 : 예적금담보 또는 부동산, 유가증권담보 취득 시 제출해야 한다.

⑥ 양도담보증서 : 부동산양도담보 취득 시 제출하여야 한다.

⑦ 추가약정서

⑧ 기타 필요한 서류

6. 담보

담보는 채권자인 은행이 기업 등 채무자의 채무불이행에 대비하여 채권을 확보하는 수단인데 담보취득대상물로는 보통 부동산이 이용되며 이 밖에 동산, 유가증권, 예 · 적금 등이 채권담보로 제공될 수 있다. 담보권의 종류에는 인적 담보와 물적 담보가 있는데, 인적 담보는 일반적으로 보증의 형태이며, 물적 담보는 저당권, 질권, 양도담보 등을 말한다.

1) 담보취득대상물

(1) 부동산

토지, 건물, 공장시설, 선박 등 광범위한 종류의 부동산이 담보로 이용될 수 있다. 다만 한국은행 금융통화운영위원회에서 정한 '금융기관 여신운용 규정' 등에 의해 일부 부동산은 은행이 담보로 취득할 수 없다. 그러나 한국은행 총재가 중소기업지원 등을 위하여 필요하다고 인정하는 경우에는 담보취득제한 부동산도 은행이 담보로 취득할 수 있다.

(2) 동산

동산은 부동산에 비하여 담보가치가 작고 관리가 용이하지 않아 담보로서 적당치 않은 면이 많으나 마땅한 담보가 없을 때 담보로 이용된다. 담보로 이용될 수 있는 동산의 범위는 일률적으로 규정하기 곤란하나, 일반적으로 상품(시장성 있는 제품, 원재료 등), 기계, 기구 등이 이용된다.

표 6-5 담보취득대상물

종류	범위
부동산	• 토지, 건물, 공장시설 • 공장재단, 광업재단 • 등기된 선박, 건조 중인 선박 • 등록된 자동차, 중기, 항공기 • 등록된 광업권, 어업권, 등록된 입목 • 부동산상의 권리 등
동산	• 시장성 있는 제품, 원자재 등의 유체물, 기계 등
유가증권	• 국공채 • 사채 • 수익증권 • 상장주식 • 특별법에 의하여 정부 또는 법인이 발행한 채권
채권	• 은행의 예금, 적금 • 확정채권

(3) 유가증권

담보로서 이용될 수 있는 유가증권으로는 국채, 지방채, 회사채, 상장주식, 수익증권 등이 있으며 담보로 이용 가능한 채권에는 예금, 적금, 확정채권 등이 있다.

2) 담보의 종류

(1) 인적 담보

인적 담보는 보증의 형태로 행하여지며 채무자가 아닌 다른 사람의 신용을 제공함으로써 대출금 채권을 담보하는 것인데, 신용대출의 경우 통상 보증인을 세워야 하며 보증인은 은행에서 일정 수준 이상의 자격을 가진 사람이어야 한다.

(2) 물적 담보

① 저당권 : 물적 담보로는 저당권이 가장 널리 활용되는데, 저당권이란 채무자 또는 제3자가 제공한 부동산을 담보제공자로 하여금 사용 · 수익케 하면서 채권이 변제되

지 않을 경우 그 물건으로부터 다른 채권자에 우선하여 변제받을 수 있는 권리를 말한다. 동일한 부동산에 복수의 저당권이 설정되는 경우에는 저당권 등기 순서에 의해 변제 권리의 우선순위가 정해진다.

저당권의 한 종류로서 근저당권이 담보로 널리 쓰이는데 근저당권은 피담보채권이 일시적으로 소멸하더라도 저당권이 소멸하지 않는 점에서 보통 저당권과 다르다. 따라서 차주가 은행과 지속적인 여신거래를 할 경우 대출건마다 일일이 저당권을 설정하는 것이 시간과 비용 면에서 여러 가지로 불편하기 때문에 근저당권을 설정하는 예가 많다. 근저당권에서는 피담보채권이 특정하게 정해지지 않는 대신 채권최고액이 설정된다.

근저당권 종류로 포괄근저당권, 한정근저당권, 특정근저당권 등이 있다.

② 질권 : 채권자가 채무자 또는 제3자가 담보로서 제공한 물건을 직접 점유하면서 채무불이행 시, 동 물건을 처분하거나 권리를 실행하여 그 대금으로 우선변제를 받을 수 있는 담보권을 질권이라 한다.

질권은 부동산 이외의 동산, 유가증권 등에 주로 설정되며 채권자가 담보물을 직접 점유한다는 점에서 저당권과 차이가 있다.

③ 양도담보 : 담보의 목적으로 채무자가 채권자에게 일정 재산을 양도할 것을 약정하고 실제 채무불이행 시 채권자는 동 물건을 처분하여 채권을 회수하는 한편, 채무이행 시는 동 물건의 권리를 다시 반환하는 방법에 의한 담보를 말한다. 양도담보는 질권과는 달리 처음부터 목적물을 채권자에게 인도하지 않아도 되므로 일상 사용하는 동산도 담보로 제공할 수 있는 편의성이 있다. 이에 따라 공장에 설치된 기계 등과 같이 담보 제공 후에도 담보제공자가 계속하여 사용·수익하여야 할 필요가 있을 경우에 양도담보제도가 적절히 이용될 수 있다.

3) 담보종류별 담보적용비율

은행은 보통 담보가격의 일정비율 수준으로 대출금액을 정하는데 동 비율은 담보종류별로 차이가 있다. 즉, 부동산의 경우에는 대체로 80% 이내, 상장 유가증권 및 확정채권은 90% 이내, 선박·항공기 등은 40% 이내의 수준으로 담보적용비율을 정하고 있다.

7. 사후관리

은행은 기업에 대출을 실시한 이후부터 상환 시까지 대출금의 유용을 방지하고 담보, 기타 채권의 확보기일 및 제 승인조건을 준수시킴으로써 여신의 건전한 운용과 채권의 원활한 회수를 도모하기 위하여 대출금에 대한 사후관리를 실시한다.

1) 대출금 관리

은행은 약정기일에 상환되지 않은 대출금, 약정기일 내라도 이자가 납입되지 않아 기한의 이익을 상실한 대출금 및 분할상환기일에 상환되지 않은 분할상환금을 연체대출금으로 분류하여 동 채권의 회수 및 상환에 필요한 조치를 취한다.

2) 담보물 관리

담보물의 실질적 가치를 유지하기 위하여 수시로 현황을 점검하거나 재감정하여 담보물관리에 유의한다.

3) 기업실태조사

차주기업에 대하여 대출된 자금이 적절하게 사용되었는지 여부를 검토하고 경영 및 신용상태, 자산변동상황과 사업전망 등을 계속 파악 · 분석하여 신축적으로 여신을 운용한다. 이를 위해 은행은 정기적으로 차주기업의 결산재무제표를 청구하여 기업 분석을 실시하는 외에 차주기업을 직접 방문하여 기업실태를 조사하기도 한다.

제3절 보증기관 이용방법

신용보증서의 발급을 통해 중소기업의 자금 조달을 원활하게 해주는 기관에는 크게 신용보증기금, 기술보증기금, 지역신용보증재단 등 3개의 보증기관이 있다.

이들 기관들은 기능상에는 큰 차이가 없으나 신용보증기금은 제조업, 건설업, 운수업, 정보통신업 위주로 보증업무를 취급하고 있고, 기술보증기금은 기술사업화, 벤처기업들에 대해, 지역신용보증재단은 지역 내 소상공인을 포함한 중소기업에 대해 보증지원을 하고 있다.

이 기관들을 구체적으로 살펴보면 다음과 같다.

1. 신용보증기금

신용보증기금은 담보 능력이 미약한 기업의 채무보증으로 자금융통을 원활하게 하고, 신용정보의 효율적 관리운용을 통하여 건전한 신용질서를 확립하여 신용사회 구현과 균형 있는 국민경제 발전에 기여하기 위해서 신용보증기금법에 의하여 설립된 비영리특수법인이다.

1) 보증대상

사업을 영위하고 있는 영리를 추구하는 개인사업자로서 사업자등록증을 소지한 기업이나 영리추구 목적의 상법상의 회사와 재단(사단)법인의 수익사업 부문 및 중소기업협동조합법에 의해 설립된 중소기업협동조합(협동조합, 사업협동조합, 협동조합연합회, 협동조합중앙회 등 포함) 중 다음에 제시한 보증금지대상이나 제한대상이 아닌 기업은 업종별 제한 없이 보증대상이 될 수 있다. 다만, 사치성, 불건전 오락사업 및 산업연관 효과가 적거나 국민경제 기여도가 적은 업종에 대하여는 자금용도 및 보증지원의 타당성을 검토하여 보증지원 여부가 결정된다.

(1) 보증금지대상(신규보증을 받을 수 없는 자)

① 기금이 보증채무를 이행한 후 구상채권의 변제를 받지 못한 기업

② 기금의 어음보험계정에서 보험금을 지급한 후 대위채권을 회수하지 못한 어음의 발행인

③ 위 "①" 기업이 법인인 경우 그 기업의 이사 또는 업무집행사원 중 기금법 시행령 제

25조의 규정에 해당하는 자가 대표자로 되어 있는 기업

④ 위 "①" 및 "②" 기업이 개인기업인 경우 그 개인(공동대표자 포함)이 대표자로 되어 있는 기업

⑤ 주택금융신용보증기금이 보증 채무를 이행한 후 구상권의 변제를 받지 못한 개인이 대표자로 되어 있는 기업

(2) 보증제한대상

① 휴업 중인 기업

② 금융기관의 대출금을 빈번히 연체하고 있는 기업

③ 금융기관의 금융거래확인서 기준일 현재 연체 중인 기업

④ 신용불량 해당기업

⑤ 기금이 보증 채무를 이행한 후 구상채권의 변제를 받지 못한 기업의 연대보증인인 기업 및 연대보증인이 대표자로 되어 있는 기업

⑥ 부실자료 제출기업으로서 보증제한기간이 경과하지 아니한 기업

⑦ 보증사고 기업

2) 보증받을 수 있는 최고한도

① 일반보증한도 : 같은 기업당 30억 원(재보증금액 포함)

② 일반보증한도 30억 원을 초과하여 100억 원까지 가능한 경우

- 중소기업의 시설 자금에 대한 담보부보증
- 수출기업의 자금난 완화를 위한 무역금융특별보증
- 수출중소기업 자금난 완화를 위한 수출입은행의 수출 자금 대출보증
- 중소건설업체 자금난 완화를 위한 공사대금담보대출에 대한 보증
- 지식기반 중소기업의 자금난 완화를 위한 지식기반기업특별보증
- 중산층 육성 및 서민생활 안정을 위한 생계형 창업보증(같은 기업당 보증한도 최고 1억 원)
- 고용안정 및 실업구제를 통한 경제난 극복에 기여한 인력대체기업 특별보증(같은 기업당 보증한도 3억 원 이내)

③ 특별보증제도 : 같은 기업당 500억 원 한도

- 수입신용장 개설 특별보증

④ 신용보증 최고한도 : ①~③을 합하여 500억 원

3) 보증금액 산출방법

(1) 운전 자금 보증한도

운전 자금의 보증한도는 다음의 매출액한도와 자기자본한도(자기자본의 300%) 중 적은 금액으로 한다. 다만, 일반보증금액 3억 원 이하인 보증, 우대부문보증 및 특별보증에서는 자기자본한도를 적용하지 아니한다.

매출액한도 : 당기매출액의 1/4, 최근 3개월 매출액, 차기 추정매출액의 1/4

(2) 시설 자금 보증한도

시설 자금 보증한도는 당해 시설의 소요 자금으로 하되, 시설대여보증의 보증한도는 규정 손해금의 70% 이하로 한다.

4) 보증상담 시 필요한 서류

① 기업실태표(소액심사는 제외)

② 대표자 주민등록등본(공동대표자, 경영실권자, 과점주주인 이사 포함)

③ 부동산 등기부등본(대지, 건물)

④ 법인등기부등본

⑤ 금융거래확인서(대출받고자 하는 금융기관)

⑥ 재무제표 및 부속명세서(세무서장 확인 생략)

※ 보증상담 시 제출서류는 발급일이 최근 1개월 이내의 것이어야 함

5) 소액(약식) 심사기준표의 주요 검토항목

① 보증신청일 현재 가동(또는 영업 중) 여부
② 업력 1년 이상 여부(보증금액 5천만 원 이하인 경우 예외 가능)
③ 최근 3월 이내에 10일 이상 계속된 연체대출금 보유 여부
④ 보증신청기업 및 대표자(경영실권자 포함)에 대하여 최근 1년 이내에 당좌부도 발생 여부와 불량거래처로 규제 여부("주의"는 신청일 현재 규제 중인 경우만 해당), 사업장 또는 거주주택에 대한 권리침해 사실 여부
⑤ 보증취급이 가능한 매출실적 여부
⑥ (보증금액 1억 원 이상은) 사업장 또는 대표자 소유 부동산의 담보제공 여부

6) 우대부문보증 취급기준

(1) 자금종류별 우대

우대부문보증 대상 자금에는 방위산업 자금, 기술개발 관련 자금, 에너지 이용 합리화 사업 자금 및 대체에너지 보급사업 자금, 지방이전 중소기업에 대한 경영 안정 자금, 무역금융 및 무역어음을 인수한 자에 대하여 부담하는 채무, 상업어음할인 등이 있다.

(2) 대상기업별 우대

① '중소기업창업 지원법'에 의하여 창업된 중소기업으로서 성장성, 기술성이 우수한 기업
② 유망 중소기업(신진기술기업)
③ 최근 3년 이내 중소기업청의 NT마크 또는 과학기술처의 KT마크 획득 기업
④ 최근 3년 이내 중소기업청의 "세계일류화 육성대상 계량계측기업체" 지정 기업

(3) 우대보증한도

① 운전 자금 보증한도는 당기매출액 및 차기추정매출액의 1/3 또는 최근 4개월 매출액
② 상업어음할인에 대한 보증한도는 당기매출액 및 차기추정매출의 1/2 또는 최근 6

개월 매출액

(4) 창업 중소기업의 대상 업종

① 제조업

② 광업

③ 건축 엔지니어링 기타 기술서비스업

④ 정보처리, 기타 컴퓨터 운용 관련업

⑤ 중소기업청장이 창업지원심의회의 심의를 거쳐 정하는 업종

(5) 창업 중소기업의 범위

① 영업실적 3년(지방중소기업은 5년) 미만인 중소기업

② 영업실적의 기산점은 설립 후 영업실적이 최초로 발생한 날(원재료 매입 또는 투입)

2. 기술보증기금

기술보증기금은 담보부족으로 어려움을 겪고 있는 중소기업인들이 금융기관으로부터 신속하고, 편리하게 대출을 받을 수 있도록 보증 지원하는 정부출연기관이다. 또한 벤처기업의 육성을 위하여 기업의 기술성과 사업성을 평가하여 보증을 지원하는 벤처전담 보증기관이다.

기금에서 하는 주요 업무에는 신용보증, 기술평가, 벤처기업 지원 등이 있다.

1) 신용보증

신용보증제도는 부동산 담보는 없지만 기업이 보유하고 있는 무형의 신용을 발굴하여 기업의 자금 조달을 원활히 하기 위한 제도이다.

신용보증의 신청방법은 사업장 관할 영업점에 직접하거나 대출받고자 하는 채권기관이 기금에 신용보증을 추천하는 방법의 두 가지가 있으며, 보증절차는 보증상담 → 보증

신청 → 신용조사 → 보증심사 → 보증서 발급의 순으로 이루어진다. 신용보증의 결정은 신용보증신청서를 접수한 날로부터 승인 통지일까지 3~10일 이내에 이루어진다.

보증에는 일반보증과 특별보증제도가 있다. 일반보증(기술신용보증 및 일반신용보증의 합계액)의 지원한도는 30억 원 이내이며, 특별보증의 지원한도는 100억 원 이내로 하되 할인어음보증은 30억 원 이내이다.

2) 기술평가

기술평가는 우수한 기술력을 보유하고 있는 벤처기업을 중점적으로 육성하기 위하여 고객이 자금 조달, 벤처기업 인증, 기술의 매매 및 현물출자 등을 원활히 하기 위한 제도로, 기금에 별도로 기술평가센터를 운영하고 있다. 기술평가센터에는 전문인력평가팀과 기술평가심의위원회를 두어 기술가치평가 및 기술성 · 사업성평가에 따른 자문, 기술평가심의, 기술지도 등을 수행하고 있다. 기술평가 절차는 신청/접수 → 예비평가 → 본평가 → 기술자문 → 평가심의 → 평가결과통보의 순으로 이루어진다.

기술평가의 종류에는 기술가치평가, 기술사업 타당성평가, 종합기술평가가 있다.

3) 우수 벤처 중소기업 지원

① 기술보증기금과 은행이 벤처기업 발굴 지원협약 체결

② 대상기업

- '벤처기업육성에 관한 특별조치법'에서 정한 벤처기업
- 기술개발시범기업
- 기술보증기금이 추천하는 우수기술 보유 기업

③ 융자조건

- 대출한도 : 소요 자금 범위 내에서 기술보증기금의 보증금액 이내
- 동일인당 신용보증한도 : 100억 원

④ 은행과 기술보증기금의 발굴, 지원 상호 협조

ENTREPRENEURSHIP MANAGEMENT

CHAPTER

07

투자유치 전략

제1절 투자유치 개념

제2절 IR의 목적

제3절 IR활동이 필요한 이유 3가지

제4절 IR 작성 실무

제5절 전략적 IR활동의 실천

제1절 투자유치 개념

1. IR의 개념

IR이란 Investor Relations의 약어로 재무홍보, 투자자 지향 홍보활동 또는 직역하면 투자자관계로 설명되고 있다. 그런데 IR이 가장 활발하게 전개되고 있는 주식시장에선 "기업설명회"가 IR로 잘못 인식되어 있다. 이러한 이유는 기업설명회가 가장 효과가 높은 IR 방법으로 상장기업은 물론 IPO(기업공개) 예정기업, 나아가 비상장 벤처기업까지도 투자유치를 위해 기업설명회를 기업정보 전달의 대표적인 수단으로 활용하기 때문일 것이다. 그러나 기업설명회는 IR이 아니다.

IR은 다음과 같이 2가지 관점에서 그 개념을 설명할 수 있다.

첫째, IR은 의무로서의 커뮤니케이션(communication)이다.

의무로서의 커뮤니케이션은 기업은 과연 누구의 것이며 어떻게 존재하여야 하는가의 문제이다. 기업은 누구의 것이냐 하는 소유관계 측면에서 볼 때 기업의 주인인 주주의 위임을 받아 기업을 경영하고 있는 대리인(경영진)은 기업이 어떻게 경영되고 있으며 앞으로 어떻게 기업을 경영해 나갈 것인지 주주에게 보고할 의무가 있다. 이러한 의무를 설명책임(accountability)이라고 하며 기업경영을 위임받은 대리인은 설명책임을 통해 경영진과 주주 간 정보의 비대칭성을 해소해야 할 의무가 있다.

또한 기업의 존재양식 측면에서 볼 때도 기업은 의무로서의 설명책임을 져야 한다. 기업은 법인격체로 사회 속에 존재하며 기업시민으로서 기업과 관계를 맺고 있는 모든 이해관계자(stakeholder)들과 원활한 커뮤니케이션을 해 나갈 의무가 있다. 이해관계자와의 적극적인 대화를 통해 상호신뢰관계를 구축할 때 사랑받는 기업으로 성장 · 발전할 수 있기 때문이다.

둘째, IR은 마케팅 커뮤니케이션이다.

이상의 정의에 의하면 IR은 "주식의 시장가격에 영향을 줄 수도 있는 모든 정보의 효과적 커뮤니케이션"으로 기업내용의 이해증진을 통해 기업을 매력적인 투자대상으로 부각시키고 주가가 적정하게 유지되도록 하는 기업 가치 마케팅 활동이라고 할 수 있다.

2. IR과 PR, 어떻게 다른가

기업의 커뮤니케이션 활동을 구분해 볼 때, IR(Investor Relations)과 PR(Public Relation)로 나누어 볼 수 있다. 그러나 일반적으로 PR이 IR보다 대상범위가 넓고 영향력도 크기 때문에 IR을 PR의 한 가지 형태로 보는 견해도 있다. 사실 IR에서 활용하는 커뮤니케이션 툴(tool)이 PR의 툴을 원용하는 경우도 많기 때문에 IR을 PR의 한 부분으로 볼 수도 있다.

그러나 IR과 PR은 다음과 같은 점에서 확연히 구분된다.

첫째, 대상이 다르다.

PR은 불특정 다수의 일반 대중을 대상으로 하는 반면, IR은 기업의 존립기반이 되는 주주자본의 제공자인 주주나 투자자를 대상으로 하기 때문에 IR이 기업 커뮤니케이션의 핵심이라고 할 수 있다.

둘째, 목적이 다르다.

표 7-1 IR과 PR의 차이점

구분	IR	PR
대상	주주 · 투자자	불특정 다수의 일반 대중
목적	• 기업 가치의 적정한 평가 • 투자 매력의 어필(appeal)	• 기업 이미지 제고 • 제품과 서비스, 프로모션(promotion)
커뮤니케이션 내용	• 기업 가치의 결정인자(value driver) • 나쁜 정보도 포함	• 회사의 특장점 • 좋은 정보 중심
커뮤니케이션 방법	• 자발적 • 쌍방향(push & pull)	• 전략적 • 일방적(push)
기간	지속적	목적에 따라 특정 기간 선택

PR은 기업 이미지의 제고나 제품의 홍보를 주목적으로 하는 반면, IR은 기업 가치의 적정한 평가나 투자 매력의 부각을 목적으로 한다.

셋째, PR은 좋은 정보를 중심으로 불특정 다수의 일반대중을 대상으로 회사의 특장점을 알리고 제품과 서비스를 프로모션(promotion)하는 데 반해 IR은 기업에 불리한 정보도 포함하여 주가에 영향을 줄 수도 있는 모든 정보, 즉 기업 가치의 결정인자(value driver)에 대한 정보를 제공한다. 따라서 최근에는 업적동향을 중심으로 기업 전략, 경영이념, R&D활동, 설비투자, 인력투자, 판매 전략, 금후 3~5년의 중기 경영전략과 업적 전망 등과 같은 사항들이 커뮤니케이션의 주된 내용이 된다.

넷째, 커뮤니케이션 방법이 다르다.

PR은 기업의 특정 목표를 달성하기 위한 수단이기 때문에 전략적이며 일방적(push)인 반면, IR은 기업의 설명책임에 입각하여 자발적 · 능동적으로 주주, 투자자들에게 정보를 제공한다. 또한 정보의 수신자가 기업이 제공한 정보에 대해 의문이 생기거나 좀 더 자세한 정보를 얻고 싶으면 IR담당자(IRO)에게 언제라도 연락하여 자신의 견해를 피력하고 자문을 구하거나 추가정보를 요청하여 인식의 차이(gap)를 메울 수 있는 쌍방향(two way 또는 pull & push) 커뮤니케이션의 형태를 취하고 있어 일방향(one way) 방식의 PR과는 큰 차이가 있다.

다섯째, 커뮤니케이션 활동기간이 다르다.

PR은 목적에 따라 특정 기간을 선택하여 실시하는 데 반해, IR은 24시간, 365일 지속적으로 하여야 한다. 이는 기업환경이 시시각각으로 변하고 이에 따라 기업 가치를 창출하는 기업경영 전략이 바뀔 수밖에 없고 주가에 영향을 미치는 주요 정보는 회사의 주인인 주주에게 끊임없이 제공되어야 하기 때문이다. 지속성(consistency)을 IR의 3대 요소의 하나로 꼽는 이유가 여기에 있다.

제2절 IR의 목적

1. 주식시장 측면

주식시장 측면에서 볼 때 IR의 목적은 기업에 대한 정보전달을 촉진하여 건전한 투자시장을 실현하고 주식투자를 활성화시키는 것이다.

건전한 주식시장이 형성되기 위해서는 기업의 정보가 적시에(timely), 충분히(fully) 그리고 공평하게(fairness) 주식시장의 참가자에게 전달되어야 한다.

기업도 내재가치에 부합한 적정주가를 실현하기 위해 기업정보를 IR의 원칙에 맞추어서 투자자들에게 충분히 이해될 수 있도록 전달하여야 한다. 투자자들의 입장에서도 기업정보가 적시에 충분히 그리고 공평하게 전달될 때 합리적인 투자판단에 의거한 투자활동이 촉진되고 자기책임하에 투자를 결정하는 건전한 투자문화가 형성된다.

따라서 기업의 IR활동은 건전한 투자시장의 실현과 투자활성화를 위한 전제조건이라 할 수 있다.

2. 기업 목적 측면

IR의 궁극적인 목표는 기업내용의 이해증진을 통해 기업 가치를 적정하게 평가받고 자본조달 코스트를 인하하기 위해서이다. IR의 목적을 좀 더 세분화하여 살펴보면 다음과 같다.

첫째, 투자자와의 관계관리 강화를 위해서이다.

주식시장에서 주가는 시시각각으로 변하고 기업의 경영실적도 시간의 경과에 따라 변한다. 아무리 기업이 정보제공에 충실하더라도 정보에 대한 이해와 인식에는 차이(gap)가 상존한다. 따라서 기업은 쌍방향 커뮤니케이션이란 방법을 통해 기업에 대한 이해를 높이고 투자자들의 단기전망에 부응하기 위해(coping with short-term perspective of investor) IR활동을 전개해야 한다.

둘째, 기업의 이미지를 제고하기 위해서이다.

기업의 이미지는 기업이 발신하는 정보에 따라 투자자가 마음대로 결정하는 기업에 대한 인식이다. 투자자의 신뢰를 바탕으로 기업에 호의적인 기업이미지 구축을 위해서는(contribution to overall corporate Image) 투자자들과 끝없이 커뮤니케이션하는 IR활동이 필요불가결하다.

한국IR협의회가 매년 실시하는 IR활동 실태조사에서 IR의 목적으로 기업이미지 향상이 수위를 차지하는 이유도 여기에 있다.

셋째, 기업의 차별화를 도모하기 위해서이다.

주식시장에는 동 업종에 속하는 경쟁사들도 상장되어 있다. 따라서 필요한 자금을 필요한 시기에 낮은 코스트로 원활하게 조달하기 위해서는 경쟁사와 차별화된 모습을 보여 주어야(differentiation within peer groups) 투자자로부터 선택받을 수 있다.

IR활동은 기업을 차별화하기 위해 실시한다. 투자자로부터 선택되기 위해서이다. 투자자로부터 선택되기 위해서는 그 기업만의 독특하고 신선한 기업내용(그것이 경영자의 자질이든, R&D 능력이든, 우수한 인재풀이든, 마케팅 파워 · 브랜드 가치이든)을 상시 발굴하고 투자자에게 전달해야 한다.

넷째, 애널리스트의 관심을 제고하기 위해서이다.

주식시장에서 종종 '흙 속의 진주'라는 주식이 발굴된다. 아무도 관심 없던 주식이 갑자기 투자자들 눈에 띄어 주가가 폭발적으로 상승하는 주식들이다. 과연 흙 속의 진주는 어떻게 발굴될까? 이것은 애널리스트의 힘이다. 애널리스트가 저평가된 종목을 발굴하여 호의적인 기업분석리포트를 작성할 때 그 주식은 투자자들의 관심종목으로 부상한다. 대형 우량주의 경우 흙 속의 진주가 드물다. 애널리스트들이 수시로 기업을 분석하여 투자자들에게 보고하여 저평가의 여지가 별로 없기 때문이다. 따라서 애널리스트의 커버리지(coverage)가 부족한 중소기업의 경우 애널리스트의 관심을 끌기 위해(building buy and sell-side interest) 업종담당 애널리스트를 대상으로 적극적으로 IR활동을 전개하여야 한다.

다섯째, 매수기반 확충을 위해서이다.

주가는 수요–공급의 원칙에 의해 결정된다. 수요가 많으면 주가는 상승하고 공급이 많으면 주가는 하락한다.

기업이 IR활동을 전개하는 것은 매수기반을 확충하기 위해서이다(increasing No. of market maker). 그래야 주가도 올라가고 기업이 목표로 하는 저코스트의 자금 조달도 가능해지기 때문이다.

매수기반을 확충하기 위해서는 어떻게 해야 할까?

거래가 잘 안 되는 주식은 액면분할 등을 통해 공급을 늘려 거래가 원활히 이루어지도록 하는 한편, 기관투자자 및 개인투자자를 대상으로 기업에 대해 관심을 갖도록 다양한 IR활동을 전개하여야 한다. 거래가 원활히 이루어지고 있는 기업이라도 기관투자자의 투자 유니버스(universe)에 들 수 있도록 펀드매니저 대상의 IR활동을 강화할 필요가 있다.

여섯째, 기업 가치를 실현하기 위해서이다.

IR의 궁극적인 목적은 기업 가치를 실현하는 것이다. 기업 가치란 적정주가의 형성을 의미하며, 자가진단을 통해 자사의 기업 가치가 부당하게 낮게 평가되었거나 경쟁사에 비해 저평가되었다고 판단되면 애널리스트 방문미팅이나 펀드매니저와의 미팅을 통해 주가의 왜곡을 시정하도록 노력해야 한다. 객관적 사실에 입각한 분석자료를 만들어 제시하면 더욱 설득력이 있다.

앞서 언급한 IR의 모든 목적도 기업 가치를 추구(pursuance higher valuation)하기 위한 하나의 절차라 볼 수 있다. 따라서 다양한 IR 툴을 활용하여 기업 가치가 투자자들에게 제대로 인식되고 주가가 적정하게 평가되도록 IR전략을 구사하여야 한다.

일곱째, 주주기반 확충을 위해서이다.

주주구성의 적정화를 기하는 것도 IR의 중요 목적의 하나이다. 회사의 주주구성 분포를 분석하여 과연 어느 층의 주주를 확충하여야 하는지에 대해 전략적으로 판단해 볼 필요가 있다.

특히 대주주의 지분구조가 취약한 기업의 경우 우호주주와 안정주주의 확보를 위한 IR활동을 강화해야 한다. 그래야만 M&A의 위협으로부터 자유로울 수 있고 회사경영에 모든 역량을 집중시킬 수 있기 때문이다. 개인주주 비중이 높은 기업의 경우는 주가의 등락이 잦을 수 있어 장기보유를 목적으로 한 기관주주의 발굴이 필요하다.

또한 국제적으로 사업을 전개하는 기업의 경우, 외국인 투자자를 유치함으로써 주가 상승은 물론 외국 바이어(buyer)에게 신뢰도를 높일 수 있어 경영에 도움이 될 수도 있다.

주주기반의 확충(broaden shareholder value)을 위해 어떻게 주주구성을 하는 것이 기업에 도움이 되는지를 전략적으로 판단하여 대상으로 선정된 투자자층을 주주로 끌어들이기 위해 IR의 모든 역량을 집중하여야 한다.

여덟째, 신규 자금시장의 개척을 위해서이다.

신규 자금시장의 개척이란 새로운 자본 조달방법(access of new capital market)의 활용을 의미한다.

주식시장의 세계화와 파생상품의 발달로 기업이 필요로 하는 자금 조달의 방법이 다양해졌다. 국내에서의 자금 조달은 물론 해외에서의 자금 조달도 가능해졌고 유상증자뿐만 아니라 전환사채(CB), 신주인수권부사채(BW), 교환사채(EB), 주식예탁증서(DR) 등의 발행을 통해서도 자금을 조달할 수 있게 되었다.

문제는 자금 조달을 원하는 기업이 투자자들에게서 얼마나 유리한 조건으로 자금을 조달할 수 있느냐 하는 것이다. 기업은 투자자들이 기업이 원하는 코스트로 쾌히 투자에 응할 수 있도록 자금을 활용하여 형성되는 기업 가치와 투자자의 기대수익에 대해 IR이란 활동을 통해 명확히 근거를 제시하여야 한다.

제3절 IR활동이 필요한 이유 3가지

1. 경영환경 변화에 대한 능동적 대처

1997년 IMF 이후 우리나라의 경영환경이 급속히 변하고 있다. 특히 기업의 IR활동과 관련된 주목할 만한 변화를 살펴보면 다음과 같다.

첫째, 자금 조달패턴의 변화이다.

IMF 이전 기업 자금 조달의 주된 방법은 은행으로부터의 차입(debt financing)이었다. 그러나 IMF로 인해 은행이 부실화되고 기업의 부채비율을 200% 이하로 낮추도록 한 정부의 조치는 더 이상 차입경영을 허락하지 않게 되었다. 그 결과 기업들은 주식시장을 통한 자금 조달, 즉 'equity financing'으로 눈을 돌리지 않을 수 없게 되었다.

'equity financing'의 주된 방법은 유상증자이다. 주주로부터 필요한 자금을 조달하는 것이다. 주주들로부터 자금을 효율적으로 조달하기 위해서는 유상증자 참여에 따른 보상(return)에 대한 확신을 주주들에게 심어 주어야 한다. 즉, 주주 가치 증대에 대한 경영자의 경영비전(vision)과 경영계획 및 경영전략을 제시하고 주주를 설득해야만 한다. 또한 낮은 코스트에 의한 자본 조달이라는 IR의 목적을 달성하기 위해서도 기업 가치를 올릴 수 있도록 효율적인 경영을 추구함과 동시에 기업의 가치가 주식시장에서 적정하게 평가될 수 있도록 자금의 제공자인 주주 · 투자자에게 IR활동을 강화하여야 한다.

둘째, 경영의 투명성에 대한 요구의 증대이다.

경영의 투명성이란 무엇인가? 좋은 정보든 나쁜 정보든 있는 그대로 경영에 관한 정보를 주주 · 투자자에게 보고하는 것이다. 그러나 과거 우리나라의 회계관행은 실제 이상으로 매출과 이익을 부풀리거나 축소하는 분식회계가 관행처럼 되어 있었고 나쁜 정보는 가급적 숨기는 것이 현실이었다.

IMF라는 혹독한 시련을 겪으며 주주 · 투자자들은 더 이상 부정직한 경영에 대해 관용을 베풀 수 없게 되었다. IMF 이후 당국이 연결재무제표의 작성 의무화와 분기별 실적보고 등을 강제한 것도 경영의 투명성을 높이기 위한 조치의 하나이다. 주주 · 투자자들도 부도덕한 기업에 대한 심판으로서 보유주식 매도, 주가하락, 기업 가치 축소라는 조치를 취하고 있다.

IR의 3원칙 중 하나인 투명성(clarity) 확보를 위해 최고경영자는 나쁜 정보도 과감히 공개하여야 한다. 또한 대응 전략을 마련하여 주주 · 투자자에게 제시하고 공감을 얻어야 한다. 이러한 IR활동을 전개할 때 기업은 신뢰성(credibility)이라는 선물을 받게 되며 주주 · 투자자로부터 사랑받는 기업으로 주목받게 될 것이다.

셋째, 지배구조의 개선이다.

이론상으로 기업을 통치(경영)하는 것은 기업의 소유자, 즉 자본의 제공자인 주주이다. 그러나 현실적으로는 주주가 대리인으로서 선출한 대표이사에게 경영을 맡기고 있고 공개기업의 경우 주식은 불특정 다수의 주주에게 분산되어 있어 주주 1인이 실제로 기업의 의사결정에 관여하는 것은 사실상 불가능하다. 따라서 기업의 최고경영자는 주주의 이익, 이해관계자의 이익, 나아가서 모든 공공의 이익을 최대화하고 불이익을 받지 않도록 경영을 이끌어야 한다.

소유와 경영이 잘 분리되어 있는 해외 선진기업에서는 내부통제와 외부통제를 통해 최고경영자의 의사결정이 타당한가 하는 체크시스템(check system)을 가동하고 있다. 사외이사 및 감사위원회제도를 도입하여 경영을 감시하는 시스템이 내부통제이고 최고경영자의 의사결정을 주가로 주식시장에서 평가받는 것이 외부통제이다.

IMF 이후 우리나라에서도 지배구조가 문제시되면서 사외이사 및 감사위원회제도가 도입되었으나 아직도 오너(owner) 경영체제하에서 완전히 벗어났다고는 할 수 없으며 외부통제시스템도 원활히 가동되고 있다고 보기 어렵다. 주주와 투자자들이 주식시장에서 경영의 체크(check) 기능을 하고 있다고 해도 최고경영자가 자신이 경영하는 기업의 경영정보를 기업 외부의 주주에게 충분히 제공하지 않는 한 주주 · 투자자들은 기업을 제대로 평가할 수 없기 때문이다. 정보의 비대칭성 문제가 발생하고 최고경영자의 설명책임문제가 대두되는 것도 바로 이 때문이다.

따라서 최고경영자는 지배구조 개선을 통해 경영의 효율성을 높이는 한편 IR활동을 통하여 기업경영의 현상과 장래에 관한 비전을 제시하여 검증을 받아야 한다. 내부통제기능은 물론 외부통제기능이 원활할 때 경영의 건전화가 촉진되고 주주 수 증가와 안정주주의 확보, 주가의 상승을 도모할 수 있기 때문이다.

넷째, 책임경영의 강화이다.

IMF 사태로 인해 수많은 소액주주와 투자자들이 손해를 입었다. 또한 기업회생을 위해 국민의 혈세가 투입되기도 하였다. 최고경영자의 독단과 방만한 경영이 부도라는 최악의 사태를 초래했기 때문이다.

이러한 폐해를 방지하고 경영의 책임을 묻기 위해 IMF 이후 상법 및 증권거래법을 개정하여 경영진에 대한 책임경영을 강화하였다. 집중투표제, 대표소송제 등의 도입과 소수주주권의 강화 및 기관투자자에게 투표권이 부여된 것이다. 과거 기관투자자의 투표권은 섀도 보팅(shadow voting)이라 하여 주주총회의 결의에 영향을 미치지 않도록 투표권이 행사되었다. 그러나 기관투자자들도 선의의 투자자들을 보호하기 위해 말하는 주주, 경영방침을 결정하는 주주로 등장하게 된 것이다. 따라서 회사의 경영진은 경영의 부실화로 인한 배임 등의 형사적 처벌을 피하는 것은 물론 기업 가치의 극대화, 지속가능 기업으로의 도약을 위해 경영역량을 십분 발휘하도록 해야 한다. 아울러 주주 및 투자자들로부터 경영에 대한 공감을 얻고 지원을 받기 위해 지속적인 IR활동을 추진해 나가야만 한다.

다섯째, 주주행동주의 부상이다.

IMF 이후 주식시장에서 나타난 두드러진 현상이 주주행동주의(shareholder activism)이다. 참여연대가 그동안 침묵하던 소액주주들의 의결권을 위임받아 주주의 부를 대주주의 개인재산으로 승계시키거나 지배구조의 불투명, 경영의 실패 등으로 소액주주들에게 피해를 주었다고 판단한 재벌기업들의 주주총회에 참석하여 의견을 밝히게 되었다.

또한 최근에는 펀드자본주의의 등장으로 기업경영의 투명성과 주주가치의 제고를 위한 경영진의 노력과 개선을 촉구하는 사례도 나타나고 있다.

개인투자자의 경우도 왕개미가 출현하여 경영개선을 촉구하거나 소액주주들을 결집하여 임원선임을 부결시키는 사례도 등장하였다.

향후 위임장 대결도 불사하는 주주행동주의는 더욱 늘어나리라고 예측된다. 적립식 펀드가 기하급수적으로 늘어나며 기관투자자들의 목소리도 높아질 것이다. 5% 이상의 주식을 소유하여 경영에 참여하고자 하는 왕개미도 더 많이 나타날지도 모른다. 이러한 사태를 막는 것이 주주중시경영이고 가치경영이다. 따라서 경영자는 경영에 부담을 줄 수도 있는 주주행동주의가 발생하지 않도록 가치창조경영을 실현해 나감과 동시에 경영진의 경영방침과 전략이 주주 · 투자자들에게 충분히 이해될 수 있도록 지속적이고 창의적인 IR활동을 전개해야 한다.

2. 증시환경 변화에 대한 탄력적 대처 : 자본시장의 국제화

우리나라에서 자본시장이 비약적인 발전을 할 수 있었던 것은 1982년의 증시개방조치이다. 이후 외국투자자들이 우리나라에서 자유롭게 주식에 투자할 수 있게 되었고 우리나라의 기업들도 해외증시에서 기업성장 · 발전에 필요한 자금을 조달할 수 있게 되었다.

자본시장의 개방 초기에는 해외증시에서의 효율적 자금 조달을 위해 외국투자자를 대상으로 한 기업설명회(road show)가 활성화되기 시작했고 100% 시장이 개방된 현시점에서는 기업내용 알리기를 목적으로 한 기업설명회(non deal road show)가 일상화되었다.

또한 외국인 투자자들이 국내 주식시장에 주식투자를 하면서 투자패턴이 변하기 시작하였다. 단기 투자에서 중장기 투자로 투자기간이 늘어남은 물론 외국인 투자자들이 개방 초기 저 PER주 혁명을 초래하면서 국내 투자자들도 풍문과 루머에 의거한 주식투자에서 기업의 내재가치에 의한 투자로 투자패턴이 변하였다. 따라서 경영 및 재무 상태에 대한 정보욕구가 증대했고 애널리스트의 가치평가(valuation)에 주목하게 되었으며 성장성, 수익성, 안정성 및 현금흐름 등에 투자의 포인트를 두게 되었다.

이와 같은 투자패턴의 변화는 IR의 질적 개선을 초래하였다. IR이 단순한 재무수치의 발표에 그치지 않고 기업의 핵심역량을 파악할 수 있는 SWOT 분석과 산업전망, 이에 기초한 기업의 중장기 전략과 미래 가치에 대한 전망도 제시하게끔 되었다.

IR의 양적 확대와 질적 고도화가 이루어지고 있는 현재의 주식시장 환경변화를 볼 때, IR은 기업의 일상 생활화가 되어야 한다. 24시간, 365일 나아가 글로벌(global) IR을 통해 기업이 성장 · 발전하는 모습을 주주와 투자자들에게 끊임없이 보여 주어야만 주주 · 투자자들로부터 기업 가치에 대해 정당한 평가를 받을 수 있고 주주 · 투자자들로부터 사랑받는 기업으로 선택될 수 있기 때문이다.

3. 기업 목적의 효과적 달성

1) 기업 가치의 마케팅

주식시장에 관한 한 좋은 기업과 좋은 주식은 별개이다. 아무리 재무가치가 높아도 주가가 오르지 않으면 좋은 주식이라고 할 수 없다. 기업의 가치는 경영활동의 결과로 얻어지는 재무적 수치로 결정되는 것이 아니라 주식시장에서 투자자가 기업의 가치를 결정하기 때문이다.

기관투자자가 주식에 투자할 때 시가총액을 기준으로 한다든가 개인투자자가 투자의사를 결정할 때 PER을 중시하는 것이 단적인 사례이다.

그러면 기업 가치는 어떻게 결정될까?

물론 경영활동을 통해 달성된 재무적 성과가 기본적인 판단기준이 되는 것은 사실이다. 그러나 이에 더해 비재무적인 요소, 예를 들면 가치사슬(value chain), 가치결정요소(value driver), 브랜드 등의 가치플랫폼(value platform)도 기업 가치 결정에 중요한 역할을 한다.

그러면 기업 가치를 높이기 위해서는 어떻게 해야 할까?

기존 주주는 주식을 팔지 않거나 추가로 매수하도록, 잠재주주는 주식을 신규로 매수하도록 IR을 제대로 하는 것이다. 이를 위해서 기업은 투자가치와 투자매력을 적극적으로 마케팅하고 동시에 애널리스트의 호의적 평가를 이끌어 내어 매수기반을 확충하도록 해야 한다.

IR은 가치마케팅을 통해 기업 가치의 재평가와 기회를 부여하고 주가의 왜곡을 시정하는 효과적인 방법이다. IR을 전사적 · 전략적 증권마케팅이라고 하는 이유가 여기에 있다.

2) 효과적 주식시장 관리

기업의 이미지는 어떻게 결정될까? 기업 스스로가 발신하는 정보에 의해서 결정된다. 좋은 정보를 발신하면 좋은 이미지가 구축되고 나쁜 정보를 발신하면 나쁜 이미지가 형성된다.

IR은 기업이미지를 형성하는 결정적인 방법이다. 기업설명회 시 좋은 기업이미지를 구축하기 위해 좋은 정보만 제공하는 사례가 왕왕 있지만 나쁜 정보도 제공하고 이에 대한 경영진의 대응 전략을 제시하는 것만큼 투자자의 신뢰를 구축하는 좋은 방법도 없다.

효율적인 주식시장 관리를 위해서는 애널리스트와 우호적인 유대관계를 구축하는 것이 무엇보다 중요하다. 애널리스트는 투자자와의 연결고리이며 전문가로서 IR활동을 쉽게 해주기 때문이다. 애널리스트들은 기업분석리포트를 통해 기업 가치를 평가하고 매도 · 매수의 추천을 하기 때문에 시장참가자(market player)들의 관심을 끌어 주가 상승과 하락의 모멘텀(momentum)을 제공한다.

또한 애널리스트의 좋은 리포트는 우호주주그룹 형성에도 도움을 주어 M&A의 우려도 불식시킬 수 있으며 주가 상승을 통해 자금 조달 코스트를 낮춰 주기도 한다.

따라서 효율적인 주식시장 관리를 위해서는 주가에 영향을 줄 수도 있는 경영정보가 발생하는 경우 신속하고 정확하게 그리고 지속적으로 공평하게 애널리스트에게 정보를 전달하여야 한다. 애널리스트는 기업을 대신하여 주식시장을 효율적으로 관리해 주는 최고의 IR대상이다.

주식시장에 관한 한 침묵은 금이 아니다. 특히 주식시장에 악성루머가 난무하는 경우 더욱 그렇다. 악성루머는 기업이미지에 좋지 않은 영향을 주고 주가 하락을 촉발하기도 한다. 따라서 효율적인 시장관리 차원에서 악성루머를 사전에 방지하거나 사후에라도 해소하기 위하여 IR을 정기적으로 실시하는 것이 좋다.

제4절 IR 작성 실무

1. 투자메시지의 개발

투자안내서(investors' guide)와 프레젠테이션 파워포인트(presentation power point) 제작 시 가장 중요한 요소는 투자메시지의 개발이다. 아무리 보기 좋게 자료가 만들어졌어도 내용이 없으면 소용이 없기 때문이다. 따라서 IR담당자는 애널리스트들의 업적예상, 기업 가치의 분석 및 주가예측에 참고가 되는 자료들을 제공해 주는 데 초점을 맞추어 원고를 개발하도록 하여야 한다.

투자안내서(또는 파워포인트)에 다루어야 할 주된 정보는 다음과 같다.

① 생산, 판매, 재고, 구매 등 상세데이터(제품별 내역 등)

② 연구개발비

③ 설비투자와 자금 조달방법

④ 인건비, 감가상각비

⑤ 불량채권

⑥ ROE 등의 경영지표

⑦ 업계의 전체적 동향 및 회사의 지위, 시장점유율

⑧ 세계시장동향 및 회사와의 관계

⑨ 현금흐름에 관한 사항

원고 개발 시에는 과거 설명회나 개별면담에서 질문된 사항 등을 회사가 작성한 자료의 내용과 비교해서 자료의 질을 높이도록 하고, 제품별 · 지역별 등 부문별 정보와 시계열추이를 이해하기 쉽도록 내용을 구성하도록 한다. 항목에 따라서는 기업이 그 내용을 어떻게 분석했는가 하는 자료를 첨부하는 것도 바람직하다.

2. 목차구성과 주요 내용

투자안내서 및 파워포인트의 목차는 전달하고자 하는 투자메시지의 내용에 따라 다양한 형태로 구분할 수 있다.

일반적 목차구성과 그 내용은 다음과 같다.

① 회사소개 : 회사개요, 주요주주, 자본금 현황, 경영진 현황 등을 소개한다.

② 사업소개 : 전체적 사업구성, 세부사업구성, 주요제품, 거래선 등을 소개한다.

③ 산업동향 : 사업이 속한 산업의 동향과 전망을 소개한다.

④ 경영현황 : 주요 경영성과와 경영실적을 소개한다.

⑤ 경영계획 및 전략 : 향후 성장 · 발전을 위한 경영목표와 목표달성 전략을 소개한다.

⑥ 장기비전 : 경영계획과 전략을 통해 실현되는 회사의 미래 모습을 제시한다.

⑦ 투자메시지 : 핵심역량을 기초로 왜 좋은 회사인지 투자매력을 어필한다.

⑧ 첨부자료 : 주요재무비율, 추정재무상태표, 추정손익계산서, 추정현금흐름표, 용어설명 등 기업내용 설명에 도움이 되는 자료들을 첨부한다.

3. IR원고 개발 시 유의사항

① 투자자의 정보욕구에 주목한다. IR원고 개발 시 회사들이 일반적으로 저지르는 실수는 투자자들의 정보욕구를 파악하지 못한 채 일방적으로 정보를 전달하는 데 있다. 회사가 알리고 싶은 것과 투자자가 알고 싶은 것은 다르다. 투자자들이 알고 싶은 것은 그들이 투자로 돈을 벌 수 있느냐가 핵심이다.

② 특징이 있어야 한다. 주식시장에는 수많은 회사들이 상장되어 있고 같은 산업에 종사하는 경쟁자들도 많다. 투자자로부터 선택되기 위해서는 회사만의 독특한 것, 신

선한 충격을 줄 수 있는 강점들에 초점을 맞추어야 한다.

③ 시장 분석은 다각적으로 실시한다. 기업을 둘러싸고 있는 환경은 시시각각으로 변한다. 시장 분석 시는 거시경제적 환경뿐만 아니라 경쟁환경, 규제환경 등 회사에 영향을 줄 요소들을 다각적으로 분석하여 대응 전략을 함께 제시한다.

④ SWOT 분석은 필수적이다. 회사의 핵심역량을 파악하기 위해 SWOT 분석은 필수적이다. 회사의 강점요인과 약점요인은 물론 기회와 위협요인을 분석하여 기업의 핵심역량을 부각시키도록 한다.

⑤ 가치토대를 분석한다. 기업의 가치를 결정하는 것은 재무적 요인만은 아니다. 비재무적 요인들이 점점 더 중요해지고 있다. 혁신(innovation), 브랜드(brand), 고객(customer), 공급망(supply chain), 인재(people), 명성(reputation)과 같은 가치토대(value platform)를 분석하여 투자메시지를 개발한다.

⑥ 가치창조 전략을 제시한다. 가치창조를 위한 목표와 이를 달성하기 위한 단계적 전략을 제시한다.

⑦ 투자자의 판단기준에 유의한다. 투자자들은 재무적인 요소만을 판단기준으로 삼지 않는다. 경영자의 능력은 물론 회사가 영위하고 있는 사업의 사업성, 시장성, 기술성 등도 중요시한다. 따라서 이러한 요인들을 종합적으로 분석하여 투자메시지를 구성한다.

⑧ 과장은 금물이다. 투자자는 실질적 내용에 주목한다. 세계 최초, 세계 최고 등 검증되지 않은 항목들에 과장된 표현은 가급적 피한다.

⑨ 정보의 시각적 전달에 힘쓴다. 열 마디 설명보다 첫눈에 정보의 내용을 파악할 수 있도록 원고 작성 시 그래프와 차트를 최대한 활용한다.

4. 기업설명회의 준비와 진행

증권애널리스트와 기관투자자에 대한 정보제공방법으로 취재에 개별 대응하는 이외에 설명회 방식이 있다. 설명회(information meeting)는 기업이 결산실적, 주요경영정책 또는 재무상태 등에 대하여 애널리스트와 기관투자자들을 초청해 보고하는 형태의 프레젠테이션으로, 개별면담보다 정보의 밀도나 수용성이 낮지만 한 번에 다수의 정보중개자나 투자자를 초청하여 공평하고 효율적으로 정보제공을 할 수 있어 IR활동 중에 매우 중요한 활동이고 최고경영자와 임원들이 출석하기에 가장 적합한 IR기회이다.

따라서 사전에 충분한 협의와 논의를 거쳐 관계자로부터 협력을 얻어 계획적으로 추진하여야 한다.

5. 기업설명회의 필요성

개별 취재대응은 형식에 구애받지 않고 풍부한 정보를 바탕으로 질의응답식으로 진행되기 때문에 효과가 뛰어난 커뮤니케이션 방법이다. 그러나 기업의 입장에서 보면 대단히 번잡스럽고 효율적이지 못하다. 방문하는 애널리스트나 기관투자자들을 일일이 개별적으로 만나야 하기 때문이다. 따라서 비용이 다소 들더라도 기업이미지를 제고하고 공평하게 정보를 전달할 수 있으며 참석한 애널리스트와 기관투자자들과 질의응답을 통해 면대면(face to face) 커뮤니케이션이 가능한 설명회가 선호되고 있다.

그림 7-1 기업설명회의 효과

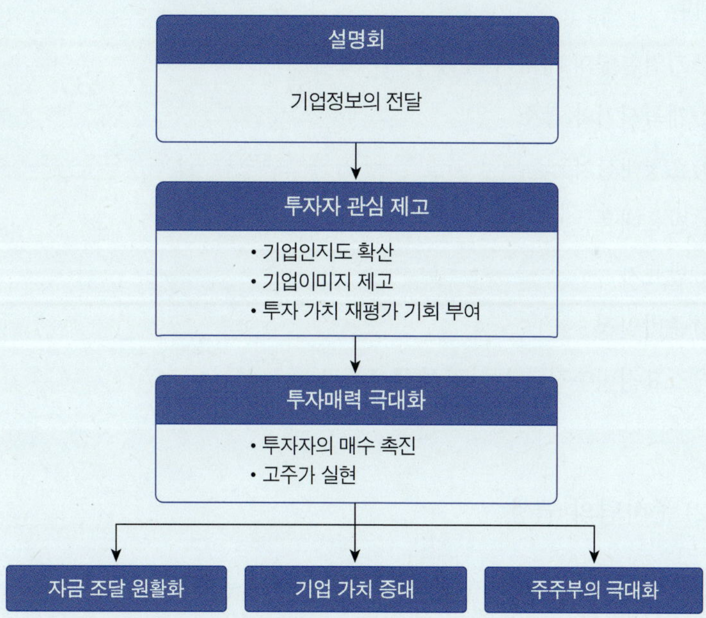

6. 설명회의 준비 절차

설명회를 성공적으로 개최하기 위해서는 사전에 충분한 준비가 필요하다. 설명회 개최의 목적을 명확히 하고 예산의 편성, 작업팀의 구성과 역할분담, 업무진행 스케줄의 작성, 개최일지 및 장소의 선정, 발표자 선정, 제공자료의 제작, 프레젠테이션 툴(presentation tool)의 기획과 제작, 예상문답집의 준비 등을 관계자로부터 협력을 얻어 계획적으로 추진하여야 한다. 설명회의 준비 절차는 다음과 같다.

1) 사전준비

(1) 개최 여부 검토와 결정

기업설명회는 기업의 가치와 이미지에 심대한 영향을 미치는 중요한 행사이다. 따라서 기업설명회의 개최에 앞서 그 타당성을 신중히 검토하고 개최 여부를 결정해야 한다. 기업설명회의 개최와 관련 IR담당자가 검토해야 할 사항은 다음과 같다. IR담당자는 기업설명회 개최와 관련된 다음의 사항들을 면밀히 검토하여 개최방침을 확정하고 승인을 받는다.

① 기업설명회 개최의 목적과 기대효과
② 개최시기와 장소
③ 초청대상자
④ 발표내용
⑤ 발표자
⑥ 준비일정
⑦ 소요경비추정과 예산편성 등

(2) 준비팀의 구성

일단 기업설명회 개최가 결정이 되면 곧바로 준비팀을 구성한다. 외부전문가의 도움을 받지 않고 자체적으로 기업설명회를 준비하는 경우엔 IR담당부서에서 사내 관련부서의 협조를 얻어 기업설명회 개최를 준비한다.

외부전문가집단에 용역을 의뢰하는 경우 준비팀은 행사주관팀(executive team)과 작업진행팀(creative team)으로 나누어 행사를 준비한다. 행사주관팀은 인풋(input)집단으로 기업설명회 자료의 구성내용을 제공하는 인하우스(in-house)요원(IR team 또는 task force team)으로 구성된다. 이들은 작업진행팀의 업무수행에 필요한 자료 및 데이터의 제공과 기업설명회 발표내용의 검증 및 행사준비과정을 관리 · 감독하는 역할을 담당한다.

작업진행팀은 외부전문가집단으로 기업설명회가 성공적으로 개최될 수 있도록 자료의 제작과 행사의 준비를 담당하는 아웃풋(output)집단이다. 아웃풋집단은 IR컨설턴트(consultant), 애널리스트(analyst), 에디터(editor), 디자이너(designer) 등으로 팀을 구성하여 다음의 세 가지 업무를 수행한다.

첫째, 기업설명회 시 제공하고자 하는 정보의 핵심인 투자스토리(investment story)의 개발과 원고작성을 담당한다. 행사주관팀이 제공한 각종 자료와 데이터를 분석하고 기업이 전달하고자 하는 기업내용을 체계적으로 이해하기 쉽게 정리하고 행사주관팀과 토의를 거쳐 발표내용을 확정한다. 조사분석, 콘텐츠(contents) 및 투자스토리의 개발과 투자메시지의 발굴과정에서 작업진행팀은 정보중개자(애널리스트 등)와 투자자들이 올바른 투자판단을 할 수 있도록 기업내용을 정확히 객관적으로 분석하여 전달하도록 노력한다.

둘째, 기업설명회에서 사용할 IR자료의 제작을 담당한다. IR자료는 기업설명회 참석자에게 배포하는 인쇄물인 기업설명서(investors' guide)와 프레젠테이션 시 사용할 발표도구(visual tool)가 있다. 기업설명서는 화려한 디자인보다 발표내용을 잘 정리하여 체계적으로 이해하기 쉽게 내용을 구성하고 간결한 문장을 사용하여 요점 위주로 정리하여 제작한다. 발표도구는 MS 파워포인트로 제작한다. 발표자가 스피치 원고를 보지 않고도 프로페셔널(professional)하게 발표할 수 있도록 편의성을 고려하는 것은 물론, 기업이미지 제고와 참석자들의 관심을 집중시켜 프레젠테이션의 효과가 극대화되도록 시각적 효과가 돋보이게 제작한다.

셋째, 타겟팅 서비스(targeting service)와 행사준비를 담당한다. 기업설명회에 초대할 애널리스트와 기관투자자를 선별하여 리스트 업(list-up)하고 초청장을 제작하여 행사를 안내한다. 초청장 발송 후에는 참석 여부를 확인하여 최종 참석인원을 확정한다. 기업설명회에 참가할 인원이 확정된 후에는 행사준비를 진행한다.

2) 자료 및 행사기획

(1) 자료기획

자료가 잘 만들어지고 못 만들어지고는 전적으로 자료를 어떻게 기획하여 어떤 내용을 담아 제작하느냐에 달려 있다. 자료 제작 시 고려해야 할 기획요소로는 자료의 내용구성, 주제와 부제의 결정, 디자인 및 차트나 그래프의 적절한 활용 등을 꼽을 수 있다. IR담당자는 이러한 요소들을 검토하여 내용의 충실을 기하면서도 경비가 절감되도록 자료를 기획한다. 자료의 기획에서 가장 중요한 내용구성은 전달하고자 하는 기업내용을 어떤 순서로 전달하느냐에 따라 달라진다. 기업이 강조하고자 하는 핵심 투자스토리나 투자메시지를 효과적으로 독자에게 전달하기 위해 기업 일반사항에 관한 내용들을 생략하거나 간단하게 취급하도록 한다. 자료기획에서는 목차의 구성이 중요한 역할을 하기 때문에 효과적으로 기업내용이 전달될 수 있도록 목차의 구성에도 신경을 써야 한다.

(2) 행사기획

행사는 기획요소, 제작요소, 용역요소를 감안하여 기획한다.

기획요소는 행사의 프로그램에 관계된 사항들로서 개최형태, 개최방법, 초청대상, 개최시기, 개최장소, 발표수단, 제공자료, 홍보계획 등이 포인트가 된다.

제작요소는 행사의 안내와 관계된 사항들로서 초대장의 제작, 현수막 제작, 안내판 준비 등이 해당된다. 용역요소는 행사의 진행과 관계된 사항들로서 음향기사 및 장비의 용역, 행사장 도우미 섭외 및 교육 등이 포함된다. IR담당자는 이러한 요소들을 감안하여 행사가 효율적으로 진행되도록 기획한다.

3) 원고작성 및 자료제작

자료에 대한 기획이 끝나면 기획(안)에 따라 원고를 작성하고 원고작성이 마무리되면 IR자료(investor' guide)제작에 들어간다.

4) 행사준비

자료 및 행사기획이 행사주관팀과 작업진행팀 간의 충분한 토의를 거쳐 확정되고 원고의 작성과 자료제작의 단계에 접어들게 되면 작업진행팀의 행사담당자는 행사기획에 의거 행사준비를 진행한다.

(1) 장소의 예약

기업설명회 일자에 맞추어 행사장소를 예약한다. 행사장소의 예약은 빠를수록 좋기 때문에 가급적 사전준비 단계에서 예약을 하도록 한다. 행사장소는 시설사용을 포함하여 초청자와 주최 측 쌍방에 편리한 장소를 선정한다. 기관투자자와 증권회사가 여의도에 밀집해 있기 때문에 증권관계기관의 강당을 이용하거나 여의도 인근호텔의 행사장(event hotel)을 행사장소로 사용하는 것이 좋다.

(2) 초청대상자의 선정과 메일링 리스트의 작성

초청할 애널리스트와 펀드매니저를 선별하여 메일링 리스트(mailing list)를 작성하고 라벨(label)을 제작한다. 초청대상은 당해 회사를 담당하고 있는 애널리스트와 당해 회사의 주식을 보유하고 있는 기관투자자를 우선적으로 초청한다. 그 외에 회사의 목적상 별도로 초청하고자 하는 펀드매니저와 애널리스트, 회사를 방문했거나 전화취재, 자료요청을 했던 펀드매니저와 애널리스트를 포함한다.

(3) 초대장의 제작과 발송

초청자가 결정되면 대표이사 명의의 초대장을 제작하여 발송하거나 초청공문을 만들어 행사 개최일 7~10일 전에 발송한다. 초청장 또는 공문의 도착시기를 감안하여 행사 2~3일 전에 참석 여부를 확인하고 최종참석자를 확정한다.

(4) 행사장 비치물의 준비

행사 7~10일 전에 행사장에 비치할 현수막의 제작과 행사장 안내벽보의 준비를 요청한다. 호텔에서 행사를 개최하는 경우 현수막의 제작과 안내판의 준비는 호텔 측에 의뢰하면 된다. 별도로 행사장을 임차하여 행사를 진행할 경우에는 작업진행팀에서 준비한다.

(5) 음향장비의 임차와 도우미 용역

음향장비는 행사장에 따라 부대시설로 준비된 곳도 있고 그렇지 못한 곳도 있다. 특히, 프레젠테이션 시 사용되는 빔 프로젝터(beam projector)는 준비가 안 된 곳이 대부분이다. 따라서 행사장 예약 시 빔 프로젝터를 별도로 준비해야 하는 곳은 AV장비의 임차와 기사의 용역을 행사장 예약 시 의뢰하도록 한다.

행사 당일 초청장 접수 및 등록, 안내, 준비된 자료의 배포, 질의응답 시 마이크의 전달 등 행사를 원만히 진행하기 위해 회사의 직원을 동원하거나 도우미에게 용역을 의뢰한다.

도우미에게 용역을 의뢰할 때에는 행사의 중요성과 진행 절차에 대해 교육을 하고 복장, 태도, 수행하여야 할 업무에 대해 사전에 교육을 실시하여 초청자가 행사장 도착 시부터 회사에 대해 좋은 인상을 갖도록 만전을 기한다.

(6) 행사장 및 준비물 점검

행사 2~3일 전에 제작물(배포용 기업설명서 및 PR용 발표도구, 기념품, 회사홍보용 브로슈어/팸플릿 등)이 제대로 제작되어 납품되었거나 준비되었는지를 확인하고 행사장을 방문하여 좌석의 배치와 시설물 등에 대한 점검을 한다. 미진한 부문에 대해서는 자체 시정하거나 행사장 임대 측에 시정을 요구한다.

(7) 예행연습

기업설명회가 차질 없이 매끄럽게 진행되기 위해선 사전에 예행연습이 필요하다. 행사주관팀은 행사 전일 실제상황을 가정하여 예행연습을 실시한다. 예행연습은 가급적 행사장에서 준비된 발표도구(visual tool)를 사용하여 시간대별 행동매뉴얼(Q-Sheet)과 정해진 순서에 따라 실시한다.

(8) 행사 당일 준비

행사 당일은 행사시작 3시간 전에 행사장에 도착하여 준비상태를 최종 점검하고 실제 상황에 입각하여 최종 예행연습(rehearsal)을 진행한다.

표 7-2 행사 준비 일정표

일정	준비 및 진행내용
D-25	행사장 예약, 음향장비 임차 및 용역의뢰, 도우미 용역의뢰
D-20	초청자 선장, 메일링 리스트(mailing list) 작성, 라벨(label) 제작
D-15	초대장 제작
D-10	초대장 발송, 행사장 비치물 제작 및 준비의뢰
D-7	행사장 점검
D-3	참석자 확인, 제작물 수령(기업설명서, 발표도구, 행사장 비치물 등)
D-2	참석자 확정, 행사장 배포물 준비
D-1	예행연습, 도우미 교육, 음향장비 세팅 및 테스트
D-day	행사실시

(9) 기타 준비사항

이 외에 행사와 관련된 준비사항으로는 예상질문에 대비하여 문답집을 준비한다. 또 기업설명회에 대한 평가와 향후 IR 프로그램의 개선을 위한 설문지도 준비한다.

7. 기업설명회의 실시

기업설명회의 실시는 행사기획에서 정해진 순서에 입각하여 진행된다. 기업설명회와 관련된 행사관계자와 발표자의 주요역할은 다음과 같다.

1) 진행요원

행사진행요원은 행사진행 30분 전에 정위치에 대기한다. 행사시작 전까지는 행사장 조명을 밝히고 대기시간 중 조용한 음악을 들려주거나 회사홍보물을 상영한다. 행사가 시작되면 조명을 약하게 조정한다. 행사의 시작과 더불어 행사과정을 녹음하거나 비디오(video) 촬영을 한다. 발표자의 발표가 끝나면 다시 조명을 밝혀 질의응답이 원활히 진행되도록 한다.

2) 도우미

① 접수조 : 접수대(reception desk)에 방명록, 사인펜, 명함수령함을 비치하고 초청자 도착 시 방명록 기재나 명함의 접수를 담당한다. 명찰이 준비된 경우에는 명찰을 찾아 초청자에게 전달한다. 행사종료 후엔 설문지를 회수하여 행사주관팀에 전달한다.

② 자료배포조 : 접수가 끝난 초청자에게 준비된 자료를 전달한다. 행사종료 후 설문지 회수에 협조한다.

③ 안내조 : 초청자를 좌석으로 안내한다. 가급적 행사장 앞쪽에서부터 착석하도록 권유한다. 질의응답(Q&A) 시간에는 마이크 전달의 역할을 담당한다.

3) 사회자

초청인의 참석상태를 파악하여 적절한 시간에 행사시작을 예고한다. 예정된 시작 시간보다 행사가 늦어질 경우 그 이유를 확인하여 양해를 구한다.

사회자는 행사시작을 알리는 개회선언을 하고 행사의 진행순서에 대해 간단히 설명한다. 예정된 순서가 종료될 때마다 다음 순서에 대한 안내를 하고 질의응답(Q&A) 시간에는 가급적 많은 질문이 나오도록 유도한다. 질의응답(Q&A)이 끝나면 공지사항을 전달하고 폐회선언을 한다.

4) 발표자

최고경영자(CEO) 또는 재무최고담당임원(CFO)이 발표를 담당한다. 기업설명회는 회사를 투자자에게 마케팅하는 자리이므로 발표자는 특별한 사정이 없는 한 최고경영자로 하는 것이 바람직하다.

발표자는 준비된 발표도구(visual tool)를 활용하거나 별도의 스피치원고를 준비하여 발표한다. 발표는 자신감을 갖고 진솔한 자세로 한다. 발표가 끝나면 질의응답 시간을 갖는다. 질의에 대한 답변도 최고경영자가 하도록 한다. 그러나 연구개발(R&D)과 같은 전문분야 또는 계수로 자세히 답변해야 하는 부분에 대해서는 담당임원 또는 부서장이 답변토록 해도 무방하다. 질의응답은 애널리스트, 투자자들이 필요로 하는 정보를 추가로 얻을 수 있는 기회이기 때문에 어떤 의미에선 프레젠테이션보다 더 중요하게 여기는 부분이다. 따라서 답변이 곤란한 질문, 즉 회사의 기밀에 속하는 내용이더라도 허용하는 한 최대한 정보를 제공하는 것이 좋다.

5) 사후관리

기업설명회가 성공적으로 종료되고 나면 사후관리에 만전을 기한다.

① 사후홍보 : 기업설명회 내용을 보도자료로 만들어 언론기관에 배포한다.

② 감사장 발송 : 참석자에게 대표이사 명의로 감사와 지속적인 관심을 부탁하는 편지(thanks letter)를 작성 · 발송한다.

③ 자료송부 : 불가피한 사정으로 설명회에 참석하지 못한 펀드매니저, 애널리스트, 설명회에 관심을 갖고 자료를 요청하는 투자자들에게 기업설명회 자료를 송부한다.

④ 평가 및 보고 : 사전에 배포한 설문지를 회수하여 기업설명회에 대한 애널리스트, 펀드매니저의 평가를 분석 · 보고하거나(실제로 행사 당일 설문지 회수는 극히 저조함) 행사종료 후 참석자들에게 전화로 반응도 조사를 실시하여 설명회에 관한 평가와 보고를 한다. 이 평가보고서는 향후 IR 프로그램의 개선에 중요한 자료로 활용한다.

⑤ IR 섹션의 활용 : 기업설명회가 종료되고 나면 기업설명회에 참석하지 못한 애널리스트나 펀드매니저 및 기업설명회에 초대받지 못하는 개인투자자들이 기업설명회 내용을 직접 검색할 수 있도록 발표내용을 녹음 상태(audio streaming)나 비디오 상태(video streaming) 또는 파워포인트 상태로 홈페이지(homepage)의 IR 섹션(section)에 수록하여 정보전달의 효과를 극대화하도록 한다.

8. 프레젠테이션 기술

내용이 충실한 투자스토리(investment story)의 개발 및 기업에 적합한 타깃 오디언스(target audience)의 발굴과 더불어 훌륭한 투자자 프레젠테이션은 IR을 성공적으로 이끄는 3대 요소 중의 하나이다. 그런데 안타까운 것은 많은 CEO들이 투자자 프레젠테이션을 앞두고 무엇을 어떻게 준비하고 전달해야 할지 몰라 어려움을 겪을 뿐만 아니라 프레젠테이션 그 자체를 겁내고 있다는 사실이다. 따라서 본 장에서 성공적 프레젠테이션을 위해 필요한 주요 기술(skill)에 대해 간단히 살펴보고자 한다.

1) 프레젠테이션의 중요성

기업설명회에서의 프레젠테이션은 기업의 투자스토리를 투자자에게 직접 호소하고 설득할 수 있는 좋은 기회이다. 모든 프레젠테이션에 적용되는 사항이기는 하나 IR에서 프레젠테이션이 더욱 중요하게 부각되는 이유는 다음과 같다.

첫째, 인쇄매체와 달리 면대면(face to face) 커뮤니케이션을 통하여 발표자와 청중 간의 공감대 형성을 촉진시킨다.

둘째, 발표자의 준비정도, 내용의 명료함, 단호한 태도와 확신은 투자자의 신뢰도를 증진시킨다.

셋째, 표정, 억양, 매너(manner) 등을 통해 내용의 중요성을 전달할 수 있어 설득력을 배가시킨다.

마지막으로, 이러한 요소들이 복합적으로 상승작용을 하여 투자유치에 결정적인 영향을 미친다.

2) 프레젠테이션 시 강조되어야 할 정보

통계적으로 청중들이 발표자에게 집중하는 시간은 대략 15분 정도라고 한다. 따라서 프레젠테이션은 길어야 30분 이내에 끝내는 것을 원칙으로 하고 있다. 이 짧은 시간에 기업의 내용을 효과적으로 전달하기 위해서는 주요정보와 그렇지 않은 정보의 취사선택이 불가피해진다.

기업의 가치결정에 영향을 주는 투자자 프레젠테이션에서는 다음과 같은 정보의 전달에 초점(focus)을 맞추어야 한다.

① 기업 가치를 결정짓는 Biz 및 수익 모델(model)

② 가치목표를 달성해 가는 명확한 기업 전략

③ 차세대 성장동력을 위한 R&D 현황 및 R&D 로드맵(road map)

④ 주력시장, 산업, 지역의 시장 동향 및 전망

⑤ 경쟁현황

⑥ 사업별 영업현황

⑦ 사업별 상세 재무정보

⑧ EPS, ROE 등의 투자지표

3) 프레젠테이션 요령

프레젠테이션은 청중들을 효과적으로 설득하여 기업목표를 달성하는 강력한 도구이다. 따라서 프레젠테이션을 성공적으로 실시하기 위해 몇 가지 지켜야 할 기본원칙이 있다. 그 내용을 정리하면 다음과 같다.

(1) AIDA 원칙

A : Attracting Attention.

(청중의 주목을 끌어야 한다. 왜 투자할 만한 기업인가?)

I : Holding Interest.

(흥미를 유발해라. 투자스토리가 흥미를 유발하지 못하면 프레젠테이션은 실패한다.)

D : Creating Desire.

(욕망을 일으켜라. 투자포인트에 지속적 관심을 갖도록.)

A : Stimulating Action.

(행동을 자극하라. 투자할 수 있도록.)

이 AIDA원칙은 프레젠테이션의 기본이다. 이 원칙에 입각하여 투자자들에게 어필(appeal)할 투자스토리를 정리하고 적절한 연출요소를 가미하면 프레젠테이션은 의외로

쉬울 수도 있다.

① 프레젠테이션을 잘할 수 있다는 긍정적인 마음의 자세를 갖춘다.

② 투자자의 신뢰를 확보할 수 있도록 자신 있는 태도를 보인다.

③ 프레젠테이션은 투자자와 맞선 보는 자리이다. 첫인상을 좋게 연출해야 한다.

④ 지속적으로 청중의 관심을 끌 수 있도록 눈을 맞추고 움직인다.

⑤ 돌발적 상황에 유연하게 대처한다.

⑥ 적절한 음성과 비언어적 행동을 사용하여 포인트를 강조한다.

⑦ 청중에게 감동을 줄 수 있도록 열정적이어야 한다.

(2) 전달요소

투자스토리를 효과적으로 전달하는 연출요소와 더불어 투자메시지를 청중들에게 각인시키기 위해 다음과 같은 전달요소에 주목한다.

① 결정적이되 간결해야 한다. 장황한 설명은 효과가 없다.

② 결론 부분에 임팩트(impact)를 가한다. 투자포인트를 기억하도록 질문을 활용한다.

③ 질의응답 형식보다 더 효과적인 프레젠테이션 방법은 없다고 해도 과언이 아니다.

4) 프레젠테이션 시 유의사항

프로처럼 프레젠테이션을 하기 위해서는 많은 지식과 훈련이 필요하다. 투자자 프레젠테이션 시 반드시 지켜야 할 유의사항은 다음과 같다.

첫째, 기획과 준비를 철저하게 한다. IR원고내용의 파악은 물론 연출요소와 전달요소를 어떻게 믹스할 것인지 사전에 연구한다.

둘째, 프레젠테이션은 가급적 30분 내로 끝낸다. 15분이 경과되면서부터 관심이 낮아지고 자료를 뒤적이기 시작한다.

셋째, 일방적 정보전달과 핵심을 벗어난 과거 재무정보의 나열은 피한다. 정보전달은 미래정보에 포커스를 맞춘다.

넷째, 원고를 읽는 프레젠테이션은 죽음의 키스(kiss)와도 같다. 눈을 마주치고 움직이며 적절한 음성과 비언어적 행동을 활용해야 프레젠테이션의 효과를 극대화시킬 수 있다.

다섯째, 연습보다 더 좋은 선생은 없다. 연습하고, 연습하고, 또 연습해라!

제5절 전략적 IR활동의 실천

우리나라에서 IR은 그 중요성이 점차로 인식되고 있기는 하나 구체적인 활동에 있어서는 일부 대기업의 사례를 제외하면 아직 시작에 불과하다고 말할 수 있다. 따라서 전략적 IR활동 실천을 위한 일련의 IR활동 프로세스를 소개하고자 한다.

Step 1 : 최고경영자의 이해와 인식

IR활동은 장기적인 경영 전략이나 재무 전략에 관한 필요불가결한 활동이라고 하는 사실을 최고경영자가 충분히 인식하는 것이 대전제가 된다. 최고경영자의 이해나 인식이 없이 IR의 성공은 있을 수 없다고 하여도 과언이 아니다. 또한 IR은 개별 상품의 마케팅이 아니라 기업 전체를 파는 마케팅이기 때문에 최고경영자가 일반사원 이상으로 IR활동의 중요성을 자각하지 않으면 충분한 활동을 할 수 없다.

Step 2 : 사내정보 수집

투자자에게 의미 있는 정보를 어떤 방법으로 수집 · 분석할 것인가 하는 "사내정보통로(route)"의 구축도 중요하다. 이는 투자자의 거울에 비추기 전의 정보를 만들어 내는 프로세스이다. 사내정보통로가 효율적으로 제 기능을 발휘하기 위해서는 사내에 하루라도 빨리 유기적인 정보네트워크를 구축하여야 한다.

Step 3 : 사외정보 수집

투자자나 애널리스트 등으로부터 회사에 대한 정보를 어떤 방법으로 수집 · 분석할 것인가 하는 "사외정보통로(route)"의 구축도 중요하다. 이는 투자자의 거울에 비친 회사의 모습에 관계된 정보를 취득하는 프로세스이다. 이는 정기적으로 주주, 투자자조사 등을 실시하여 "외부관점의 내부화"를 기하는 것이다. 상품의 개발이나 판매에 있어 고객의 만족도를 고려하여야 하는 것과 마찬가지로 주주대책, 주주 지향의 IR활동 기획 및 실시에 있어서도 주주의 정보욕구 충족이란 관점을 빠뜨릴 수 없다. 또 주주 · 투자자조사의 결과로 회사에 좋지 않은 정보를 얻었다고 하더라도 그것을 겸허하게 수용하고 개선하는 자세도 필요하다.

그림 7-2 IR활동 실천을 위한 모델 Flow Chart

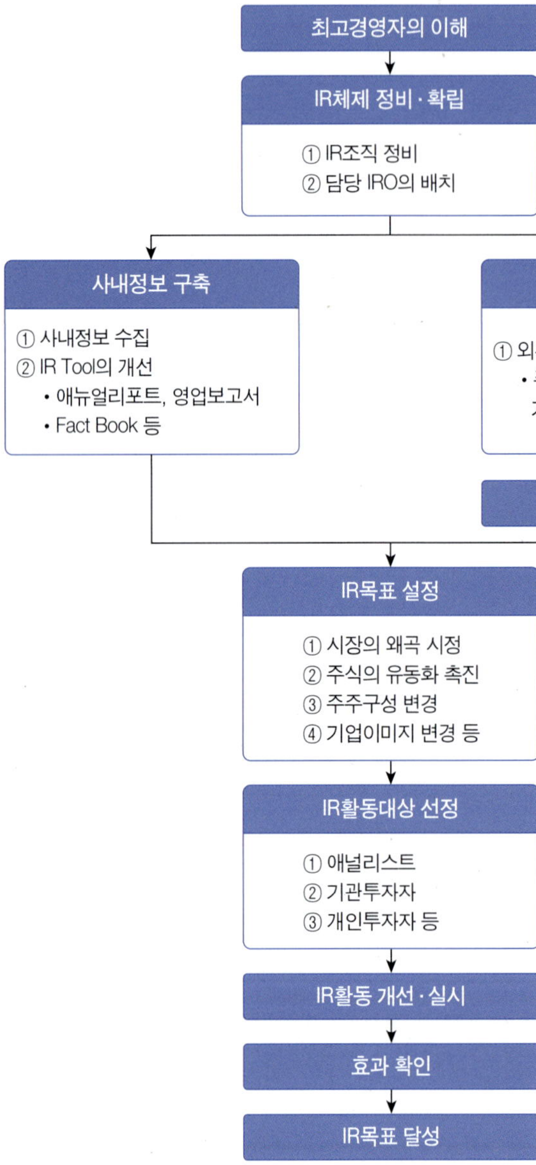

Step 4 : IR 목표의 설정

사내정보와 사외정보의 수집과 분석을 통해 투자자의 정보욕구를 파악하게 되면 다음 단계로 IR활동의 목표를 설정하게 된다.

IR활동의 주된 목적은 주식시장에서 기업의 가치를 적정하게 평가받는 데 있으나 구체적으로 어떤 목표를 설정할지는 IR활동 결과 기대되는 효과에 따라 달라진다. 주요 IR 활동 목표로는 기업 가치에 대한 시장의 왜곡 시정, 주식의 유동화 촉진, 주주구성비율 변경, 기업이미지의 변경 등을 들 수 있다.

Step 5 : 타깃 오디언스(Target Audience)의 선정

IR활동대상의 선정은 정보제공의 주대상을 누구로 할 것인가를 정하는 것이다. IR 목표설정에 따라 IR활동대상도 바뀌게 되기 때문이다. 주된 IR활동대상으로는 애널리스트, 기관투자자, 개인투자자, 금융저널리스트, 신용평가기관 등을 들 수 있다.

이상의 프로세스를 종합하여 IR활동 실천을 위한 모델 Flow Chart를 제시하면 [그림 7-2]와 같다.

ENTREPRENEURSHIP
MANAGEMENT

CHAPTER

08

창업 세무회계

제1절 회계의 본질

제2절 창업과 재무제표

제3절 주요 재무비율

제4절 장부의 비치 및 기장의 의무

제1절 회계의 본질

1. 회계의 개념

회계란 기업의 경제활동을 측정, 기록, 요약, 정리, 보고하는 체계로서 전표의 작성, 장부의 기록, 결산재무제표의 작성 등이 포함된다.

2. 기업경영에 있어서 회계의 중요성

1) 경영관리상의 중요성

기업의 현황파악과 향후 예측수단으로서 회계자료가 유용하며 또한 자산관리의 수단으로 사용된다.

2) 내부통제수단으로서의 회계시스템

복식부기에 의한 장부의 기록으로 자산의 누락이나 부정의 방지수단으로 중요한 역할을 할 수 있다.

3) 외부보고용 자료제출 시 회계자료 이용

은행이나 관공서 기타 회사의 재무현황에 대한 자료요구 시 회계장부로부터 작성하여 제출한다.

4) 각종 세무신고자료로서의 회계자료

각종 세무신고 시 기장 비치된 회계장부를 근거로 신고서를 작성한다.

3. 회계의 방법

1) 회계처리의 기본시각

회계는 의무적으로 하는 것이 아니라 사업자 자신을 위한 것이며, 회계를 통하여 경영관리를 효율적으로 수행할 수 있다.

2) 회계처리의 기본계획 수립

① 회계처리조직과 인력에 대한 계획

② 전산에 의한 회계처리

3) 장부의 기장관리

① 장부기장의 흐름

증빙 → 전표 작성 → 일계표 작성 → 총계정원장 작성(주요부)
└→ 보조부 작성(보조부)

② 보조부의 종류

구분	사용보조부	기재내용
자산 과목 관련 보조부	현금출납장	현금의 수입과 지출
	당좌예금출납장	당좌예금의 예입 · 인출
	유가증권기입장	국 · 공채, 주식 등의 매입 · 매각
	거래처원장	매출처별 외상채권의 발생과 소멸사항을 기재함.
	받을어음기입장	어음의 수입과 지출을 기재함.
	수불부(재고원장)	재고자산의 입고와 출고사항을 기재함.
	비유동자산대장	비유동자산의 취득과 감가상각의 내용을 기재함.
	기타의 자산 · 부채 · 자본 보조부	기타의 자산 · 부채 · 자본 보조부에 통합 기재함.

부채 과목 관련 보조부	매입처원장	외상매입금의 발생과 지출을 기재함.
	지급어음기입장	상거래상에서 발생한 어음상의 채무의 발생과 소멸을 기재함.
	기타의 자산 · 부채 · 자본 보조부	기타의 자산 · 부채 · 자본 보조부에 통합 기재함.
자본 과목 관련 보조부	주식대장	주식회사에 한하여 기재하고, 주식의 이동사항을 기재함.
	기타의 자산 · 부채 · 자본 보조부	기타의 자산 · 부채 · 자본 보조부에 통합 기재함.
수익 및 비용 관련 보조부	매출장	매출품목 · 수량 · 단가 등을 기재함.
	매입장	매입품목 · 수량 · 단가 등을 기재함.
	원가원장	원가계산기간별 원가원장
	판매비와 일반관리비 명세장	판매와 관련된 비용과 사무실 관리 · 유지를 위해 지출된 비용. 급료 · 여비교통비 등의 항목별로 발생내용을 기재함.
	제조경비명세장	제품생산과 관련한 노무비와 간접경비를 기록함.
	기타손익부	영업외수익 · 비용, 특별이익 · 비용, 법인세 등의 항목을 기재함.

제2절 창업과 재무제표

1. 재무상태표의 개념

회사경영을 통하여 얼마만큼의 돈을 어떻게 하여(영업활동의 내용) 벌었으며, 그 결과 현재 보유하고 있는 재산의 구성상태, 즉 재무상태는 어떠한지 그 내용을 통일된 양식으로 작성한다면, 우리는 기업의 내용을 보다 쉽고 구체적으로 파악할 수 있을 것이다.

이와 같이 재무상태표(statement of financial position)란 경영성과 및 재무상태를 정리한 표로서 회계보고서(accounting report) 또는 결산보고서라 한다.

2. 재무상태표

창업을 통한 영업활동을 하다 보면 기업의 보유 재산에 변동이 있게 된다. 재산상의

표 8-1 재무상태표

<table>
<tr><th>차변</th><th>대변</th></tr>
<tr><td rowspan="2">자산
(유동자산 + 비유동자산)</td><td>부채
(유동부채 + 비유동부채)</td></tr>
<tr><td>자본
(자본금 + 자본잉여금 + 자본조정
+ 기타포괄손익누계액 + 이익잉여금)</td></tr>
<tr><td>자산 합계</td><td>부채 및 자본 합계</td></tr>
</table>

변동결과(재무상태)를 나타내는 보고서가 재무상태표이다.

왼쪽 차변에는 자산(assets)이 표시되고, 오른쪽 대변에는 부채(abilities)와 자본(capital)이 표시되어, 서로 균형(balance)을 유지하므로 대차대조표(balance sheet)라고도 한다.

① 재무상태표의 일반적 정보 : 현재의 재무상태를 파악할 수 있다.

- 대변에는 자본(자금)의 조달원천인 자본과 부채의 구성상태가 나타나 있다.
- 차변에는 자금의 운용결과인 자산의 구성상태가 나타나 있다.
- 자산 · 부채 · 자본의 구성비율을 통하여 재무건전성, 채무의 지급 능력, 자본에 대한 이익률 등을 알 수 있다.
- 차입금이 많은 회사는 빚더미 경영(차입경영)을 한다고 평가할 수 있다.
  - 경기가 상승세에 있을 때에는 금융비용이 별로 문제가 되지 않지만 경기가 안정세로 돌아서면 금리부담은 고정비로써 경영을 압박한다.

② 유동자산 : 유동자산이란 현금 · 예금 및 재무상태표 작성일(결산일)로부터 1년 이내에 현금화될 수 있는 경제적 자원으로, 당좌자산과 재고자산으로 나누어진다.

③ 비유동자산 : 비유동자산이란 토지, 건물, 기계장치 등 기업의 생산 및 판매활동에 사용되는 것이다.

④ 유동부채 : 유동부채란 결산일로부터 1년 이내에 지급되어야 할 채무이고, 비유동부채는 결산일로부터 1년 이후에 지급기한이 도래하는 채무를 말한다.

⑤ 자본 : 자본은 자본금과 잉여금으로 구성되고, 잉여금은 다시 자본잉여금과 이익잉여금으로 나눌 수 있다. 잉여금이 많으면 재무상태가 양호하다고 할 수 있다.

3. 손익계산서

손익계산서(income statement)란 점포경영을 통하여 획득한 모든 수익과 그 수익을 얻기 위하여 지출된 모든 비용을 나타낸 '경영성적표'이다.

손익계산은 다음의 5단계로 이루어져 있다.

① 매출총이익은 매출액에서 매출원가를 뺀 금액이다.

- 매출원가는 매입원가를 말한다.

② 영업이익은 매출총이익에서 판매비와 관리비를 뺀 금액으로, 일반적인 영업활동에서 얻은 이익을 말한다.

- 판매비와 관리비를 영업비용이라 한다.

③ 법인세차감전이익은 영업이익에 영업외수익을 합산하고 영업외비용을 차감한 금액으로 기업의 재무활동을 포함한 영업활동에서 발생한 이익을 말한다.

④ 당기순이익은 법인세차감전순이익에서 법인세비용을 차감한 금액으로 외부에 발표되는 최종적인 이익이다.

손익계산서의 구조는 다음과 같다.

Ⅰ. 매출액	×××	
Ⅱ. 매출원가	×××	
Ⅲ. 매출총이익(손실)	△×××	····①단계
Ⅳ. 판매비와관리비	×××	
Ⅴ. 영업이익(손실)	△×××	
Ⅵ. 영업외수익	×××	····②단계(영업활동에서의 이익)
Ⅶ. 영업외비용	×××	
Ⅷ. 법인세차감전이익	×××	····③단계(비경상적 활동이익)
Ⅸ 법인세	×××	
Ⅹ. 당기순이익(손실)	△×××	····④단계(최종적 이익)

① 매출총이익

매출총이익 = 매출액 − 매출원가

매출원가를 계산하기 위해서는 상품 · 제품의 기말재고액을 정확하게 조사하여야 한다.

- 유통업 매출원가 = 기초상품재고액 + 당기순매입액 − 기말상품재고액
- 제조업 매출원가 = 기초제품재고액 + 당기제품제조원가 − 기말제품재고액

기말재고자산이 많으면 매출원가는 감소하고 이익은 증가한다.

- 기말재고자산(대) → 매출원가(소) → 이익(대)
- 기말재고자산(소) → 매출원가(대) → 이익(소)

② 판매비와 관리비

판매비와 관리비는 판매비계정과 관리비계정으로 구분하지만 일반적으로 '영업비'라고 한다.

구분	항목
판매비	판매원급료, 여비교통비, 보험료, 견본비, 복리후생비, 통신비, 판매수수료, 발송비, 광고선전비, 회의비, 보관료, 차량유지비
관리비	비임원보수, 여비교통비, 사무용품비, 소모품비, 임차료, 수선비, 접대비, 복리후생비, 보험료, 제회비, 수도광열비, 감가상각비, 사무원급료

③ 영업외손익

영업외손익은 재무활동 및 기타 부수적인 활동에서 발생되는 손익이다.

구분	항목
영업외손익	이자수익, 유가증권처분이익, 임대료, 유가증권평가이익, 유형자산처분이익
영업외비용	이자비용, 외환자손, 기부금, 유가증권처분손실, 유가증권평가손실, 유형자산처분손실

제3절 주요 재무비율

1. 유동성비율

유동성(liquidity)이란 현금이 아닌 자산을 현금으로 용이하게 전환시킬 수 있는 능력 또는 용이하게 현금을 획득할 수 있는 능력을 뜻한다. 유동성비율(liquidity ratio)은 단기채무의 지급 능력을 판단하는 비율로서 현금화시킬 수 있는 확실성의 정도를 의미한다.

즉, 단기채무(유동부채)를 상환할 수 있는 유동자산이 얼마나 되는가를 나타내는 비율로서, 기업의 부채 지급(상환) 능력 또는 신용을 평가하는 데 가장 보편적으로 이용되고 있다. 표준비율은 200% 이상이면 건전한 상태라고 보고 있으나 유동비율의 표준비율은 절대적인 것은 아니므로 기업을 적절히 평가하기 위해서는 업종, 기업규모, 경기동향, 영업활동의 계절성, 조업도, 유동자산의 질적인 구성내용 및 유동부채의 상환기한 등의 실질적인 내용을 검토하여야 한다.

$$\text{유동성비율} = \frac{\text{유동자산}}{\text{유동부채}} \times 100\ (\%)$$

2. 안정성비율

안정성비율은 기업이 어느 정도 타인자본에 의존하고 있으며, 조달된 자본이 기업의 자산에 얼마나 적절히 배분되고 있는가를 나타내는 비율이다.

기업의 부실과 관계되어 부각되고 있는 비율로서 레버리지비율(leverage ratio)이라고도 한다.

1) 부채비율

부채비율(debt equity ratio)은 자기자본과 타인자본의 관계비율로서 자본구성의 안정성을 판단하는 대표적인 비율이다. 즉, 자기자본에 대한 타인자본(=부채)의 비율로서 기업의 장기 지급 능력을 검토하는 지표로 사용되며 업종별로 다소 차이는 있을 수 있으나 표준비율은 100% 이하가 좋다.

$$부채비율 = \frac{부채}{자기자본} \times 100\ (\%)$$

2) 유동부채비율

유동부채비율(current debt to equity)은 자기자본과 유동(단기)부채와의 관계비율로서 자본구성의 안정성을 판단하는 보조비율이다. 즉, 유동부채비율은 자기자본에 대한 유동부채의 비율로서 채권자에 대한 지급 능력을 판단하는 비율이다.

표준비율은 100% 이하가 좋다.

$$유동부채비율 = \frac{유동부채}{자기자본} \times 100\ (\%)$$

3) 자기자본비율

자기자본비율(equity ratio)은 총자본(=총자산)에 대한 자기자본의 비율로서 표준비율은 50% 이상이다.

$$자기자본비율 = \frac{자기자본}{총자본} \times 100\ (\%)$$

3. 수익성비율

수익성비율(profitability ratio)이란 일정기간 동안 기업이 조달한 자본이나 보유하고 있는 자산이 특정의 이익을 실현하는 데 얼마나 공헌했는가를 나타내는 비율이다. 수익성비율은 투자자가 가장 관심을 갖는 지표라고 할 수 있다.

1) 총자산이익률(= 총자본이익률)

총자산이익률은 당기순이익을 총자본(=총자산)으로 나눈 비율로서 수익성을 분석하는 대표적 비율이다.

$$총자산이익률 = \frac{당기순이익}{총자산(=총자본)} \times 100\ (\%)$$

2) 자기자본이익률

자기자본이익률(net profit to net worth)은 당기순이익을 자기자본으로 나눈 비율로서, 표준비율은 높을수록 좋다.

$$자기자본이익률 = \frac{당기순이익}{자기자본} \times 100\ (\%)$$

3) 매출액총이익률

매출액총이익률은 매출총이익을 매출액으로 나눈 비율로서 매출액이 얼마의 매출총이익을 실현했는가를 나타내 주는 값이다. 매출액총이익률은 판매 능력 및 생산효율을 측정하는 비율로서 표준비율은 높을수록 좋다.

$$매출액총이익률 = \frac{매출총이익}{매출액} \times 100\ (\%)$$

4. 생산성비율

생산성비율(productivity ratio)은 기업의 노동력 및 설비 등이 얼마나 효율적으로 활용되고 있는가를 나타내는 지표로서, 기업활동의 능률 및 업적을 측정 · 평가하여 그 발생원인과 성과배분의 합리성을 고찰하기 위해 사용된다.

1) 노동생산성

노동생산성(labour productivity)은 종업원 1인당 부가가치 생산액으로 나타내며, 노동생산성의 효율을 측정하는 것으로, 표준비율은 높을수록 좋다.

$$노동생산성 = \frac{부가가치}{종업원\ 수}$$

2) 자본생산성

자본생산성(capital productivity)은 '총자본투자효율'이라고도 하며, 투하된 단위 자본당 생산된 부가가치를 말한다. 자본생산성은 노동생산성과 더불어 기업의 생산성 측정의 척도가 된다. 자본생산성이 높아지면 노동생산성도 높아지는데, 표준비율은 높을수록 좋다.

$$자본생산성 = \frac{부가가치}{총자본}$$

제4절 장부의 비치 및 기장의 의무

1. 장부의 비치 및 기장

1) 장부의 비치

사업자는 자신의 납부세액 또는 환급세액과 관계되는 모든 거래사실을 장부에 기록하고 사업장에 비치하여야 한다. 그러나 이 경우에 있어서 간이과세자는 부가가치세액을 합계한 공급대가를 기록할 수 있다.

① 물품을 판매하거나 용역을 공급한 자 및 거래상대자

② 판매 또는 공급한 품목 및 구입 또는 공급받은 품목

③ 판매 또는 공급한 가액 및 구입 또는 공급받은 가액

④ 매출세액 및 매입세액

⑤ 판매하거나 공급한 시기 및 구입하거나 공급받은 시기

⑥ 기타 참고사항

2) 기장의무이행의 간주

간이과세자에 대하여는 교부받았거나 교부한 세금계산서 또는 영수증을 보관한 때에는 기장의무를 이행한 것으로 본다.

3) 구분기장

사업자가 부가가치세가 부과되는 재화 또는 용역의 공급과 함께 부가가치세가 면제되는 재화 또는 용역을 공급하거나 의제매입세액의 규정을 적용받은 경우, 과세되는 공급과 면세되는 공급 및 면세농산물 등의 공급을 받은 사실을 각각 구분하여 장부에 기록하여야 한다.

4) 장부 등의 보관

사업자는 자신의 납부세액과 관계되는 모든 거래사실을 기록한 장부와 교부하였거나 교부받은 세금계산서 또는 영수증을 그 거래사실이 속하는 과세기간에 대한 확정신고를 한 날로부터 5년간 보존하여야 한다.

2. 금전등록기

1) 개요

근거과세확립을 위한 영수증 주고받기 운동의 일환으로서 주로 최종소비자와 직접 거래하는 사업자에 대하여는 그 영수증의 교부를 쉽게 하기 위하여 금전등록기를 설치하고 그에 의한 영수증을 교부하게 하여 거래질서를 확립하고 또한 그에 따라 실지거래금

액에 대하여 세금을 부과하기 위하여 금전등록기의 설치의무를 두고 있다.

2) 금전등록기의 설치대상자

일반과세자 중 다음에 명기하는 사업을 하는 사업자와 간이과세자 사업자로서 업종과 경영규모를 기준으로 하여 국세청장이 정하는 바에 따라 관할 세무서장이 지정하는 자는 금전등록기를 설치하여 공급대가를 기재한 영수증을 교부할 수 있다.

① 소매업
② 음식점업(다과점업 포함)
③ 숙박업
④ 목욕 · 이발 · 미용업
⑤ 여객운송업
⑥ 입장권을 발행하여 영업하는 사업
⑦ 변호사업 등의 사업서비스업과 행정사업
⑧ 주로 사업자가 아닌 소비자에게 재화 또는 용역을 공급하는 사업
⑨ 임시사업장 개설사업자가 그 임시사업장에서 사업자가 아닌 소비자에게 재화 또는 용역을 제공하는 경우와 전기사업자가 산업용이 아닌 전력을 공급하는 경우
⑩ 전기통신사업자가 전기통신용역을 제공하는 경우
⑪ 도시가스사업자가 산업용이 아닌 도시가스를 공급하는 경우

3) 금전등록기 설치에 대한 혜택

(1) 영수증 교부의무 및 기장의무의 이행 간주

사업자가 금전등록기를 설치하여 영수증을 교부하고 당해 감사테이프를 보관한 때에는, 영수증을 교부하고 기장을 이행한 것으로 본다.

(2) 현금주의과세

금전등록기를 설치한 자가 금전등록기에 의하여 영수증을 교부하고 감사테이프를 보관한 때에는 현금수입을 기준으로 하여 부가가치세를 부과할 수 있다.

3. 신용카드

1) 신용카드 등의 사용에 따른 세액공제대상자

다음의 사업을 하는 사업자(법인은 제외)는 부가가치세가 과세되는 재화 또는 용역을 공급하고 세금계산서의 교부시기에 신용카드 매출전표를 발행할 수 있다.

① 소매업

② 음식점업(다과점업을 포함)

③ 숙박업

④ 목욕 · 이발 · 미용업

⑤ 여객운송업

⑥ 입장권을 발행하여 영업하는 사업

⑦ 주로 사업자가 아닌 소비자에게 재화 또는 용역을 공급하는 사업으로서 세법이 정하는 것 등

⑧ 변호사업, 심판변론인업, 변리사업, 법무사업, 공인회계사업, 세무사업, 경영지도사업, 경영기술사업 등

⑨ 임시사업장 개설사업자가 그 임시사업장에서 사업자가 아닌 소비자에게 재화 또는 용역을 제공하는 경우와 전기사업자가 산업용이 아닌 전력을 공급하는 경우

⑩ 전기통신사업자가 전기통신용역을 제공하는 경우

⑪ 도시가스사업법에 의한 도시가스사업자가 산업용이 아닌 도시가스를 공급하는 경우

2) 영수증의 간주

신용카드 매출전표 등을 발행한 경우에는 영수증을 발행한 것으로 본다.

3) 신용카드 매출전표 등에 기재된 매입세액의 공제허용

일반사업자가 신용카드 매출전표 등에 공급받는 자와 부가가치세액을 별도로 기재하고 확인한 때에는 그 부가가치세액은 예정신고 또는 확정신고에 있어서 매출세액에서 공제할 수 있는 매입세액으로 본다.

4) 신용카드 가맹점 가입지도

국세청장은 소매업 · 음식점업 · 숙박업 · 기타 주로 사업자가 아닌 소비자를 대상으로 하는 사업을 영위하는 자로서 사업규모 및 지역 등을 감안하여 국세청장이 정하는 자에 대하여 납세관리상 필요하다고 인정되는 경우 신용카드 가맹점 가입대상자로 지정하여 신용카드 가맹점으로 가입하도록 지도할 수 있다.

5) 신용카드 등의 사용자에 대한 보상지급

신용카드 사용 확대의 유도로 자영업자의 과세표준 양성화를 위해 국세청장은 재화 또는 용역(부가가치세가 면제되는 것을 포함)을 공급받고 신용카드 매출전표 또는 이와 유사한 매출전표를 교부받은 자에 대하여 그 교부받은 매출전표 등에 대한 추첨을 통해 보상금을 지급할 수 있다.

4. 대리납부

1) 제도의 취지

재화의 수입의 경우에는 그 수입되는 물품에 대하여 세관장이 부가가치세를 징수함으로써 국내에서의 구입과 동일하게 취급할 수 있으나, 용역수입의 경우에 있어서는 그러하지 못하다. 따라서 국내사업장이 없는 비거주자 또는 외국법인 또는 국내사업장이 있는 비거주자 또는 외국법인(국내사업장과 관련 없이 용역을 제공하는 경우에 한함)으로부터 용역의 공급을 받는 자(공급받은 당해 용역을 과세사업에 공하는 경우 제외)는 대가를 지급하는 때에 그 비거주자 또는 외국법인을 대리하여 부가가치세를 징수하고 예정신고와 납부 및 확정신고와 납부의 규정을 준용하여 부가가치세 대리납부 신고서와 함께 납부하여야 한다.

2) 대리납부불이행에 대한 제재

대리납부를 하는 자가 부가가치세를 사업장 또는 주소지 관할 세무서장에게 납부하지 아니한 때에는 사업장 또는 주소지 관할 세무서장은 그 납부하지 아니한 세액에 그 세액의 10%에 상당하는 금액을 가산하여 국세징수의 예에 의하여 징수한다.

ENTREPRENEURSHIP MANAGEMENT

PART 03

창업 전략

CHAPTER 9 창업 경영 전략

CHAPTER 10 창업 마케팅 전략

CHAPTER 11 창업 인적자원관리 전략

ENTREPRENEURSHIP MANAGEMENT

CHAPTER

09

창업 경영 전략

제1절 경영 전략이란 무엇인가

제2절 창업 경영 전략의 개념

제3절 창업자의 사업계획 수행 능력 분석

제1절 경영 전략이란 무엇인가

경영 전략이 무엇인가를 한마디로 요약하면, 경쟁에서 이기는 방법을 말하며 글로벌 경쟁 시대에서 기업들이 경쟁에서 살아남기 위해 필요한 경영 전략을 수립하고, 이행하는 데 필요한 여러 가지 분석기법을 제공한다. 경영 전략의 분석기법을 강조하는 이유는 전략적 사고 능력이 분석과 종합을 통하여 배양되기 때문이다. 경영 전략은 더 이상 최고 경영자나 직관과 통찰력이 뛰어난 소수의 사람들만이 수행하는 업무가 아니라, 기업 내 모든 구성원이 전략적 사고방식을 갖추고 업무를 수행해야 하며, 이러한 전략적 사고는 학습에 의해 어느 정도 배양할 수 있다는 것이다.

1. 경영 전략의 정의

경영 전략이란 기업에 경쟁우위를 제공·유지시켜 줄 수 있는 주요한 의사결정과정이라고 정의할 수 있다. 즉, 경영 전략은 경쟁상황에서 어떻게 자신에게 경쟁우위를 가져다 줄 수 있는가를 체계적으로 분석하게 하여 주는 구체적인 사고방법이다. 기업이 경쟁에서 승리하기 위해서는 구체적인 목표의 설정, 경쟁상황에 대한 이해, 자신과 경쟁자의 경영자원에 대한 객관적 평가 그리고 효과적인 전략수행이 필수불가결한 요소이다.

2. 경영 전략의 분석방법

1) 전략의 내용과 프로세스

전략의 내용에 집중하는 경향은 전략의 수립(formulation)과 실행(implementation)이라는 이분법의 함정에 빠지기 쉽다. 그러나 실제 기업경영은 전략의 수립과 실행이라는 이

분법과 맞지 않는다. 전략의 수립과정에는 실제로 전략을 수행하여야 할 사람들의 의견이 반영되어야 실행 가능하고, 올바른 방향의 전략이 수립되는 것이다. 또한 전략의 수립과 실행의 단계 역시 확연히 구분된 것이 아니라, 종종 전략의 수립과 실행은 동시에 이루어지거나 깊은 상호연관성을 갖는다.

2) 사업부 전략과 기업 전략

경영 전략은 어떠한 수준에서 분석할 것인가에 따라 기업 전략과 사업부 전략으로 나누어진다. 기업이 성과를 높이기 위해서는 다음 두 가지 요소를 고려해야 한다.

첫째, 구체적으로 어떤 사업 분야에 들어가서 경쟁을 할 것인가를 정한다.

둘째, 그 사업 분야에서 구체적으로 어떻게 경쟁을 해서 수익률을 높일 것인가를 결정한다.

기업 전략은 그 기업이 경쟁하는 시장과 산업의 범위를 결정한다. 즉, 기업 전략은 다각화, 수직적 통합, 기업인수 · 합병, 해외사업진출과 기존 사업 부문에서의 탈퇴와 같은 결정을 의미한다. 이에 반하여 사업부 전략은 기업이 각각의 시장에서 경쟁하는 구체적인 방법을 다룬다. 기업이 경쟁에서 이기려면 경쟁대상기업보다 경쟁우위에 설 수 있는 전략이 필요하다. 그 경쟁우위를 확보하고 유지하는 전략이 사업부 수준의 경쟁 전략이다.

단일 업종 기업에는 사업부 전략이 곧 기업 전략과 같다. 기능별 전략은 기업 수준의 전략과 사업부 수준의 경쟁 전략이 수립된 이후, 각각의 영업활동, 제품기획, 자금 조달 등 기능별 분야에서 세부적인 수행방법을 결정한다. 이러한 기능별 전략은 경영 전략 분야에서 다루지 않고 각각의 생산, 재무, 마케팅 등의 기능별 분야에서 연구한다.[1)]

1) 인터넷 : http://mars.interpia98.net/~produce

제2절 창업 경영 전략의 개념

사업을 영위해 나가는 데에 있어서 발생할 수 있는 상황이 너무 광범위하고 복잡하여 정확하게 결론적으로 말할 수는 없지만 대략적으로 다음과 같은 내용은 경영 전략 수립 시 심사숙고해야 할 필요성이 있다.

1. 어떠한 사업을 하는가

정확히 어떤 제품을 누구에게 판매할 것인가? 사업을 바라볼 때에는 보통 몇 가지 다른 시각이 있다. 비즈니스를 고객에게 혜택을 전달할 수단으로 보게 되면 귀중한 통찰력을 얻을 수 있다. 음식을 판매하는 매장에서는 단순히 먹거리만 판매하는 것이 아니라 사람들과 어울려 즐겁게 식사할 수 있는 분위기도 같이 판매하는 사업이다. 제조기계를 판매하는 회사는 그것만 판매하는 것이 아니라 그 제품을 산 공장이나 기업이 그로 인해 남기게 될 수익을 파는 비즈니스이다. 의류제조업자는 옷을 파는 것이 아니라 자부심과 이미지와 주위 사람들로부터의 신분상의 인정 및 출세를 파는 것이다. 그렇다면 당신이 판매하고자 하는 혜택은 무엇인지에 대한 정확한 개념파악이 중요하다.

2. 언제 어떻게 사업에서 손을 뗄 것인가

언젠가는 그 사업에서 손을 떼고 싶거나 떼지 않으면 안 될 시점이 도래할 것이다. 그때가 되면 어떻게 해야 할 것인지를 지금부터 계획해 둠으로써 사업탈퇴가 불가피한 일이 아니라 예정된 일이 되게 하여야 한다. 많은 사업가들이 기본 전략의 하나로서 회사를 어느 수준까지 키운 후 매각하는 계획을 한다. 여러 가지 이유 등으로 인하여 어떤 사람은 큰 회사를 꾸려 나가고 싶지 않은 것이다. 그러므로 이 사람들이 하는 일의 태반은 회사의 최종 매매가격을 높이는 일이다. 기업을 팔고 싶으면 상대방이 살 값어치가 충분한 그 무엇을 만들어야 한다.

어떤 경우에는 새로 시작한 기업의 규모나 수익 면에서 그럴 만하기만 하면 주식을 공개할 계획을 세우는 기업인들도 있다. 만약, 나중에 공개한다는 전략을 갖고 있다면 개인

재산으로 소유하는 것과는 아주 판이한 결정과 행동이 요구된다.

3. 기업의 규모는 어느 정도이어야 할까

종종 한 기업의 규모는 시장과 상황에 따라 좌우된다. 대부분의 기업은 효율성과 생산성을 극대화할 수 있는 최적 규모가 있다. 어떤 기업은 특정 규모로 성장하지 않는 한 살아남지 못한다.

기업이 아주 커지기 전까지는 어떻게 해볼 도리가 없거나 심지어 제대로 영업을 할 수 없는 경우가 있다. 영세기업가들은 종종 자신들이 필요로 하는 것을 납품업체들이 소규모로는 팔기를 거부하기 때문에 자신들에게 유리하게 살 수가 없음에 불만을 토로하곤 한다. 최소 주문량이 한 차 또는 한 트럭분으로 정해져 있는 경우도 허다하다. 어떤 포장용품 납품업체는 적어도 하루치 생산분을 사가야만 하게끔 주문량을 정해 놓고 있다. 자신들이 필요한 물건을 경쟁력 있는 가격에 사기 위해서는 흔히 어떤 특정 규모가 되어야만 하기 때문이다. 한편, 어떤 기업들은 소규모를 유지해야 하는 경우도 있다. 이들은 규모가 커지게 되면 장점을 잃게 된다. 종종 기업의 규모는 사업가의 성향과 한계에 의해 제약을 받는다. 어떤 기업가들은 큰 사업을 원치 않는 반면 어떤 기업인들은 무한정 뻗어나가고자 한다.

4. 무엇에서 이익을 올릴 것인가

어떤 기업들은 상품을 늦게 팔아 마진을 높일 계획을 하는가 하면, 어떤 기업들은 박리다매로 돈을 벌려고 한다. 당신은 마진을 택하겠는가? 아니면 박리다매를 택하겠는가? 이러한 사항은 사전에 결정해야 한다.

5. 사업체는 누가 소유할 것인가

많은 창업가들이 자신이 사업의 전체를 다 소유하기 위해 파트너를 원치 않는다. 하지만 다른 사람들의 자금을 이용하려고 외부 자본주를 적극 물색하는 창업가들도 많이 있다. 소유의 문제는 기업경영을 해 나가는 데에 있어서 의사결정의 권한 문제와도 밀접하게 관련이 있으므로 정확한 판단과 결단이 있어야 한다.

6. 사업자본은 어디서 구할 것인가

흔히 어디의 또는 누구의 돈을 활용하여 사업을 할 것인지에 대한 문제이다. 하지만 누구 돈으로 자본을 댈 것인가 하는 것은 단순한 자금 조달의 문제가 아니라 거시적이고 원천적인 경영 전략의 문제이다.

7. 어떤 마케팅 전략을 사용할 것인가

사업을 시작하기 위해서는 시장과 판매 전략에 대해 많이 생각해 보아야만 한다. 목표시장은 누구인가? 시장을 어떻게 진입할 것인가? 어떠한 전략으로 시장에 접근하여 제품을 판매할 것인가? 이러한 전략적인 측면이 고려되어야 한다.

창업을 하여 사업을 시작하는 방법은 하나둘이 아니다. 그러므로 한 가지 사업진출 전략에 너무 집착한 나머지 다른 기회들을 못 보게 되는 일이 없어야 한다. 또한 투자한 돈을 최대한 빨리 회수할 수 있는 전략을 우선적으로 세워야 한다. 그리고 나중에는 그것을 바탕으로 세부적인 운영계획을 세울 수 있게끔 전반적인 경영 전략을 수립하여야 한다.[2)]

사업의 성패는 기업가로서의 적성과 자질, 창업자의 계획사업 수행 능력 및 해당업종에 대한 적합성에 의하여 평가할 수 있다.

개인이든 기업이든 어떤 계획된 일의 성공과 실패는 그 일을 추진하는 주체 내지는 참여인력의 인적 요인에 의해 좌우된다고 해도 과언이 아니다. 사업의 성패도 결국 기업가가 사업가로서의 적성과 자질을 얼마나 갖고 있느냐에 의존하는 바가 크며, 특히 신규 창업의 경우에는 창업자의 새로운 계획사업 수행 능력과 앞으로 경영하고자 하는 업종에 대한 경험 · 지식 및 관련성이 필요불가결한 요소가 아닐 수 없다. 따라서 사업타당성을

2) 정대용(1998), 창업스쿨, 21세기북스.

표 9-1 사업계획 수행 능력 평가요소

평가요소	세부평가 항목	
적성 및 자질 (선천적 능력)	• 모험심 • 스케일 • 의지력	• 가능성에 대한 집념 • 리더십 • 기타 성격, 체력, 소질
경험 및 지식 (후천적 능력)	• 창업 관련 경험 • 사회적 지위 및 신용 • 교제인물의 폭과 깊이	• 학문과 지식 • 인간관계
업무수행 능력 (경영 능력)	• 가정유지 능력 • 창업 멤버 구성 및 통제 능력 • 서비스 및 기술혁신 능력 • 환경적응 및 경영 분석, 판단 능력	

주) 사업적성검사 추가 필요

검토할 때는 가장 먼저 검토해야 할 사항이 바로 창업자의 계획사업 수행 능력과 해당 업종과 창업자와의 적합성 분석인 것이다. 그러나 문제는 계획사업 수행 능력과 적합성의 판정을 누가 할 것이냐 하는 것이다. 자기 자신을 가장 잘 아는 사람이 바로 본인인 동시에 자기 자신을 객관적으로 평가할 수 없는 것이 바로 자기평가이다. 사업이란 혼자서 하는 것이 아니고, 거래처와 관계부처 상호 간의 이해관계가 첨예하게 연결되어 있기 때문에 창업자 혼자만의 생각으로 사업 참여를 결정해서는 안 된다. 따라서 창업자 자신, 현재 자신을 가장 잘 알고 있는 가족이나 친지, 친구 및 창업 관련 전문 컨설턴트 등과 충분한 검토를 거쳐 평가하는 것이 가장 합리적인 자기평가방법일 것이다. 이러한 계획사업의 수행 능력 및 적합성 평가요소의 구체적인 내용은 〈표 9-1〉과 같다.[3]

3) 김규태(2002), 창업경영과 실무, 형설출판사, pp.73~78.

제3절 창업자의 사업계획 수행 능력 분석

1. 창업자의 선천적 적성과 자질 분석

창업자의 새로운 사업에 대한 모험심이나 성공에 대한 집념, 리더십, 의지력, 성격, 체력 등이 검토의 대상이 된다.

아무리 좋은 사업이라도 창업자가 성공에 대한 확신이나 강한 집념과 의지력이 없다면 성공적인 창업이 될 수 없다. 물론 체력적으로 그 사업을 충분히 감당할 수 있는 건강도 무엇보다 중요하다.

특히 창업기업의 CEO는 기업경영에 대해 최종결정권자인 동시에 최고의 지휘권을 가진 기업의 사령관이다. 훌륭한 CEO가 되기 위해서는 물론 그 자리에 대한 기본소양을 갖추고 경영 능력을 키워 가는 것도 필요하지만, 이에 앞서 타고난 성격상의 자질이 사업성공의 중요한 부분을 차지하고 있음이 성공한 기업가들에게서 나타나는 경우가 많다.

일반적으로 거론되는 창업 CEO의 선천적 자질은 다음과 같다.

① 새로운 것에 도전하는 모험심이 유별난 사람

② 가능성에 대한 집념이 강한 사람

③ 스케일이 크고 큰일을 해내는 사람

④ 사람을 잘 부릴 줄 아는 사람

⑤ 쉽게 좌절하지 않고 의지력이 강한 사람

첫째, 새로운 것에 도전하는 모험심이 강한 사람은 일반적으로 이론에 얽매이기를 싫어하는 행동파 창업자들이다. 이들 모험형 창업자는 최근 각국에서 New Business 또는 Venture Business의 창업자들로서 2000년대를 이끌어 갈 경영그룹으로 자리 잡아 가고 있는 것이다.

둘째, 가능성에 대한 집념이 강한 사람은 한번 마음먹고 도전했다 하면 좌절을 거듭하면서도 성공할 때까지 끝장을 내고야 마는 집념이 유별나게 강한 부류의 창업자그룹이다. 제품개발 단계에서부터 기업화 단계까지 무계획적인 자금 투입만 자제한다면 반드시 성공할 케이스임이 분명하다.

셋째, 스케일이 크고 큰일을 해내는 사람은 일반적으로 성격이 원만할 뿐만 아니라 외향적 성격의 소유자로서 창업기업 경영자로서는 적격이다. 창업과정에서 창업 CEO가 접해야 할 사업관계자는 수없이 많으며, 해결해야 할 일 또한 한두 가지가 아니다. 공장 설립을 위한 관할 시, 군, 구청에 수없이 왕래해야 하며, 사업자등록증 발급, 법인설립신고 등을 위해 세무서와 접촉해야 하고, 자금 조달을 위해 금융기관과 원만한 관계를 설정할 필요가 있다.

이런 일들을 원만하게 해결하기 위해서 경영자는 스케일이 크고, 성격이 사교적이어야만 한다. 그래야만 짧은 기간에 효과적인 대외관계를 수행할 수 있기 때문이다.

넷째, 사람을 잘 부릴 줄 아는 사람은 다분히 리더십과 사교성이 뛰어난 사람으로 종업원을 다루는 솜씨가 유별나고, 교섭력이 뛰어난 사람이다.

최근과 같이 기업경영에 종업원 구인난이 가장 큰 문제로 대두되는 기업환경에서는 이런 자질이 창업 CEO에게 필요한 가장 절실한 자질 중의 하나가 되는 것이다.

다섯째, 쉽게 좌절하지 않고, 의지력이 강한 사람은 험난한 창업의 과정 속에서도 어려움을 극복하고, 설령 실패를 접하더라도 다시 일어설 수 있는 불굴의 투지를 보유한 자들이다.

항상 실패의 위험이 상존하는 창업의 길 앞에 의지력이 강한 사람만이 그 험난한 길을 뚫고 나갈 수 있으며, 실패 시에도 새롭게 재출발할 수 있는 용기와 의지를 갖게 되는 것이다. 그리고 이런 용기와 의지를 겸비한 창업 사장만이 성공한 CEO 사장이 될 수 있는 것이다.

2. 후천적 능력으로서 창업 분야에 대한 경험과 지식이 평가대상

사업을 성공적으로 이끌기 위해서는 아무래도 본인의 경험과 선행지식이 풍부한 분야로의 창업이 유리하며 그렇지 않은 경우에는 전문적 지식을 빨리 습득하거나 창업자를 대신하여 이러한 업무를 수행할 수 있는 핵심인원의 확보가 필요하다. 아울러 창업환경을 둘러싸고 있는 거래처나 인간관계에 교분의 폭이 넓다면 그만큼 유리한 창업이 될 수 있을 것이다.

이미 살펴본 CEO로서 타고난 성격상의 기본자질 이외에 후천적으로 환경에 의해 가꿀 수 있는 창업 CEO의 자질도 있다. 창업기업의 CEO로서 창업을 성공적으로 이끌기 위한 능력이나 소질은 여러 가지 내적 · 외적 환경요인에 의해 새로이 개발할 수 있는데, 이는 창업 예비자가 현재의 직장이나 자기계발 노력에 의해 기업경영에 필요한 소질을 새로이 발굴하여 키워 나가야겠다는 굳은 의지가 있을 때 가능한 것이다.

후천적 창업자의 소질 요소는 다음과 같다.

① 본인이 지금까지 쌓아온 창업 관련 분야에서의 경험

② 지금까지 배워서 얻은 학문과 지식

③ 본인의 성격, 체질, 체력적인 소질

④ 본인이 가지고 있는 자격, 사회적 지위, 전 직장에서의 신용

⑤ 지금까지 인간관계에 있어서의 교제인물의 폭과 깊이

⑥ 창업환경을 둘러싼 인간관계 등

이러한 요소는 창업자가 의식하든 의식하지 못하든 모든 창업 CEO들의 내부에 무의식적으로 쌓여서 오늘날 창업 CEO의 소질 내지는 CEO의 힘으로 작용하게 되는 것이다.

창업자 자신이 현재 갖고 있는 경영소질의 생성과정을 좀 더 구체적으로 살펴보면서, 자신이 천성적으로 사장의 자질이 있는지의 여부와 자신이 후천적으로 개발할 수 있는 창업자로서의 자질계발 가능성을 살펴보기로 하자.

첫째, 지금까지 쌓아온 창업 관련 분야에서의 경험이다. 본인이 지금까지 쌓아온 경험이란 말 그대로 현재까지 갈고닦아 온 기업경영과 이와 관련된 각종 실무경험의 깊이와 넓이를 의미하는 것이다. 통상 창업기업의 업종과 취급상품은 전 직장업무와 유관한 분야가 많기 때문이다.

둘째, 지금까지 배워서 얻은 학문과 지식은 학교에서 관련 학문을 배우거나 관련 분야의 책을 읽거나 관련 세미나에 참석하여 힌트를 얻거나 선배 · 친구들에게 배워서 얻은 사업과 관련된 지식을 말한다. 스스로 체험하여 얻은 학문과 지식에는 한계가 있기 때문에 창업경영에 소용이 되는 이론과 지식을 넓혀 실제 경영에 응용되도록 하는 것은 후천적인 소질계발을 위해서 매우 유익한 일인 것이다.

셋째, 본인의 성격, 체질, 체력적인 소질이란 창업자의 건강, 성격상의 장점, 사업경영 추진의 원동력인 창업 사장의 체력 등을 말한다. 창업 사장의 경험이나 지식도 이와 같은 체력적 소질의 뒷받침이 없으면 사업경영의 능력을 충분히 발휘할 수 없는 것이기 때문

에, 체력적 능력은 창업경영 능력의 핵심을 이루는 중요한 요소 중의 하나가 되는 것이다.

넷째, 본인이 가지고 있는 자격, 사회적 지위, 전 직장에서의 신용 등도 CEO로서의 좋은 후천적 자질이 된다. 이런 요소에 의해 창업자는 창업기업경영에 필요한 내적 · 외적 힘을 증대시키는 원동력을 얻게 되는 것이다.

다섯째, 지금까지 창업 CEO가 관계 맺은 교제인물의 폭과 깊이도 창업기업의 성패를 크게 좌우한다. 창업기업의 CEO가 평소에 다양한 인간관계, 특히 깊이 있는 인간관계를 유지하고 있다면 기업경영에 필요한 기획이나 정보를 비교적 손쉽게 얻을 수 있기 때문이다.

여섯째, 창업환경을 둘러싼 인간관계는 CEO의 능력에 따라 좌우되는 경우가 많다. CEO가 지니고 있는 경험, 신분, 지식, 혹은 사장의 경영 능력 외에 주변에 있는 다양한 인간관계가 경영자로서 CEO의 힘을 더욱 강하게 만들어 주는 중요한 요소가 되는 것이다.

CEO, 특히 창업기업의 CEO는 단순히 경영을 할 수 있다는 것만으로는 부족하다. 그 힘만으로는 사업을 성공으로 이끌 수 없다. CEO의 후천적 자질은 물론 노력만으로 안 되는 경우도 있겠지만, 항상 관심을 갖고 자질계발을 위해 부단한 노력을 경주할 때, 보다 능력 있고, 성공적인 CEO가 될 수 있을 것이다.

ENTREPRENEURSHIP MANAGEMENT

CHAPTER

10

창업 마케팅 전략

제1절 틈새시장 개척

제2절 틈새시장 분석

제3절 마케팅 전략 개발

제4절 마케팅 전략을 활용하라

제1절 틈새시장 개척

1. 틈새시장이란 무엇인가

"비집고 들어가라."

틈새시장이란, 매스 마케팅(mass marketing)에 대립되는 마케팅 개념으로 최근 시대 상황의 변화를 반영하고 있는 개념이다.

독신자 · 미혼커플 · 독신노인 · 맞벌이 부부 등 다양한 생활형태는 기업들이 기존의 마케팅 전략을 변경하지 않을 수 없게 했고 여기서 등장한 것이 니치 마케팅이다. 마케팅의 개념이 대량 마케팅에서 목표시장 마케팅, 틈새시장 마케팅이라는 개념으로 변화되고 있는 것이다.

'니치(niche)'란 대중시장이 붕괴된 후의 세분화된 시장 및 소비상황을 설명하는 말로서 '빈틈' 또는 '틈새'로 해석되며 '남이 아직 모르는 좋은 낚시터'라는 은유적 의미를 담고 있다. 니치 마케팅은 소비자들의 기호와 개성에 따른 수요를 대규모 집단으로 파악하기보다는 시장을 쪼개고 쪼개서, 특정한 성격을 가진 소규모의 소비자를 대상으로 판매목표를 설정하는 것이다. 마치 틈새를 비집고 들어가는 것과 같다는 뜻에서 붙여진 이름이다.

매년 히트상품으로 선정되는 것 가운데는 니치(틈새)상품이 많다.

니치상품이란 전혀 새로운 것이 아니라 기존제품에 이것저것 편리한 기능을 추가하거나 콘셉트를 바꾸어 빈 시장을 공략하는 마케팅 기법의 결과물로 '이미 존재하는 쓰임새를 찾아내는 것'이 그 핵심이다.

이미 존재하는 쓰임새를 발견하기 위한 효과적인 발상법으로는 시즈(seeds) 발상법을 들 수 있는데 고객의 욕구를 발견하는 것이 니즈 발상법이라면 고객이 필요로 하도록 가치를 부여해 주는 것, 즉 쓰임새를 새롭게 개발해 고객에게 "이런 가치가 있으니 사시오"

라고 말하는 것이 '시즈 발상법'이다.

미국 3M사의 히트상품인 '포스트잇'도 시즈 발상법을 활용한 대표적인 예인데, 사실 포스트잇은 강력한 접착제를 만드는 과정에서 생겨난 '이상한 성질을 가진 실패작'이었다고 한다. 어디에도 잘 붙지만 쉽게 떨어지는 성질 때문에 처음에는 쓸모없는 접착제에 불과했다.

그러나 당시 3M사가 임직원들을 대상으로 실시한 '15% 원칙 : 창의력 개발을 위해 근무시간의 15%를 자유롭게 쓰는 제도'에 의해 '접착제는 잘 붙어야 한다'는 고정관념을 깨고 다른 쓰임새를 발견하여 단점을 장점으로 바꾼 후 5년 만에 실험실에서 벗어날 수 있었다고 한다.

따라서 틈새시장과 틈새제품을 발견하고 만들어 나가기 위해서는 다음과 같은 전략이 필요하다.

"틈새에도 전략이 있다."

① 시대의 트렌드를 꿰뚫어보아야 한다.
② 고객의 진화하는 욕구와 라이프스타일을 끊임없이 추적해야 한다.
③ 틈새시장에서는 비용 대비 가치로 승부한다.
④ 전략적인 브랜드 관리로 장수 브랜드가 되는 것이 좋다.

"틈새시장을 파고드는 6가지 비법"

① 가치 우위의 리더십
② 맛 우위의 리더십
③ 고품질, 고가의 리더십
④ 트렌드 리더십
⑤ 선점의 리더십
⑥ 이미지와 원가, 가격의 리더십

2. 틈새시장 공략하기

"가전제품에 부는 산업의 바람"

국내 가전제품 시장은 1990년대 중반부터 교체수요가 대폭 늘어나 시장수요 증가폭이 가속화되기 시작했다. 이에 따라 시장경쟁이 날로 치열해지자 제품의 집중생산도가 높아지고 주요 업체의 경우 규모의 경제를 실현하여 대량생산을 통한 저가공세로 시장점유율을 높여 가고 있었다.

이처럼 가전제품의 경쟁이 치열해진 상황에서, 기존의 시장에 차별화 없이 뛰어든다는 것은 무모한 행위였으며, 틈새시장의 공략이 불가피해진 상황이었다.

1) 김치냉장고로 틈새시장을 공략하라

국내 냉장고 시장은 보급률 99%의 성숙기로 이미 포화상태에 도달하여 총수요가 감소하고 있다. 이러한 상황에서 김치냉장고는 틈새시장을 공략했다. 지금도 김치냉장고는 냉장고의 대용으로서가 아니라 냉장고 이외의 생 음식 저장을 위한 용도로 사용하고 있다. 즉, 이 말은 포화되어 있는 냉장고 시장에서 냉장고의 교체로서가 아니라, 김치냉장고라는 새로운 시장을 창출한 것을 뜻한다. 김치냉장고는 생활방식이 변하는 데 따른 자연스런 수요를 재빨리 포착한 대표적인 틈새상품이라 할 수 있다.

2) 소비자는 무엇을 원하는가

1997년 말 IMF(국제통화기금)에 도움을 요청한 이후 국내의 경제는 고금리와 환율인상 그리고 원자재 가격 상승으로 인해 많은 어려움을 겪었다. 소비자들의 실질소득 감소와 실업률의 증가는 구매력 감소로 이어졌고 이는 전반적인 내수시장의 침체현상과 경기불황을 의미했다. 그런데 이러한 상황에서도 김치냉장고가 성공할 수 있었던 요인은 무엇이었을까?

당시 수요의 감소가 있었지만 냉장고 시장 분석 결과 여전히 고가의 수입제품(Side-by-Side형 대형 프리미엄 냉장고)을 선호하는 층이 존재하고 있었고, 구매력 있는 제품을 생산해 내었을 때 제품의 소비는 가능성을 가지고 있었는데, 이것이 1997년 경제적 위기에서도 김치냉장고의 성공을 뒷받침하는 근거가 되었다.

또한 가격에 민감해져 있을 시기에, 김치냉장고의 생산단가는 낮아지고 이에 따른 제품가격도 개선되었다. 가격의 하락이 김치냉장고의 구입을 망설이던 소비자들을 자극한 것이다.

3) 틈새시장에 선도자적 위치를 강화하라

1993년 초부터 3년여에 걸쳐 100% 위니아의 독자기술로 개발된 냉장고 '딤채'는 냉장고라는 제품 카테고리에 안주하던 기존 가전사들에게 한국형 주방가전의 필요성과 시장성을 확인시켜 주며, 김치냉장고라는 새로운 가전제품 시장을 창출해 냈다.

김치냉장고 시장은 1995년 위니아의 '딤채'의 출시에 이어 경쟁사들의 김치냉장고 생산과 더불어 그야말로 호황을 이루며 급성장하고 있었다. 1996년 4만 5,000대, 1997년 9만 대, 1998년 25만 대, 1999년 50만 대에 이어 2000년대에 들어서는 연간 약 100만 대 규모로 성장하여 일반냉장고(110만 대)와의 격차를 좁혔으며, 만도공조와 삼성전자, LG전자 등에 따르면 향후 지속적인 김치냉장고 시장의 성장으로 일반냉장고 시장을 크게 앞지를 것으로 예상하고 있다.

한편 시장점유율 면에서 살펴보면, 세계적인 불황으로 대부분의 시장규모가 줄어들고 있음에도 불구하고 1등 기업들은 판매량이 늘고 시장점유율이 오히려 올라가는 기현상이 벌어지고 있는데, 이 같은 '1등 강세현상'은 불황일수록 더욱 확실한 제품 공급처를 찾는 소비성향이 두드러지기 때문이다.

이와 같은 대세에 힘입어 위니아의 '딤채'는 2000년대에 들어서는 김치냉장고 시장의 절반 이상을 점유하고 있는 마켓리더의 자리를 지키고 있으며, 그로 인해 앞으로도 '가격파괴'나 '원가 및 비용 대폭절감' 등과 같은 전략들을 다양하게 구사할 수 있으므로 '딤채'는 마켓리더 자리를 꽤 오래 지키게 될 것이다.

4) 틈새시장의 가능성을 파악하라

1997년을 전후하여 주택 보급량은 대폭 증가하였고, 이는 수도권에의 미니 신도시 건설과 신 행정수도 이전 등에 의하여 더욱 증가할 예정이다. 냉장고 등의 가전제품은 주택보급률과 밀접하게 관련되어 있다. 새로 이사를 하게 되는 경우 주부들이 가장 먼저 생각하는 것이 가전제품의 구입 혹은 교체이다. 이때 딤채는 냉장고와 맞붙을 수 있을 만큼 가능성을 지닌 제품으로 높이 평가되고 있다.

고객의 생활방식은 바뀌고 있다. 아파트가 늘어나면서 예전처럼 마당에 구덩이를 파고 김치 독을 묻는 일이 사라졌다. 아파트 안에서도 김치는 담글 수 있지만 장기간 보관하기는 쉽지 않은 법이다. 주부들의 이 같은 고민을 해결한 것이 바로 김치냉장고였다.

3. 틈새시장의 차별화

1) 산업유형별 차별화 기회

차별화란 자사의 제공물이 경쟁사의 제공물과 구별이 되도록 의미 있게 차이가 나는 특성을 디자인하는 행동을 말하며, 차별화의 기회는 산업의 유형별로 크게 네 가지 유형으로 구분된다.

(1) 양적 산업

어떤 기업이 저원가 위치 또는 고도의 차별화된 위치를 추구할 수 있어 둘 중 하나에 근거하여 성공할 수 있는 경우로서, 보다 큰 경쟁적 우위를 획득할 수 있는 산업을 말하며 건설장비산업이 대표적인 사례이다. 기업의 수익성은 기업의 규모 및 시장점유율과 관계가 있다.

(2) 교착상태의 산업

잠재적인 경쟁적 우위가 거의 없고, 그 우위도 아주 작은 산업이다. 제품의 차별화나 제조원가의 절감이 거의 어려운 철강산업이 예가 된다. 기업들은 유능한 판매원을 고용하지만 이점은 적다. 수익성은 기업의 시장점유율과 무관하다.

(3) 단편형 산업

기업들이 많은 차별화 기회를 가지고 있는 산업이지만, 우위에 대한 각각의 기회는 적다. 식당이 그 예가 되는데, 식당들은 여러 가지 면에서 차별화할 수 있지만, 시장점유율을 많이 확보하지 못한다. 소규모나 대규모 식당 모두가 수익적이거나, 또는 이익을 달성하지 못할 수도 있다.

(4) 전문화된 산업

기업들이 많은 차별화 기회를 갖고 있는 산업이지만, 각 차별화는 높은 상관관계를 갖는다. 그 예는 선정된 틈새시장을 위해 전문적인 기계장치를 제작하는 기업으로서, 이 시장에서 어떤 소규모 기업들은 대기업들처럼 이익을 획득할 수가 있다.

2) 어떻게 차별화할 것인가

틈새시장으로 떼돈을 벌 수 있을까? 만약 한 술 밥에 배부르지 못할 마케터들은 아예 처음부터 니치는 잊어버리는 것이 낫다. 괜히 니치에 손을 집어넣었다가 빼지도 그냥 두지도 못할 것이기 때문이다. 니치의 시작은 어디까지나 작게, 아니 작은 것을 생각하는(think small) 것에서 출발한다.

원래 틈새란 말은 꽃이나 조각 등을 놓아두는 벽면의 움푹 패여 있는 부분을 의미한다. 따라서 크게 먹으려다가는 구멍이 커지고 끝내 벽이 무너지고 말 것이다.

이른바 틈새란 시장이 너무 작아서 실패한 경우는 없으며, 오히려 시장을 확대하다가 실패하는 생리를 지니고 있다. 소비자들의 욕구의 분화는 기존 대중의 존재를 희석시키고 대신 다수의 니치시장이 꽃을 피우게 되는 것이다. 결국 이 니치를 구성하고 있는 각기 다른 소비자들은 자신에게 꼭 맞는 제품을 원하고 있다. 기업 입장에서 '차별화'란 그 어떤 경쟁자보다도 더 그 소비자를 만족시킬 수 있는 것을 의미한다. 그러면 어떻게 차별화할 수 있을까?

차별화에도 다음과 같은 전략이 있다.

(1) 제품 및 서비스의 차별화

이 전략의 기본 아이디어는 누구나 다 좋아할 제품이 아니라 특정 욕구를 가진 소비자만이 더 좋아할 특성을 갖춘 제품을 만드는 것이다.

타이맥스라는 시계회사는 1980년대 초반까지의 싸고 수명이 긴 시계를 생산해 온 매스 마케팅에서 탈피하여 10대를 겨냥한 '워터 컬러', 여성을 위한 '빅 볼드 앤 뷰티플과 더블스', 남성들을 대상으로 한 '캐리지', 그리고 스포츠 시계로서 스키어를 위한 '스키어슬롬', 보트레이서를 위한 '빅토리', 운동용 시계 '에어로빅스', 자전거 타는 사람들의 '벨로트랙'이라는 제품 등 다양화를 추구하여 1972년의 200여 개 디자인에서 1989년도에는 무려 500여 개의 생산라인으로 확대하였으며 수익 또한 증대되는 성공 일로를 걷고 있다.

신발산업의 예를 보면, 윈드서핑용, 스케이트보드용, 에어로빅용, 스카이다이빙용, 자전거용 신발에다가 무술용 신발까지 만들어 내고 있다. 즉, 뭔가 다른 제품, 남과 달라서 나와 궁합이 꼭 맞는 제품을 그 소비자는 원하고 있는 것이다.

(2) 고객 서비스의 차별화

현재 대다수 제품들이 거의 일상용품화되어 가고 있으며 따라서 제품 특성상으로 차별화하기가 여간 쉽지 않다. 그러므로 제품에 부가적으로 제공되는 서비스로 차별화를 꾀하고 있다.

휴양지의 한 호텔은 어린이를 위한 연날리기, 모래성 쌓기, 어린이 캠프 등의 프로그램으로 아이들이 귀찮을 가족 동반 부모들로부터 어린이들을 따로 떼어내고 오붓한 부부만의 시간을 즐기도록 하고 있다. 백화점마다 운전이 미숙한 주부 운전자들을 위해 주차 서비스를 강화하는 것도 마찬가지이다. 요즘 들어 신용카드회사들마다 제공 항공회사와 제휴하여 공짜 비행기표의 환상에 젖게 하는 마일리지 서비스를 제공하는 것도 세계화에 적극 동참하려는 소비자를 겨냥한 것이다.

이렇듯 서비스의 차별화는 고객을 잘 배려하는 데에서 시작된다. '우리의 고객은 누구이며, 그들의 구매결정에 영향을 주는 요소는 무엇일까?', '어떻게 하면 우리 제품에 더욱 쉽게 다가올 수 있을까?'에 지속적으로 관심을 가져 보아야 할 것이다.

(3) 유통경로의 차별화

소비자들이 가장 즐기는 것이 돈 쓰는 쇼핑이지만 가장 귀찮은 것 중의 하나도 돈을 써야만 하는 쇼핑이다. 여기에 착안하여 유통의 다양한 아이디어로 소비자를 편안하게 해주는 기업들이 있다. 슈퍼마켓에서 배달하는 것은 그리 신기하지 않은 일이고, 은행에서는 예금과 출금도 고객의 집에서 가능하도록 돈까지 배달하고 있으며, 이른바 택배 서비스는 손에서 손으로 서류든지, 짐이든지 오토바이의 두 바퀴를 휘날리며 그대로 옮겨놓고 있다.

정보통신의 발전은 이 부분의 차별화를 더욱 가속시킬 것인데, 어떻게 하면 고객들이 보다 쉽고 빠르고, 편리하게 구매할 수 있을까를 고민해야 한다. 고객이 우리에게 오기를 마냥 기다려서는 이길 수 없다. 고객의 문 앞까지 길을 뚫고 나가야 한다.

(4) 커뮤니케이션의 차별화

자신의 제품에 독특한 이미지를 심어 주고 특별한 판촉활동으로 뭔가 다르게 보이도록 만드는 것이다. 아우디자동차는 가능성 있는 잠재고객들에게 아우디 차량을 시험 주행할 기회를 제공하여 구매를 자극하고 보트, 승마, 스키를 즐기는 부유층의 스포츠광들과 지속적인 관계를 유지하려고 하고 있다.

존슨 앤 존슨사는 베이비 샴푸를 어른들이 사용하도록 유혹하여 새로운 시장창출에 성공하였다. 한 피자업체에서는 피자주문 시 빨간색 폭스바겐 자동차로 배달하는 색다른 아이디어를 채택하고 있다. 프록터 앤 갬블사(P&G)는 크레스트 치약의 경우 흑인, 히스패닉, 어린이 등 6개 소비자 계층에 각기 다른 촉진방식으로 접근하고 있다.

즉, 색다른 판촉활동으로 각기 다른 니치시장의 소비자에게 가까이 다가가고 있다. 더구나 아우디처럼 목표시장의 라이프스타일에 기반을 둔 판촉활동은 소비자와의 유대감을 강화시키는 좋은 차별화 전략이 된다.

(5) 가격 차별화

소비자는 기본적으로 '돈'에 대해 민감하며 따라서 많은 마케터들이 쉽게 가격에 대해 생각하지만 가격은 이상의 다섯 가지의 차별화 전략에서 가장 마지막으로 고려하여야 한다. 왜냐하면 이는 경쟁자가 따라 하기가 쉬우며 자칫 가격 경쟁에 빠지면 피차에 피곤한 일인 것이다. 그러나 이것 역시 효과적인 차별화 전략임에는 틀림없으며 많은 기업들이 다양하게 적용하고 있다.

많은 레스토랑들은 자리가 텅텅 비는 평일 초저녁에 특별 저녁 메뉴를 싼값으로 마련하여 자리를 메우고 있으며, 가격에 민감한 노인층에 대해서 커피를 한 잔 값으로 무제한 제공하고 있다. 또 저녁의 술자리를 유치하기 위해 대폭적인 저렴한 가격으로 직장인들에게 점심을 해결토록 배려하는 음식점도 있다. 숙박업과 자동차 렌트업의 경우에는 요일과 시간에 따라 각기 다른 가격 체계를 적용한 지 이미 오래된 일이다.

가전업체에서 중고제품에 대해 보상교환판매를 실시하는 것도 아직 멀쩡하게 쓰던 것에 대한 아쉬움을 해소시켜 주는 것이다. 충성고객을 위한 혜택으로 쿠폰을 발행한다든지 특별 회원권 등의 우대카드를 제공하는 것도 고마움의 되돌려줌인 것이다.

그런데 이러한 가격 차별화 전략에서 중요한 것은 혜택을 받는 고객들이 특별히 싼 가격과 같이 싸구려 고객으로 인식되지 않도록 신경을 써야 한다는 점이다. 오히려 특별한 대접을 받을 자격이 있는 특별한 '분'으로 스스로 생각할 수 있도록 주도면밀하게 집행하여야 한다.

이상의 다섯 가지 차별화 전략은 목표로 하는 틈새시장의 소비자욕구에 따라 하나 또는 둘 이상이 복합적으로 혼합되어 활용되고 있으며 대단한 성과를 거두고 있다.

이와 같은 5가지 외에 마지막 차별화 전략으로 주문 생산(customization)을 들 수 있는데, 이 전략은 소비자 개개인에 초점을 맞춘 것이다.

어느 남성복 매장에서는 각종 색상과 스타일의 옷을 자신과 컴퓨터의 합성 처리로 볼 수 있는 전자거울을 설치하여 고객들을 꼼짝 못하도록 하고 있으며, 화장품의 경우도 여성 고객의 머리색, 눈, 피부색, 얼굴형태 등을 분석하여 그 특성에 가장 잘 어울리는 화장품을 배합해 주며 유혹하고 있다.

아이스크림도 자신이 원하는 대로 맛과 향을 골라 섞어서 먹을 수 있으며 요즘은 주택도, 아파트도 주문 시대로 들어섰다. 이 모든 것이 고객 지향적 마케팅의 산물이다.

"책상에서 벗어나 고객을 만나라. 고객과 같이 행동하고 그들과 같이 생각하라."

제2절 틈새시장 분석

1. 소비패턴(환경)의 변화

① 소비자의 소득수준 향상과 근로시간 단축에 따른 여가시간 증대, 가치관 · 윤리관 · 생활습관의 변화, 소비문화 대변혁

② 의식주, 소비형태 변화로 신소비생활영역 확대, 새로운 소비계층 등장(N세대, Y세대 등)으로 전환 예고

③ 산업구조의 급속한 변화 및 사회구조의 분화 가속화, 유통산업의 신업태 출현(편의점, 양판점, 카테고리킬러 등)

④ 소비자 의식구조 급변 및 상식의 붕괴 현상 대두와 새로운 변화로 능동적으로 순응하고 기존 상식 파괴

2. 마케팅환경의 변화

"시장은 이미 과거의 것이 아니다."

장소로서의 시장(market place)은 기술의 발전, 세계화 및 법규의 폐지와 같은 주요한 사회적 영향요인으로 인해 마케팅환경은 급격하게 변화하고 있다.

고객들은 고품질의 제품과 서비스 그리고 고객 위주의 문화를 기대하고 있다. 즉, 고객들은 실질적인 제품 차이를 거의 알지 못하며 또한 상표에의 충성심을 거의 나타내지 않는다. 고객들은 인터넷 및 다른 원천으로부터 광범위한 제품정보를 얻을 수 있는데, 이로 인해 고객들은 보다 지적으로 쇼핑할 수 있다. 또한 고객들은 가치를 탐색함으로써 보다 민감한 가격 감수성을 나타낸다.

제조업자들은 국내 및 국외의 제품들과 극심한 경쟁에 직면하고 있는데, 이렇게 됨으로써 촉진비용이 급증하고 또한 이익률은 격감되고 있다. 즉, 제조업자들은 제한된 점포 진열대를 통제하고 있으며 또한 경쟁사들과 자신의 제품을 팔고 있는 소매점들로부터 압도당하고 있다.

점포 소매상들은 과잉포화상태에 있는 소매업의 상황하에서 고전을 면치 못하고 있

다. 결국 소매점들은 마진이 격감하고 있음을 경험하고 있다.

이에 반해 기업형 소매점들은 커피바, 강의실, 전시실 및 상영실 등을 갖춘 오락실을 점포 내에 설치하고 있다. 즉, 기업형 소매점들은 제품구색보다는 '경험'을 마케팅하고 있다.

3. 진출산업의 환경 분석

"나를 알고 남을 안다."

의사결정자가 기업환경 또는 상황(situation)을 어떻게 보느냐에 따라서 향후의 기업활동이 달라질 수 있다. 기업 전략과 환경 사이를 간단하게 짜 맞추는 환경 분석 도구(tool)가 있다.

SWOT 분석이 대표적인 도구이다. SWOT의 개념적 접근은 자신을 알고 남을 안다는 것(知彼知己)이다.

① 외적인 환경요인은 기회와 위협요인으로, 내적인 기업요인은 강점과 약점요인으로 구분된다.

② 내적인 강 · 약점요인은 CEO 경영, 재무상태, 경영방식, 마케팅, 인적자원, R&D, 정보시스템, 조직구조, 기업문화 등의 측면으로 다루어진다. 내적인 강 · 약점요인들은 경영관리의 통제하에 있으며 조직 내부적인 이슈들이다. 강점은 경쟁사에 비해 상대적인 이점이나 고객에게 상대적인 효용(benefit)을 줄 수 있는 기업 내부적인 어떤 것으로서 정의된다. 약점이란 물론 그 반대적인 것으로 정의된다.

③ 외적인 기회 · 위협요인은 경제발전 추이, 기술 추이, 법규 경향, 인구 · 사회학적 경향, 경쟁상황 추이 등의 측면에서 다루어진다.

1) Strengths(내부강점)

① 탁월하게 우수한 부분이 있음

② 자금 능력이 있음

③ 경쟁력 있는 기술

④ 구매자 반응이 좋음

⑤ 시장인지도가 높음

⑥ 기능부서 전략이 탁월함

⑦ 규모의 경제를 누림

⑧ 강력한 경쟁자로부터 보호받을 수 있음

⑨ 법적으로 보호받을 수 있는 기술

⑩ 원가우위

⑪ 경쟁상 유리한 점

⑫ 제품혁신 능력

⑬ 탁월한 경영 능력

2) Weaknesses(내부약점)

① 불명확한 기본방향

② 상대적 경쟁력이 떨어짐

③ 낙후된 설비

④ 인재부족

⑤ 뛰어난 능력, 기술이 없음

⑥ 전략집행 경험부족

⑦ 내부관리문제

⑧ 경쟁분위기에 약함

⑨ 연구개발 부진

⑩ 제품구색 부족

⑪ 시장인지도 부족

⑫ 평균 이하 마케팅 실력

⑬ 자금 동원력 부족

3) Opportunities(외부기회)

① 신시장, 세분화된 시장

② 새로운 제품계열 추가기회

③ 관련 분야로 다각화할 기회

④ 보완제품 추가기회

⑤ 수직적 통합

⑥ 경쟁자가 방심하고 있음

⑦ 빠른 시장성장률 및 정부정책 변화

4) Threats(외부위협)

① 잠재경쟁자 참여

② 대체제품 판매증가

③ 시장성장률 둔화

④ 정부정책 변화

⑤ 경쟁심화

⑥ 불경기에 민감함

⑦ 고객, 공급업자의 협상력 증대

⑧ 고객기호 변화

제3절 마케팅 전략 개발

1. 침체기의 마케팅 전략

1) 불황기가 마케팅 전략의 출발점

경기변동에 연관하여 기업이 생각할 수 있는 점은 불황이냐 호황이냐 하는 국민경제학적인 입장이 아니라, 항상 불황에 대비한 좁은 범위의 전략이다. 불황은 경제환경의 결정인자로서 기업의 상황과 시장활동에 결정적인 영향을 주는 것이다. 예를 들어, 물가상승과 실업확대로 인한 시장위축이나 수입개방의 가속화에 따른 경쟁의 심화라든가 주요 제조업 분야의 투자위축 및 지불 능력의 어려운 국면 등이 바로 불황에 대한 기업의 상황을 대변해 주는 것이다.

기업의 국내외시장에서 오는 판매 기회 및 수용 위축과 기업환경의 영향에서 오는 판매위기는 주로 구조적 위기라 할 수 있다. 따라서 이러한 불황하에서의 마케팅 전략은 이러한 현상을 완화해 보려는 시도인 셈이다. 즉, 해당되는 특정 업종에 있어서의 판매위축에 따른 기업의 마케팅 전략 개발의 핵심이 된다.

따라서 마케팅 전략의 추진방향은 경기변동에 연관하여 언제나 기업환경의 부정적인 측면에 대비하는 것이다. 부정적인 환경요인에 대비한 마케팅 전략의 출발점은 그 역할 및 가능성을 재평가하는 데 두어야 한다.

2) 불황을 틈새시장 전략으로 타개하라

심리적인 인식에서 연유된 불황하에서 나타나는 판매위축의 원인은 수요 면과 공급 면에서 구분하여 살펴볼 수 있다.

우선 특정 제품에 대한 수요자 선호의 변화는 일부의 과소비 현상에서 연유되거나 또는 물가앙등으로 인한 구매력 축소에서 판매위축의 원인이 발생하고 있다. 고용의 구조적 축소라든가 또는 경기변동적 축소는 물가 오름세의 변화와 더불어 오늘의 기업환경에서는 소득 축소의 큰 원인이 된다고 보아야 한다. 또한 내구재의 시장충족 현상이나 국가정책적인 영향요소가 변화할 경우에도 특정 재화의 판매는 위축되게 마련이다.

이 밖에도 수출의 경우 국제시장에서 후발개도국의 부상에 따른 기존시장의 위협과 각축의 시기가 앞당겨지고 있는 반면에 선진국과 견줄 수 있는 경쟁의 폭은 점점 넓어져 우리의 국제경제적 위상은 점차 축소되고 있다. 또한 국내 인건비의 상승과 물류비용의 과부담으로 인한 국제경쟁력의 상실로 외국시장에서의 판매위축에 직면하고 있다.

공급 면에서 보면, 우선적으로 판매위축의 원인은 비용증가로 인한 판매가격 상승효과에서 찾을 수 있다. 또한 경쟁자와 대비해 볼 때, 제품품질상의 결점이나 판매시스템상의 결점과 같은 특정한 경쟁상의 단점을 노출하게 될 수도 있다.

이러한 단점의 노출이 또한 판매위축의 원인이 된다. 수출시장에서의 품질향상 없는 제품의 가격상승은 경쟁국 상품의 수입이 증대되는 원인이 되어 동 제품의 판매위축을 초래하기도 한다. 특히 국제시장에서의 판매위축으로 인한 국제수지 적자는 수요 면이나 공급 면에서 이와 같은 판매위축 현상을 점차적으로 파급시켜 결국 경기불황을 초래하게 된다. 이러한 과정에서 기업의 유지, 또는 계속적인 전략의 수행이냐, 아니면 구조의 변화를 시도할 것이냐 하는 전략의 선택이 강요된다.

불황기의 마케팅 전략의 추진방향은 수요의 다양화를 최대한도로 충족시키는 데 기본 목표가 주어져야 한다. 따라서 이러한 노력은 경기변동에 따라 차이가 있을 수 없다.

즉, 호황이나 불황을 막론하고 선호되는 제품 라인이나 중점 품목 라인을 기업 마케팅 전략의 기본으로 두어야 한다.

2. 기업의 마케팅 전략 수립

"전략이 곧 경쟁력이다."

목표란 어떤 사업단위가 성취하고자 하는 것을 나타내는 것이며, 전략은 그곳에 도달하는 방법에 대한 게임계획이다. 모든 사업단위는 그 목표를 달성하기 위한 전략, 즉 많은 유형의 마케팅 전략이 이용될 수 있지만, 마케팅 전략 그리고 적합한 기술 전략 및 자료원천에 입각한 전략으로 구성된 전략을 짜야 한다. 마이클 포터의 전략적 사고의 출발점을 제시하는 세 가지 마케팅 전략 수립 유형을 살펴보면 다음과 같다.

1) 원가우위 전략

① 경쟁제품에 비해 품질은 그다지 차이가 없지만 가격을 현저하게 내리는 전략
② 여러 가지 기업활동을 통해 해당 산업에서 비용우위를 달성하는 전략
③ 대량생산에 의한 규모의 경제를 얻거나 생산기술의 개발이 필요한 전략
④ 우리나라 기업들이 과거 해외에서 취한 전략

2) 차별화 전략

① 고객이 비싼 가격을 기꺼이 지불하게끔 가치 있는 제품을 만드는 전략
② 경쟁제품보다 품질이나 디자인이 월등하든지 또는 유명 상표가 부착된 경우

3) 집중화 전략

① 특정 구매자집단이나 지역적으로 한정된 특정 시장을 표적화하는 전략

② 원가우위나 차별화 전략 중 하나만을 선택하여 집중적으로 공략

③ 원가우위 전략이나 차별화 전략은 산업 전체를 대상으로 하고 집중화 전략은 특정한 표적시장을 대상으로 함

3. 마케팅 전략에 따른 신제품 개발

1) 신제품 개발의 실패원인

신제품을 개발하지 못하는 기업들은 스스로 엄청난 위험에 처하게 된다. 변화하는 소비자들의 욕구와 취향, 새로운 기술, 짧아지는 제품수명주기, 점차 증가하는 국내외 경쟁에 취약하기만 하다.

이와 동시에 신제품 개발은 매우 위험한 것으로서 신제품은 계속 치명적인 비율로 실패하고 있다. 그럼 왜 수많은 신제품들이 실패하는가에 대하여 알아보자.

① 마케팅 조사의 결과가 부정적으로 나타났는데도 불구하고, 최고경영자가 자신이 선호하는 아이디어를 강행하는 경우

② 아이디어는 좋았으나, 시장규모가 과대하게 추정되어 있는 경우

③ 실제 제품이 잘못 디자인되었을 경우

④ 시장에 신제품이 잘못 위치화되거나, 비효율적으로 광고가 될 경우, 지나치게 높은 가격인 경우

⑤ 개발비용이 예상보다 지나치게 많이 소요되는 경우

⑥ 경쟁사가 예상보다 강하게 밀어닥치는 경우

2) 신제품 개발의 장애요인

(1) 어느 분야의 경우, 주요 신제품 아이디어의 부족

철강, 세척제 등과 같은 어떤 기본적인 제품들을 향상시킬 수 있는 방법의 여력이 거의 없다는 것이다.

(2) 분화된 시장

격심한 경쟁으로 인하여 시장이 점차 조각조각 분화되고 있다. 기업들은 규모가 작은 유사한 세분시장을 신제품의 표적으로 하는데, 이것은 어떤 제품이든 매출액과 이익이 축소되고 있다는 것을 의미한다.

(3) 사회적 규제와 정부규제 증가

신제품은 소비자의 안전 및 환경적 관심사를 충족시켜야 한다. 정부규제는 제약, 장난감 및 기타 산업의 혁신을 둔화시킨다.

(4) 신제품 개발과정의 비용증대

기업은 친환경적으로 더 좋은 제품을 개발하기 위하여 많은 신제품 아이디어를 창출해야 한다. 더욱이 기업은 기술개발, 제조 및 마케팅비용의 증가에 직면하고 있다.

(5) 자본의 부족

좋은 아이디어를 가진 기업들도 그 아이디어를 개발하는 데 소요되는 자금을 충당할 수 없는 경우가 있다.

(6) 제품개발기간의 단축

기업들은 컴퓨터를 이용한 설계 및 제조 기술, 전략적 동반자, 초기의 제품 개념 시험 그리고 향상된 마케팅계획 수립 등을 이용함으로써 신제품 개발기간을 단축할 수 있는 방법을 배웠다. 즉, 혁신적인 기업은 동시적 신제품 개발로 시장에 신제품을 출시하고 있으며 하나의 신제품이 시장에서 성공하는 경우 경쟁사들이 신속하게 모방하고 있다.

3) 신제품 개발 성공을 위한 마케팅 전략 개발

기업은 신제품 개발의 장애요인을 극복하고 신제품을 성공시키기 위해 어떤 전략을 추진하여야 하는가?

① 제품 개발에 앞서서 제품 개념을 분명하게 정의한다는 것으로서 기업들은 신제품 개발을 진행하기 전에 명확한 마케팅 전략을 수립하고 그에 따른 표적시장 분석, 고객의 분석을 통한 요구조건 분석에 따른 마케팅 추진을 위한 전략 개발이 선행되어야 한다.

② 고품질, 새로운 특성, 사용상 높은 가치와 독특하고 탁월한 제품의 개발이다.

그림 10-1 마케팅 전략 개발 프로세스

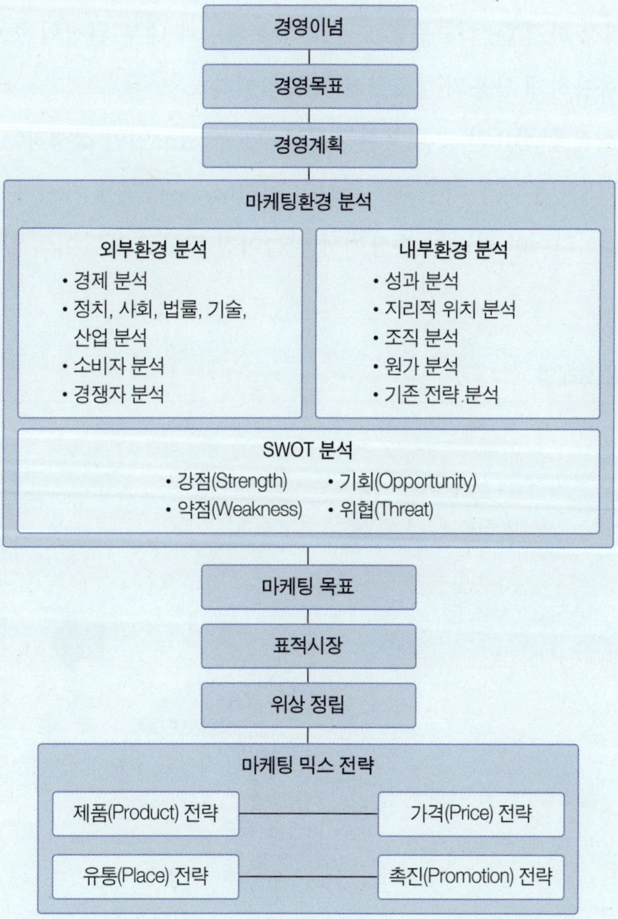

③ 신제품 초기부터 기술개발, 엔지니어링, 제조, 구매, 마케팅 및 재무부서 간의 팀워크가 조성될 때 가장 효과적인 성공요인이 된다.

[그림 10-1]은 마케팅 전략 개발과정에 관한 도표이다.

제4절 마케팅 전략을 활용하라

1. 3C 분석의 전략적 활용

비즈니스 환경 분석의 주요 도구로 외부환경과 내부 환경의 중요사항을 요약하여 분석할 때 유용하게 사용되는 도구가 3C분석이다.

3C 분석은 환경요인 중 외부환경에서 주요 영향요인인 경쟁자(competitor)와 고객(customer)에 대한 분석과 내부 환경부문인 자사(company) 세 가지가 중요하므로 이들을 중심으로 분석하여야 한다는 주장에서 만들어진 도구로 세단어의 앞 글자를 따서 3C 분석

그림 10-2 3C 분석의 프레임

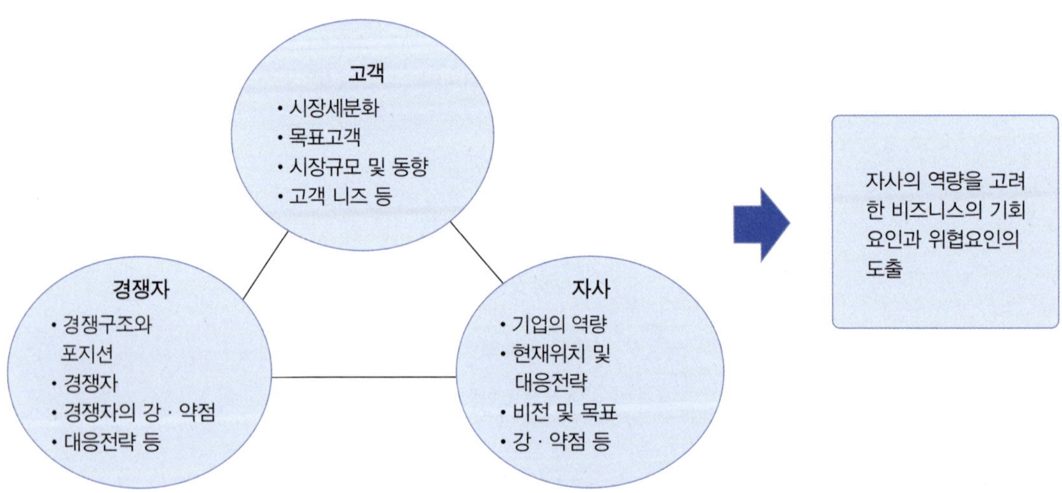

이라 한다.

1) 경쟁자 분석

기업은 산업 내 경쟁구도를 파악한 후 경쟁수준 분석 등을 통한 명확한 경쟁자를 정의하고, 각 경쟁자에 대한 상세조사와 분석을 실시하여야 한다.

이와 같은 경쟁자에 대한 조사 및 분석을 통하여 각 경쟁자의 강·약점을 분석하고, 아울러 경쟁자의 핵심전략과 향후 전략대응 행동 등을 분석하고 이를 토대로 한 경쟁전략을 수립하여야 한다.

(1) 경쟁자 분석의 프로세스

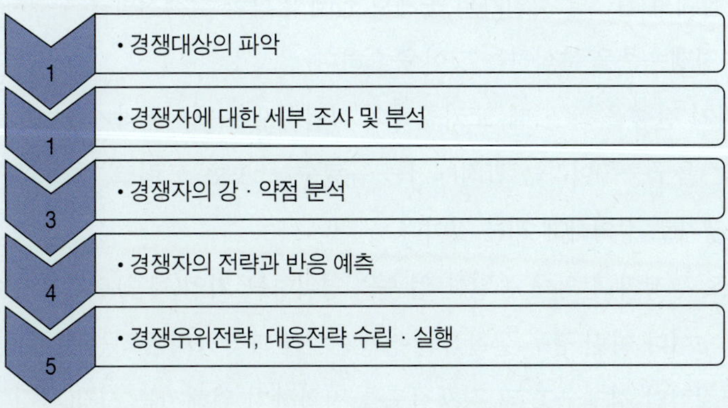

표 10-1 경쟁자 분석 활용 템플릿

구 분		자 사	경쟁사(A)	경쟁사(B)
정량목표	매출액			
	성장률			
	이익률			
주력 상품				
주요 고객				
핵심 전략				
조직 및 인적자원				
기술수준/생산능력				

마케팅			
재무구조			
강 · 약점			
시사점(Implication)			

(2) 경쟁수준 분석

경쟁수준의 분석은 경쟁자의 정의를 동일 제품군에 한정할 것인가?, 아니면 소비자의 욕구충족 관점에서 접근할 것인가의 문제로 실제 명확한 경쟁전략을 수립하기 위해서는 해당 제품의 경쟁수준을 분석하는 것이 중요하다.

즉, 소비자가 갈증을 느낄 때, 코카콜라의 직접경쟁은 펩시콜라가 되겠지만 소비자의 갈증해소라는 욕구충족이라는 관점에서는 음료수, 스포츠 드링크, 주스, 사이다는 물론 생수까지 경쟁자로 정의하게 되는 것이다.

일반적으로 경쟁의 정의를 동일한 업종을 영위하는 기업(제품)으로 한정하여 비교하는 경우가 다수이나 이런 경우 실질적인 경쟁관계를 파악하지 못하는 오류 발생.

따라서 실질적인 경쟁구조 및 경쟁점포를 정의하기 위해서는 시장 환경 및 경쟁분석을 통하여 경쟁수준별, 세부 업종별, 그리고 고객의 니즈 측면에서 경쟁을 정의하여야 하고, 변화하는 고객 니즈와 산업 및 경쟁기업의 동향을 체계적으로 파악하고 대응하여야 한다.

(3) 경쟁 포지션 분석

경쟁 포지션 분석은 경쟁사가 어떤 전략을 사용할 것인지 예측을 통하여 해당 기업의 대응전략을 수립하는 데 활용하는 분석방법이다.

경쟁사가 하나의 경쟁전략만 있다면 포지션을 쉽게 파악할 수 있지만, 복합적으로 추구하거나 과학적 · 합리적 판단 없이 즉흥적으로 경쟁을 벌인다면 해당기업의 경쟁 포지

그림 10-3 3C분석 Road Map

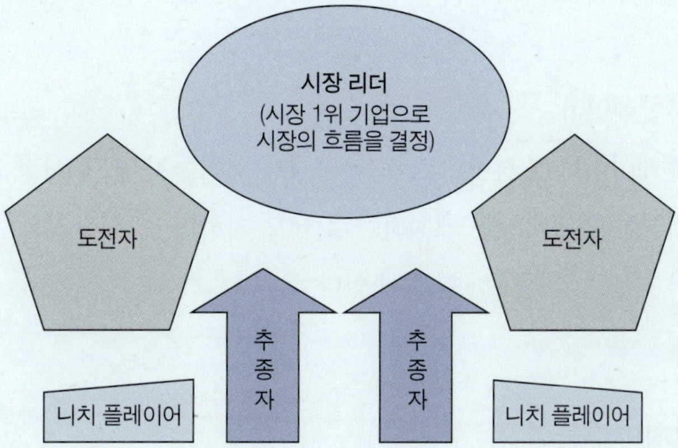

션을 파악하는 작업은 매우 복잡해지게 된다.

(4) 경쟁 포지션 분석과 내용

① 시장 리더

시장 리더란, 제품 전체 사양에 걸친 제품 커버리지와 시장 전체에 걸친 유통 커버리지를 가지고 있으며, 통상적으로 시장점유율 1위의 위치에 있다. 리더의 제품사양과 가격이 시장의 대표적인 것으로 결정될 만큼 시장에 대한 영향력이 크다.

② 도전자

도전자란, 보통 시장점유율 2~3위의 기업으로 시장리더에 전면적으로 대항하는 기업이다.

리더와 유사한 수준의 제품 및 지역 커버리지를 갖고 있으며 리더 제품에 대한 차별적 대안으로서 제품을 고객에게 알리고자 한다. 제1의 관심사는 시장점유율의 확대를 통하여 리더의 지위를 빼앗고자 하는 것이다.

③ 추종자

추종자란, 시장 리더 제품을 모방하여 그와 동일하거나 약간 나은 제품을 생산 · 판매하는 기업이다. 리더에 전면적으로 대항하는 제품을 공급할 능력이나 의사는 없으며, 시장의 일부에서 확고한 위치를 차지하는 것을 목적으로 한다.

④ 니치 플레이어

니치 플레이어는 본격적으로 시장 경쟁에 뛰어들지 않고, 시장 리더나 도전자 또는 추종자가 무시한 틈새시장을 개척하는 소규모 기업이다. 성장기회나 이익 실현 규모는 크지 않으며 경쟁력이 취약한 단점이 있다.

(5) 벤치마킹분석

① 벤치마킹분석의 개요

벤치마킹 분석은 기업의 경쟁자 또는 우량기업으로 기업전략상 시사점을 부여할 수 있는 대상을 선정해 경쟁우위의 요소와 핵심성공요인을 파악하고, 이를 기업의 전략에 활용하기 위한 분석기법이다.

② 벤치마킹분석의 목적

– 우수한 기업의 성공요인 분석을 통하여 기업 개선 기회 도출
– 분석을 통하여 전략적 목적 개발과 현실적이고 실행 가능한 목표설정 가능

(6) 벤치마킹 분석의 장단점

① 우수한 성과를 창출한 성공사례 학습을 통하여 기업의 전략수립 및 실행계획 반영 등 실질적인 경영활동의 수준을 제고할 수 있는 장점을 지닌다.
② 반면, 실행 가능한 구체적인 목표선정 및 체계적인 도입계획을 수립하지 않으면 일회성 행사로 그치는 경향이 존재한다.

(7) 벤치마킹분석 실행방법

① 목표와 분석방향을 설정

② 벤치마킹 대상 및 프로세스를 선정

③ 비교대상의 기능, 프로세스 등을 측정하기 위한 지표를 결정

④ 대상의 실제 정보수집과 분석 실시

⑤ 대상과 기업의 갭을 확인하고 논리적 원인을 규명

⑥ 갭 해소를 위한 전략 · 실행계획을 수립

⑦ 실행과 실행 이후의 성과를 분석

2) 고객 니즈분석

(1) 고객 니즈분석 개요

고객 니즈 분석은 고객이 누구인지, 그들의 니즈가 무엇인지, 언제, 왜, 어떻게 구매하는지를 분석하는 것임. 일반적인 고객은 각기 다른 다양한 니즈를 가진 집단으로 구성되어 있고 이러한 다양한 니즈를 식별해냄으로써 보다 효율적인 전략을 수립 · 실행할 수 있음.

(2) 고객 니즈분석 목적

① 고객의 욕구변화를 이해

② 고객에게 제공하는 것은 무엇이고, 경쟁사는 고객에게 무엇을 제공하는지 이해

③ 기업의 목표고객을 파악

④ 기존 제품의 포지션을 제고

⑤ 경쟁사와의 차별화 목적

(3) 고객 니즈분석 프로세스

그림 10-4 고객 니즈 분석 프로세스

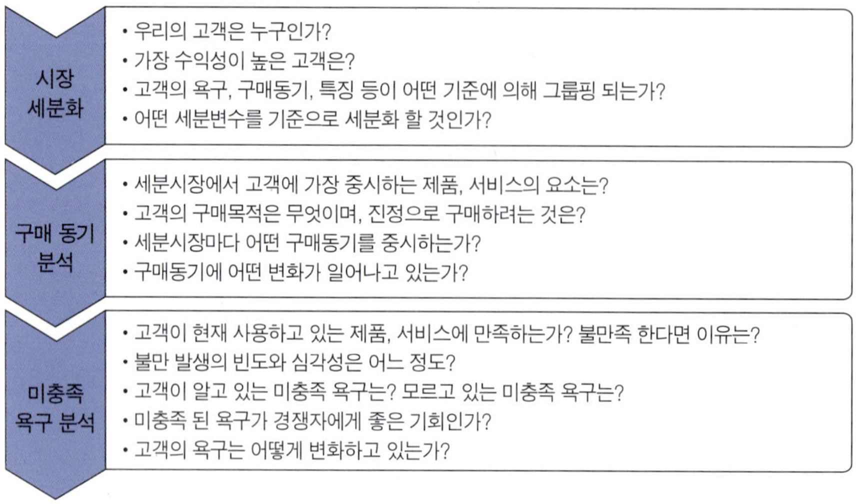

3) 자사분석

(1) 자사분석 BCG의 성장 점유율 매트릭스 분석

그림 10-5 BCG매트릭스 분석표

출처: BCG그룹

표 10-2 BCG 매트릭스 설명

제품군	위치 특성	전략적 의사 결정
Stars (별)	- 경쟁우위로 수익성, 현금 창출력이 있으나 지속적 투자 소요	- 지나친 투자의욕으로 현금 흐름이 악화되지 않도록 유의 - 시의 적절한 투자결정으로 성장성 유지
Cash Cows (자금 젖소)	- 수익성이 높고 현금유입 다수 - 성장 감소나 수요 감소를 감안하여 현상유지	- 제품진부화의 지연노력 - 매출유지에 전력 - 유입현금의 재 배분
Question Marks (문제아)	- 성장성은 높으나 경쟁열세 수익성 낮음 - 품질, 브랜드, 가격 등의 경쟁력 열세	- 개발, 마케팅투자 강화로 경쟁우위로 전환시킬 수 있는 상품 적극 지원 - 가능성이 낮으면 퇴출
Dogs (개)	- 수익성, 현금흐름 저조로 장래성이 없는 한계품목	- 구색 기능상 불가피한 경우 철저한 원가관리 - 신속히 퇴출

2. STP 전략의 활용

"소비자의 욕구를 파악하라."

현대에 와서 급속한 환경변화에 따라 제품, 서비스의 수명주기가 무척 짧아졌다. 이는 기업에 있어서 새로운 기회이자 위협요인이 되고 있다. 더욱 거세진 경쟁 속에서 많은 비용을 들여 개발한 신제품 혹은 서비스가 시장에서 성공할 확률은 감소하고 있으며 성공을 하였다 하더라도 이내 다른 경쟁제품 때문에 성공적인 출시 전략을 그대로 시장점유율로 전환시키는 것이 더욱 어려워졌다. 이런 까닭에 기업의 마케팅 전략 기본 단계로서 STP 분석(시장세분화-표적시장 선정-포지셔닝)이 갖는 의미는 더욱 중요해졌다. 그렇다면 마케팅 전략 수립의 기본 단계인 S(Segmentation), T(Targeting), P(Positioning)를 순서대로 알아보자.

1) 시장세분화(Segmentation)

모든 세분화 전략은 현 구매과정, 구매자행동, 구매자의 미충족욕구 등과 관련되어야 한다. 구매자의 니즈가 막연하게 표현되면 구매전환이 어려워질 수 있다. 즉, 구매자의 미충족욕구가 분명하게 표현되어 전체 시장 내에서 반영되어야만 새로운 세분화 도구가 될 수 있는 것이다.

그림 10-6 포지셔닝 관련 흐름도

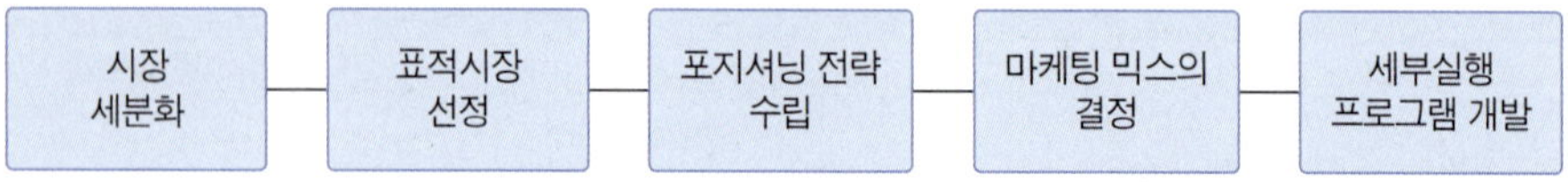

근본적으로 선택은 두 가지이다. 구매자들의 구매방식에 대한 지식에 의존하거나 새로운 시장을 타깃으로 삼기 위해서 존재하지 않는 구매행동에 근간을 두고 미충족니즈에 대한 자료를 획득하는 것이다. 후자는 위험이 높다. 그러나 때때로 효과가 있다. 현금자동지급기, 폰뱅킹, 그리고 개인용 컴퓨터를 통한 온라인뱅킹이 그 예가 될 수 있다.

킹카피 같은 24시간 복사 서비스나 안철수 바이러스 연구소 같은 컴퓨터 바이러스 퇴치 서비스와 같이 독특한 서비스를 요구하는 세분시장이 있을 것이다.

이는 전체 시장의 니즈라기보다는 독특한 경쟁지위를 제공하는 기업의 서비스라고 할 수 있다. 서비스 제공물이나 일부 시장의 니즈에 독특한 면이 있는지 살펴보는 것도 중요한 일이다.

2) 목표시장 선정(Targeting)

세분시장의 규모와 성장률, 경쟁우위, 자사와의 적합성 등을 고려해 평가할 수 있다. 각 세분시장을 평가한 후 목표시장을 선택할 때 세 가지 전략이 가능하다. 즉, 단일세분시장을 선택하는 집중화 전략, 복수세분시장을 선택해 각 세분시장별로 마케팅 전략을 수행하는 차별화 전략, 세분시장별 차이를 무시하고 전체시장을 하나로 보는 비차별화 전략이다.

목표시장의 규모를 측정하는 것은 세분시장 내의 매출 규모, 동일한 세분시장 내에서 서비스를 제공하고 있는 경쟁자들과 비교하였을 때의 경쟁적 지위, 세분시장에 도달하는 데 드는 비용, 그리고 세분시장의 니즈와 마케터의 목표의 일치 정도에 바탕을 둔다. 이러한 의사결정요인들은 목표시장으로 선정되거나 여기서 탈락되는 데 중요한 역할을 한다.

3) 포지셔닝(Positioning)

포지셔닝 전략을 수립하는 경우, 문제로 지적되는 것이 바로 제품이 갖는 여러 특질들이다. 우선, 실체적인 단서들을 명시적으로 제시하는 명시적 포지셔닝이 요구된다. 예를 들어, 은행이나 호텔 등의 서비스조직들이 그들의 서비스 콘셉트를 아무리 명쾌하게 잡았더라도 여러 과정에서 많은 어려움을 겪게 된다. 실체적인 상징을 부여하여 자신들의 포지션을 고객들에게 확신시켜 주는 것이 중요하다.

또 기업의 포지셔닝 전략은 기업이 속한 외부환경의 변화에 민감해야 한다. 기업이 직면하는 외부환경은 거시적인 환경으로 정치 · 경제 · 사회 · 문화적 측면들을 포괄할 뿐 아니라 기술의 변화도 포함하고 있다.

3. 마케팅 믹스의 활용

"4P's 전략을 활용하라."

시장진입 전략이 수립된 후에는 구체적인 마케팅 믹스 전략을 활용하게 된다. 이는 기업이 표적시장에서 마케팅 목표를 달성하는 데 사용할 수 있는 마케팅 도구의 집합으로 제품, 가격, 유통, 촉진으로 구성된다.

효과적인 마케팅 믹스 통합을 위해서는 마케팅 믹스 사이에 일관성, 통합성, 시너지효과를 고려하여야 하고, 개별 마케팅 믹스 전략은 하나의 통합된 마케팅 믹스 조합으로 나타내어진다.

마케팅 믹스 요소들은 시장상황, 제품특성, 기업의 특성에 따라 중요하고 효율적인 믹스 조합이 달라진다. 마케팅 믹스 조합에서 경쟁력 우위의 원천은 고품질인 경우에는 제품경쟁력이, 대등품질에서는 유통과 촉진경쟁력이, 저품질인 경우에는 가격경쟁력이 된다.

1) 제품(Product)

제품은 구입하는 사람에게 효용을 제공하며 시장에서의 거래를 통해 교환되고 소비되는 대상을 말한다. 제품은 크게 소비재와 산업재로 구분되며 소비재는 다시 편의품과, 선매품, 전문품으로, 산업재는 장치재, 자본재, 구성품, 원재료, 산업소모품으로 구분된다.

마케팅 전략 도구로 사용되는 제품수명주기는 도입기, 성장기, 성숙기, 쇠퇴기로 구성되며 제품유형에 의한 분석이 유용하다. 제품 믹스란 한 기업이 가지고 있는 모든 제품의 수를 전부 합한 것을 말하며, 제품 라인이란 한 기업이 보유한 제품 믹스 중 물리적 특징이나 사용상의 용도 또는 유통경로가 비슷하여 동일한 마케팅 전략을 적용시킬 수 있는 제품의 집합을 말한다.

제품 믹스 전략으로는 제품 라인 추가 전략, 제품 라인 제거 전략, 제품 라인의 분할 및 통합 전략이 있으며 제품 라인의 상표 전략으로 다상표 전략과 공동상표 전략이 있다.

2) 가격(Price)

가격은 구매자들이 특정 제품을 구매함으로써 얻게 되는 효용에 부여된 시장에서의 제품교환가치라 할 수 있으며 다른 마케팅 믹스에 비하여 경쟁에 가장 민감하게 반응하여 가장 강력한 경쟁 도구가 될 수 있다. 일반적으로 가격은 가격 목표의 결정, 가격 전략의 방향설정, 가격산정, 최종가격의 결정과정을 거쳐 결정되며 이 과정에서 제품에 대한 수요, 원가구조, 경쟁제품의 가격과 품질, 법적 요인 등의 영향을 받는다. 가격 전략에는 상대적 고가격 전략, 대등가격 전략, 상대적 저가격 전략이 있다.

3) 유통(Place)

유통경로를 구성하는 조직에는 소매상, 도매상, 물적 유통 조직체가 있다. 소매상은 표적시장의 소비자욕구를 만족시키기 위해 소매점 마케팅 믹스를 개발하여야 하며 소비자들이 기대하는 서비스는 공간과 시간의 편리성, 상점분위기, 상품, 가격, 정보와 상호작용, 서비스 등이 있으며 소매업 믹스 변수에는 입지, 머천다이징, 마진과 저장, 촉진, 서비스, 납품업자와의 관계 등이 있다.

도매상은 판매와 촉진, 구매와 구색, 대량구매와 소량판매, 보관, 운송, 금융, 위험부담, 정보제공 등의 기능을 하며 유형에는 제조업자도매상, 도매상인, 산업분배업자, 현금수반업자, 트럭 도매상, 선반중개인, 제조업자 대리인, 판매대리인, 구매대리인, 브로커 등이 있다.

물적 유통 관리는 제품이동에 사용되는 주문처리, 창고, 보관, 수송 등의 활동의 집합을 말하며, 이를 위해서 주문처리, 재고, 창고, 수송에 대한 의사결정을 해야 하고 이때 소비자의 서비스 극대화와 비용의 최소화를 고려하여야 한다.

4) 촉진(Promotion)

촉진활동은 기업의 제품이나 서비스를 소비자가 구매하도록 유도할 목적으로 해당제품이나 서비스의 성능에 대하여 실제 및 잠재고객을 대상으로 우호적이고 설득적인 정보를 제공하거나 설득하는 마케팅 노력의 일체를 말한다. 촉진수단은 광고, 판매촉진, 인적판매, PR로 구분된다. 광고는 기업이 돈을 지불하고 제품, 서비스, 아이디어를 비인적 매체를 통해 널리 알리고 촉진하는 모든 형태의 커뮤니케이션을 말한다. 판매촉진은 기업이 제품이나 서비스의 판매를 증가시키기 위해 단기간에 중간상이나 최종소비자를 대상으로 벌이는 광고, 인적판매, PR을 제외한 모든 촉진활동을 말한다.

인적판매는 판매원이 고객과 직접 대면하여 자사의 제품을 구매하도록 권유하는 활동을 말한다. PR은 제3자인 신문, 방송에 의해 제품, 서비스, 기업이 뉴스나 논설로 다루어지게 되는 것으로 고객에게 높은 신뢰감을 주는 장점을 가지고 있다. 촉진관리과정은 표적청중의 확인과 커뮤니케이션 목표설정 그리고 메시지의 결정과 매체선정, 예산결정, 촉진 믹스의 결정, 촉진효과의 측정으로 이루어진다.

4. 마케팅 수명주기별 전략의 활용

"제품에도 수명이 있다."

어떤 제품이 제품수명주기를 가지고 있다고 말하는 것은 아래의 네 가지 사항을 주장하는 것이다.

① 제품들은 유한한 수명을 가지고 있다.
② 제품 판매량은 각 단계를 거치는데, 각 단계는 상이한 도전, 기회 및 문제를 판매업자에게 부과한다.
③ 제품의 이익은 제품수명주기의 상이한 각 단계에 따라 증가하거나 감소한다.
④ 제품은 각각의 수명주기 단계에 따라 상이한 마케팅, 재무, 제조, 구매 및 인적자원 전략이 필요하다.

대부분 제품수명주기의 곡선은 종 모양으로 나타난다. 이 곡선은 전형적으로 4단계, 즉 도입기, 성장기, 성숙기 및 쇠퇴기로 구분한다.

"우리 기업의 제품수명을 관리하라."

1) 도입기의 마케팅 전략

도입기는 여러 시장에 제품을 내놓고, 또한 중간상들에게 배급하는 데 많은 시간이 소요되므로 판매성장은 완만하다. 이 단계는 이익이 없이 손실이 발생하거나 이익수준이 아주 낮은데, 그 이유는 판매량이 적으면서 유통비와 촉진비가 많이 소요되기 때문이다. 즉, 유통업자를 확보하고, 유통경로에 제품을 공급하는 데 많은 자금이 소요된다.

신제품이 출시되면, 마케팅 관리자는 가격, 촉진, 경로 및 제품품질과 같은 각 마케팅 변수에 대해 높은 수준 또는 낮은 수준의 정도를 정할 수 있다. 여기에서는 단지 가격과 촉진만을 고려하는데, 경영자는 네 가지 전략을 수행할 수 있다.

(1) 급속촉진-고가 전략

고가격과 높은 수준의 촉진으로 신제품을 출시하는 것이다. 본 전략은 '잠재시장의 상당부분이 그 제품을 알지 못하고', '그 제품을 알게 되는 잠재시장이 그 제품을 소유하고자 하며, 또한 정한 가격을 지급할 수 있고', '그 기업이 잠재경쟁사와 접하게 되고, 또한 상표 선호도를 구축하고자 한다'는 가정하에서 의미가 있다.

(2) 저속촉진-고가 전략

고가격과 저수준 촉진으로 신제품을 출시하는 전략이다. 본 전략은 '시장의 규모가 한정적인 때', '대부분의 시장이 본 제품을 알고 있을 때', '구매자들이 고가격으로도 지급하고자 할 때', '잠재적 경쟁이 절박하지 않을 때' 의미가 있다.

(3) 급속촉진-침투 전략

가격은 낮게 하고 촉진에 엄청나게 투자하여 신제품을 출시하는 것이다. 이러한 전략은 '시장규모가 크고', '시장이 그 제품을 알지 못하고', '대개의 구매자들이 가격에 민감하고', '잠재적 경쟁이 강하고', '기업의 단위당 제조원가가 규모생산과 축적된 제조경험으로 하락할 수 있을 때'에 의미가 있다.

(4) 저속촉진-침투 전략

저가격과 저수준 촉진으로 신제품을 출시하는 것이다. 이 전략은 '시장규모가 크고', '시장이 그 제품을 잘 알고 있으며', '시장이 가격에 민감하고', '잠재적 경쟁이 예상되는 경우' 의미가 있다.

2) 성장기의 마케팅 전략

성장기란 판매가 대폭 증가하는 시기이며 신규소비자들이 그 제품을 구입하기 시작한다. 새로운 경쟁사가 대규모 생산과 이익의 기회에 끌려서 시장에 진출한다. 경쟁기업들은 새로운 제품형태를 소개하는데, 이것으로 인해 유통체인은 더욱더 확대된다.

성장기 동안, 기업은 시장성장을 가능한 장기간 지속시키기 위하여 다음과 같은 여러 전략을 사용한다.

① 신제품에 대해 품질, 특성 및 스타일을 개선한다.

② 새로운 모델과 주변 제품을 추가한다.

③ 새로운 세분시장에 진출한다.

④ 기존의 유통범위를 확대하고 새로운 유통경로에 진출한다.

⑤ 제품을 인식시키는 광고로부터 제품선호를 위한 광고로 변경한다.

⑥ 가격 의식적 구매자들을 유인하기 위하여 적기에 가격을 인하한다.

3) 성숙기의 마케팅 전략

어떤 시점에서 제품의 판매성장률이 둔화하는데, 이때에 제품은 상대적인 성숙기에 들어선 것이다. 이 단계는 일반적으로 이전의 단계들보다 오래 지속되는 것이 보통이고, 마케팅 관리 면에서도 여러 가지 어려운 문제가 제기된다. 대다수의 제품들이 제품수명주기상 성숙기에 있다. 따라서 대부분의 마케팅 관리자들은 성숙기 제품을 마케팅하는데 일어나는 문제에 대처하고 있다.

성숙기는 다음과 같이 3단계로 세분화하여 구분될 수 있다.

첫 번째 단계인 성장 성숙기에 판매성장률은 하락하기 시작한다.

두 번째 단계인 안정 성숙기에 판매는 시장포화 때문에 1인당 소득기준에 의한 수준이 된다. 즉, 대부분의 잠재소비자들이 제품을 사용했으므로 장래의 판매는 인구성장과 대체수요에 의해 좌우된다.

세 번째 단계인 쇠퇴 성숙기에 판매의 절대수준이 하락하기 시작하며, 또한 고객들도 다른 제품과 대체품으로 전향하기 시작한다.

4) 쇠퇴기의 마케팅 전략

대부분의 제품형태와 상표들의 판매는 결국 하락한다. 여러 가지 원인으로 판매고는 하락한다. 그 원인에는 기술진보, 소비자 취향의 변화, 국내외 경쟁의 격화 등 여러 가지가 있다. 이런 모든 것 때문에 과잉생산 능력, 가격인하의 증가 및 이익감소를 초래하게 된다.

판매량과 이익이 하락함에 따라 일부기업들은 시장에서 철수하며, 잔존기업들은 제품의 수를 축소하게 된다. 기업들은 소규모 세분시장과 취약한 유통경로를 제거한다. 또한 그 기업들은 촉진예산을 삭감하기도 하며, 가격도 계속 인하할 수 있다.

기업이 수행할 수 있는 쇠퇴기 전략은 다음과 같다.

① 경쟁적 위치를 지배하거나 강화하기 위하여 기업 투자를 증가시킨다.

② 당해 산업에 대한 불확실성이 해소될 때까지 기업의 투자수준을 그대로 유지한다.

③ 이익을 창출하지 못하는 고객집단을 떨쳐버림으로써, 기업의 투자수준을 선별적으로 줄인다. 한편 이와 동시에 수지가 맞는 적소시장에 기업의 투자위치를 강화한다.

④ 조속하게 현금을 충당하기 위하여 기업의 투자를 조기에 회수한다.

⑤ 가능하면, 이익이 되게 자산을 처분하기 위하여 그 사업단위를 조속하게 철수한다.

5. 마케팅 수행에 따른 위기관리

1) 마케팅 수행의 리스크를 관리하라

마케팅 계획을 실행하는 동안 예기치 않은 일이 많이 발생하므로 마케팅 부서는 계속해서 마케팅 활동을 조사하고 통제해야 한다. 조사와 통제가 필요함에도 불구하고, 상당수 많은 기업들은 부적절한 통제 절차를 밟고 있다. 동 업종 산업에 대한 연구결과, 다음과 같은 결과가 나왔다.

① 소규모 기업들은 분명한 목표를 설정하는 것과 성과를 측정하는 시스템을 수립하는 데도 어설프게 직무를 수행한다.

② 기업 중 거의 과반수 미만만이 개별제품의 수익성을 파악하고 있다.

③ 조사기업 중 거의 과반수는 가격에 대해 경쟁사와 비교하지 못하고, 또한 창고 및 유통경로비용을 분석하지 못하고 있다.

2) 경영자는 무엇을 검토하여야 하나

경영자는 마케팅 계획과 성과를 검토하기 위하여 다음과 같은 다섯 가지 수단을 사용한다.

(1) 판매 분석

판매 분석은 판매 목표와 비교하여 실제 판매량을 측정하고 평가하는 것인데, 여기에 두 가지 방법을 사용한다.

첫째, 판매차이 분석은 상이한 요인들이 판매성과의 차이에 미치는 상대적 영향력을 측정하는 것이다.

둘째, 미시적 판매 분석으로도 해답을 구할 수 있다. 미시적 판매 분석은 기대한 판매량을 달성하지 못한 특정 제품과 지역 등을 분석 · 검토하는 것이다.

(2) 시장점유율 분석

기업의 판매량은 경쟁사에 비교하여 시장 분석을 얼마나 잘 수행하였는가를 나타내지 못한다. 이를 알아보기 위해 경영자는 자기 기업의 시장점유율을 추적해 보아야만 한다.

시장점유율은 세 가지 방법으로 측정될 수 있다.

첫째, 전체적인 시장점유율이란 총시장판매량의 백분율로서 나타나는 당해 기업의 판매량이다.

둘째, 제공되는 시장점유율은 제공되는 시장에서의 총판매량에 대한 백분율로서 나타나는 당해 기업의 판매량이다.

셋째, 상대적 시장점유율은 가장 큰 점유율을 확보한 경쟁사에 비교하여 계산된 시장점유율로 나타낼 수 있다.

(3) 마케팅비용 대비 판매액 분석

기업이 판매목표를 달성하기 위해 지나치게 자금을 지출하고 있지 않은가를 확인하는 것이다.

(4) 재무 분석

판매액 대비 비용비율은 기업이 어떻게, 어디에서 자금을 획득하느냐를 결정하는 전반적인 재무구조에서 분석되어야 한다.

마케팅 관리자들도 차츰 판매 지향 전략만을 위해서가 아니라, 이익이 있는 전략을 개발하기 위해서 재무 분석을 한다.

(5) 시장에 기초한 점수 분석

대부분의 기업이 사용하는 측정시스템은 여러 가지 정성적인 측정방법을 무시하고 재무적 성과를 나타내는 점수를 마련하는 것이다. 즉, 기업의 성과를 반영하고, 또한 초기에 경고사항을 제공하는 것으로서 시장에 기초한 2개의 점수를 준비해야 한다.

첫째, 고객-성과 점수란 기업이 다음 사항에 제시된 고객에 기초한 측정방법에 따라 매년 어떻게 잘 운영되고 있는가를 기록한 것이다.

- 새로운 고객
- 불만족한 고객
- 상실고객
- 표적시장의 인식수준
- 표적시장 선호도
- 상대적인 제품 품질
- 상대적인 서비스

둘째, 이해관계자-성과 점수로서, 기업들은 당해 기업의 성과에 대하여 영향을 미치며, 또한 기업의 성과에 영향을 미치는 기관단체, 공급업체, 은행, 유통업자, 소매상 및 주주 등의 만족을 추적조사해야 한다.

표 10-3 마케팅 통제 유형

통제 유형	주요 책임자	통제의 목적	구체적 수단
1. 연간계획 통제	• 최고경영층 • 중간경영층	계획과 결과의 목적달성 여부 검토	• 판매 분석 • 시장점유율 분석 • 마케팅비용 대비 매출액 분석 • 재무 분석 • 시장에 기초한 정량적 분석
2. 수익성 통제	마케팅 통제자	수익상황의 검토	• 제품 • 지역 • 고객 • 세분시장 • 유통경로 • 주문 규모
3. 효율성 통제	• 직계 및 스태프 관리자 • 마케팅 통제자	지출 효율성, 마케팅비용의 영향을 평가 · 개선	• 판매원 • 광고 • 판매촉진 • 유통경로
4. 전략적 통제	• 최고경영층 • 마케팅 감사자	시장, 제품 및 경로와 관련하여 마케팅 기회의 활용 여부의 검토	• 마케팅 효과성 • 마케팅 감사 • 마케팅 탁월성 • 사회적 책임

ENTREPRENEURSHIP MANAGEMENT

CHAPTER 11

창업 인적자원관리 전략

제1절 창업 인력과 조직의 구성

제2절 직원채용

제3절 임금계획

제4절 교육 · 훈련

제1절 창업 인력과 조직의 구성

1. 창업 인력과 조직의 중요성

기업경영이란 재무관리, 생산관리, 판매관리, 연구개발관리, 회계관리 등 수많은 부문관리로 이루어지며, 이러한 부문관리의 최적화를 통해 기업의 경영목표를 능률적으로 달성하기 위해서는 제반 업무의 담당자들이 목표 지향적이고 능률적으로 업무를 수행할 수 있도록 하지 않으면 안 된다. 이러한 기능을 주로 담당하는 것이 인적자원관리이며, 이것이 곧 경영관리라고 할 수 있다.

기업경영에 있어서 가장 중요한 자원은 사람이다. 자기사업에 가장 적합한 인재를 선발하거나 스카우트하여 적재적소에 배치함으로써 경영효율을 높이는 것이 경영 전략의 기초 단계라 여겨진다. 이런 의미에서 창업기업의 구성원, 즉 창업팀과 그 조직이 중요한 의미를 갖게 되는 것이며, 따라서 사업을 시작할 때 맨 먼저 결정해야 할 핵심요소 중 하나가 되는 것이다.

중소기업, 특히 창업기업에 있어서 인력이란 무엇보다 중요한 자원이며, 경영에 있어서 핵심요인이다. 대기업처럼 정형화된 조직이 있는 것이 아니며, 라인에 의해 하나하나의 업무가 체크되지도 않는다. 대부분 담당자 한 명이 여러 가지의 업무를 중복적으로 담당하기도 하고, 경우에 따라서는 담당업무와 관계없이 급한 일이 생기면 전 직원이 그 일에 동원되는 경우는 흔히 있는 일이다.

설령 라인이 있다고 하더라도 바쁜 일 때문에 소위 결재권자는 형식적으로 결재하는 경향이 많고, 심지어는 중간 단계 없이 담당자와 사장이 직접 일을 처리하는 회사도 많다. 따라서 그 한 사람이 일당백의 업무처리를 해주어야 하고, 적어도 자기 몫의 일을 차질 없이 해결할 능력이 없으면 조직에 결함이 생길 수밖에 없다. 따라서 창업기업의 경우에는 창업 초기 유능한 창업팀의 결성과 효율적인 조직의 구성이 매우 중요한 의미를 갖게 되는 것이다.

그림 11-1 인적자원관리의 의의

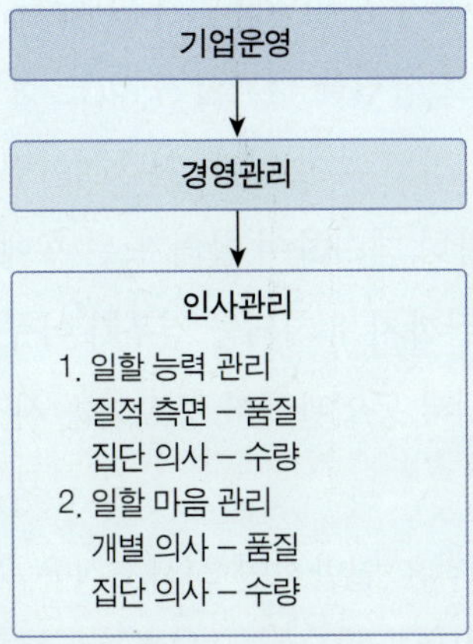

2. 창업 인력과 조직구성 시 고려사항

창업 인력과 조직을 구성할 때 고려해야 할 사항을 살펴보면 다음과 같다.

첫째, 창업 인력과 회사조직은 간단할수록 좋다. 어느 정도 기반이 잡힐 때까지는 사장 혼자서 모든 일을 처리하고 준비하는 것이 좋으며, 업종이나 사업규모에 따라서 사장 혼자서 준비하기에 벅찰 경우에는 최소 인원에 국한되어야 한다. 필요하다면 가족의 도움 정도로 창업 초기를 준비하면 좋을 것이다.

창업 준비과정은 생각보다 많은 시간이 소요되기 때문에 창업 초기과정 중 인건비는 예상 밖의 자금 지출을 수반하게 되고, 힘든 일이 연속될 경우 자칫 창업 인력 간에 마찰이 우려될 수도 있기 때문이다.

둘째, 경력직원의 스카우트가 필요한 경우에는 신중을 기해야 한다. 스카우트 직원의 능력도 중요하지만 성격이 원만하고 협동심이 강하며, 사장을 충실히 보좌해 줄 수 있는 사람이어야 한다. 흔히 새로운 사업을 처음 시작하는 창업자의 경우에 사장은 경험이 많은 스카우트 직원에 대해 의지하는 바가 크고, 업무의 상당부분을 그 직원에게 일임할 수밖에 없게 된다. 이럴 경우 자칫 잘못하면 주종이 바뀌는 경우도 흔히 볼 수 있다. 과장된 표현일지는 모르지만 사장이 진짜 사장인지, 스카우트 직원이 사장인지 분간하기 어려운 경우도 자주 있는 일이다. 이 스카우트 직원은 기술적 노하우가 많은 반면 사장은 그렇지 못한 경우에는 더욱 그런 경향이 높다. 따라서 경력직원을 스카우트하는 경우에는 사장의 통제 범위 내인 사람을 창업 인력으로서 선택하는 것이 무엇보다 중요한 것이다.

셋째, 창업주 단독으로 사업을 영위할 수 없는 경우 흔히 동업형식으로 사업을 시작하게 되는데, 이때 주의할 점도 많이 있다. 가급적이면 동업은 피하되 동업이 꼭 필요한 경우에는 상호조건을 정확히 제시하여 합의가 된 후에 창업 준비에 착수해야 한다. 우리나라의 경우 동업관계가 끝까지 유지되는 경우가 아주 드물다. 따라서 일정기간 후 동업관계가 끝난다는 전제하에서 동업관계가 종료되는 시점에서의 이해관계도 미리 합의해 두어야 한다.

넷째, 창업회사의 조직은 일반적인 회사조직을 중심으로 편성하되 해당 업종에 맞는 특색 있는 조직이 필요하다. 아무리 조직 내에 우수한 인력이 존재한다 하더라도 이들 인력을 효율적으로 운영할 수 있는 시스템이 없으면 아무 소용이 없다. 조직관리의 효율화 여부가 바로 사장의 부담을 덜어 주는 열쇠가 되며, 창업 성공의 지름길이 되는 것이다. 다만 기업조직은 기업상황에 맞게 신축적으로 운영되어야 하기 때문에 수시로 조직원의 의견을 충분히 청취하여 상황에 맞는 조직이 되도록 꾸준히 개선해 나가야 하는 것이다.

제2절 직원채용

소자본 창업을 위해 인력을 채용할 때는 가급적 최소인원으로 시작하는 것이 좋다. 인력충원과 관련해서는 다음과 같은 사항을 고려하여야 한다.

1. 필요한 인적자원의 파악

창업자 자신에 대한 분석과 창업하고자 하는 업종의 특성에 대한 분석결과를 서로 비교하여 필요한 업무에 대하여 우선 창업자가 감당할 수 없는 것이 무엇인가를 파악하여야 한다. 만약 창업자 또는 창업팀이 사업에 필요한 재능과 특징을 갖추고 있지 못하면 그러한 재능을 갖춘 사람을 확보해야 한다. 그러한 재능이 없거나 확보할 수 없다면 사업을 아예 포기해 버리는 것이 나을 수도 있다.

창업자가 감당할 수 없는 업무가 있다고 판단되면, 팀을 형성할 필요가 있다. 이때 창업자 또는 사업의 책임자는 사업을 철저히 이해하고, 사업에 필요한 인재는 어떤 재능과 특성을 갖춘 사람인가를 파악하여야 한다. 이때 팀의 요원 또는 창업자는 자신이 잘하는 분야를 계속 키워 나가는 것이 분야를 바꾸는 것보다 효율적이다.

2. 가족 노동력 이용 시 고려사항

가족 노동력만으로 점포사업을 시작할 때는 다음과 같은 사항을 주의하여야 한다.

① 점포 · 사무실과 자택과의 거리가 멀지 않아야 한다. 개업을 하면 낮 동안은 열심히 일하고 밤에는 그날 일의 마감과 장부작성, 다음 날 준비를 해야 하기 때문에 대개 장시간 노동을 하게 된다. 따라서 집과 점포 사이의 거리가 1시간 이상 걸리는 경우에는 머지않은 장래에 가까운 곳으로 이사하는 것이 좋다. 남편이 부인의 협력을 구할 때는 가사와의 균형문제가 있으므로 특별히 점포와 집과의 거리가 가까운 것이 중요한 조건이 된다. 이것은 출근 시 교통체증 등에 따라 그날의 업무시작 시간에 맞추지 못하게 될 사태를 방지하는 데도 유효하다.

② 가까운 장소에 친한 사람을 두어야 한다. 빠듯한 인원으로 일을 하다 보면 돌발사고가 일어나서 곤란해지는 수가 종종 있는데, 그때 가까운 곳에 친한 사람이 있으면 큰 도움이 된다. 이것은 점포나 사무실의 경우는 물론 자택의 경우도 마찬가지이다. 사업과 가정의 경계를 확실히 구분지어 둘 수 있다면 점포가 딸린 주택에서의 개업이나 자택개업도 그 나름대로 장점이 많은 형태라 할 수 있다.

③ 배우자에게 협력을 얻을 때에는 사전에 필요한 지식을 배우자에게도 익히게 하는 것이 좋다. 개업에 관해서 배우자가 충분히 납득하고 있어야 하며, 일과 가사를 함께 하지 않으면 안 되는 주부의 경우는 남편의 충분한 이해가 절실하다.

3. 인력확보방식 검토

창업자가 할 수 없는 업무가 밝혀지면, 그것을 위해 구체적으로 어떤 기술과 노하우를 갖춘 인적자원이 필요한가를 파악하여야 한다. 그리고 파악한 기술과 노하우, 인적자원의 필요시기, 빈도 등을 측정하여 전일제 또는 시간제의 종업원을 확보하여야 한다.

법률 · 세무 문제처럼 일상적이 아닌 특별한 문제에 대한 기술에 대하여는 외부전문가에게 의뢰하는 것이 저렴한 경우가 많다. 한편 기업에 필수적인 기술을 위해서는 반드시 상근인력을 확보해 놓아야 한다.

4. 직원채용방법

유능한 사원이 기업을 발전시키듯 친절한 점원이 점포를 발전시킬 수 있는 원동력이다. 점포는 모두 서비스 업종이라고 보아도 과언이 아니다. 그리고 서비스 업종의 생명은 친절이다. 그리고 각 업종에 따라 요구되는 종업원의 특성이 있다. 따라서 창업주가 필요로 하는 특성에 맞는 점원을 채용해야 한다.

1) 채용기준

창업팀 또는 간부급의 인력이 확보되면 실무직원을 채용하여야 한다. 직원채용에 있어서 기준으로 하여야 할 사항은 능력, 화합, 발전 가능성이라고 할 수 있다.

(1) 업무수행 능력

채용하는 직원은 업무를 수행할 수 있는 사람이어야 한다. 그렇게 되기 위해서는 먼저 채용하는 직원에게 맡겨질 업무가 무엇이 될 것인가를 확실히 파악하고 있어야 한다. 그리고 간부 또는 중간관리자들은 필요한 인력의 자격요건을 정확하게 파악하여야 한다.

(2) 화합

채용하는 사람은 상하 동료들과 화합할 수 있는 사람이어야 한다. 아무리 능력이 있어도 기업 풍토에 적응하지 못하면 주어진 업무를 원만히 수행하기 어렵다. 특히 창업기업인 경우에는 기업 내에 전통이 확립되지 않은 상태인데 다양한 배경을 가진 사람들이 비교적 짧은 기간 동안에 모이게 되어 여러 가지 문제가 발생한다. 그러므로 채용 시에는 기업의 방침에 순응하지 않는 직원을 해고하는 방안도 고려하여야 한다.

(3) 잠재력

잠재력이 있는 사람을 채용해야 한다. 즉, 시간이 경과함에 따라 잠재력이 향상될 수 있는 사람이어야 한다. 그렇게 하기 위하여 필요한 사항 중의 하나는 오랫동안 근무할 수 있는 사람을 채용하여야 한다는 점이다. 직원에게 업무를 익히게 하려면 많은 시간과 비용이 투자되기 마련이다. 그런데 충분히 오랫동안 근무하지 않으면 기업은 투자의 대가를 얻지 못하므로 기업으로서는 많은 손실을 입게 된다. 실제에 있어서 발전 가능성이 큰 사람은 어려움이 많은 창업기업에 쉽게 취업을 원하지 않는 경우가 많다. 그러므로 현실적으로 창업기업에 있어서 만족스럽다고 할 만한 직원을 채용하기란 참으로 어렵다. 그러나 업무의 성격에 따라 다소의 약점이 있는 사람이더라도 채용을 하여 잘 관리를 해 나가는 방안이 필요하다.

2) 모집방법

직원을 채용하려고 하면 먼저 채용비용을 고려하여야 한다. 채용비용의 범위 내에서 모집방법, 선발절차, 선발도구 등을 결정해야 한다. 일반적으로 널리 제공되는 모집방법 및 모집원은 다음과 같다.

(1) 광고

이 방법은 적격자가 접할 수 있는 곳에 광고를 내어서 모집하는 방법이다. 광고의 방법은 여러 가지이므로 비용이 저렴하고 효과적인 방법을 선택하면 된다. 광고의 유형은 주요 일간신문, 경제신문, 업종별 전문신문과 잡지, 라디오와 텔레비전 방송 등이 있겠으나 최근에는 광고비용이 저렴하고 사업장과 가까운 거리에 거주하는 사람을 구할 수 있는 지역 생활정보지 광고를 많이 활용하고 있다.

(2) 교육 · 훈련기관

이 방법은 고등학교, 전문대학, 4년제 대학교, 사설학원, 직업훈련원 등을 통하여 모집하는 방법이다. 즉, 학교나 직업훈련기관이나 구직전문기관을 통하여 구인을 의뢰하여 적격자를 선발하는 방법이다. 비교적 공신력을 가지고 전문성을 검증할 수 있는 방법이므로 많이 활용되는 방법이다.

(3) 친인척

비교적 소기업의 경우 친지들은 창업기업에 주요한 인적구성원이 될 수 있다. 특히 충성심이 많이 필요한 업무의 경우 적합할 수 있다. 일반적으로 친인척을 채용할 경우 창업 초기의 어려움을 혈연 등의 인간관계로 극복할 수 있는 장점이 있다. 그러나 장기적인 관점에서는 업무 이외의 사적인 인간관계에서 갈등의 요인이 될 수도 있으므로 채용 시 냉정한 판단이 필요하다.

그리고 직원채용 시 유의하여야 할 사항은 다음과 같다.

① 업무가 요구하는 능력을 갖추지 못한 사람을 채용하는 경우
② 능력을 고려하지 않고 친한 사람을 채용하는 경우
③ 능력과 적성을 고려하지 않고 아는 사람의 소개로 채용하는 경우
④ 필요 이상의 고학력자를 채용하는 경우
⑤ 학력은 높으나 적성에 맞지 않거나 능력이 부족한 사람을 채용하는 경우
⑥ 외모만을 보고 채용하는 경우
⑦ 구체적인 능력 검증을 하지 않고 채용하는 경우
⑧ 말솜씨만 보고 채용하는 경우

제3절 임금계획

1. 임금의 개념

신입 및 경력사원을 채용하기 전에 임금제도를 미리 정해 놓아야 한다. 왜냐하면 임금제도의 확정 없이 개별적으로 임금교섭을 하게 되면 시간 낭비는 물론이고 종업원 간의 임금수준이 일정하지 않게 되어 불만의 요소가 되기 때문이다. 또한 향후 임금인상의 작업 시에도 큰 불편이 따르게 된다.

임금이란 넓은 의미로는 사용자가 근로의 대가로 근로자에게 지급하는 일체의 금품을 뜻한다. 그러므로 임금은 근로의 가격이라고 할 수 있다. 임금을 광의로 이해할 때는 정기적으로 지불되는 통상의 임금 및 급료 등의 경상적 지급 외에 수당 및 상여금 등 각종의 임시적 지급도 포함하고 있다. 임금을 협의로 해석할 때는 각종의 임시적 지급을 제외한 경상적 지급에 한정한다.

이러한 임금은 근로자 측에서 볼 때 가계수입의 중요한 원천이 되고 사회적인 신분을 규정하는 요소가 되며, 사회적 · 심리적 욕구충족의 수단이 되기 때문에 가급적 높은 임금을 요구하게 된다. 한편, 기업 측에서 볼 때의 임금은 기업의 주요한 생산원가가 되기 때문에 비용의 절감이라는 측면에서 노사의 이해가 상반되는 관점에서 출발되는 것이 보통이다. 〈표 11-1〉은 임금의 의의를 근로자 측면과 사용자 측면에서 요약한 것이다. 〈표 11-1〉의 내용을 보면 임금관리가 수행되는 과정에서 임금의 다양한 기능을 충족시킬 수 있도록 고려될 필요가 있다.

표 11-1 임금의 개념

근로자 측면	사용자 측면
경제적 측면 : 가계수입의 원천 (생계수단)	비용적 측면 : 인건비(주요 생산비)
사회적 측면 : 사회적 신분의 상징 (지위에 적합)	동기적 측면 : 능률자극수단(인재확보)
심리적 측면 : 욕구충족의 수단 (유행, 레저)	순환적 측면 : 구매력(유효수요)

특히 단기적 시점보다 장기적 시점에서 임금수준의 꾸준한 향상을 통하여 종업원의 기대를 충족시키는 동태적 관리가 요청된다.

임금을 노동 서비스에 대한 대가로 볼 때 그 대가의 내용에 있어서는 금전적인 것일 수도 있고 비금전적인 것일 수도 있으며 그 시기 면에 있어서도 현재일 수 있고 미래적일 수도 있다. 그렇다면 임금은 노동 서비스를 제공받는 사용자가 이를 제공하는 근로자에게 공유하는 모든 사전 편익을 포함한다고 보아야 할 것이다.

따라서 임금에는 기본급, 상여금, 각종 수당, 사용자가 부담하는 연금, 부가임금 그리고 퇴직금 등이 모두 포함된다고 보아야 할 것이다.

산업사회가 고도화되면 될수록 국민경제 구성원의 대부분이 임금생활자로 되어 간다. 따라서 임금수준의 결정은 국민경제의 소득배분에 가장 큰 영향을 미치기 때문에 그 국민경제의 장기적인 성장과 발전 및 안정, 국제경쟁과도 밀접한 관련을 갖게 된다.

2. 임금관리의 내용

임금관리라고 할 때에는 크게 임금액의 관리와 임금제도의 관리로 나눌 수 있다. 임금액의 관리는 우선 임금수준의 적정성과 기준임금의 합리적인 산정, 임금액의 사내격차의 합리화가 중심이 된다. 기준임금의 합리적인 산정을 위해서는 표준생계비라든지 자사의 적정 인건비 및 동종업의 임금수준과 관계법규 등이 고려되어야 하며, 임금액의 사내격차를 합리화하기 위해서는 초임금과 승진기준 및 승급액의 폭이 적정화되어야 한다.

그리고 임금제도의 관리에 있어서는 임금체계와 임금지급형태 및 부가급의 관리가 되어야 한다. 오늘날 임금체계는 부가급의 비중이 점차 높아지고 있기 때문에 인사관리에 있어서 임금관리란 용어도 보수관리란 용어로 바뀌고 있는 실정이다.

3. 임금관리의 원칙

임금관리는 노동유지의 원칙과 자본유지의 원칙 아래에서 행해져야 한다. 노동유지의 원칙이 실현되기 위해서는 적당한 임금수준과 임금액을 통해 우수한 노동력의 적정 확보와 개발이 이루어져야 하고, 합리적인 승급제도와 생계비 보장 및 노후생활의 안정적인 유지를 위한 연금제를 통해 노동력의 재생산이 확보되어야 한다.

그리고 자본유지의 원칙이 실현되기 위해서는 사기향상과 종업원 간의 좋은 인간관계를 통한 융화 및 노사관계의 합리화가 이루어지도록 해야 한다. 사기향상을 통해 생산성의 향상을 기하기 위해서는 무엇보다 먼저 자사의 임금수준이 사회적으로 균등해야 하고 가계수입이 안정되도록 임금체계를 확립해야 하며 경영질서 확립에 적당한 제도가 마련되어야 할 것이다. 종업원 간의 융화를 통해 좋은 인간관계를 형성하도록 하기 위해서는 임금격차의 사내균형을 합리화해야 한다. 임금격차의 균형은 기본급의 균형과 능률급의 균형을 조화시켜야 할 것이며 승급이나 상여의 사정이 공정해야 할 것이다.

또한 노사 간의 대립을 조정하여 산업평화를 유지하는 가운데 지속적인 생산성 향상을 통해 노사가 다 같이 발전되기 위해서는 임금의 기초가 사회적으로 균등해야 하고, 이윤분배의 공정화나 노사의 상호존중 풍토가 마련되어야 할 것이다.

제4절 교육 · 훈련

1. 교육 · 훈련의 개념

기업에서 필요한 인력을 확보하기 위한 채용관리가 인적자원관리 활동의 출발점이라고 한다면 채용된 종업원이 조직문화나 기업환경에 빨리 적응하고 보다 나은 지식이나 기술을 습득케 하여 그들의 능력을 최대한으로 발휘할 수 있도록 하는 과정이 교육 · 훈련이라고 할 수 있다. 따라서 교육 · 훈련은 조직이 주체가 되어 조직의 가치관, 지식, 기술 등을 교육 · 훈련 담당자를 통해 피교육자로 하여금 습득하게 하는 조직의 활동이다. 이러한 교육 · 훈련은 두 가지의 중요한 이유 때문에 필요한데, 첫째는 채용된 종업원이 직무상 필요로 하는 지식이나 기술을 습득케 하기 위한 것이며, 둘째는 기업의 내 · 외부 환경변화에 따라 종업원의 추가적인 지식이나 기술이 필요하기 때문이다.

표 11-2 교육 · 훈련 · 개발의 구분

구분	교육(Education)	훈련(Training)	개발(Development)
추구 목표	• 인간으로서의 역할 습득과 지식 함양에 치중 • 개인목표 강조 • 정신적 · 보편적 · 장기적 목표 추구	• 특정 기업의 특정 직무수행을 위한 기능 습득에 치중 • 조직목표 강조 • 육체적 · 구체적 · 단기적 목표 추구	• 경영 능력 개발에 목표 • 개인과 조직 동시 성장 • 인격적, 창의적, 자발적, 장 · 단기적 목표 추구
기대 결과	보편적 지식 학습을 통한 다양한 결과 기대	특정의 제한된 행동결과 기대	조직 변화와 성장에 조화된 능력개발 기대
사용 수단	이론 중심의 지식 전달	실무 중심의 기능 연마	참여 중심의 문제해결력, 판단력, 응용력, 지도력
주체	주로 정규교육기관	주로 기업 혹은 연수원	정규교육기관 및 기업

2. 교육 · 훈련의 목적

교육 · 훈련의 목적은 종업원의 지식, 기술, 태도를 향상 · 발전시켜서 종업원들로 하여금 그들의 직무에 만족을 갖게 하고, 직무수행 능력을 더욱 발전시켜 그들로 하여금 한층 더 중요한 직무를 수행할 수 있도록 하는 데 있다.

표 11-3 교육 · 훈련의 목적

직접목적(1차적 목적)	직접목적(2차적 목적)	간접목적(궁극적 목적)
• 지식 향상 • 기능 향상 • 태도 개선	• 능률 향상 • 인재 육성 • 인간 완성 • 생활 향상	• 기업의 유지 · 발전 • 조직의 목적과 개인의 목적 통합

3. 교육 · 훈련의 순환

기업에 있어서 교육 · 훈련은 일관성을 가지지 않고 연차적으로 순환된다. 교육 · 훈련이 효과적인 실효를 거두고 목적을 효율적으로 달성하기 위해서는 이러한 순환과정을 철저히 검토하거나 확인하는 과정이 필요하다.

교육 · 훈련의 필요성이 제기되거나 문제의 발생을 확인하는 과정에서 시작하여 몇 가지 순환과정을 거치게 되는데, 먼저, 교육 · 훈련의 필요성 또는 문제는 일반적으로 진행되는 직무의 성과가 미달되거나 잘못이 발생할 때 제기된다.

둘째 과정은 교육 · 훈련의 목적을 확인하는 것이다. 교육 · 훈련의 목적은 환경에 따라 다양하다. 목적을 확인하는 과정에서 교육 · 훈련 프로그램의 목표를 설정할 수 있는 것이다. 예를 들어, 고객에게 제공되는 서비스나 생산성의 향상 또는 비용절감이 그 목표가 된다.

셋째 과정은 교육 · 훈련의 목표수준을 설정하는 것이다. 목표수준은 교육 · 훈련의 효율성을 측정하기 위하여 척도를 마련하는 것이다.

넷째 과정은 피교육자를 선발하는 것이다. 이 과정에서는 피교육자의 수준에 맞는 교육과정을 결정하는 데 계획된 교육내용이 필요하며, 동원이 가능한 종업원을 선발한다.

다섯째 과정은 교육 · 훈련을 위하여 피교육자를 지식, 기술, 태도 측면에서 교육 · 훈련시킬 때 기준선을 설정하기 위하여 피교육자를 사전 테스트하는 과정이다.

여섯째 과정은 적절한 교육 · 훈련방법과 기술을 선택하는 것이다. 교육목적, 평가기준, 피교육자의 수준에 따라 교육 · 훈련방법을 달리 선택해야 한다.

일곱째 과정은 실제로 교육 · 훈련을 실시하는 과정이다. 이 과정에서 가장 중요한 것은 교육계획과정에서 결정된 형식과 바로 앞 단계의 교육 · 훈련 사이클을 따라야 하는 것이다.

여덟째 과정은 마지막 단계로 교육 · 훈련 결과를 평가하는 것이다.

교육 · 훈련은 이러한 순환과정을 통하여 지속되어야만 교육 · 훈련 결과의 성과인 변화를 통하여 궁극적인 목적을 달성할 수 있다. 임시응변식의 교육 · 훈련의 실시는 그 효과가 나타나기도 힘들지만 설사 효과가 있다고 해도 지속되기가 어렵다. 교육 · 훈련의 순환과정을 상세히 살펴보면 다음과 같다.

1) 필요성 확인

교육 · 훈련이 효율적으로 실행되기 위해서는 먼저 교육 · 훈련의 필요성이 분석되어야 한다. 왜냐하면 그 필요성이 분석됨으로써 교육 · 훈련의 내용과 방법을 결정하는 데 필요한 정보를 획득할 수 있기 때문이다. 교육 · 훈련의 필요성을 분석하는 방법은 조직 및 생산 문제의 확인, 직무와 종업원의 분석, 종업원과 관리자의 의견모집, 미래에 닥칠 문제 예측 등을 통해 필요성을 도출할 수 있다.

2) 목적 설정 및 확인

교육 · 훈련 프로그램상의 목표는 일반적으로, 첫째, 교육과정 자체에 대하여 어떻게 보느냐, 즉 피교육자에게 읽고 쓰기를 연수시키거나, 금연이나 체중 감량을 하도록 설계된 프로그램과 같이 피교육자의 프로그램 내용에 대한 반응을 목표로 하는 것이다. 둘째, 지식 습득을 목표로 하는 것으로, 예를 들어 외식기업의 경영과 업무상 필요한 지식과 개념을 이해하고 배우는 데 목표를 두는 것이다. 셋째, 직무수행 중의 행동 변화를 목표로 하는 것으로 종업원의 서비스 태도를 향상시키는 것이다. 그리고 넷째, 주방에 쓰레기를 줄이는 훈련과 같은 결과 중심의 목표를 설정하는 것으로 구분할 수 있다.

일반적으로 교육 · 훈련 프로그램은 이 네 가지 중의 하나를 선택하여 목표로 설정하지만 때로는 몇 가지 다른 목표를 동시에 설정하는 경우도 있다. 교육 · 훈련의 목표설정에서 주의할 것은 명백하고 측정 가능한 언어를 사용하여 서술하는 것이 중요하다는 점이다.

3) 목표수준 설정

교육 · 훈련의 필요성이 올바르게 파악되고 교육 · 훈련의 목표가 설정되었다 하더라도 목표수준이 수립되지 않으면 그 프로그램은 성공할 수 없다. 목표수준은 교육 · 훈련과정을 통해서 얻어지는 지식이나 성과를 측정하는 척도를 마련해 주는 역할을 한다. 예를 들어, 식음료 서비스 훈련의 경우 훈련의 목표수준을 테이블 세팅, 식음료 나르기, 테이블에서의 서빙(serving)하는 방법을 습득하는 것으로 정하였다고 하자. 이의 달성을 측정하기 위해서는 제한된 시간 3분 또는 10분 안에 자력으로 수행하는 것을 목표수준으로 설정해야 한다.

4) 피교육자 선발

교육 · 훈련 프로그램의 성공 여부는 궁극적으로 피교육자에게 달려 있다. 아무리 훌륭한 교육을 실시한다 하더라도 피교육자의 노력이 없이는 아무런 성과를 기대할 수 없다. 따라서 피교육자를 선발하는 것은 그 프로그램의 성공 여부에 커다란 영향을 미칠 수 있다.

5) 사전 테스트

사전 테스트는 교육 · 훈련을 실시하기 전 직무수행과 교육 · 훈련 후의 직무수행을 비교할 수 있는 기준이 되므로 이를 시행하지 않으면 교육 · 훈련 프로그램의 성공 여부를 평가할 수 없다. 또한 이를 통하여 프로그램 계획과 교육 · 훈련방법을 선택할 수 있다.

6) 교육 · 훈련방법 선택

교육 · 훈련의 성과를 크게 좌우하는 중요한 요소는 교육 · 훈련을 실시함에 있어서 적용하는 방법 내지 기법이다. 교육 · 훈련의 내용이 아무리 훌륭하다고 하더라도 우수한 훈련의 방법이나 기법을 도입할 수 없다면 이는 전혀 소용없는 것이 되고 만다. 그러므로 교육 · 훈련 전문가들에게 요청되는 중요한 과업 중의 하나는 우수한 훈련방법을 발전시키는 문제라 할 수 있다.

7) 교육의 실시

어떤 교육 · 훈련 프로그램이 소기의 목적을 달성하는 데 있어서 실제 교육을 실시하는 단계는 훈련방법, 피교육자, 교육자를 선정하는 과정만큼이나 중요하다. 교육계획을 아무리 철저히 수립하였다 하더라도 계획한 내용대로 교육을 실시하지 못하고, 결국 가장 손쉬운 방법으로 끝내 버리는 경우가 더 많다. 계획한 내용대로 교육을 실시하지 못하면 교육목적의 달성은 멀어지게 마련이다.

8) 결과의 평가

교육 · 훈련의 여러 단계 중에서 중요한 것 중의 하나가 교육 · 훈련을 실시한 후 효과를 평가하는 과정이다. 그러나 많은 경우 소홀히 다루어 많은 외식기업들이 많은 교육비를 지출하면서도 교육 프로그램이 종업원들이나 기업에 얼마만큼 도움이 되었는지를 모른다.

4. 신입사원 교육 프로그램

신입사원의 교육은 신입사원에게 바라는 지식과 기술 부분을 담당자 수준에서 전달하는데, 구체적으로 무엇을 이해시키고 무엇을 할 수 있게 해야 하는지에 대하여 교육을 통해 해결해야 한다.

따라서 다음과 같은 내용을 교육시키도록 해야 한다.

① 오리엔테이션에 의해 사원의 일원으로서 의욕과 자각을 가지게 한다.

② 종업원이기 전에 사회인으로서의 상식을 이해하고 행동할 수 있도록 한다.

③ 자사의 경영이념을 생각하고 경영계획에 관한 기본방침과 실시계획을 이해시킨다.

④ 기본적인 업무 진행방법과 직장에서의 규칙을 이해하고 실천할 수 있게 한다.

⑤ 기업체 실습을 위한 기초 지식과 기본 기능의 사전훈련을 실시한다.

PART 04

창업 유형

CHAPTER 12 업종별 창업 유형 Ⅰ

CHAPTER 13 업종별 창업 유형 Ⅱ

ENTREPRENEURSHIP MANAGEMENT

CHAPTER

12

업종별 창업 유형 I

제1절 제조업 창업

제2절 유통업 창업

제3절 e-business 창업

제1절 제조업 창업

제조업 창업은 제품을 생산하기 위한 공장의 확보가 필수적인 요소이다. 제조업 창업 시 공장의 확보는 입지 선정 → 공장설립 승인 → 공장건축허가 → 공장 확보 등의 순으로 이루어진다.

1. 제조입지 선정

제조업 창업 시 공장을 직접 건설하여 입주하고자 할 때에는 입지 선정과 공장설립 시 필요한 법적 절차를 거쳐야 한다.

1) 입지 선정

제조업의 입지 선정은 용수, 전력, 도로망을 비롯한 산업 하부구조가 완비되었는지의 고려가 선행되어야 한다. 또한 원활한 노동력의 공급, 대기 및 수질오염, 기타 폐기물 처리와 관련된 기반시설이 구비되어 환경친화적 경영이 가능한지도 고려해야 한다. 그리고 입지의 확보와 공장설립에 대해 정책 자금 등 정부의 지원혜택을 받을 수 있는지 여부 또한 중요한 검토대상이 된다. 단, 위의 요건을 모두 충족하는 용지를 확보하기는 매우 어렵고, 더구나 최근 환경문제에 관심이 높아지면서 공장의 신축을 제한하는 법적 규제가 늘어나고 있으므로 입지 선정 단계부터 철저한 검토가 필요하다.

2) 공장입지의 유형

공장입지의 유형은 국가 및 공공기관이 조성한 산업단지인 계획입지와 그 밖의 지역에 개별적으로 공장을 건축하는 자유입지로 구분된다.

먼저 계획입지는 국가나 공공단체가 공업의 합리적 배치를 유도하고 공장의 원활한 설립을 지원하기 위하여 일정지역을 선정하여 포괄적 계획에 따라 개발하여 공장을 집단적으로 설립 · 육성하기 위한 일단의 공업입지 및 산업단지를 말한다. 다음으로 자유입지는 계획입지를 제외한 지역을 말하며, 창업자가 업종의 특성, 사업상 여건, 지리적 요인 및 계획 입지의 높은 분양가 때문에 계획입지 이외의 지역인 자유입지에서 공장을 설립하기 위하여 부지를 매입한 경우에는 공장부지 조성 및 건축에 관련된 인 · 허가사항을 개별적으로 획득하여 공장을 설립하여야 한다. 〈표 12-1〉은 입지유형별 장단점을 간략히 제시한 것이다.

표 12-1 입지유형별 장단점

구분	자유입지	계획입지
장점	• 원하는 시기, 원하는 장소에 원하는 규모로 공장을 건축할 수 있으며 향후 사업 확장 시 공장의 증축이 용이함 • 저렴한 가격으로 개별용지(농지, 임야)를 매입할 수 있음	• 정부에서 계획적으로 조성 · 유도하는 입지이므로 각종 금융, 세제지원의 수혜 가능 • 대규모 단지조성에 따른 산업기반시설, 생활편의시설, 동력, 용수, 수송 등의 지원시설이 양호 • 공장의 집단화에 따른 상호정보교환, 기술교류, 이업종 교류, 협업화 가능 • 공동 공해방지시설의 설치 및 운영으로 공해 배출업종의 입주용이
단점	• 일반적으로 공장설립 허가 절차가 까다로움 • 입지여건(동력, 용수, 수송)이 취약 • 산업기간시설, 교육, 문화 등 생활편의시설 미약	• 선분양 후입주 방식이므로 적기에 공장을 확보하기 어려움 • 분양공단이 지역별로 불균형하게 분포되어 있어 적소에 공장을 건축하기 어려움 • 구획단지이므로 일단 입주하면 향후 사업확장(증축)이 제한됨 • 국가 및 지방공단, 아파트형 공장은 분양가격이 대체로 비싼 편

3) 공장입지 선정

공장의 설립예정지를 결정할 때에는 기본적으로 국토이용관리법 등 토지이용에 관한 제반법령에 적합한지 여부를 확인하여야 한다. 특히, 수도권에서 개별공장을 설립하고자 할 때에는 수도권정비계획법이 타 법령에 우선하여 적용되므로 수도권의 공장 신 · 증설 허용범위를 정하고 있는 공업배치 및 공장설립에 관한 법률에 적합한지 여부를 검토하여야 한다.

공장입지와 관련하여 공업배치 및 공장설립에 관한 법률 시행령에서는 수도권을 과밀억제지역, 성장관리지역, 자연보전지역으로 구분하여 공장의 신설, 증설 또는 이전이 허용되는 경우를 규정하고 있다.

첫째, 과밀억제지역은 산업의 밀집도와 인구증가율이 현저히 높아 공장의 이전촉진 및 신설 또는 증설의 제한이 필요한 대도시와 그 주변지역을 말한다.

이 지역에서 공장의 신설이 허용되는 경우는 산업단지는 중소기업 공장의 신설 또는 증설의 경우 그리고 공업지역은 도시형 업종을 영위하는 중소기업 공장의 신설 또는 증설의 경우에만 가능하다. 또한 이 외의 기타지역에서는 유기질 비료 또는 사료공장, 자원재활용품 생산공장 등의 신설 또는 증설의 경우에만 건축이 허용된다.

둘째, 성장관리지역은 산업의 밀집도와 인구증가율을 계획적으로 관리하기 위하여 일정한 범위 안에서 공장의 신설 또는 증설의 허용이 필요한 지역을 말한다. 성장관리지역 안에서는 산업단지와 공업단지는 중소기업 공장의 신설 또는 증설 시에만 그리고 기타지역에서는 중소기업 공장과 건축자재업종 공장(건축면적 3,000m^2 이내)의 신설 또는 증설의 경우에만 허용된다.

셋째, 자연보전지역은 한강수계의 수질 및 녹지 등 자연환경의 보전을 위하여 공장의 신설 또는 증설의 제한이 필요한 지역을 말한다. 이 지역 안에서 공장의 신설이 허용되는 경우는 공업지역은 도시형 업종을 영위하는 중소기업 공장의 신설 또는 증설 시에만 그리고 기타지역에서는 현지근린 공장 및 첨단업종 공장(공장건축면적 1,000m^2 이내), 도시형 업종을 영위하는 중소기업으로 수질환경보전법 제2조 제1호의 규정에 의한 폐수를 배출하지 아니하는 공장, 건축자재업종 공장을 신설 또는 증설하는 경우에만 제한적으로 허용된다.

4) 자유입지의 지정

자유입지 지정제도는 산업단지 외의 지역에서 공장용지의 조성 및 공장을 설립하고자 하는 자가 산업입지 및 개발에 관한 법률의 규정에 의하여 시장, 군수, 구청장에게 공장설립을 위한 입지 지정의 승인을 신청할 수 있음을 의미한다.

5) 입지기준확인서 발급제도

입지기준확인서 발급제도는 창업자가 개별공장의 입지예정지를 선정함에 있어서 각 토지 · 환경 관련 법령에서의 저촉 여부를 일일이 확인하여야 하는 불편과 불확실성을 해소하여 민원인의 편의를 도모하기 위한 제도이다. 입지기준 확인신청은 공장설립 예정지를 선정한 창업자가 당해 사업 예정지에 설립하고자 하는 공장이 각종 토지 및 환경 관련 법령에 저촉되는지 여부를 확인하고자 할 때에는 입지기준확인서 발급을 당해 시장·군수·구청장에게 신청할 수 있다. 이 경우 입지기준확인서에서 확인하는 내용은 도시계획법 등을 포함하여 총 58개 법률에서 당해 공장입지와 관련된 법령 저촉 등의 제한사항 여부로서, 시장·군수·구청장은 검토결과를 입지기준 세부명세서에 공장설립 가능, 불가능, 조건부허가 등으로 구분·작성하여 입지기준확인서 접수 후 10일 이내에 처리하여야 한다.

2. 공장설립 승인

1) 공장설립 승인제도

공장설립 신고·허가·승인제도는 공장을 설립하기 이전에 관계기관장에게 신고·허가·승인을 하게 하는 제도이다. 이는 공장의 원활한 설립을 지원하며 공업의 합리적 배치를 유도하고 공업입지의 체계적 관리를 실현하여 지속적인 공업발전 및 균형 있는 지역발전을 통하여 국민경제의 건전한 발전에 이바지함을 그 목적으로 한다.

2) 신고·허가·승인의 의미

먼저 공장설립 신고제도는 공장건축면적 500m^2 이상인 공장을 신설(기존 건축물을 사용하여 제조업을 영위하는 것을 포함), 증설 또는 업종변경하고자 하는 자가 공장건설을 착공하기 전에 해당 지역의 시장·군수·구청장에게 공장설립 사항을 신고하여 그 확인서를 교부받은 후에 공장을 설립할 수 있는 제도이다.

둘째, 공장신설허가는 공업배치 및 공장설립에 관한 법률에 의한 수도권지역 내의 과밀억제지역, 성장관리지역 및 자연보전지역 안에서의 공장설립은 원칙적으로 허용하고 있지 않으나 도시형 업종의 공장이나 아파트형 공장 등의 설립일 경우에는 동 법률이 정하는 범위 내에서 당해 시장·군수·구청장의 공장설립허가를 얻어 공장을 설립할 수 있도록 한 제도이다.

셋째, 공장신설 승인신청은 공장설립 신고 또는 허가를 받음에 있어 농지전용허가, 산림훼손허가 등 개별법에 의한 인·허가사항을 의제 처리하고자 할 경우 공장설립으로 의제 처리되는 인·허가 내역서를 작성·첨부하여 이의 승인을 얻음으로써 공장설립 절차의 간소화를 꾀할 수 있는 제도이다.

3) 신고·허가·승인의 대상

공장입지 예정지가 수도권일 경우에는 공업배치법에 의한 지역별 허용 업종, 도시지역일 경우에는 건축법에 의한 용도지역별 허용 업종, 기타 지역일 경우에는 국토이용관리법에 의한 용도지역별 허용 업종에 한하여 공장설립 신고 또는 허가신청을 할 수 있다. 이 경우 부대시설을 제외한 제조시설로만 사용되는 건축물의 바닥면적이 500m^2 이상인 경우 신고를 하여야 한다.

공장용도가 아닌 건축물을 공장으로 사용하고자 하는 자도 사용 이전에 해당 건축물에서 자신이 영위하고자 하는 사업에 대한 공장설립 신고 또는 허가신청을 하여야 한다. 또한 공장의 신설·신고 또는 허가를 받은 자가 다음 사항이 변경될 경우에는 공장설립 변경신고를 하여야 한다.

① 회사명 또는 대표자 성명, 공장의 업종, 공장 준공 예정일
② 공장용지면적(당초 신고면적의 20% 범위 이내인 경우에는 제외)
③ 공장건축면적(당초 신고면적의 20% 범위 이내인 경우에는 제외)
④ 부대시설면적(기존 공장 면적률에 정한 경우에는 제외)

공장의 설립을 위하여 농지전용허가 또는 산림훼손허가 등 토지 관련 법령에서 규정한 인·허가가 필요한 경우에 위에서 살펴본 공장설립 신고 또는 허가를 대신하여 공장설립 승인을 신청하면 필요한 인·허가가 공장설립 승인을 받을 때 한꺼번에 의제 처리되므로 절차의 간소화를 도모할 수 있다.

표 12-2 신고 또는 허가지역의 구분

범위	내용
공장설립 신고지역	공장설립 허가지역 외의 전지역
공장설립 허가지역	• 수도권 전지역(과밀억제권역, 성장관리권역 및 자연보전권역) • 부산광역시(강서구 명지동, 녹산동, 천가동, 가락동, 사하구 신평동, 장림동, 다대동, 구평동, 감천1동, 영도구 봉래동 및 청학동을 제외)

3. 공장건축허가

공장설립 승인을 받은 후에 창업 업종의 특성, 자금 조달 능력 및 성장 가능성 등을 고려하여 공장건축계획에 따라 건축행정 절차를 이행하여야 하는데, 공장건축과 관계된 업무의 행정 절차 및 관련사항은 〈표 12-3〉과 같다.

다만, 공장설립 승인을 얻은 자가 당해 공장에 대한 건축법 제8조 및 제9조의 규정에 의한 건축허가를 받은 경우에는 공업배치 및 공장설립에 관한 법률에 의거하여 도로법에 의한 도로점용허가 등의 15개 인 · 허가사항이 의제 처리된 것으로 본다. 또한 건축법 제8조에 의거하여 도시계획구역이나 국토이용관리법에 의해 지정된 도시지역 및 준도시지역 등 안에서 연면적이 200m^2이거나 3층 이상 건축물을 건축하거나 대수선하고자 하는 자는 미리 시장 · 군수 · 구청장의 허가를 받아야 한다.

표 12-3 공장건축 행정 절차 및 관련사항

구분	내용
건축허가 (시, 군, 구)	건축허가신청서, 도시계획확인원(국토이용계획확인원), 건축설계도서, 기타 허가, 신고를 위한 신청서 등을 구비, 행정기관과 협의하에 15일 이내에 허가
건축착공신고 (시, 군, 구)	건축물공사 계획신고, 착공 전 공사감리, 공사시공자 날인을 받은 후 제출, 건축주와 맺은 계약서 사본(설계자, 감리자, 시공자), 설계도서
건축감리중간보고 (시, 군, 구)	공사감리자가 보고서 작성, 거푸집 또는 주춧돌의 시공을 완료한 때, 기초공사 시 철근배근을 완료한 때(철골조, 조적조 등)
건축물사용승인 (시, 군, 구)	사용검사신청서, 설계도서, 공사감리보고서, 사용승인 확인서류 확인내역서

4. 공장확보

업종 선택과 회사 설립 후에 창업할 업종의 제품을 생산하기 위해서는 공장을 확보하여야 한다. 공장을 확보하기 위해 공장입지를 선정하고, 공장을 설립하고, 설비를 갖추기 위한 전반적인 공장설립기본계획을 수립해야 한다. 공장을 확보하는 방법으로는 공장입지를 선정하여 직접 건축하는 방법, 기존 공장을 매입하는 방법(경매 구입 포함), 기존 공장을 임차하는 방법 및 아파트형 공장을 분양받거나 임대 아파트형 공장에 입주할 수 있는 방안이 있다. 공장을 확보하는 방법에 따라 나름대로의 장단점이 있다. 따라서 공장확보방법을 신중히 검토하여 여건에 맞는 공장을 확보하여야 하며, 초기 투자비를 절감하기 위해서는 공장확보에의 과도한 투자를 삼가는 것이 좋다.

1) 공장신축

창업자가 창업 기간에 여유가 있고 자금 조달 능력이 있는 경우에는 창업 업종에 대한 특색을 파악하여 계획입지를 분양받거나 자유입지에서 공장을 신축하는 것이 좋다.

2) 공장매입

창업 업종의 특성상 창업 기간이 짧아야 하고 자금 조달 능력이 있는 경우에는 사업 규모에 맞는 기존공장을 매입하는 것이 좋다. 공장매입방법으로 일간경제신문이나 부동산전문잡지 등에 게재되는 매각 공장정보를 이용하거나 창업 공장입지로 적합한 지역의 부동산중개업소에 의뢰하여 공장을 매입하는 방법이 있다. 그리고 매입비용을 줄이기 위해서는 법원이나 성업공사의 경매에 참여하여 공장을 확보할 수도 있다. 경매를 통해 공장을 확보할 경우에는 경매 절차 및 공장저당법 등에 대한 법률지식이 필요하다.

매입 시에는 먼저 기존공장 소유자의 매각사유를 정확히 파악하여 공장의 하자 유무 및 소유권 관련 사항을 확인한다. 즉, 매입하려는 공장의 임차권자와의 관계, 지상권자와 소유자의 일치 여부, 법원이나 성업공사 등에서 경매 절차가 진행 중인 물건인지 여부, 저당권 또는 담보제공 여부 등에 대해 자세히 검토하여야 한다. 기존공장의 용도를 확인하여 제품을 생산하는 데 제한 및 규제사항이 없는지를 검토한다. 농공단지나 창업계획 승인을 받아 설립된 공장은 관련법에 의하여 처분상의 제한이 있기 때문에 매매계약을 체결하기 전에 해당관청에 확인하여야 한다. 매매계약서는 정확하게 작성하여야 한다. 계약서를 작성하여도 내용이 불충분하면 오히려 작성하지 아니한 것보다 못한 결과를 초래할 수 있으므로 계약조건을 분명히 하여 빠짐없이 기재하여야 한다.

3) 공장임차

생산활동을 신속히 시작하기 위해서는 공장을 임차하는 방법이 초기 창업 자금의 부담을 줄이는 등 신축의 경우보다 훨씬 유리할 수 있다. 임대공장에 입주할 때 계획입지 안에서는 공장임대 허용범위 내에서 기존 공장을 합법적으로 임대할 수 있으며, 자유입지에서는 기존공장의 사용용도, 행정규제사항 유무, 임차조건 등을 확인하여 실질적인 공장소유자와 임대차 계약을 체결하면 된다. 기존공장을 임차하기 위해서는 우선적으로 임대공장이 법적으로 제한받는 사항이 있는지 여부를 확인하여야 한다.

4) 아파트형 공장 입주

아파트형 공장은 소규모 기업을 위한 입지지원사업 중 하나이다. 아파트형 공장은 분양과 임대의 두 가지 방식으로 입주업체를 모집하고 있다. 입주업체에 대해서는 분양가의 50~70% 범위 내에서 장기저리의 대출과 공동식당, 공동회의실, 체육시설, 여러 가지 부대시설 등을 갖추고 있어 쾌적하고 편리한 공장운영체계를 갖추고 있다.

제2절 유통업 창업

1. 입지 선정

1) 매장입지 선정

유통업의 기본적인 전제는 소비자가 매장에 직접 찾아오지 않으면 상품을 팔 수 없다는 점이다. 따라서 입지 선정이 사업 성공의 70~80%를 차지한다고 할 수 있다.

매장의 입지는 상권 내에 소비대상인구가 많고 장래에도 인구가 증가할 것이 예상되며 소득수준 및 소비성향이 높고 구매력이 왕성한 연령층의 거주자, 즉 계획업종 및 업체에 적합한 소비자 다수가 존재하는 곳을 선택하여야 한다. 또한 도로, 지하철, 버스, 노선 등 교통체계를 비롯하여 다수의 소비자를 유인할 수 있는 시설이 주변에 존재하고 기존 상권이 형성되어 있는 곳이 경험이 적은 창업자에게는 유리하며 도매업인 경우 유사업종 상권이 형성된 곳을 선정하여야 한다.

2) 입지 선정 시 고려할 사항

매장의 입지를 결정할 때는 계획하고 있는 입지가 창업할 업종 및 업태와 적합한지 여부를 먼저 확인하고 다음의 내용을 충분히 검토하여야 한다.

먼저 후보지의 환경에 대한 조사가 이루어져야 한다. 해당 상권의 인구 수, 인구구성, 세대 수, 소비수준, 목표소비자의 수 등을 전문기관에 의뢰하거나, 창업자가 직접 현장에서 반복적으로 관찰함으로써 심층적으로 조사한다.

점포 후보지의 장래성에 대한 조사로서, 시가지 형성 상황, 주변도시의 인구증가 속도, 신도시계획 및 도시개발계획의 유무, 도로의 신설, 변경 등과 함께 강력한 경쟁업체 또는 대형판매점의 출점계획이 있는지에 대해서도 확실히 알아두어야 한다.

새로운 점포가 창업자 자신의 능력에 적합한가를 사전에 확인하여야 한다. 즉, 점포보증금 및 권리금, 점포임대기간 연장 가능성과 임대료 인상률, 창업자의 거주지와의 통근거리 등이 확인의 대상이다.

점포 규모의 적합성과 기존점포와의 경쟁관계를 조사한다. 일반적으로 인접한 경쟁업체보다는 규모가 조금이라도 큰 것이 신설점포에 대한 소비자의 관심을 끌기에 유리하다. 취급상품을 눈에 잘 보이는 곳에 보기 좋게 진열하고 판매할 수 있는 정도의 규모를 갖추어 주변의 여타 점포에 비해 규모 면에서 경쟁력이 있어야 한다.

3) 매장입지 결정 단계에서 확인할 사항

위에서 설명한 제반 고려사항을 검토한 결과 신규 점포 후보지가 확정되면 계약에 앞서 점포의 상태와 소유주의 의도를 파악하는 것이 중요하다.

점포를 완전히 사서 입주하는 경우는 창업자의 의사에 따라 입주 후의 개선이나, 준비절차를 자유롭게 추진할 수 있으나, 전세 또는 월세로 임차하여 입주하는 경우는 점포소유자의 권리금 상쇄를 위한 일시적 임대인지 아니면 인근에 대형점포를 신축하기 위한 확장이전인지를 확인하여야 한다.

4) 매장계약 시의 조건 및 하자 확인

매장입지에 대한 계약과정에서 창업자는 점포매매 또는 임차를 위한 조건과 하자의 내용을 확인하여야 한다. 해당 대지와 건물에 대한 법적 주인과 계약체결자와의 관계, 근저당, 가등기 및 가압류 여부는 등기부등본을 발급받아 확인하고, 도시계획에 따른 용도는 도시계획확인원, 토지대장, 건축물 대장을 발급받아 무허가나 가건물인지의 여부와 함께 도시계획상의 철거대상인지 여부를 확인하여야 한다.

창업자는 계약조건에 대해서도 철저히 확인하여야 한다. 즉, 임차보증금의 조건, 월세액, 각종 공과금 및 세금납부 유무 등이 계약서상 명시되어야 하며, 계약할 때 인수할 물품과 비품목록, 계약기간, 명도일, 계약기간 만료 후 재연장조건, 향후 사업 성패에 따른 업종 변경 시의 제약조건 여부, 월세금 지불방법, 연체 시의 이자, 해약조건, 하자보수 등도 명시하여야 한다.

계약금, 중도금, 잔금, 중개료의 액수 및 지급일 그리고 권리금, 보증금 등을 일괄 인수할 때에 권리승계 및 인증 유무를 명시하고 매도인, 매수인, 중개인의 이름, 주소, 연락처, 날인상태를 확인하여야 한다.

마지막으로 등기부상의 법률상 주인과 바르게 계약한 것인지 주민등록증을 상호 보여줌으로써 본인 여부를 확인하는 것이 바람직하다.

2. 개업 준비 절차

1) 직원채용

유통업의 고용특성은 정착성이 낮아서 직원의 이직률이 높고, 시간제 근무가 가능하며, 성수기에는 임시직을 파트타임으로 활용할 수 있다는 점이다. 따라서 창업 점포는 가급적 직원의 수를 최소화하고 경우에 따라 가족경영 형태를 취하며, 시간제 파트타임 직원을 최대한 활용하도록 하고, 특별히 경험 있는 종업원이 필요하다고 판단될 때는 사전에 채용조건을 결정하여 확보하도록 한다.

유통업에서는 특히 종업원의 의식구조와 능력이 판매액에 직접적인 영향을 끼치므로 신뢰를 바탕으로 인간적인 유대관계가 형성 · 유지되도록 해야 한다. 특히 직원의 능률을 높이기 위해 창업자는 적절한 목표를 수립하고, 직원의 능력에 확신을 가지며, 권한을 위임하여야 한다. 더불어 긍정적으로 생각하도록 애쓰며, 유머 감각을 가지고 직원의 말을 경청하며, 인간 중심이 되도록 노력하여야 한다.

2) 상품수급 계약

상품을 약정된 품질수준으로 적정가격에 안정적으로 공급받도록 문서로 계약하되 주문방법, 납품방법, 가격, 발주 후 입고까지의 시간, 하차 및 진열 유무, 선수금, 하자 반품 조건, 결제방법, 재고품의 반품방법, 유사상품을 취급할 때의 계약조건, 계약기간, 수급 해약조건, 위약금 등을 계약서에 명시하여 책임소재를 명확히 하여야 한다. 또한 발주는 자금 조달범위 내에서 적정한 상품종류와 적정구매량을 발주한다. 판매계획에 따라 투자액과 예상 목표이익액을 비교하여 판매목표액을 결정하고 판매액 달성을 위한 상품구색 또는 상품구성을 결정한다.

3) 매장구성

매장시설공사와 실내 인테리어 및 내부장식은 투자계획에 따라 예상 투자비를 초과하지 않는 범위 내에서 추진하되 매장시설은 전문업체와 일괄계약이 유리하며, 체인점이나 대리점인 경우는 본사에 직접 의뢰하거나 본사에서 제공하는 설계에 따라야 한다.

점포의 외관 디자인은 고객이 노력하지 않고도 쉽게 발견할 수 있게 구성하고, 고객 흡인형 점포는 고객이 외부에서 점포 내의 분위기를 느낄 수 있도록 점포성격을 알릴 수 있는 외관설계에 치중하여야 한다.

내부 디자인은 고객의 구매욕구를 높이기 위해 점포 내의 분위기를 즐겁게, 상품을 보다 매력적으로 느낄 수 있도록 설계하며, 내부면적의 배분은 매장 및 비매장면적의 비율과 매장면적을 상품구색별로 구분하여 가장 효율적인 비율로 구성하는 것에 신경을 써야 한다.

점포의 바깥조명은 고객을 흡인하고 인도하며 영업시간 외에도 점포의 존재를 기억시키는 역할을 할 수 있도록 하고, 점포 안의 조명은 고객으로 하여금 상품에 시선을 끌게 하여 품질과 가격 검토에 도움을 주어 구매의욕을 일으키게 설계하는 등 상품을 돋보이게 하는 색채 배합과 상품의 분위기에 맞는 상점 색채를 선정하여 고객의 구매심리를 적극적으로 유발시키는 것이 중요하다.

4) 상품매입 및 진열

상품매입은 고객을 만족시킬 수 있는 상품을 구매하는 것으로 찾아온 고객이 원하는 상품을 위주로 하는 상품구색과 재고수량을 감안하여 상품매입을 결정하고, 관련품목을 중점적으로 취급하는 상품매입처를 다수 확보하되 상품매입처는 상품과 판매자세 및 기업 자체의 경영적 배경을 검토하여 평가하여야 한다.

5) 판매촉진

개업을 전후하여 광고, 홍보, 인적판매, 판매촉진활동을 추진하여야 한다. 광고는 광고매체를 이용하거나 전화광고, 웃는 얼굴, 소문난 영업방식 등의 전략을 실행하는 것이 좋다. 홍보는 일반 창업의 경우에는 전단광고, DM(직접우편물 발송)에 의한 광고, 지역잡지광고 등이 많이 사용되며, 전국적인 프랜차이즈 지점인 경우에는 월간잡지, 전문지 광고, 신문광고, 체인점이나 대리점 본사 차원에서 TV광고에 참여하는 것이 좋다. 또한 인적판매는 철저한 고객 중심에 의한 개점 초기의 소비자의 입을 통한 구전광고가 효과적이며, 판매촉진활동은 개업 초기에는 개업 축하 판촉물 증정에 의한 광고를 하고 개업 후에는 고객사은행사와 아이디어 창출에 의한 이벤트 행사형 광고활동을 지속적으로 펼치는 것이 효과적이다.

6) 사업자등록 신청

인 · 허가가 필요한 업종의 경우는 개별법에 의하여 시설 및 자격요건을 갖추어 해당 관청에서 사업 인 · 허가를 받은 후 관할 세무서에 사업자등록을 신청하며, 인 · 허가가 필요 없는 업종인 경우는 관할 세무서에 사업자등록만 하면 된다.

등록 시 신청서류는 사업자등록신청서, 주민등록등본(법인은 법인등기부등본), 사업 인 · 허가증 사본(필요시), 사업장 임대차계약서 사본 등이다.

제3절 e-business 창업

1. e-business 개요

e-business에 대한 정의는 일반적으로 인터넷이 보급되기 이전부터 추진되어 온 ① 전자문서교환(EDI), ② 제품의 설계 및 개발로부터 생산에서 물류, 폐기에 이르기까지의 전반에 걸친 데이터를 복수기업이 공유하고 교환함으로써 원가절감, 제품개발 및 리드타임(lead time) 단축을 꾀하는 CALS(Commerce At Light Speed), ③ 인터넷을 기반으로 일

반소비자를 대상으로 마케팅과 판매활동을 수행하는 소위 사이버 비즈니스(Cyber Business)라는 3가지 개념으로 분류하며 IT기술의 발달과 보급에 따라 세분화할 수 있다.

e-business의 가장 대표적인 사업방식인 인터넷 쇼핑몰의 경우 소자본 창업자들에게 적합한 사업유형이라고 할 수 있다.

인터넷 쇼핑몰은 상대적으로 기존의 사업방식과 달리 다음과 같은 특징을 지니고 있다.

첫째, 인터넷을 활용하기 때문에 다른 어떠한 방법보다 사용하기 편하고, 1년 365일 하루 24시간 활용이 가능하다.

둘째, 상대적으로 적은 창업 자금 및 자본금을 가지고 사업할 수 있다.

셋째, 사업을 하는 데 있어 시간적 · 공간적 제약이 없다.

넷째, 일정지역의 소비자만이 아니라 전 세계 네티즌을 소비자로 삼을 수 있다.

다섯째, 유통비용과 건물 임대료 등의 운영비도 크게 줄일 수 있다.

여섯째, 사업을 영위하는 데 있어 마케팅 측면에서 다음과 같은 이익이 많다.

① 비용 : 웹을 이용한 광고는 TV나 대중매체를 이용하는 것보다 저렴하다.

② 실행 : 교통이 막히거나 눈비가 내리는 것에 상관없이 하루 24시간, 1년 365일 고객들이 이용할 수 있다.

③ 자유 : 고객은 정보가 어디에 있는지만 알면 얼마든지 많은 정보를 값싸게 얻을 수 있다. 그리고 정보가 어디에 있는지를 알려 주는 검색엔진이 있기 때문에 문제없이 원하는 정보를 찾아낼 수 있다.

④ 상품 : 인터넷을 통해 가장 최근 잘 팔린 물건은 꽃, 책, CD, 티켓, 케이크와 음식물, 가전제품, 장난감 등이 있고 소비자는 주인을 의식하지 않는 상태에서 상품을 충분히 파악할 수 있다. 더구나 Web은 소리(sound), 이미지(dynamic image), 응답(interactive response)이 가능하므로 소비자에게 실제 상점보다 더욱 생생한 전달이 가능하다.

이러한 e-business의 대표적 유형은 B2B(Business to Business), B2C(Business to Customer), B2G(Business to Government), C2G(Customer to Government), C2B(Customer to Business), C2C(Customer to Customer)로서 다음과 같이 구분할 수 있다.

1) B2B(Business to Business)

기업과 기업 간에 컴퓨터 네트워크를 통하여 거래하는 것을 말한다.

이러한 B2B 시장은 규모 면에서 보면 B2C 등 다른 유형의 시장보다 훨씬 크며 앞으로도 이러한 추세는 계속될 전망이다.

2) B2C(Business to Customer)

B2C는 기업과 소비자 간에 컴퓨터 네트워크를 통하여 거래하는 행위를 말한다. 기업-소비자 간 전자상거래는 주로 전자소매(electronic retailing)에 해당하는 것이며, 인터넷의 출현에 따라 급속도로 성장하였다. 이 유형의 전자상거래는 인터넷을 통하여 케이크 · 와인에서부터 컴퓨터 · 자동차에 이르기까지 소비자 제품을 각종 방법으로 공급하는 가상 쇼핑몰(cyber shopping mall)을 중심으로 하여 이루어진다. 우리에게 익숙한 미국의 아마존(www.amazon.com)이나 국내의 인터파크(www.interpark.com) 등이 이와 같은 B2C 형태의 기업들이다.

3) B2G(Business to Government)

기업과 정부 간에 컴퓨터 네트워크를 통하여 거래하는 행위로, B2G는 기업과 정부 조직 사이의 모든 거래를 포함한다.

4) C2G(Customer to Government)

소비자와 정부 간 컴퓨터 네트워크를 통하여 거래하는 행위를 말한다. C2G는 매우 제한적인 범위 내에서 실현되고 있다. 그러나 기업-소비자 간 및 기업-정부 간 전자상거래가 성장함에 따라, 정부는 복지 급여의 지급 및 세금 환급 등과 같은 분야에 확대 적용할 수도 있을 것이다.

5) C2B(Customer to Business)

C2B 시장은 인터넷의 등장이 새롭게 만들어 낸 시장이라고 할 수 있다. C2B는 고객들의 요구에 맞추어 제품을 조합할 수 있으므로 고객이 원하는 제품의 형태를 제안하고 기

업은 여기에 맞는 제품을 추천하는 방법의 형태를 말한다. 최근 쇼핑몰, 경매 사이트 등에서 많이 이루어지고 있는 '공동구매', '역경매' 등의 서비스를 제공하는 곳이 이러한 C2B 형태의 기업이다.

6) C2C(Customer to Customer)

C2C는 고객으로부터 제품을 공급받아 다른 고객에게 판매하는 경우의 마케팅방법으로, 소비자 간에 일대일(1:1) 거래가 이루어지는 것을 말한다. 과거 대량생산, 대량소비의 시대에는 개인적인 물물교환을 제외하고 이러한 형태의 시장은 존재하지 않았지만, 인터넷이 소비자들을 직접 연결시켜 주는 시장 역할을 함으로써 가능해진 시장의 유형이라고 할 수 있다. 이 경우에는 판매에 따른 수수료를 제공하는 방법을 사용한다. 이 방법을 적용하는 예는 다단계 판매회사가 수행하고 있는 다이렉트 마케팅(Direct Marketing)과 같은 경우이다.

2. e-business 창업 절차

e-business의 가장 대표적인 사업방식인 인터넷 쇼핑몰의 창업 절차는 다음과 같이 '사업계획 수립 → 시스템 구성 → 운영'의 절차를 갖는다.

1) e-business 사업계획 수립

(1) 사업 아이템의 선정

어떠한 분야의 창업을 하는 경우에도 창업 아이템의 선정이 중요하듯이 e-business 창업도 인터넷을 이용한 사업환경에 적합한 아이템의 선정이 성공의 중요한 조건이 된다. 오프라인에서의 창업과는 달리 자본이나 시설투자보다는 수요를 창출할 수 있는 아이디어와 기업가 정신이 성패를 좌우할 수 있다.

(2) 사업성 분석

사업의 규모를 떠나서 모든 사업을 시작하는 첫 단계는 사업성 분석이다. 사업성 분석은 목표고객에 대한 분석과 시장규모 및 가능성을 진단함으로써 구체적인 사업계획서 작성을 위한 사전분석이라고 볼 수 있다. 즉, e-business 창업을 위한 사업성 분석의 주요 내용은 누가 주요 고객이고, 현재 시장규모는 얼마이며, 판매가능성 및 잠재수익성은 있는지를 검토하는 것이다.

(3) 경쟁력 분석

창업하고자 하는 아이템과 관련하여 경쟁관계에 있는 사이버몰이 있는지를 검토해야 한다. 경쟁 사이버몰이 있을 경우, SWOT 분석에 의한 강점과 약점, 기회와 위협요인을 고려하여 적절한 경쟁우위 전략을 도출할 수 있을 것이다.

(4) 사업계획서 작성

사업계획서에는 e-business 창업을 구체적으로 추진하기 위한 의지를 체계적으로 기술해야 한다. 사업 아이템의 특성에 따라 다소 차이가 있기는 하지만 창업팀, 아이템 소개, 마케팅 전략, 추정재무제표, 향후 발전계획 등이 포함된다.

2) e-business 시스템 구성

(1) 네트워크

e-business 실행에서 요구되는 인터넷 회선, 네트워크 장비, 웹 서버, 홈페이지 등을 구비해야 한다. 창업 아이템의 특성에 따른 네트워크 장비의 선정과 설치는 전문가를 통한 최적의 선택이 필요하다.

(2) 하드웨어

e-business를 실행하기 위한 하드웨어에는 서버 컴퓨터와 시스템 운영 지원 장비가

있다. 서버 컴퓨터는 창업하고자 하는 e-business 모델에 적합한 성능을 고려하여 구매, 임대, 리스, 위탁관리 방법 등을 선택할 수 있다. 시스템 운영 지원 장비는 하드웨어가 원활히 작동하도록 지원하는 장비를 말한다.

(3) 소프트웨어

e-business의 실행을 관리하는 데 필요한 소프트웨어를 설치함으로써 시스템이 가동된다. 이에 관련된 소프트웨어는 OS(Operating System), 웹 애플리케이션 서버(web application server), 유틸리티 프로그램(utility program) 등이 있다. OS는 하드웨어 및 소프트웨어의 효율적인 운영과 통제를 담당하며, 웹 애플리케이션 서버는 인터넷 기반의 정보시스템 구현을 위해 필요한 소프트웨어이고, 유틸리티 프로그램은 사용자들에게 편의성을 제공하기 위한 프로그램이다.

(4) 기타 필요 시스템

그 밖의 e-business의 실행을 위해 필요한 시스템으로는 자료와 정보의 보안을 위한 보안시스템, 네트워크 환경에서 이용되는 전자결제시스템 등이 있다.

3) e-business 운영

(1) 결제방법

e-business 창업을 하는 경우에 가장 문제시될 수 있는 부분이 결제시스템이다. 결제방법으로는 무통장 입금방식, 신용카드 결제, 계좌이체, 배달 후 직접수금, 전자지불결제 등이 있다.

(2) 택배방법

물품의 배송방법은 우체국을 이용한 우편배송과 전문택배회사를 이용하는 방법이 있다. 가볍고 물량이 적은 경우에는 우편배송을 이용하고, 배송물량이 많거나 무거운 경우에는 전문택배회사를 이용하는 것이 효율적이다.

(3) 반품 및 재고관리

고객으로부터의 반품이나 환불 요청은 장기적 고객확보 차원에서 전략적으로 이용해야 한다. 일시적인 비용 상승의 문제가 발생할 수 있지만 장기적 차원에서 고객만족의 기회로 이용하여 단골고객 확보로 이어질 수 있다. 또한 고객과의 신뢰를 유지하기 위한 재고관리가 이루어져야 한다. 고객에게 재고 유무, 주문 대기시간, 취소, 환불 처리사항 등에 대한 서비스가 실시간으로 제공될 수 있어야 한다.

3. 인터넷 쇼핑몰 마케팅 전략 수립을 위한 접근법

인터넷 마케팅 전략을 수립하는 데 유용한 두 가지 접근방법으로 STP 전략과 CBP 전략을 들 수 있다. 일반적으로 인터넷 마케팅 전략은 시장세분화(Segmentation), 표적시장 선정(Targeting), 포지셔닝(Positioning)의 세 단계로 구성되는데, 이를 STP 전략이라고 한다. 마케팅 전략은 우리 고객이 누구인지를 파악하고 그들의 행동이나 생각을 이해하는 것에서부터 출발한다. 고객을 잘 이해하게 되면 기업은 비슷한 특성을 가진 사람끼리 쉽게 묶을 수 있게 된다. 이와 같이 자사제품이나 서비스를 이용할 가능성이 있는 잠재고객을 확인하여 이들을 구매행동이나 특성에서 비슷한 집단으로 구분하는 과정을 시장세분화라고 한다. 다음 단계로 세분화된 고객집단들 중에서 우리 기업에 가장 잘 맞는 집단을 선정하여야 하는데, 이를 표적시장의 선택이라고 한다. 표적시장이 선정되면, 이 시장 내의 고객들을 경쟁사보다 더 잘 공략할 수 있도록 비즈니스 모델 혹은 제품의 차별적 이미지를 정립해야 하는데, 이를 포지셔닝이라고 한다. 하지만 모든 인터넷 마케팅 전략이 이러한 순서대로 구상되어지는 것은 아니다.

인터넷기업은 CBP(Competitiveness factoring, Business modeling, Positioning) 전략을 토대로 마케팅 전략을 수립할 수도 있다. CBP 전략은 경쟁시장을 정확하게 분석해서 시장에서 경쟁력을 결정하는 주요 요소들이 무엇인지를 파악하고, 경쟁력 결정요소들 중에서 자사기업에 경쟁우위를 제공하는 것을 선정하여 이를 토대로 경쟁사들과 차별적인 비즈니스 모델을 구축하고, 이를 소비자들에게 잘 알리는 것을 말한다.

STP와 CBP는 사실 동일한 마케팅 전략 수립과정이다. STP는 고객을 이해하는 것에서부터 출발하는 반면 CBP는 경쟁 전략 혹은 경쟁사들의 행동을 이해하는 것에서부터 출

그림 12-1 STP 전략과 CBP 전략

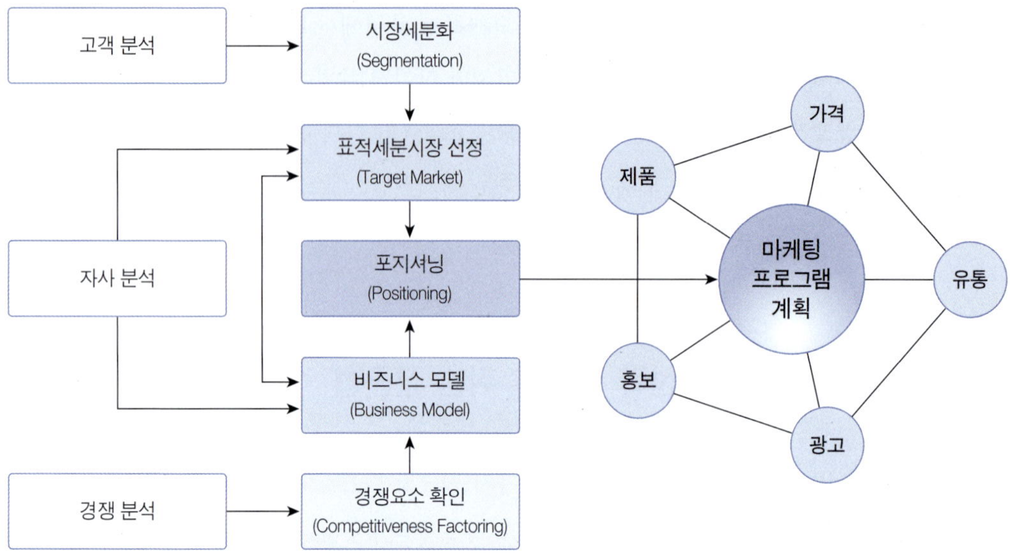

발하는데, 실제로 어디에서부터 출발하여도 같은 포지셔닝 전략대안이 도출되어야 한다([그림 12-1] 참조). 즉, 자사에 가장 잘 맞는 고객을 선정하고 이들의 욕구에 부합되는 혜택을 제공하는 전략은 여러 경쟁력 결정요소 중에서 자사고객들에게 가장 좋은 반응을 얻으면서 경쟁사보다 우월하다고 평가받을 수 있는 경쟁요소들을 통합하여 최적의 비즈니스 모델을 선정하는 전략과 같아야 한다는 것이다.

STP와 CBP 전략의 공통 구성요소인 포지셔닝 전략은 경쟁사에 비해 차별적 우위를 제공하는 비즈니스 모델을 개발하여 이를 표적고객의 마음속에 정확히 정립하는 과정이다. 포지셔닝 전략을 통해 비즈니스 모델의 차별적 포지션이 결정되면 표적고객들이 이를 정확하게 인식하도록 하기 위해 제품, 가격, 유통, 광고, 판촉 등의 구체적 마케팅 믹스 프로그램이 개발 · 실행되어야 한다.

기존의 오프라인(off-line) 마케팅에서는 주로 STP에 근거하여 마케팅 전략을 수립해 왔다. 하지만 온라인(on-line)기업들은 마케팅 전략을 수립하는 데 있어 STP보다는 비즈니스 모델을 정하고 이를 실행하기 위한 마케팅 믹스 프로그램을 수립하는 CBP 접근법을 주로 따르고 있다. 어떤 접근법으로 마케팅 전략을 수립하더라도 정확하고 효과적으로 전략이 수립되었다면, 동일한 포지셔닝 전략과 마케팅 믹스 프로그램이 도출될 수 있다. 하지만 하나의 접근법으로 마케팅 전략을 수립하기보다는 두 가지 접근법을 함께 사용하는 것이 보다 효과적인 마케팅 전략의 수립에 도움이 될 것이다.

4. 인터넷 쇼핑몰 성공 가이드

인터넷 시장이 활성화되면서 무수히 많은 업체들이 시장에 뛰어들면서 콘텐츠 비즈니스나 전자상거래를 아이템으로 선정하여 자신의 영역으로 확장하려고 노력하고 있다. 요즘에는 대규모 자본과 조직을 가진 대기업들의 적극적인 전자상거래 시장 참여로 인터넷 시장경제 규모가 커져 가고 있다.

새롭게 전자상거래에 진입하는 기업들 대부분이 전자상거래를 온라인에서 모든 것들을 해결할 수 있어 실물공간에서의 매장이나 기타 인력 등의 비용절감효과를 통해 수익을 창출할 수 있는 새로운 기회로 여기고 신기술에만 집착한 시스템 구축과 무리한 계획으로 실패를 하는 경우가 많이 생겨나고 있다.

전자상거래는 인터넷상에서 소비자에게 물품을 전달하여 판매하는 것으로서 소비자에게 다양한 정보와 서비스, 기업 간의 커뮤니케이션으로서 기존 오프라인(off-line)의 유통이나 마케팅 채널이 연동되지 않으면 성공하기 어려운 비즈니스 모델이다. 또한 새로운 시장기회 창출을 위한 철저한 시장조사와 경쟁사 파악 등의 분석과 마케팅 전략 등의 수립도 중요한 관건 중의 하나이다.

따라서 인터넷 쇼핑몰을 창업하려는 예비 창업자들은 다음의 사항을 충분히 검토하고 전략적이고 체계적인 준비와 실행이 필요할 것이다.

1) 사이트를 브랜드화하라

전자상거래에서의 구매는 단지 물건을 파는 것이 아닌 고객과의 커뮤니케이션을 통한 가치판매라고 볼 수 있다. 고객들은 물건을 구매하기 전에 자신이 얻을 수 있는 가치를 꼼꼼히 따져 보고 자신에게 가치 있는 제품을 구매하게 된다. 특히 인터넷 같은 비대면 매체에서 고객들이 부담을 가지지 않고 쉽게 전자상거래 업체에 들어와서 물건을 구매할 수 있는 매개체로 기존 고객의 잠재의식 속에 깊이 남아 있는 브랜드에 관한 충성도는 곧 사이트에 관한 매출증대와 깊이 연관되어 있다.

이러한 사이트의 브랜드를 확립하기 위해서는 철저한 시장조사와 고객 중심의 마케팅 전략이 선행되어야 하며 일관된 브랜드 이미지를 구축할 수 있는 브랜드 전략계획이 수립되어야 한다. 앞으로 인터넷 쇼핑몰 업체에도 브랜드매니저가 초기 사이트 론칭부터 상품개발, 홍보, 고객관리에 개입하여 브랜드를 개발하고 유지하도록 노력해야 할 것이다.

2) 다양한 채널을 복합적으로 활용하라

초기 대부분의 전자상거래 업체가 판매채널의 물리적 비용부담감이나 새로운 신규시장 창출로서 전자상거래를 바라보면서 기존의 판매채널을 무시하거나 마케팅 전략 자체의 집행도 철저한 온라인 고객들을 대상으로 집행하였다.

하지만 최근 들어 기존의 온라인 판매채널 이외에 다양한 마케팅 채널을 복합적으로 이용한 Hybrid Selling System을 구축하여 매출을 올리고 있는 업체들이 늘어나고 있다. 다양한 채널 활용은 전자상거래 이용자들이 늘어나면서 소비자에 관한 시장조사의 한계성 및 기존 온라인 시스템이 고객들이 요구하는 다양한 요구사항들을 처리할 수 없기 때문에 발생하는 많은 부분들을 전통적인 채널과 복합적으로 연계하여 판매의 효율성을 증대할 수 있다는 것이다.

이러한 다양한 채널들을 효율적으로 집행하기 위해서는 전통적인 마케팅 채널의 확정범위 설정과 온라인 고객 분석을 통한 구매형태나 고객 요구사항들의 분석들이 선행되어 있어야 한다.

3) 최대한 협력하라

미국에서는 Affiliate Program(Associate, Bounty Program이라고도 함)이라는 보상 프로그램을 대부분의 전자상거래 업체에서 채용하고 있다. Affiliate Program은 개인의 홈페이지에 영업점(배너)을 개설하고 영업점을 통해서 구매할 경우 해당 영업점에게 커미션을 주는 프로그램이다.

수익분배 프로그램은 기존의 고객이 단순하게 상품을 구매하는 구매자의 역할에서 상품을 판매하고, 상품을 홍보하고, 상품을 개발하는 사업협력자로서의 새로운 역할분할을 모색한 마케팅 전략이라고 볼 수 있다.

소비자 주도의 경제체제하에 제조업자와 소매업자의 관계와 소매업자와 최종소비자의 관계가 수직적 구도하에서 서로의 이해관계를 모색하기보다는 최대한 각 유통채널과 최종소비자 간에 유기적으로 협력하여 상호 정보교환 및 마케팅 교환가치를 얻을 수 있도록 협력하여야 한다.

4) 철저하게 아웃소싱을 집행하라

최근 시장조사회사 Gartner Group의 보고서에 다르면 전자상거래 프로젝트의 75%가 기획 부족과 신기술에 대한 비현실적인 기대 때문에 실패할 것으로 지적됐다. 이러한 경우는 처음 쇼핑몰을 론칭할 때 자체 시장규모 및 사업 전략 계획이 수립되어 있지 않아 무리한 시스템 구축으로 인한 초기 자금낭비와 새로운 시장환경에 대처하기 위한 사업 전략 부재와 비효율적인 조직 운영의 결과로 나타났다.

아웃소싱은 기획, 결제, 배송, 홍보, 머천다이징 등의 복합적인 기술과 마케팅이 집적된 전자상거래 업체에 두 마리의 토끼를 잡기 위해 비효율적인 조직이나 예산을 집행하는 것보다 집중화된 효율적인 업무집행을 통해 매출을 극대화할 수 있는 방법으로 철저하게 효율적인 아웃소싱시스템이 이루어져야 한다.

5) 고객 중심에서 생각하라

전자상거래 업체가 보안이나 결제 부분에 많은 부분을 구매의 신뢰성에 치중하다 보면 자칫 고객 서비스에 소홀한 경우가 있다.

구매자가 원하는 상품을 쉽게 찾을 수 있고 구매제품에 관한 다양한 제품정보 및 애프터서비스, 배송 및 기타 구매에 관한 제반사항을 소비자가 쉽게 이해할 수 있도록 인터페이스 설계나 고객 문의 창구가 부재한 현실이다.

Net Effect System의 조사결과에 따르면 2/3의 온라인 구매자들이 구매결정에 앞서 생기는 궁금증에 대한 즉각적인 답변을 얻기 어려워 마지막 장바구니 결제 단계에서 상품 구매를 포기하는 것으로 나타났다.

이러한 고민 때문에 90% 이상의 전자상거래 기업들이 대 고객관계관리(Customer Relationship Management : CRM)에 초점을 맞추어 사용자들의 경험을 통한 판매, 마케팅, 고객 서비스를 집행할 수 있는 웹기반의 고객 서비스 솔루션 도입을 적극 추진하고 있다.

고객 중심의 전자상거래 구현을 위하여 철저한 고객 분석이 선행되어야 하며 고객을 끌어들이고 고객을 묶어 둘 수 있는 다양한 이벤트와 마케팅이 필요하며 고객과 끊임없이 커뮤니케이션할 수 있는 커뮤니케이션 통로가 항상 오픈되어 있어야 한다.

6) 차별화하라

전자상거래가 우후죽순처럼 생겨나면서 초기 시장을 선도하고 회원들을 끌어 모으기 위한 과열경쟁이 나타나고 있다. 대부분의 업체들이 제 살 깍듯이 가격인하 및 택배비 인하로 다른 업체와 차별화를 시도하고 있지만 가격인하의 공격적인 마케팅은 상품 품질의 결함이나 고객 서비스 비용의 크나큰 손실로 이어진다. 전자상거래가 가격경쟁 이외에 차별화된 경쟁 전략을 갖기 위하여 소비자들이 상품의 가격비교와 가격을 소비자들이 직접 결정할 수 있도록 가격 전략을 확대해 나가야 하며, 온라인의 비대면 구매를 극복하기 위한 차별화된 커뮤니티 형성, 브랜드 인식, 고객 서비스 등의 통합적인 고객 커뮤니케이션 전략 등의 차별화를 시도해야 한다.

7) 전문화하라

전문쇼핑몰이 성장한 것은 기존의 백화점식의 쇼핑몰이 다양한 상품군들을 갖추고 있지만 다양한 고객의 니즈를 만족시켜 주지 못하고 있기 때문에 비록 정보의 양이 적지만 고객에게 분별력 있고 가치 있는 상품정보를 제공하는 전문쇼핑몰을 이용하는 고객들이 점점 늘어 가고 있기 때문이다.

전문쇼핑몰은 전문화된 하나의 상품으로서 고객의 니즈를 철저히 분석하여 고객에 맞는 상품추천 및 고객이 원하는 다양한 서비스를 개발하여 철저하게 고객 지향적인 마케팅 전략으로 빠르게 시장에 대응할 수 있다는 장점이 있다.

8) 끊임없이 분석하라

전자상거래 시장은 하루가 다르게 변화하고 있다. 새로운 신기술을 무기로 등장하는 신규업체, 거대한 자본을 앞세워 시장을 주도하려는 대기업, 시대의 요구에 의해 변화하는 고객들의 변화양상 등에 의해서 전자상거래의 시장은 다양하게 변화하고 있다.

변화하는 시장을 다각적으로 분석하고 능동적으로 변화하는 시장에 잘 적응할 수 있도록 철저한 시장조사와 고객 분석이 수행되어야 한다. 또한 고객 데이터와의 끊임없는 커뮤니케이션을 통하여 고객들의 요구에 바로 대응하여 피드백을 통한 마케팅 전략 수립 및 상품개발 등의 차별화된 경쟁요소를 개발하여야 한다.

9) 신뢰성을 확보하라

전자상거래에 관한 가장 큰 저해요소는 인터넷 상품의 구매에 관한 신뢰성 부족이다. 한국정보문화센터의 조사에 따르면 국내 인터넷 쇼핑몰 이용 시 94.2%는 개인정보가 유출될까 봐 크게 불안해하고 있다고 대답했으며, 그러므로 인터넷 상거래의 안정성과 신뢰성의 확보를 심각하게 고려해 보아야 한다.

이러한 불안감을 극복하기 위해서 안정화된 결제시스템의 도입과 공인된 인증기관을 통한 인증 서비스도 갖추어져야 한다. 또한 고객 개개인의 니즈를 충족시킬 수 있는 원투원 마케팅 전략 및 대고객 브랜드 인지도, 상품품질에 관한 보증, 상품구매에 관한 편의성, 고객에게 빠르게 대응하는 고객 서비스 시스템도 신뢰성 확보에 있어 중요한 요소이다.

10) 생활 속에 침투하라

전자상거래가 단지 거대한 PC의 화면을 통해서 일어나는 특정인의 활동이 아닌 누구나 생활 속 어디서나 전자상거래의 구매가 이루어질 수 있도록 끊임없이 생활 속에 침투해야 한다.

전국에 펴져 있는 PC방을 통한 상품판매, 역이나 지하철의 키오스크 부스를 통한 판매, 휴대전화를 통한 상품판매, 가정의 스마트 가전제품을 통한 주문형 판매 등 우리 생활 곳곳에서 필요한 물건들을 쉽게 구매할 수 있는 구매기회를 제공하도록 다방면으로 상품의 판매채널을 넓혀 나가도록 하여야 한다. 우리가 가까운 슈퍼마켓에서 물건을 구매하듯이 생활의 일부분으로 전자상거래가 확대되어지도록 노력해야 한다.

이러한 발 빠른 움직임에 신속하게 대응하도록 사용자들이 언제 어디에서 접속하더라도 빠르고 쉽게 상품을 검색할 수 있도록 시스템을 구축해야 하며, 구매 물품들을 신속하게 배송하도록 물류체계를 갖추어야 이러한 시장환경에 대응할 수 있다.

5. 네이버 스마트스토어 활용방안

1) 네이버 스마트스토어 개요

스마트스토어란 쇼핑몰과 블로그의 장점을 결합한 블로그형 원스톱 쇼핑몰 구축 솔루션을 의미한다. 네이버 스마트스토어는 2012년 샵N으로 시작하였고 이후 2014년 네이버 스토어팜을 거쳐 2018년 현재의 네이버 스마트스토어로 명칭이 변경되었다. 또한 2021년부터 합작사 야후! 재팬을 통해 일본에서 마이 스마트스토어(https://mysmartstore.jp/my)를 운영하고 있다.

네이버 아이디만 있으면 누구나 네이버 스마트스토어를 통해 쇼핑몰을 개설하여 자신의 아이템(상품/서비스)을 자유롭게 판매할 수 있다. 상품정보 등록에서부터 결제, 정산, 검색 노출, 광고, 고객관리, 매출 및 고객정보 분석 등 다양한 기능을 활용할 수 있는 서비스로 프로그래밍을 할 줄 모르더라도 카페나 블로그, 인스타그램 등 SNS를 꾸미듯이 손쉽게 쇼핑몰을 개설하고 운영할 수 있다.

소규모로 운영할 경우 대부분 사업자등록증이 필요 없는 개인 스토어를 개설하면 되고, 판매대금 정산을 받기 위해서는 네이버페이(Naver Pay)[1]에 가입해야한다. 개설 후 스토어 이름은 1회에 한해 변경이 가능하다.

네이버의 다양한 판매 영역과 검색 결과에 상품을 노출할 수 있어 소비자를 빠르게 만나고, 네이버페이 결제 수수료를 제외한 추가 운영비가 없어 안정적이고 합리적이다. 스마트스토어의 상품 구매는 네이버페이를 통해 이루어지며, 회원가입 절차상의 이탈을 줄이고 신뢰도를 높이며, 네이버페이 포인트를 적립해 마케팅 툴로도 활용이 가능하다.

네이버 스마트스토어의 가장 큰 장점은 서버비 등의 유지비가 안 든다는 것이며, 당연히 쇼핑몰 솔루션에 대한 유지보수 부담 또한 없는 것이다. 소규모 웹 서비스라도 안정적으로 돌릴 수 있는 서버 컴퓨터는 구입비만 최소 100만원이 넘고, 서버 컴퓨터는 계속 켜 놔야 하니 전기료도 매달 몇 만 원씩 지출해야 한다. 게다가 통신사의 고정 IP 상품에 가입해야 해서 매달 몇 만 원씩 통신 요금이 추가된다. 서버가 죽거나 데이터가 유실되는 일이 없도록 안정성을 위한 이중화 백업 구성까지 하려면 돈은 최소 두 배씩 더 든다. 여기에 보안 솔루션도 도입해야 한다. 이렇게 서버를 직접 구축하려면 비용이 많이

---

1) 네이버파이낸셜에서 은행 계좌나 체크카드, 신용카드를 미리 등록해 두고 등록한 결제 수단을 통해 결제 및 송금 등을 지원하는 간편 결제 서비스

들고 챙길 것도 많기 때문에, 이 모든 걸 다 구축하고 사용할 수 있는 카페24, 아마존 웹 서비스 등의 클라우드 서비스가 대세인데 이쪽도 비용이 최소한 월 5만 원부터 시작한다. 물론 이 비용은 하드웨어 단순 사용료이고, 코딩을 통해 웹사이트를 구축해 줄 개발자를 구하는 건 알아서 해야 한다.

또한 개발을 외주로 맡기면 최소 천만 원에서 수천만 원까지 부르는 게 값이다. 참고로 웹사이트는 한 번 만들어 두면 끝나는 게 아니라 끊임없이 개선하고 수정해야 하기 때문에, 여기에 드는 인건비까지 고려해야 한다. 쇼핑몰 같은 웹 서비스가 워낙 대중화 되어있어서 IT서비스에 무지한 사람들은 굉장히 쉽게 생각하는데, 사실 굉장히 복잡한 전문 기술 영역이라 신경 써야 할 게 많고 유지보수에 들어가는 비용도 만만치 않다. 이러한 장점으로 2020년 전후로 우리나라에서 온라인 쇼핑 창업자들에게 스마트스토어부터 시작하였고, 자체 온라인몰을 운영하는 대기업들도 스마트스토어를 개설하는 경우가 많아졌다.

네이버 스마트스토어를 통한 쇼핑몰 개설 및 관리 운영비용은 무료인 대신 결제 수수료를 지불하여야 한다. 소비자가 네이버페이로 결제 시, 판매자의 매출 규모에 따라 부가가치세 포함 1.98% ~ 3.63%의 수수료가 부과된다. 이는 국내외 오픈마켓이나 여타 유통 채널을 통틀어 최저 수준이며, 쿠팡, G마켓, 11번가 등은 10% 전후이고 홈쇼핑이나 백화점 등은 입점시 20% 정도의 수수료 및 기타 비용을 부과한다. 또한 네이버쇼핑에 스마트스토어가 검색되게 설정할 경우, 매출액의 2% 수수료가 추가로 부과된다.

표 12-4 스마트스토어 수수료 과금 기준

매출규모	수수료 율	비 고
영세 (연 매출 3억원 이하)	1.98%	네이버쇼핑 연동시 수수료 2% 추가
중소1 (연 매출 3~5억원)	2.585%	
중소2 (연 매출 5~10억원)	2.75%	
중소3 (연 매출 10~30억원)	3.025%	
일반 (연 매출 30억원 이상)	3.63%	

그림 12-2 스마트스토어 수수료 부과 과정

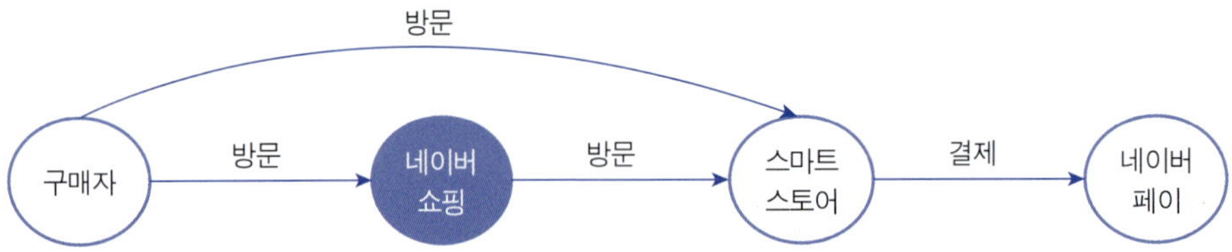

쇼핑몰을 개설하면 검색 노출이 필수여서 선택지를 주는 게 무의미하다고 생각할 수 있고, 그로인해 검색 노출 없이 SNS나 기타 다른 채널로만 홍보하고 호객하는 쇼핑몰도 의외로 많다. 네이버에서 제시한 자료에 따르면, 스마트스토어 전체 거래액 중 네이버쇼핑을 거친 거래액은 54%(2020년 기준) 정도라고 한다. 이는 네이버쇼핑과 스마트스토어가 네이버 내에서 독립된 서비스임을 나타내는 것이라 할 수 있다.

또한 스마트스토어는 G마켓, 11번가, 옥션, 아마존닷컴 등과 같은 오픈마켓과는 성격이나 지향점이 상이하다. 오픈마켓은 소비자 입장에서 판매자가 누구인지 부각되지 않고 상품 위주로만 보이도록 설계되어 있다. 반면 스마트스토어는 온라인쇼핑몰을 개설하는 개념이기 때문에[2] 브랜딩(branding)을 하고 회사에 대한 스토리텔링, 기존 고객관리를 통한 혜택 부여 등의 활동이 가능하다. 판매자에 대한 신뢰나 가치 소비 등이 중요시되는 흐름을 생각하면 스마트스토어가 오픈마켓보다 좀 더 앞서 나간 플랫폼 형태라고 평가할 수 있다

네이버 스마트스토어가 중소 상공인들의 온라인 진출을 돕기에 좋은 솔루션이란 평이지만, 자체 쇼핑몰을 가진 기업들이 스마트스토어에도 입점하여 두 개의 쇼핑몰을 동시에 운영하는 사례들도 있다. 스타트업 들이 주로 그런 경우가 많지만, 컴퓨존, 한샘, 랭킹닭컴과 같은 중견 이상 기업들도 본사의 공식 쇼핑몰과 운영 주체가 동일하게 스마트스토어에 입점해 있다. 이렇게 쇼핑몰을 이중으로 운영하는 이유는 명확하지 않으나 자체 쇼핑몰이나 오픈마켓에 회원가입하기 귀찮아하는 소비자들이 많기 때문으로 추정된다. 자체 쇼핑몰이라도 수수료만 내면 네이버쇼핑 검색에 노출 기회는 거의 동일하게 보장되고 결제 수단으로 네이버페이를 도입할 수 있으며, 소비자가 네이버페이 간편결제로

2) 네이버쇼핑에서 상품 옆에 판매자 이름이 아닌 쇼핑몰 이름이 표시

구매시 네이버 플러스 멤버십 혜택을 추가로 제공하고 있다. 따라서 별도의 비용을 부담하지 않고 구매 고객에게 포인트를 적립해주는 프로모션 효과를 누릴 수 있으며, 이 외에도 네이버페이 포인트를 활용한 다양한 이벤트를 통해 구매전환율을 높일 수 있다. 또한 회원가입을 새로 해야 하는 것에 불편함을 느끼는 소비자가 많다는 것은 진입장벽으로 작용될 수 있어, 소비자가 기존에 갖고 있는 구글이나 네이버 등의 아이디로 소셜 로그인을 이용하면 회원가입도 상대적으로 간편하게 할 수 있다.

배송 조회나 리뷰 관리 등에 있어서도 조금씩 단절된 사용자 경험이 발생하기 때문에, 네이버페이 이용자들은 가격 차이가 크지 않다면 스마트스토어를 선호하는 경향이 있다. 스마트스토어 수수료가 적은 편이라도 기업 입장에선 무시 못 할 비용이고, 자사 홈페이지에 가입한 사용자들의 더 자세한 개인 정보를 알 수 있는 등 판매의 자유도가 높기 때문에 자체 쇼핑몰을 더 선호하기는 하지만, 네이버페이 사용자들의 구매력이 굉장히 크기 때문에 판매 채널을 하나 더 운영하는 것으로 볼 수 있다.

사업 방향을 보면 소비자뿐만 아니라 판매자에게도 신경을 굉장히 많이 쓴다. 한 예로 배송 완료가 아닌 집하 완료 시점에 정산을 해주는 빠른 정산을 도입했는데, 국내 업계 최초를 넘어 전 세계 최초의 시도로 보인다. 다만 모든 판매자 대상이 아니라 반품률 20% 미만, 3개월 연속 매출 100만원 이상의 판매자에게만 적용된다. 보통 매출액이 커질수록 자금 회전에 따른 문제도 커지기 때문에 판매자 입장에서도 합리적이고 실효성이 있는 조건이라 할 수 있다. 네이버페이 결제 시스템, 빠른 정산 시스템, 대출 서비스 등은 네이버가 금융 서비스에 진출하려는 의도였다기보다는 네이버쇼핑 서비스를 매끄럽게 만들기 위한 디테일한 노력이었음을 여러 차례 밝혔다.

네이버는 서울특별시, 부산광역시, 광주광역시에 총 6개의 네이버 파트너스퀘어를 세워 스마트스토어를 비롯한 다양한 도구의 활용방법 및 사업 노하우 등에 대한 무료교육을 통해 사업자/창자자 교육에 적극적이다. 교육 내용을 통해 스마트스토어의 단순 사용법을 넘어 브랜딩, 마케팅, 홍보, 고객 관리, 데이터 분석을 통한 사업 전략 수립 노하우 등등 경영 전반에 걸친 지식을 습득할 수 있다. 이러한 교육을 통해 사업자들의 평균 서비스 질과 역량 상승을 기대해 볼 수 있으며, 네이버 플랫폼을 이용해 제품/서비스를 구입하는 소비자들의 만족도를 높여 네이버 플랫폼의 장악력 향상을 기대할 수 있다.

이러한 전략이 네이버만의 독자적인 것은 아니며, 쇼피파이(Shopify, Inc.)나 배달의민족 역시 사용자 교육 콘텐츠에 엄청난 공을 들이고 있다. 해외의 몇몇 플랫폼 서비스에서도 이미 취하고 있는 전략이어서 네이버가 이를 벤치마킹한 것으로 볼 수는 있지만, 아마존닷컴이나 쿠팡 등은 그렇지 않은 걸 보면 플랫폼 사업자들의 보편적인 사업 전략으로 보긴 어렵다. 네이버는 2010년대 초반까지 골목 상권 침해 이슈로 전 국민의 질타를 받았고, 그 이후로도 정치권의 견제에 시달렸는지라 이와 같은 전략을 취하게 된 것으로 보인다.

또한 네이버 데이터랩, 네이버 개발자센터를 통해 스마트스토어 데이터를 제공하고 있고, 이를 이용한 스마트스토어 분석 사이트가 많기 때문에 이를 잘 활용하면 검색 순위를 높인다든지, 새로운 상품을 입점 시킬 때 유용하다. 대표적으로는 매모판(https://memopan.io/intro/), 셀러랩스(https://www.sellerlabs.co.kr/), 아이템스카우트(https://itemscout.io/), 판다랭크(https://pandarank.net), 마켓위자드(https://marketwizards.ai/) 등이 있다. 특히 셀레랩스의 스마트스토어 순위 검색 기능을 활용하면 현재 네이버 스마트스토어 검색 노출 순위를 무료로 확인할 수 있다. 매모판에서는 스토어 URL만 입력하면 상품별 순위 및 등록정보, 상위 노출 상품, 키워드 분석, 리뷰 분석까지 모두 제공받을 수 있으며, 매모판 Lite버전을 통해 상품 등록정보 분석 기능만 따로 이용할 수도 있다.

2) 스마트스토어 판매자 유형

스마트스토어의 판매자 유형은 개인 판매회원, 국내 사업자 판매회원, 해외 사업 판매회원으로 구분할 수 있다. 개인 판매회원은 사업자 등록을 하지 않은 개인회원이 스마트스토어를 사업을 진행하는 경우에 해당되며 국내 사업자 판매회원과 해외 사업 판매회원은 사업자 유형별 승인을 위한 필수서류를 제출해야 한다. 특히 개인 판매회원의 직전 년도 누적 판매금액이 4,800만원 이상 또는 당해연도 1월 1일부터 누적 판매금액 4,400만원 이상일 경우 사업자신고를 해야 하는데, 기준을 초과할 경우 로그인 팝업 알림/EMS 발송을 통해 사업자 전환 안내를 제공하고 있다. 개인 판매회원과 국내 사업자 판매회원이 제출해야 하는 서류에 대해 살펴보면 다음과 같다.

① 개인 판매회원

- 아직 사업자 등록을 하지 않은 경우, 개인 판매회원으로 가입 가능
- 개인 회원으로 가입 이후, [판매자 정보 〉 사업자 전환] 메뉴를 통해 사업자 전환 신청 가능

분 류	입점 서류
성 인	제출할 서류 없음 본인명의 휴대폰 인증으로 가입 진행(본인명의 휴대폰이 없는 경우 가입 불가) 휴대폰 인증을 받은 개인회원 정보의 개인명의 통장만 정산 정보 등록 가능(사업자 통장 등록 불가)
만 14세 이상 ~ 만 19세 미만	① 스마트스토어 법정대리인 동의서 사본 1부 ② 가족관계증명서(또는 법정대리인 증명서류) 사본 1부 ③ 법정대리인 인감증명서 사본 1부 (3개월 이내 발급분, 주민번호 뒤 6자리 표시)

② 국내 사업자 판매회원

- 사업자 등록번호 인증을 통해 판매회원 가입 가능
- 사업자 회원은 스마트스토어 가입시, 필수 서류를 제출해야 가입 승인

분 류	입점 서류
법정 미성년자 (만 19세 미만) 간이/개인사업자	① 사업자 등록증 사본 1부 (1년 이내 발급분) ② 대표자 인감증명서 사본 1부 (3개월 이내 발급분) ③ 대표자 (또는 사업자) 명의 통장 사본 1부
법인 사업자	① 사업자 등록증 사본 1부 (1년 이내 발급분) ② 법인 인감증명서 사본 1부 (3개월 이내 발급분) ③ 법인 명의 통장 사본 1부 ④ 법인 등기사항전부증명서 사본 1부 (3개월 이내 발급분)

③ 통신판매업 신고번호 입력 기준

- 부가가치세법 제2조 제4호의 간이과세자에 해당되지 않을 경우
- 직전년도 구매확정 수 50건 이상 또는 당해연도 1월 1일부터 누적 구매확정 수 50건 이상인 경우

판매자 유형	간이사업자	개인사업자 (일반사업자)	법인사업자
통신판매업 신고번호 입력기준 (복수 계정인 경우 총 합)	직전년도 누적 판매금액 8,000만원 이상 또는 당해연도 1월 1일부터 판매금액 8,00만원 이상	직전년도 구매확정 수 50건 이상 또는 당해연도 1월 1일부터 누적 구매확정 수 50건 이상	

* 가입시 통신판매업 신고번호 미입력한 판매자는 과세유형에 따라 거래횟수, 매출액을 계산하여 통신판매업 신고 별도 안내됨

3) 스마트스토어 판매자 가입절차

스마트스토어 판매자 가입절차는 다음과 같다.

1) 네이버 커머스 ID[3] 등록 후 판매자 가입 시작
2) 네이버쇼핑/톡톡 연결
3) 약관 동의
4) 판매자 정보 입력
5) 스마트스토어 정보 입력
6) 상품, 배송, 정산 관련 정보 입력
7) 담당자 정보 입력
8) 판매자 신원 확인(고객확인제도)

그림 12-3 스마트스토어 판매자 가입절차

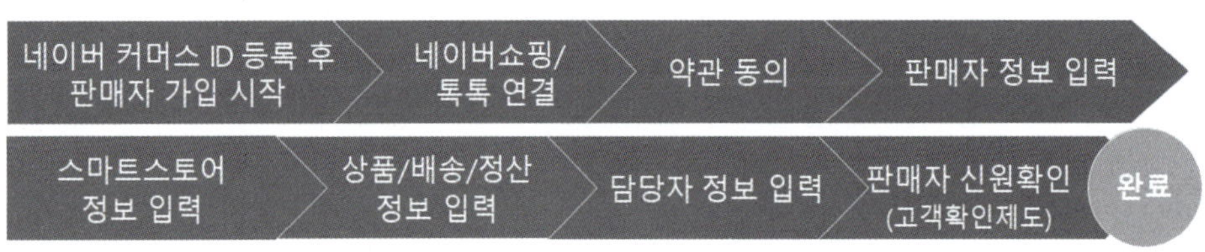

① 네이버 커머스 ID 등록 후 판매자 가입 시작

3) 스마트스토어 포함, 네이버의 다양한 커머스 서비스를 '네이버 커머스 ID' 하나로 편리하게 이용, 회원정보 공통 관리

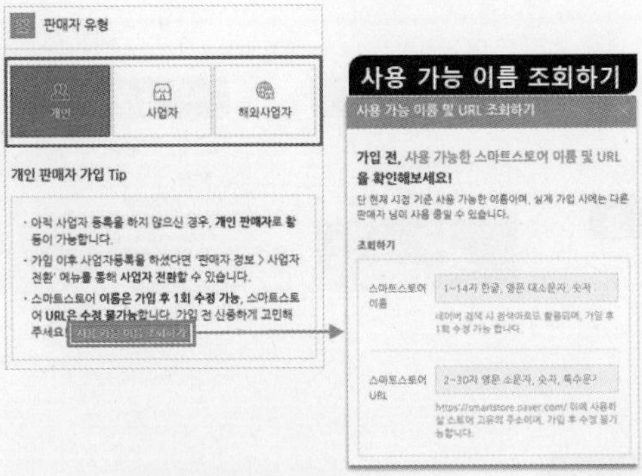
판매자 유형
개인
사업자
해외사업자
개인 판매자 가입 Tip
사용 가능 이름 조회하기
사용 가능 이름 및 URL 조회하기
가입 전, 사용 가능한 스마트스토어 이름 및 URL을 확인해보세요!

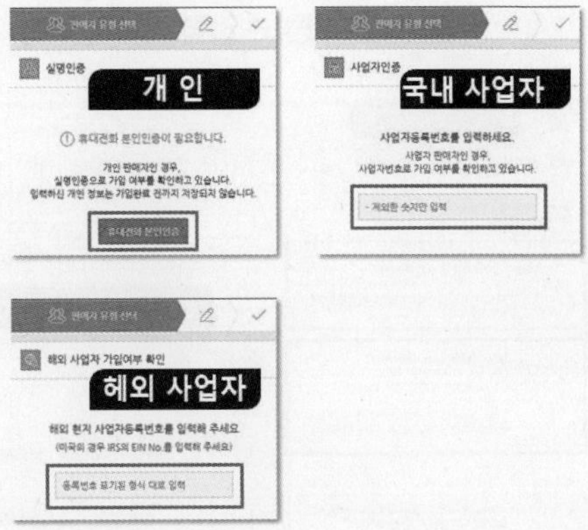
개 인
국내 사업자
해외 사업자

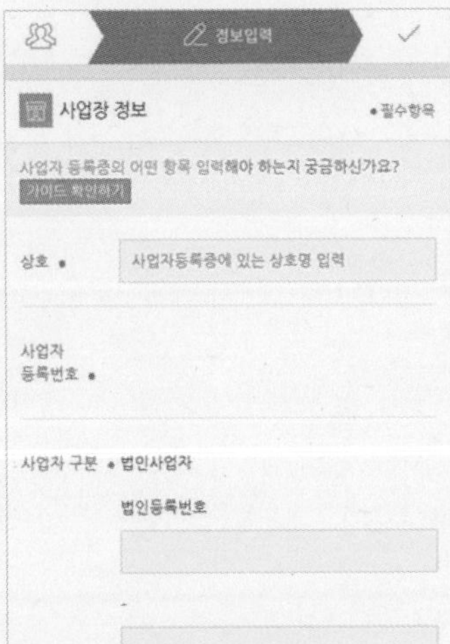
정보입력
사업장 정보
•필수항목
사업자 등록증의 어떤 항목 입력해야 하는지 궁금하신가요?
가이드 확인하기
상호 •
사업자등록증에 있는 상호명 입력
사업자
등록번호 •
사업자 구분 • 법인사업자
법인등록번호

② 네이버쇼핑/톡톡 연결

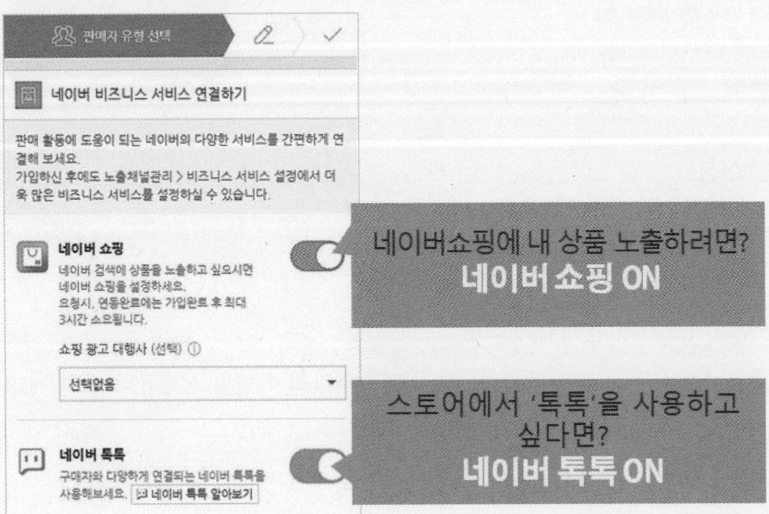
판매자 유형 선택
네이버 비즈니스 서비스 연결하기
판매 활동에 도움이 되는 네이버의 다양한 서비스를 간편하게 연결해 보세요.
가입하신 후에도 노출채널관리 > 비즈니스 서비스 설정에서 더욱 많은 비즈니스 서비스를 설정하실 수 있습니다.
네이버 쇼핑
네이버 검색에 상품을 노출하고 싶으시면 네이버 쇼핑을 설정하세요.
요청시, 연동완료에는 가입완료 후 최대 3시간 소요됩니다.
쇼핑 광고 대행사 (선택)
선택없음
네이버 톡톡
구매자와 다양하게 연결되는 네이버 톡톡을 사용해보세요.
네이버 톡톡 알아보기
네이버쇼핑에 내 상품 노출하려면?
네이버 쇼핑 ON
스토어에서 '톡톡'을 사용하고 싶다면?
네이버 톡톡 ON

③ 스마트스토어 정보 입력

④ 상품, 배송, 정산 관련 정보 입력

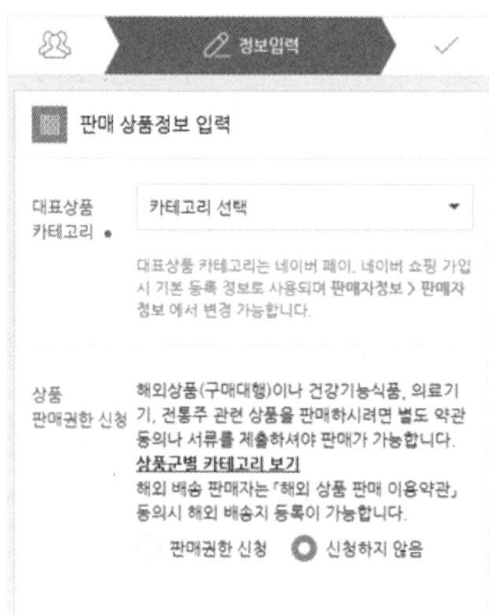

〈상품 판매권한 신청〉

① 특정 카테고리 상품 판매는 추가서류 제출 필요

- 건강기능식품 관련 : 건강기능식품 판매업 신고증
- 의료기기 관련 : 의료기기 판매업 신고증
- 구매대행 판매(수입식품) : 영업등록증(수입식품안전관리 특별법 시행규칙 별지 제18호 서식)
- 구매대행 판매(화장품) : 화장품 책임판매업 등록필증

• 전통주 : 주류 통신판매 승인서, 주류 제조 면허증

② 해외상품 판매 희망시, 해외상품 판매약관 동의 필요

〈해외상품(구매대행) 판매〉

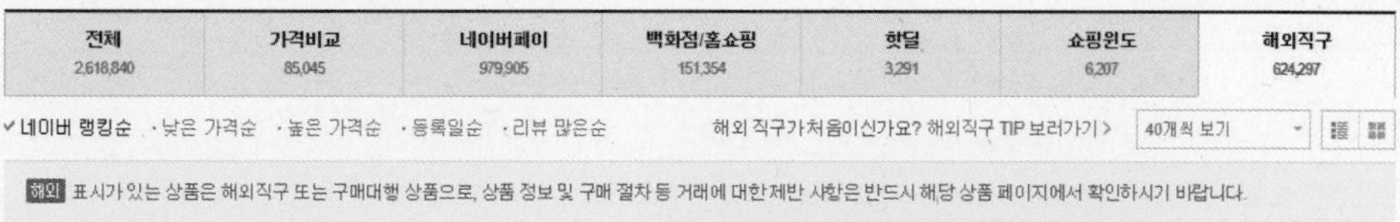

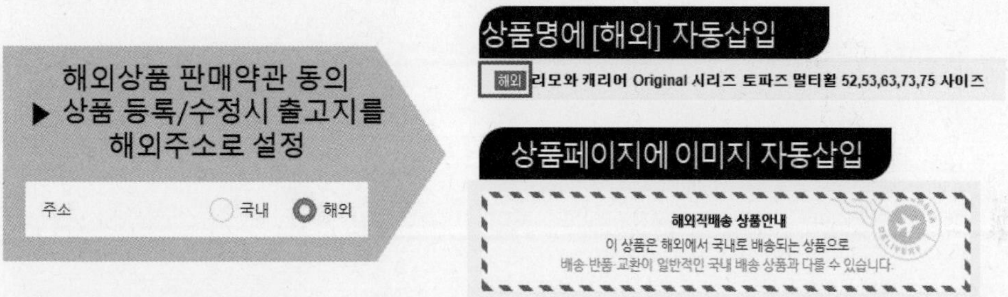

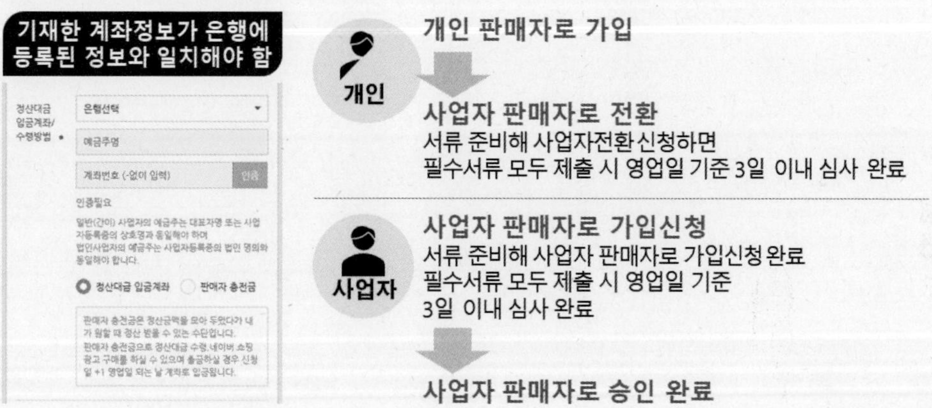

ENTREPRENEURSHIP MANAGEMENT

CHAPTER 13

업종별 창업 유형 Ⅱ

제1절 외식업 창업

제2절 프랜차이즈 창업

제1절 외식업 창업

1. 외식업의 특성

기존에 요식업, 음식점업 등으로 불리던 음식점 영업이 오늘날 외식산업으로 발전한 것은 전체적인 시장규모의 확대와 단순히 음식을 만들어 제공하는 역할에서 탈피한 음식과 서비스의 제공, 분위기의 연출, 가치의 창출 등을 상품으로 제공하는 진보된 개념으로 성장 · 발전해 나갔기 때문이다.

대부분의 사람들은 외식사업을 쉽게 생각한다. 즉, 시작하기가 남 보기에, 자존심 때문에 어려워서 그렇지 시작만 하면 어렵지 않게 돈을 벌 것이라고 생각하는 경향이 많은 것 같다. 그렇지만 의외로 시장상황이 어렵고 힘든 분야가 외식업이다.

현재 우리나라의 연간 약 50조 원 이상의 외식산업 시장에서 80~90%가 영세성을 면치 못하고, 또 대부분은 부부가 같이 꾸려 나가는 생계유지형이다. 영세형으로서 부부의 인건비를 감안하지 않은 상태에서 그런 대로 잘 운영하는 점포라면 어느 정도 사업이 되고 있다는 말이 통할는지도 모르겠다. 그런데 실제 그런 경우는 드물다. 이러한 사실을 볼 때 외식업 창업은 신중에 신중을 기해야 하는 중요한 결단이어야 한다고 판단된다.

IMF 이후 많은 사람들이 외식사업을 시작하여 경우에 따라서는 검증되지 않은 프랜차이즈 업체와 계약을 맺었다가 낭패와 재산 손실을 당한 경우도 많았지만, 나름의 관리경험과 스스로 개발한 노하우들을 접목하여 열심히 노력한 결과, 경쟁의 터널을 뚫고 안전항해를 하고 있는 경영주도 우리 주위에서 눈에 띈다.

그러나 외형적으로 나타나 보이는 장밋빛 현상과는 달리 업계의 현실이 밝은 것만은 아니다. 아직도 과중한 노동과 과다한 근로시간, 효율성의 저하 등으로 타 산업에 비해서 생산성이 떨어져 직원들에게 적절한 대우를 해주지 못하고 있는 것이 현실이다. 이러한 내부적 요인과 함께, 불안한 물가심리로 인한 불경기의 지속, 인건비 및 임대료의 지속적인 증가, 기업과 개인의 무계획적 창업으로 인한 과당경쟁 발생 등의 외부적 요인들이 산업환경의 악화를 부추겨 어려움이 가중되고 있다.

하지만 가처분소득의 증가와 여성의 활발한 사회진출, 외식사업에 대한 인식의 변화들은 외식의 수요를 한층 더 증대시키고 있다. 또한 고객들의 요구도 이전의 주먹구구식 경영이 아닌, 위생과 안전을 중요시하고 청결, 점포 인테리어 감각, 관리력에 대한 경영자의 마인드에까지 미치고 있다. 따라서 경영자는 음식의 맛, 메뉴, 마케팅, 인사관리, 주방관리 및 위생 등에 대한 지식과 그 업소에 적합한 경영기법에 따라 운영을 해 나가야 하며, 또한 변화하는 시대 흐름에 능동적으로 대처할 수 있는 능력을 키워 나가야 한다.

외식사업은 음식을 만든다는 측면에서 보면 제조업에 속하지만, 서비스를 매우 중요시하며 소비자에게 직접 판매한다는 측면에서는 소매업이고, 인적 서비스가 포함되고 이를 매우 중요시한다는 측면에서는 서비스 용역업이라고 할 수 있다. 따라서 외식업은 복합적 성격을 가진 업종이다. 이러한 복합적 성격은 다양한 특성의 원인이 되는데, 곧 외식사업은 제조업, 소매업, 서비스업의 특성을 모두 지니고 있는 독특한 사업형태라고 할 수 있다.

1) 인력에 대한 높은 의존성(노동집약성)

타 산업이 기술 · 자본집약적인 데 비해 외식산업은 자동화의 한계와 높은 인적 의존성으로 인해 노동집약적이다. 따라서 1인당 매출액(생산성)이 타 산업에 비해 낮다.

외식사업은 메뉴, 시설물 등 유형의 상품과 인적 제공 등 무형의 서비스로 구성되어진다. 특히 무형적인 인적 서비스의 영역이 더 크고 다변적이어서 정형화할 수 없는 어려움이 있다. 객장뿐만 아니라 주방 부문에서도 조리를 기계에 의존할 수만은 없는 많은 요소들이 조리사들이 가지고 있는 창의성과 경험의 손길에 좌우되고 있다. 이러한 특성은 높은 기술력을 가진 직원에 의존되고, 이러한 이유로 직원관리에 많은 어려운 문제들이 따르게 된다.

2) 생산 · 판매 · 소비의 동시성

대부분의 생산, 판매, 소비가 동일한 장소에서 형성된다. 음식은 주방에서, 인적 서비스의 생산은 객장에서 이루어지며, 판매와 소비 역시 객장에서 이루어진다. 그리고 이러한 과정들이 짧은 시간 안에 발생한다. 특히 대고객 서비스의 생산과 소비는 거의 동시에 이루어진다. 이는 성공적인 서비스와 잘못된 서비스에 대한 평가(고객의 칭찬과 불만 표출)도 즉석에서 제시될 수 있음을 나타낸다.

대부분의 공산품(전자제품이나 의류 등)이 생산 공장, 판매 대리점, 소비자의 소비가 개별적인 상황에 따라 각기 다른 장소에서 이루어지는 것과는 전혀 다른 특이성을 보이고 있다. 곧 외식사업은 서비스 부문과 제조 부문이 결합된 특이한 산업 분야인 것이다. 하지만 외식사업은 이러한 일정한 유통경로 없이 상품을 판매하기에 고객이 직접 점포를 방문하여 소비해야 한다는 문제점이 있으며, 일정시간 내에 원활하게 상품을 전달하기 위한 업무시스템과 신속성이 요구된다.

3) 시간적 제약과 수요예측의 불확실성

외식사업은 시간적 제약이 크다. 영업이 잘되는 시간과 부진한 시간이 확연히 구분된다. 당연히 식사시간에는 영업이 활발하지만 그렇지 못한 시간에는 객장이 텅텅 빈다. 하지만 사업의 특성상 식사와 식사의 중간 시간대에도 당직을 배정하여 객장과 주방에서 대기하고 있어야 한다. 1명의 고객이라도 맞이할 준비를 하고 있어야 하는 것이 서비스 정신이다. 시간적 제약은 하루의 상황뿐만 아니라, 1주일 단위에서 주중과 주말의 매출 차이, 1개월 단위의 월초, 월중, 월말의 매출 차이가 있으며, 1년 단위로는 휴가철과 비휴가철 등의 변수들이 제약의 요인이 되고 있다.

고객이 얼마나 이용하게 될지에 대한 예측 또한 불확실하다. 어떤 날은 눈 · 비 등의 기상문제로 내점고객 수가 감소하기도 하지만, 대부분은 아무런 이유도 없이 내점고객이 급격히 줄어들고, 또 어떤 날은 감당이 어려울 정도로 손님이 밀려들어 오기도 한다. 이러한 문제점을 해결하기 위하여 근무스케줄의 차별화와 시간분산정책 등 다양한 기법들이 모색되고 있다.

정확한 수요예측은 운영의 효율성과 함께 원가절감의 요소가 된다. 고정고객, 즉 단골고객의 확보를 통해 사업의 안정성을 높이는 것이 중요하다.

4) 낮은 원자재 가격과 현금수익 창출의 용이성

식자재로는 대부분 가공이 되지 않은 원료 그 자체인 1차 식품(비가공식품)을 사용한다. 이러한 1차 식자재의 원가는 타 산업의 자재원가보다 낮은 편으로 식자재 원가는 보통 35% 이하로 잡는다. 물론 셀프서비스를 통해 인건비 비율이 낮은 패스트푸드점이나 뷔페업소 같은 경우는 식자재 원가가 40% 이상이 되기도 하고, 정중한 인적 서비스가 요구되는 고급 한정식점이나 요리가 풀코스로 제공되는 고급 레스토랑(fine dining restaurant)과 같은 경우 식자재 원가는 30% 이하로 떨어지고 오히려 인건비가 30% 이상을 상회하기도 한다.

또한 외식업체 이용고객이 지불방법으로 외상이나 유가증권을 사용하지는 않는다. 곧 현금 또는 신용카드의 결제로 대부분 지불이 이루어진다. 신용카드 자체도 일정 수수료(대개 매출의 3%)를 공제하고는 수일 이내에 현금으로 입금된다. 즉, 외식사업은 현금지출비율은 낮고 현금입금비율은 높은 사업이다. 이러한 이유로 대기업들도 원활한 자금회전의 목적으로 외식사업에 진출하기도 한다.

5) 식자재의 부패 용이성

그날 구매한 재료를 그날 모두 소비할 수 있다면 매우 바람직할 것이다. 외식사업의 식재료는 대부분 당일 소모되는 채소, 과일, 유제품 등의 비저장품과 육류, 어패류 등의 1차 식품들로서 보존기간이 매우 짧아 쉽게 변질 또는 부패된다. 따라서 외식업소에서는 식자재의 폐기율(loss rate)을 줄이기 위해 저장관리에 심혈을 기울인다.

하지만 아무리 훌륭한 냉장 · 냉동시설을 갖추고 있다고 하더라도 저장 이전의 신선한 상태로 되돌리기는 어렵다. 저장관리보다 더 중요한 것이 적정구매이다. 수요예측을 정확히 하여서 경제적 발주를 통해 손실을 줄여 나가는 구매관리가 매우 중요하다. 어쩔 수 없이 발생된 재고원료에 대해서는 특별 메뉴 전략 등을 통해 재고 활용을 하는 것이 바람직하다.

6) 높은 입지의존성

흔히 외식사업을 입지산업이라 부르기도 한다. 이는 입지가 차지하는 비중이 타 산업에 비해서 월등히 높기 때문으로 해석된다. 결국 생산과 판매, 소비가 동시에 이루어지는 입지적 중요성을 그 특성으로 하고 있기 때문이다.

특히 인근지역(1차 상권) 내에 거주 또는 상주하고 통행하는 상주고객, 유동고객을 어떻게 나의 고객으로 만드느냐에 따라 사업의 성패가 달려 있는 지역밀착형 산업이다. 같은 콘셉트, 같은 규모의 식당이라 할지라도 입지에 따라 그 성과는 전혀 다른 결과로 나타날 수 있다. 따라서 지역상권과 지역주민에 대한 정확한 통계자료와 인구 특성을 조사하여 이의 정확한 분석에 따라 점포 위치를 정하는 것이 중요하다. 한번 정한 입지는 변경하기도 쉽지 않으며, 똑같은 입지는 그 어디에도 존재하지 않기 때문에 신중하게 결정해야 한다.

7) 취약한 산업구조와 높은 이직률

외식사업은 타 산업에 비해 취약한 산업구조를 가지고 있어서 거대한 산업규모에 비해 영세한 업소들이 80% 이상을 차지하고 있다. 이는 사회적 인식에서 음식점에 대한 위상을 떨어뜨리며, 이로 인해 적은 자본으로 준비 없이 누구나 쉽게 외식업에 뛰어드는 현실을 낳고 있다. 부부끼리 운영하는 업소, 4인 이하의 영세업소들이 대부분이기에 사장은 경영 마인드도 갖추고 있지 않고 있으며 산업의 법인화 비율도 극히 낮다.

또한 외식업체에 근무하는 직원들의 임금도 대체로 낮고, 복리후생은 고사하고 근무환경조차도 열악하여 외식사업은 3D(Dirty, Difficult, Dangerous)업종으로 인식되고 있다. 이러한 인식은 외식업계로의 근무기피 현상, 근로직원의 이직 현상을 낳아 타 산업에 비해 이직률이 비교적 높은 편이다.

하지만 다국적 외식기업들의 상륙과 대기업의 외식산업 진출로 인해 업소운영의 과학화, 선진화가 이루어지고, 대형 외식기업, 체인경영의 시스템 관리와 매뉴얼 관리로 주먹구구식 경영도 탈피되고 직원들의 높은 이직률도 개선되어 가고 있는 추세이다.

그 외에도 많은 종류의 메뉴를 갖추고 있으면서 실제 테이블에서의 주문내용에는 소수의 개별 메뉴로 주문받아야 하는 다품종 소량의 주문생산 판매와 긴 제품수명주기, 모방 용이성 등의 특징이 있으며, 기업의 신진대사가 활발하여 다양한 변화가 가능하기 때문에 메뉴나 인테리어 등에서의 갑작스런 콘셉트 변화로 고객들에게 당혹감과 신선미를 동시에 보여 주는 특성 또한 갖고 있다.

2. 외식업의 유형

외식사업의 주 서비스 품목은 무엇보다 음식 그 자체이며 그 음식을 제공하기 위해 여러 부수적인 서비스가 동반된다. 따라서 어떤 종류의 음식을 어느 정도 가치 있게 제공하는가에 따라 외식사업의 종류와 형태가 달라진다. 하지만 요즘은 외식사업의 많은 부분이 서구화의 흐름에 따라 변화되어 가고 있고, 메뉴의 종류와 서비스의 형태도 매우 다양하게 전개되는 추세를 보여 주고 있다.

1) 한국의 외식산업 분류

우리나라의 표준산업분류표에 의하면 외식사업은 〈표 13-1〉과 같이 분류된다.

표 13-1 한국표준산업분류표(Korea Standard Industrial Classification)

분류						항목
대	중	소	세세분류			
숙박 및 음식점업 (I)	음식 및 주점업 (56)	음식점업 (561)	5611	한식 음식점업	56111	한식 일반 음식점업
					56112	한식 면 요리 전문점
					56113	한식 육류 요리 전문점
					56114	한식 해산물 요리 전문점
			5612	외국식 음식점업	56121	중식 음식점업
					56122	일식 음식점업
					56123	서양식 음식점업
					56129	기타 외국식 음식점업
			5613	기관 구내식당업	56130	기관 구내식당업
			5614	출장 및 이동 음식점업	56141	출장 음식 서비스업
					56142	이동 음식점업
			5619	기타 간이 음식점업	56191	제과점업
					56192	피자, 햄버거, 샌드위치 및 유사 음식점업
					56193	치킨 전문점
					56194	김밥 및 기타 간이 음식점업
					56199	간이 음식 포장 판매 전문점
			5621	주점업	56211	일반 유흥 주점업
					56212	무도 유흥 주점업
					56213	생맥주 전문점
					56219	기타 주점업
			5622	비알코올 음료점업	56221	커피 전문점
					56229	기타 비알코올 음료점업

또는 우리나라의 식품위생법상으로는 〈표 13-2〉와 같이 분류하고 있다.

표 13-2 한국 식품위생법상 분류

분류	세부분류	내용
음식점 영업	휴게음식점업	주류판매 금지, 객실시설 금지
	일반음식점업	음식 위주 판매, 노래반주기 금지, 객실 잠금장치 금지
주점 영업	단란주점업	객실시설 금지, 유흥종사자 금지, 무도시설 금지
	유흥주점업	주류 위주 판매, 객실 잠금장치 금지

2) 외식업의 유형별 분류

외식사업의 유형은 다양한 형태를 보여 주고 있으며 또한 사회와 국가경제의 변화에 따라 많은 변화도 가져오고 있다. 경기가 불안정한 최근에는 출혈경쟁을 감수한 가격할인 정책과 그러한 저가 정책에 맞는 메뉴의 개발이 활발해지고 있는 추세이다. 하지만 마케팅적 차원인 시장침투 전략이 아닌 단순한 경쟁적 저가 전략은 장기적 안목에서는 사업에 도움이 되지 않는다는 것이 통설이다. 고객의 미각을 끌어당길 수 있는 흡인력은 맛이 우선하겠지만 경영자의 마인드와 직원의 활기찬 서비스, 인테리어, 위생, 한발 앞서가는 감각들이 조화를 이루어 나가야 한다.

다음은 현재 우리나라 외식사업 업계 현황을 근거로 한 유형별 분류이다.

① 일반음식점 : 대중음식점(끼니형 음식점, 간이음식점), 일반한식점(중간 규모 음식점, 고깃집), 횟집

② 패밀리 레스토랑(F/R) : 서양식 F/R, 한식 가족 및 모임 음식점(고급 또는 대형 규모 음식점)

③ 패스트푸드점 : 햄버거(샌드위치), 치킨, 피자, 우동 및 김밥 등

④ 외국요리 전문점 : 일본음식점, 중국음식점, 서양음식점, 피자 · 파스타 전문점, 퓨전요리점, 민족음식(ethnic food) 전문점

⑤ 연회 전문점 : 뷔페식당, 호텔 연회, 출장 연회(catering) 전문회사

⑥ 특급호텔 내 음식점

⑦ 고급음식점 : 최고급 양식점, 한정식 코스 요리점

⑧ 포장음식점 : 테이크아웃(take-out, to-go)점, 드라이브 인(drive-in), 배달전문점(delivery shop), 가정대용식(HMR), 자동판매기점(vending machine restaurant)

⑨ 커피 앤 케이크점 : 커피, 케이크, 아이스크림, 도넛 전문점

⑩ 단체급식회사

⑪ 기타 : 고속도로 휴게실, 기내식, 식당차, 이동식당, 포장마차 등

3) 외식업의 업종 및 업태

외식사업의 업종은 사업체에서 판매하고 있는 음식의 종류에 따른 분류를 말하는 것으로 우리나라에서는 크게 한식 · 양식 · 일식 · 중식으로 구분된다.

업태란 고객의 다양한 취향에 맞추어 외식업체에서 제공하는 영업방식으로 메뉴의 가격, 서비스, 서비스 제공시간, 분위기, 판매방법에 따른 다양한 영업형태로 차별화된 창조적 마케팅 기구를 의미한다. 패스트푸드, 패밀리 레스토랑, 캐주얼 디너(casual dinner), 파인 다이닝(fine dining) 레스토랑으로 분류된다.

현재는 복합매장, 퓨전 푸드 등 새로운 형태의 영업방식과 메뉴 개발로 다양화되어 가고 있는 외식사업의 변화 속에서 업종 간, 업태 간 또는 업종과 업태 사이의 개념이 명확하게 구분되지 않고 있어 새로운 재정립이 요구되며 우리 음식문화의 특성을 간과하고 외국의 업태 분류에 끼워 맞추는 방식도 재고되어야 할 것이다.

3. 외식산업의 동향

우리나라의 외식산업계는 몇 차례의 계기를 기점으로 괄목할 만한 성장을 이루었다. 예전의 낙후된 외식산업과는 달리 새로운 양상이 1980년대에 등장하게 된다. 해외여행 자유화 등 문화개방정책으로 인한 국민 의식수준의 변화, 3저(저달러, 저금리, 저유가) 현상으로 인한 개인의 가처분소득 증가, 중산층의 확대 등은 외식산업의 발전을 부채질했으며 86아시안게임 · 88서울올림픽은 성장을 더욱 가속화시켰다.

다국적 외식기업의 국내진출형태가 외자도입법 개정 이전에는 주로 기술제휴였으나 점차 합작투자 및 외국기업 전액출자 형태로도 나타나고 있다. 주로 생계유지형이 대부분인 국내 외식시장에서 외국의 유명 브랜드들은 국내의 중 · 대기업과 연계하여 손쉽게 사업을 전개해 나갈 수 있었다.

국내 산업의 전반적인 호황 속에 꾸준히 연평균 20% 이상의 고속성장을 거듭하던 외식시장은 1990년대 초에 들어 다소 성장세가 둔화되었다가 문민정부 후반기인 1990년대

중반에 다시 성장이 가속화되었는데 이는 햄버거, 치킨, 피자 등으로 대표되는 패스트푸드가 '치즈세대'로 지칭되는 20대 이하의 청소년층에 의해 폭발적인 인기를 얻기 시작했기 때문이다. 더불어 간편하고 편리한 식생활을 구가하려는 국민 행동의식 변화와 다양한 외식의 추구 성향, 여성 직업관의 변화 등으로 가정 내 어머니의 역할이 점차 변하면서, 패밀리 레스토랑 등을 통한 외식의 기회가 증가하는 추세로 바뀌게 된다.

더구나 IMF 이후 다른 산업에 비해 외식산업은 더 좋은 기회를 잡을 수 있었다. 기업의 퇴출, 조기퇴직 등으로 쏟아져 나온 실직자들이 쉽게 생각하고 접근할 수 있는 사업이 음식업이었기에 체인점 확장과 인력난이 동시에 해결되는 효과를 누릴 수 있었다. 그러나 전반적인 경기침체로 산업 총매출은 오히려 하락했고 기존 생계유지형 업소의 경영난은 심각한 상태에까지 이르렀다. 더구나 체인 본사들이 제대로 준비가 되지 않은 상태에서 무리한 체인점 개설 및 확장을 시도하고 또한 외식사업에 대해 무지한 가맹점주의 안일한 사고방식 등으로 사업성공률은 산업 전반을 통틀어 20%도 채 안 되는 가장 낮은 비율을 나타냈다.

그러나 2000년대에 들어서 외식산업은 질적인 성장을 보여 준다. IMF체제 이후 우후죽순처럼 난립되었던 닭튀김, 우동, 김밥, 탕수육, 닭갈비, 조개구이 등의 체인형 프랜차이즈 시스템에 문제점이 있는 체인 본사와 가맹점 간의 관계가 정리되고 업소들도 적응력 있는 점주들만이 생존력을 발휘하면서 다소간의 체계를 잡아가고, 롯데리아, 맥도날드, 피자헛, KFC, 파파이스 등 다국적기업들이 메뉴개발, 교육훈련, 마케팅 등의 자체 노하우를 통해 안정된 관리기반을 구축하여 소비자들의 미각을 사로잡아 가면서 사업안정권에 들어갔다.

T.G.I. Friday's를 선두로 코코스, 스카이락, 베니건스, 아웃백스테이크하우스, 마르쉐 등의 패밀리 레스토랑이 지방으로까지 활발하게 사업을 확장하여 그야말로 국내 외식시장은 새로운 국면을 맞이하고 있다. 이미 미국 · 일본 등지에서는 패밀리 레스토랑이 새롭게 부각되는 유망업종이어서 대기업의 대거 참여가 예상되며, 이들의 새로운 경영 노하우는 이질적이고 진보된 형태로 향후 국내 식생활문화를 위시한 문화 전반에 지대한 영향력을 행사할 것으로 보인다. 이에 따라 국내 외식업체들도 대형화 내지는 패밀리 레스토랑 형태의 콘셉트를 대거 도입하고 있는 추세이다.

또한 삼성, LG, CJ 등 대기업을 필두로 한 단체급식 사업이 고속성장을 보이고 있고, 테이크아웃(take-out) 및 배달음식 전문 업체들 또한 하나의 집단으로 성장하고 있으며, 호텔들도 사업다각화의 일환으로 외식산업에 적극적으로 진출하고 있다. 다른 한편에서는 외식기업의 해외진출도 활발히 시도되고 있는데, '한우리'의 중국 내 한식당 '서라벌'과 롯데리아나 BBQ 등 다른 기업들도 해외시장으로 진출하고 있는 추세이다.

미국이나 일본의 경향으로 미루어 볼 때 조만간 우리나라에서도 반가공 가정대용식인 HMR(Home Meal Replacement) 전문식당이나 자동판매기(vending machine) 전문식당의 등장도 예측할 수 있다.

1) 외식산업의 최근 동향

최근 우리나라 외식산업에는 다음과 같은 특징들이 나타나고 있다.

(1) 독자브랜드의 개발

① 최근 일부 해외 브랜드에 대한 소비자들의 심리적 기피 현상 배경, 충분한 경쟁력과 노하우 겸비

- 예 : VIPS, 성신제 피자, 새마을식당, BBQ 등

② 산업개발로 다국적 해외 브랜드의 국내시장 직접 진출

- 예 : KFC, 아웃백스테이크하우스 등

(2) 가정식 대용품의 등장

① 테이크아웃 형태의 업종으로 활발한 상품개발(김밥, 비빔밥 등)

② GS 슈퍼마켓의 경우 단체급식사업부의 노하우를 활용, 당일 조리제품을 당일 판매하는데, 김밥, 튀김, 반찬류 등 100여 가지 상품이 있음

③ 저렴, 위생, 간편성의 편의 음식

(3) 외식산업이 다양한 형태로 발전

① 단체급식, 출장 연회(catering), 테이크아웃점, 드라이브인(drive-in), 가정대용식(HMR), 자동판매기 등

② 인식의 변화로 다양한 직업 출현(예 : 푸드코디네이터, 푸드스타일리스트, 테이블코디네이터, 파티플래너, 레스토랑 프로듀서 등)

(4) 프랜차이즈 황금시대

① 유통구조의 개선, 상품의 반가공 처리기술 발달
② 소비자들의 다양한 외식기호 성향
③ 손쉬운 가맹본부 설립요건(주의해야 할 비전문적 가맹본부의 행태)

(5) 다양한 마케팅활동

① 고객 분산 마케팅 : 덜 붐비는 시간대의 할인정책
② 연계 마케팅 : 연관 사업자와의 공동 판촉, 카드사 · 영화사 등과의 공동마케팅
③ 인터넷 마케팅 : 쿠폰 전문 사이트 등 인터넷 활용
④ 포인트 마케팅 : 단골 확보를 위한 누적 보너스제, 고객정보의 효율적 관리로 활용

(6) 점포규모의 변화

① 대형복합점포화(멀티숍, 숍인숍)
② 점포의 다운사이징(체인경영식 다점포화, 인력감축효과)

(7) 상권축소현상

① 1차 상권 중심으로 축소
② 맛의 평준화(유명 맛집의 명성 퇴색)
③ 고객의 원거리 이동 기피현상(시간의 중요성, 주차난, 음주단속 등)

2) 식생활 가치관의 변화

과거 식생활 가치관과 비교해 볼 때, 현대 우리나라의 식생활 가치관에는 다음과 같은

변화가 나타났다.

(1) 편리성 추구

① 여성의 사회참여 증가로 가사노동시간 감소

② 가공식품, 반조리식품, 전자레인지용 냉동식품의 선호 추세

③ 김치, 된장, 간장, 젓갈, 조리용 양념류 등의 전통음식 인스턴트

(2) 개별적 식문화 현상

① 핵가족 중심의 가족형태

② 구성원 각자의 개성에 맞는 음식 직접 조리

③ 여성의 사회진출에 따른 결과

(3) 다양한 식도락과 건강식 추구

① 건강식, 채식, 자연식 선호현상

② 성인병 · 현대병의 예방, 비만과 다이어트 문제

③ 퓨전 음식(fusion food)의 개발, 만족 음식의 선호 추세

④ 세계적인 젠(zen) 스타일 음식문화의 영역 확장

(4) 분위기 중시

① 소비자는 먹는 것 이상의 요소를 요구

② 차별화된 개성적인 분위기 중요시

③ 맛은 기본, 고품질 서비스의 대우를 요하는 고객층 확산

④ 청결과 위생에 대한 인식과 철저한 교육

(5) 요리의 레저화

① 요리의 취미생활화, 여가선용의 의미
② 직접 만드는 요리 선호
③ 케이블 TV의 요리 채널, 각종 매체의 요리 프로그램 확대
④ 인터넷의 활성화로 활발한 미식(요리) 동우회 활동

제2절 프랜차이즈 창업

1. 프랜차이즈 시스템

1) 프랜차이즈 : 프랜차이저, 프랜차이지의 의의

프랜차이즈는 사업 전략 혹은 마케팅 방법의 하나로 프랜차이저(franchisor : 체인점 본부)의 상호 및 상표, 경험, 노하우, 인지도를 프랜차이지(franchisee : 체인점)가 일정한 대가를 지불하고 사용하도록 계약을 맺어 일정의 방식으로 사업을 운영하는 시스템을 말한다. 결국 프랜차이즈란 체인본부와 체인점 간의 협력사업 시스템이라고 할 수 있다.

여기서 프랜차이저(franchisor)는 상호 및 상표, 경험, 노하우, 인지도를 갖고 이를 제공하는 회사 혹은 사람이고, 프랜차이지(franchisee)는 일정한 대가를 내고 이를 이용하는 사람이다. 이렇게 함으로써 프랜차이저 입장에서는 우수한 상품, 노하우를 일정한 대가를 받고 다른 사람을 통해 유통시킬 수 있으며, 프랜차이지 입장에서는 우수한 상품과 노하우를 공급받아 사업을 운영할 수 있다는 이점이 있다. 프랜차이저와 프랜차이지의 관계를 정리하면 [그림 13-1]과 같다.

그림 13-1 프랜차이즈 시스템

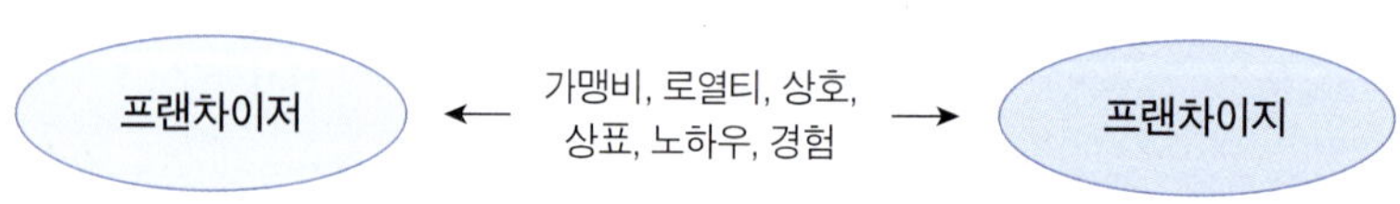

2) 프랜차이즈 시스템의 특징

프랜차이즈 시스템에서 가장 잘 나타나는 특성은 가맹본부와 가맹점 운영주가 상호 신뢰를 바탕으로 분업의 협력계약을 맺고 가맹본부와 가맹점 간에 명확한 기능분화와 상호협력을 통해 동일자본의 경영효과를 발휘할 수 있다는 것이다.

가맹본부와 가맹점 간의 계약관계는 전형적인 부합계약으로 양자가 상호 협력하여 계약을 체결한 것이 아니라 가맹본부가 사업에 대한 계약내용을 미리 정한 상태에서 일률적으로 다수의 가맹희망자에게 사업에 대한 전반적인 설명을 한 다음 이에 동의하는 가맹희망자와 계약을 맺는 형태이다.

가맹계약의 기본적인 내용에는 취급상품 및 판매, 사업진행에 관한 권리 부여와 이에 따른 그 대가의 지급에 관한 조항들을 의무규정으로 명시하고 있다. 따라서 이러한 권리와 의무수행의 전제로서 양자에는 기본적 조건이 부과된다.

이러한 프랜차이즈 시스템의 특성은 가맹점이 가맹본부로부터 상표와 상호 등의 사용에 관한 권리를 획득하고 동시에 경영과 판매에 관한 기술적 방법을 가맹본부로부터 제공받는다. 따라서 가맹점은 사업수행에 필요한 자기자본을 직접 투자하고 가맹본부의 기술적 지도 아래 사업을 수행하는 것이다.

프랜차이즈 시스템의 본질은 자본을 달리하는 독립사업자가 상호 협력함으로써 동일자본 아래에 있는 체인 형태의 경우와 유사한 효과를 발휘하는 데 있다. 왜 그러한 효과가 나타나는 것일까? 그것은 가맹본부와 가맹점의 기능 분화가 명확히 행해지고 있고 대개의 프랜차이즈 시스템의 경우, 그 계약은 경영 전체의 영역에 걸치는 포괄적인 것이기 때문이다.

가맹본부는 상품, 노하우 등의 개발과 그 원활한 유통과 운영에 전력을 다 하고 가맹점은 그것을 기초로 하여 대고객 판매에 전력을 다한다. 그리고 모든 가맹점은 원칙적으로 같은 상품구성, 같은 판매방법, 같은 서비스 제공을 한다.

가맹본부와 가맹점은 입장을 달리하는 사업자이면서 계약에 의해 마치 하나의 자본이 운영하고 있는 것 같은 이미지를 소비자에게 주며 경영효율도 동일자본 기업체와 동일 레벨로 가맹본부 및 가맹점에 주어진다. 이것이 프랜차이즈 시스템의 기본적인 특성이다. 이 장점으로 말미암아 프랜차이즈 시스템은 사람들에게 곧잘 받아들여져서 급속히 보급되고 있다고 볼 수 있다.

가맹본부는 가맹점과 프랜차이즈 계약을 체결함으로써 비교적 소액투자와 최소 인력으로 단시일 내에 새로운 시장을 개척해 나갈 수 있으며, 또 가맹비, 로열티라는 형식으로 확실한 수익을 기대할 수 있다. 한편 가맹점은 가맹본부에서 개발한 상품과 사업을 가맹본부의 지도 아래 상대적으로 낮은 리스크로 수행할 수가 있다.

3) 프랜차이즈 시스템의 종류와 형태

프랜차이즈 시스템은 다양한 업종과 업태에 적용될 수 있다. 즉, 이 시스템에는 많은 패턴과 비즈니스 방식이 존재하고 있다. 따라서 여러 가지 기준에 의해서 분류될 수 있으나, 여기서는 통상적인 분류를 통해 프랜차이즈 시스템의 종류와 형태를 살펴보면 다음과 같다.

(1) 가맹점주의 권한범위에 따른 분류

① 단일지역 프랜차이즈 : 계약 가맹점에 한하여 일정한 지역 내에 가맹기간 동안 가맹본부가 가지고 있는 권리 및 영업권의 일체를 부여하는 가장 보편적이고 전형적인 프랜차이즈 시스템이다. 이러한 방식은 소지역단위 가맹점에 일정한 지역범위의 독점영업권(exclusive right)을 확보해 주는 것이 장점이며, 우리나라 대부분의 가맹본부들이 채택하고 있는 가맹점 모집방식이기도 하다.

② 지역단위 프랜차이즈 : 일반적으로 중 · 소도시 내에서 일정기간 동안 하나의 가맹점에 여러 개의 점포개설권을 부여하는 방식을 말한다. 이 경우에는 지역단위 가맹점이 본사와 지역별 사업개발 계약을 맺고, 개발에 대한 대가를 지불한 후 일정지역의 사업개발에 대한 권리를 취득하게 되는 형태를 말한다. 따라서 만약 지역단위 가맹점이 계약서의 약정대로 사업을 개발하지 못할 경우 계약을 취소하여 프랜차이즈 권리를 박탈할 수도 있는데, 이 같은 시스템은 우리나라에는 아직 보편화되어 있지 않다.

③ 지역분할 프랜차이즈 : 지역분할 프랜차이즈란 일정지역 내에서 일정기간 동안 어떤 개인 또는 집단에게 가맹본부로서의 권리를 부여하고 이러한 권리를 부여받은 분할지역 가맹본부(master franchisee)가 다시 프랜차이즈 권리를 최종가맹점(sub franchise)에게 하나 또는 수 개의 점포에 대하여 가맹점 영업을 하도록 하는 형태이다.

최상위 가맹본부는 최하위 가맹점에 교육을 포함한 가맹본부로서의 모든 노하우를 제공하고 그에 따른 대가를 취하는 방식이다. 이 경우에는 분할지역 가맹본부 자신이 가맹점주가 될 수도 있다.

(2) 본사가 채용하는 목적에 따른 분류

상품유통을 통한 판매가 효과적으로 이루어지도록 개발되었느냐 아니면 프랜차이즈 패키지를 만들어 개발되었느냐에 따라 상품판매형 프랜차이즈와 비즈니스 패키지형 프랜차이즈로 분류할 수 있다.

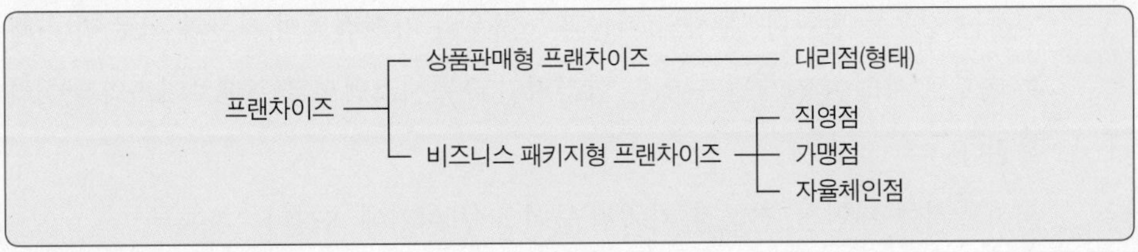

① 상품판매형 프랜차이즈 : 상품판매형 프랜차이즈(product & trade-name franchise or product distributing franchise)는 자사의 상품을 일정지역이나 위치를 기준으로 프랜차이지(franchisee)에게 제공하고 팔 권리를 주는 것으로 브랜드 파워가 강한 상품의 제조회사가 주로 적용하는 프랜차이즈 기법이다. 일반적으로 제조회사가 도매업자의 관계보다는 좀 더 긴밀한 관계를 유지하고 프랜차이즈 회사로부터 마케팅 및 기타 서비스를 받을 수 있으며, 일반 도매업자가 여러 회사의 제품을 동시에 취급할 수도 있고 독점으로 판매할 수도 있다. 자동차 딜러, 주유소, 타이어 판매처럼 실제 상품이나 대표적 브랜드를 프랜차이즈화하여 매출을 일으키는 것으로 국내에서는 SK주유소, 삼성전자 등 대부분 대리점의 형태로 국내에 소개되어 있다.

② 비즈니스 패키지형 프랜차이즈 : 비즈니스 패키지형 프랜차이즈(business-format franchise)는 우리나라에서 최근 급속히 발전해 가고 있는 프랜차이즈 사업의 형태이다. 이랜드, 놀부, 파리바게트, 롯데리아 등 우리에게 잘 알려진 익숙한 프랜차이즈 모두가 이 형태의 사업이다. 즉, 매장을 패키지화하여 가맹점주(franchisee)를 모집한 뒤 동일한 매장을 통해서만 소비자에게 제품이나 서비스를 판매하는 프랜차

이즈 형태이다. 직영점, 가맹점, 자율체인점으로 나누어진다.

- 직영점(regular chain) : 프랜차이즈 본사가 직접 매장을 운영하는 방식을 말한다. 이때 매장에 투입되는 자본과 매장 운영을 누가 하느냐가 관건인데, 자본이나 운영 모두 본사가 행사하는 경우는 당연히 직영이지만, 자본과 운영이 혼재되는 매장이 생겨나게 된다. 이럴 때의 직영점과 가맹점의 기준은 매장 운영의 주체가 누가 되느냐에 따라 결정되어야 한다.

  프랜차이즈에 있어 직영과 가맹의 기준은 매장에 투입된 자본이 아니라 매장의 운영주체가 누구냐에 따라 구분되어져야 한다. 그래야 프랜차이즈 시스템을 구축하고 체계화하는 데 기준이 명확해진다.

- 가맹점(franchise chain) : 본사가 아닌 가맹점주가 자본을 투자하고 매장을 직접 운영하는 경우를 말한다. 본사의 기술과 노하우가 가맹점들의 자본과 서로 만나 빠른 속도로 사업이 전개될 수 있는 합리적인 유통시스템으로 프랜차이즈의 꽃이라 불린다.

  흔히 말하는 체인점, 전문점, 가족점 등이 모두 여기에 속한다.

- 자율체인점(voluntary chain) : 업종별 또는 분야별로 특정한 상호를 전국에서 동시에 사용함으로써 상호의 지명도를 높이고 이용자에게 신뢰감을 안겨줄 수 있도록 공동브랜드, 즉 상호만을 서로 함께 쓸 뿐 매장 내의 상품이나 서비스에 대해서는 전혀 규제나 간섭을 하지 않는 형태의 체인이다. 국내 프랜차이즈 중 동네에서 볼 수 있는 25시마트(편의점)나 키친나라(잡화체인점)의 경우 자율체인의 형태로 전개 중이다.

  이것은 단독점포와 프랜차이즈의 중간형태로서 특히 공동브랜드나 동일업종을 조합하여 전개해 나가는 체인방식이다. 체인본부는 최소한의 기능만 하고 점포주가 자기만의 특성을 살려 융통성 있게 경영해 나갈 수 있다. 그래서 지역형 점포 이미지를 만들어 갈 수 있고, 가격고정이나 상품취급 등의 한계를 극복할 수 있다. 하지만 자율은 있으나 체인본부의 강력한 통제 아래 브랜드 이미지를 만들어 갈 수 없다는 단점이 있다.

4) 국내 유망 프랜차이즈 사업의 현황

국내 프랜차이즈 산업의 시장규모는 한국프랜차이즈협회에 따르면 2021년 현재 약

118조 원 규모이며, 고용 인원은 약 130만 명에 이르고 있다.

그중에서 영업 중인 프랜차이즈 체인점의 약 60% 가량은 치킨 등 외식 관련 업종이다. 최근 외식업종에서는 황태요리, 낙지 등 전통음식체인점이 확산되는 추세다. 일본식 돈가스 전문점, 우동 전문점 등이 활기를 띠고 있고, 천연 생과일을 갈아 만든 생과일 아이스크림도 각광을 받고 있는 등 국민들의 웰빙(well-being)에 대한 관심이 높아지면서 참치 전문점 등 생선과 야채를 취급하는 프랜차이즈 전문점이 급부상하고 있다.

유통관련업에서는 할인점이 유행이다. 유명 브랜드의 아동복을 중저가로 판매하는 아동복 할인점, 다양한 문구 및 사무용품 등을 시중가보다 20~50% 할인가격에 판매하는 사무용품 할인점, 패션속옷을 싸게 파는 속옷 할인점 등이 인기를 끌고 있다.

맞벌이 부부의 증가로 각종 가사를 대행해 주거나 개인의 생활을 편리하게 해주는 서비스업도 부상하고 있다. 가족고객을 대상으로 미용 서비스를 제공하는 패밀리 헤어살롱, 피자배달 전문점 등도 늘고 있다.

신규 프랜차이즈 업종도 잇따라 등장하고 있다. 21세기는 인터넷과 컴퓨터 시대라는 사실을 입증하듯 인터넷 비즈니스가 본격적으로 모습을 드러내고 있다. 정보화 관련 아이템은 네트워크를 이용해 상거래가 가능하기 때문에 소자본으로 사업을 시작할 수 있다는 것이 장점이다.

최근에는 온라인과 오프라인을 결합한 형태의 사이버 비즈니스에 대한 관심도 높아지고 있다. 인터넷 게임방과 DVD 체험관, 만화방을 결합해 시너지효과를 노리는 인터넷 복합점, 온라인과 오프라인을 결합해 어린이들의 학습을 지도해 주는 인터넷 학습방 등이 정보화 사회의 유망업종으로 급부상하고 있다. 건물의 외벽을 세척하거나 복원해 주는 건물외벽 청소업, 이동식 세차업 등 생활환경을 쾌적하게 하는 사업도 관심을 끌고 있는 추세이다.

2. 소자본과 프랜차이즈 가맹점 경영

1) 가맹점 경영의 장점

체인본사의 가맹점이 되어 체인점을 경영하게 되면 자영점포를 운영하는 것에 비해 다양한 이점을 얻게 된다. 우선 체인본사가 프랜차이즈 패키지를 개발하여 사업경영의 노하우를 제공하고, 경영지도와 함께 여러 방면에서 지원을 해주기 때문에 성공확률이 높다는 점을 들 수 있다. 게다가 가맹점 자신이 단독으로 시작하는 것보다 소액자본으로 시작할 수 있다는 것 또한 장점 중의 하나라고 볼 수 있다.

예를 들면, 개점 시 체인본사로부터 설비, 도구, 비품 등을 일괄 구매하기 때문에 비교적 싸게 공급받을 수 있으며, 상품 및 소모품에 대한 개점 초기의 재고투자비용이 경감된다. 아울러 사업경험이 없는 가맹점주도 체인본사로부터 교육 · 훈련의 지원과 지도를 받을 수 있을 뿐만 아니라 본사가 제공하는 우량상품, 점포디자인, 브랜드 등을 이용하여 사업경영을 하기 때문에 개점 초기부터 지명도를 갖고 효과적으로 경영할 수 있다.

또한 체인본사가 일괄적으로 광고를 해주므로 판매촉진에 큰 도움을 주는 것은 물론 본사로부터 상품을 집중적으로 대량구매할 수 있기 때문에 상품 및 원재료를 싼값으로 제공받을 수 있다. 따라서 가맹점 이익이 비교적 높게 창출되고, 좋은 품질의 상품을 지속적으로 공급받게 된다. 뿐만 아니라 소비자행동과 경영환경 변화에 대한 정보를 체인본사가 사전에 예측하여 가맹점에 제공해 주므로 가맹점은 사업경영에만 전념할 수 있는 것은 물론, 본사가 컴퓨터에 의한 전표처리, 노무관리 등을 측면 지원하여 주기 때문에 보다 손쉬운 사업경영이 가능하다.

그리고 가맹점은 체인본사가 보유한 법률전문가, 점포디자인 전문가, 경영컨설턴트 등을 초빙하여 그들의 자문을 받을 수도 있고, 가맹점주가 질병으로 경영이 어렵거나 사망한 경우에도 사업수행을 할 수 있는 가족이 본사와 계약을 다시 체결하고 영업을 계속할 수가 있다.[1)]

2) 가맹점 경영의 단점 및 보완책

(1) 사업의 독립성과 독자성을 살릴 수 없다

프랜차이즈 사업은 본사의 영업정책에 순응하기로 당초 계약을 맺고 사업을 시작하기 때문에 본사가 승인하지 않은 독자적인 사업 아이템이나 서비스 방식을 임의로 도입하는 것은 불가능하다. 또한 본사의 입장에서 볼 때도 성공적인 사업수행을 위해서는 가맹점을 통제하여 전체 가맹점이 하나의 기준에 따라 일사불란하게 움직이게 하는 것이 중요하기 때문이다.

---

1) 박주관(1999), 체인사업, 당신도 성공할 수 있다, 창업컨설팅(주), p.282.

따라서 가맹점은 자신이 속한 지역상권의 민감한 변화에 신속하게 대처하지 못할 수 있고 스스로 보다 좋은 경영방법을 개발하더라도 이용할 수 없으므로 점주 스스로 자구책 강구가 결여될 수 있다. 결국, 가맹점은 상품구입 · 판매방법 등 극히 일부분에 대해서는 지역별 특성을 감안한 사업경영이 가능하도록 계약체결 시에 체인본사에 요구하는 것도 바람직하다.

(2) 지속적인 추가지출의 부담이 따른다

프랜차이즈 가맹점은 초기 계약 당시 약정한 로열티를 정기적으로 지급해야 하는 동시에 광고비나 체인점 개보수 비용 등을 필요에 따라서 부담해야 한다. 그러므로 독립점포를 운영하는 자영업자에 비하여 추가지출 부담이 높다.

(3) 본사에 비해 상대적인 약자의 위치에 서게 된다

프랜차이즈 사업은 가맹본사가 주도하는 사업 아이템에 가맹점이 동참하는 형태를 취하기 때문에 상대적인 약자의 위치에 설 수밖에 없다. 그러므로 독자적인 영업 시스템 도입 등에 상대적으로 제한을 받고 본사가 정한 정책이 마음에 내키지 않더라도 순응해야 하는 결과를 가져온다.

또한 본사가 자기 이익만을 고집하거나 쌍방의 이해가 상충될 경우 일방적인 손해를 볼 수도 있다. 그렇기 때문에 각 가맹점은 가맹점 자체 협의회를 운영하여 이런 경우에 대비할 수 있도록 해야 한다. 아울러 다른 가맹점이 사업에 실패한 경우 자신의 점포 이미지와 신용에 영향을 줄 수도 있으므로 이미지 관리를 위해서라도 가맹점 상호 간, 특히 이웃 가맹점과는 수시로 정보를 교환하고 사업을 독려함으로써 자신의 점포가 간접적인 피해를 보지 않도록 협력해야 한다.

(4) 본사의 약화나 도산은 사업실패의 치명적인 요인이 될 수 있다

본사가 약화될 경우 상품공급, 경영지도, 판촉지원 등의 지원업무가 원활하지 못하여 영업에 큰 차질을 가져올 수가 있다. 더구나 본사가 경영부실로 인하여 도산되는 경우 가맹점의 입장에서는 치명적일 수가 있다. 이 경우 프랜차이즈 시스템 자체가 그 의미를 상실하게 되어 그동안 의존하던 상품이나 서비스 공급, 영업 노하우 전수 등이 사라지게 된다. 그리고 본사 가맹보증금의 안정적인 회수가 의문시되고 막대한 비용을 투자한 체인점 고유 상표의 인테리어 비용 등이 손실로 발생하게 된다.

일반적으로 초보 창업자의 경우 프랜차이즈 창업에 많은 관심을 가지게 된다. 매장 인테리어에서부터 물품공급, 홍보활동까지 본사에서 지원해 주는 프랜차이즈는 분명히 매력적인 사업이다. 그러나 프랜차이즈 창업도 쉬운 것만은 아니다. 일부 본사는 부실한 영업력과 과장광고로 창업자를 기만하기도 하고, 가맹점이 너무 많아 경쟁력이 없거나, 계약해지가 어렵거나, 비싼 설비 및 인테리어 비용을 요구하는 경우도 있다. 그러므로 프랜차이즈 창업은 준비 단계에서부터 실제 개업하고 있는 가맹점을 직접 찾아가서 사업내용과 문제점들을 치밀하게 파악하고 계약시점에서는 불리한 내용이 없는지 계약서를 꼼꼼히 살펴보는 지혜가 필요하다.

3) 체인점이 본사에 납부하는 비용

소자본으로 가맹본사의 가맹점이 되어 가맹점을 경영하게 되면 가맹본사의 브랜드 사용권과 노하우를 제공받는 대가로 가맹점은 다음과 같은 5가지를 본사에 납부해야 하는 것이 일반적이다. 이를 나누어 설명하면 다음과 같다.

(1) 가맹비

가맹비는 본사의 노하우를 제공하는 것에 대한 대가이다. 가맹비는 본사에 납부하면 돌려받지 못하는 돈이다. 업종에 따라 다르지만 300만 원에서 500만 원 수준이 가장 많이 통용된다. 프랜차이즈에 있어서 가맹비는 본사 프랜차이즈 시스템 확장을 위해서 필

그림 13-2 본사와 가맹점의 관계

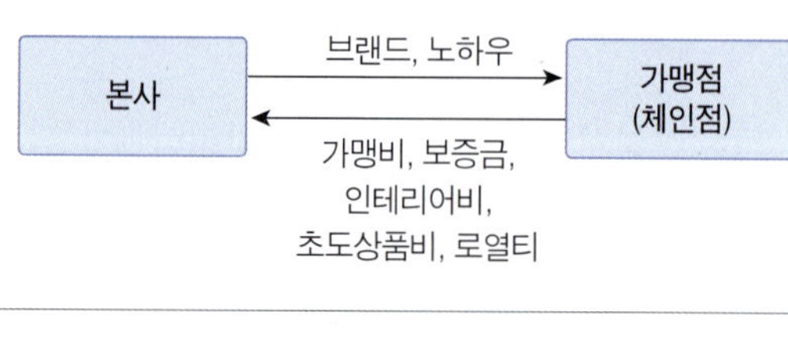

요한 재정을 확보하는 데 필수적인 비용이 된다. 프랜차이즈 시스템을 구축하는 데 꼭 있어야 하는 비용에 해당된다. 그러나 요즘은 가맹비를 받지 않는 경우도 있는데 이 경우는 다음과 같다.

첫째는 가맹비를 받지 않아도 가맹매장이 늘기만 하면 본사의 유통망이 확대되어 본사의 고정수익에 기여도가 매우 높은 경우이다. 이 경우 가맹업을 활성화하기 위해서 가맹비를 일시적으로 받지 않거나, 가맹사업이 아직 초기라서 초기 가맹 희망자의 사업투자에 따르는 리스크를 줄여 주기 위해서 일시적으로 안 받는 경우도 있다.

둘째는 지적재산권에 대한 가치 인정이 미약한 사회분위기 탓에 가맹 희망자들이 납부한 후 돌려주지 않는 가맹비를 부정적으로 보는 고객심리에 편승하여 가맹비를 받지 않는 경우이다. 이런 경우 결국 가맹비에 해당하는 비용을 초도상품비나 시설비 혹은 인테리어비에 전가시켜 받기 때문에 명목상 가맹비가 없는 것이지 실제 투자비용이 줄어들거나 본사 개설 이익이 줄어드는 것은 아니다.

오히려 가맹비는 본사의 노하우를 제공하는 것에 대한 대가이므로 이를 정식으로 요구하는 본사가 제대로 된 프랜차이즈 본사일 수 있다. 그만큼 본사의 노하우에 대한 자신감의 피력이며 본사의 노하우 제공에 대한 대가를 떳떳이 요구하는 본사가 오히려 더 건전하고 바람직한 형태로 운영된다고 볼 수 있다.

(2) 보증금

가맹점주가 본사에 납부하는 비용 중에 유일하게 돌려받을 수 있는 것이 보증금이다. 보증금은 외식업의 경우 식재를 공급하는 데 따른 외상공급이 발생하므로 이에 대한 보증금을 본사가 미리 받아 두는 것이다. 그러므로 그 보증금 규모는 대략 300~500만 원 내외에서 결정되는 것이 보통이다.

판매업의 경우는 매장에서 판매되는 상품의 외상공급에 대비한 보증금의 성격이므로 그 보증금의 규모는 배송되는 상품량과 가격에 따라 그 폭이 크다. 보통 수백만 원에서 귀금속 프랜차이즈와 같은 고가의 상품을 취급하는 경우는 수천만 원을 훨씬 웃돈다.

서비스의 경우는 본사로부터 공급받은 물품이 많지 않은 경우가 대부분이므로 보증금의 규모가 200~300만 원 이내에서 결정된다.

현재 프랜차이즈 업체의 많은 수가 영세하고 1~2년 정도 단기간의 사업으로 몰아가서 개설 이익을 내고 빠지는 것을 감안할 때 회사 자체가 없어질 경우 보증금을 돌려줄 주체가 없어지는 경우도 생기고 있어 본사와 거래되는 물품이나 배송되는 식재를 가맹점이 외상으로 받게 되는 규모를 감안해서, 적정수준의 금액을 많이 초과하는 보증금을 납입해야 하는 회사는 조심해야 한다.

(3) 인테리어비

인테리어비는 프랜차이즈에 가맹할 때 어느 아이템이든 50% 이상을 차지하게 되는 가장 높은 비중의 본사 납입비이다. 인테리어비의 책정은 일반인이 접근해서 분석해 낼 만큼 쉬운 것이 아니다.

인테리어는 가끔 많은 비용을 들이고도 세련되지 못한 매장이 나올 때가 있고, 적은 비용으로도 정갈하고 깨끗한 이미지의 매장이 나올 때가 있지만, 대부분은 인테리어 평당 인테리어 비용에 비례한다.

(4) 초도상품(물품)비

초도상품 또는 초도물품비라고 불린다. 이 비용은 말 그대로 처음 팔리는 상품의 비용이다. 의류매장이 오픈하고 고객을 맞이하기 위해 쇼윈도와 진열대에 놓이게 되는 오픈 초기의 상품들을 말하고, 외식매장이라면, 회사로고가 새겨진 그릇, 접시, 물컵 등과 같이 영업을 하기 위해 초기 인테리어 공사 때는 준비될 수 없는 모든 물품들의 대금을 말한다.

외식업의 경우는 주방설비를 위해 필요한 냉장고, 씽크대 등이 여기에 포함될 수도 있고, 인테리어 비용에 포함시키기도 하고, 주방설비비라고 따로 명시하는 본사에서 받는 경우도 있다. 서비스업의 경우 청소 용역 프랜차이즈라면, 청소도구, 장비, 유니폼 그리고 청소약품 등이 이에 해당된다.

(5) 로열티

프랜차이즈 회사가 지속적으로 제공하는 각종 서비스와 혜택에 대해서 지불하는 비용이고, 브랜드 파워를 가진 프랜차이즈의 경우는 브랜드의 사용에 따른 비용이라고 할 수 있다.

월 매출의 일정비율을 적용해 적게는 1%에서 많게는 10%를 넘기는 경우도 있지만, 일반적으로 3~4%가 적용되고 있다. 본사는 이 로열티 수입을 통해서 프랜차이즈 시스템을 운영해 나가는 기본 재원을 마련해야 하는데, 우리나라의 상황에서는 이의 적용이 여의치 않아 수많은 파행을 낳고 있다.

판매업 프랜차이즈는 상품을 공급하게 되어 있어 로열티 수급이 안 되더라도 공급 상품의 물류마진을 통해 큰 어려움을 겪지 않지만, 외식업의 경우나 특히 서비스업의 경우는 그 로열티 수급이 어려운 현실에 있다. 그러다 보니 우리나라는 월 5~30만 원 수준의 정액제로 받거나, 기본 월 10만 원에 매장 평당 5천 원씩을 책정해서 받거나, 아니면 1년 재계약 시에 100만 원을 일시불로 받는 경우도 있다.

표 13-3 체인점이 본사에 납부하는 비용

구분		반환 여부	납부액 규모	비고
1	가맹비	반환 안 됨	300~500만 원	–
2	보증금	반환됨	100~300만 원이 주류	단, 거래상품이 고가이거나 규모가 큰 판매업은 금액이 수천만 원대가 될 수 있음
3	인테리어비	반환 안 됨	평당 80~150만 원까지 다양	–
4	초도상품비 (초도물품비 : 외식주방설비비가 포함)	반환 안 됨	수백만 원 수준이 주류	단, 귀금속 매장같이 고가가 진열되는 업종은 수천만 원 이상일 수 있음
5	로열티	반환 안 됨	월기준 5만 원에서 수십만 원 수준이 주류	–

3. 프랜차이즈 사업 실무

1) 프랜차이즈 사업 선택 시 주의사항

① 본사의 직영점이 몇 개인지 확인한다. 많을수록 견실하다. 최소한 3개 점포 이상은 되어야 한다. 직영점이 많다는 것은 재무상태가 양호하고 사업 아이템이 수익성이

있다는 증거이다.

② 본사의 재정이나 운영상태를 확인한다. 거래은행이나 하청업체, 가맹점 등을 통하여 확인한다. 대표자와 간부사원의 능력이나 인간성 등도 탐색한다.

③ 본사의 조직구성을 체크한다. 가맹점 지원을 위한 슈퍼바이저(가맹점 지도, 지원, 체크 등 운영을 지원해 주는 요원)나 식재생산, 물류(납품)요원 등을 체크한다.

④ CK(중앙공급식 주방, 식재 제조공장)가 있는지 확인한다. CK(Center-fed Kitchen)가 없으면 거래업체들의 식재공급이 불완전하고 납품가격도 비교적 높다(가격인상 요인).

⑤ 하청업체나 고객들로부터 평판이 좋은지 조사한다. 하청업체가 본사에 대한 신인도가 높으면 고객들로부터의 평판이 좋다. 납품업자도 고객이기 때문이다.

⑥ 매스컴을 통하여 광고를 지나치게 많이 하는 본사는 피하라. 단기에 떼돈을 벌려고 하는 사업은 망한다. 식당업은 구전을 통해서 광고가 되어야 한다. 유명 체인점은 광고를 하지 않는다.

⑦ 본사의 가맹점 수가 많을수록 성공확률이 높다. 점포 수가 30개 정도는 되어야 CK가 손익분기점을 맞출 수 있기 때문이다. 가맹점 수가 많을수록 리스크가 적다. 본사가 다양한 입지에서 시행착오를 겪으면서 노하우(know-how)를 축적했기 때문이다.

⑧ 본사의 가맹점 지도를 위한 종합 매뉴얼(manual)이 있는지 체크한다. 가맹점 몇 개 업소를 방문하여 상담해 본다. 본사의 설명과 일치하는지 체크한다(계약내용, 영업상태, 메뉴구성, 맛 등).

⑨ 본사에서 지역상권을 보호해 주는지 확인한다. 일정지역 내에서 독점영업 권한을 보장해 주어야 한다.

⑩ 법률적으로 문제가 없는 업종 · 업태인지를 확인한다.

2) 프랜차이즈 성공조건

프랜차이즈 창업을 생각하는 사람은 우선 매년 수백여 개의 프랜차이즈 가맹점이 문을 열지만 그만큼의 가맹점이 문을 닫는다는 점을 명심해야 한다.

몇 년 전 가격파괴 탕수육, 보쌈 프랜차이즈, 아이스크림 프랜차이즈가 유행했지만 대부분 문을 닫았다. 프랜차이즈에 가맹하려면 우선 관련 서적을 최소한 5권 이상 꼼꼼히 읽고 발품을 팔면서 몸소 모든 것을 확인해 보는 것이 기본이다. 몇 천만 원을 투자하는 사업에 이 정도 노력도 하지 않는 것은 투기와 똑같은 행동이다.

(1) 본사의 경쟁력이 승패를 결정한다

프랜차이즈 가맹점은 '본사의 브랜드와 노하우, 인테리어 등 핵심노하우를 로열티를 주고 사오는 소매업태'이기 때문에 무엇보다 본사의 경쟁력이 중요하다. "가입비가 싸다", "먼저 가맹한 사람이 떼돈을 벌었다"는 달콤한 소리에 귀 기울이지 말고 프랜차이즈 본사가 경쟁력이 있는지 꼼꼼히 살펴봐야 한다.

우선 사실상 본사가 없어도 운영이 가능한 프랜차이즈는 가입을 피해야 한다. 본사는 통일된 브랜드 이미지를 관리하고 영업노하우를 가지고 있어야 한다.

생맥주 체인점이나 탕수육 체인점이 대부분 문을 닫은 것은 프랜차이즈라고 표방했을 뿐 특유의 노하우가 없어서 다른 가게와 아무런 차별성이 없었기 때문이다. 본사의 재무구조, 가맹점관리조직, 제조공장 및 유통라인도 살펴봐야 한다.

특정 프랜차이즈가 마음에 있다면 본사에 가서 직영점이나 가맹점의 전화번호와 위치를 얻어 본사직원을 대동하지 말고 최소한 5군데 이상을 가봐야 한다. 기존에 가맹점주들을 만나 영업이 얼마나 잘되는지, 본사가 어떤 장단점이 있는지, 어떤 상권이 유리할 것인지를 꼼꼼히 따져 봐야 한다. 최소한 5명 중 4명 이상이 만족을 표시해야 일단 합격이다.

대기업이 운영하는 프랜차이즈라고 해서 믿어서는 안 된다. 프랜차이즈는 자본싸움이 아니기 때문에 고객에 밀착한 영업 전략과 시장을 꿰뚫어보는 마케팅 능력이 없으면 실패하기 쉽다. 재벌그룹이 운영하는 프랜차이즈도 실패한 사례가 많다.

(2) 상권 분석

상권은 밀집 번화가인 대형상권, 소형상권보다는 약간 큰 중형상권, 동네상권인 소형상권, 대학가 등 특수상권으로 나뉜다. 자신이 선택한 프랜차이즈가 어떤 상권에 맞는 아이템인지를 확인해야 한다.

대형상권은 패밀리 레스토랑, 외국음식 전문체인점, 패스트푸드점 등이 해당된다. 중형상권은 의류점, 패스트푸드점, 간이주점, 팬시점, 액세서리 전문점, 미용실, PC 게임방, 외식업 등이 해당된다.

한 가지 주의할 점은 중형상권은 지역별 특성에 따라 특정 직업이나 연령대의 사람들이 모이는 성격이 다르므로 자신이 선택한 아이템과 상권의 성격이 맞는지 점검해야 한다는 것이다. 동네상권은 소규모 호프집, 소주방, 피자, 치킨, 만두, 김밥집, 소형 미용실, 비디오대여점, 세탁편의점 등이 해당된다.

아이템과 상권이 맞으면 본사와 계약을 잘 맺어야 한다. 대형상권이면 같은 체인점이 2~3개 있어도 괜찮지만 중형상권부터는 독점적인 상권을 확실히 보장받아야 한다. 본사와 계약을 맺을 때는 특정 상권과 가맹점 몇 km 이내에는 다른 가맹점을 두지 않는다는 것을 계약서상에 반드시 명시해야 한다.

(3) 부실 프랜차이즈 고르는 법

우선 단기간에 가맹점을 끌어모으는 프랜차이즈는 조심해야 한다. 본사가 직접 운영하는 직영점이 몇 군데 있는지도 확인이 필요하다. 직영점도 없이 벼락치기 식으로 가맹점을 끌어모으는 데 혈안이 된 업체는 '십중팔구' 부실 프랜차이즈이다. 특히 영업사원들이 가맹점을 늘려서 돈을 버는 이른바 '오더맨 시스템'은 위험하다.

진정한 프랜차이즈는 본사의 영업노하우 개발에 노력하고 신뢰도 유지가 중요하기 때문에 가맹점을 늘리는 데 신중할 수밖에 없다. 대규모 광고를 통해 가맹점을 모집하는 프랜차이즈도 조심해야 한다. 하나의 프랜차이즈가 성공하려면 적어도 10년은 걸리는데, 초기에 엄청난 광고를 투입, 가맹점을 모집하는 곳은 문제가 있을 가능성이 높다.

참/ 고/ 문/ 헌

1. 국내자료

- 국세청,「중소기업창업과 알기쉬운 세금」, 2005.
- 권오철 · 이종영,「창업 마케팅 전략」, 학문사, 2003.
- 기업은행,「소자본 도 · 소매 – 유통업 창업」, 2000.
- 김규태,「창업경영과 실무」, 형설출판사, 2002.
- 김우곤,「사례로 배우는 외식경영」, 학현사, 2001.
- 김의근 外 4인 공저,「외식사업창업실무론」, 현학사, 2004.
- 김철중 · 문준호,「창업 길라잡이」, 한올출판사, 2004.
- 남영호, "가족기업의 이사회에 관한 연구," 중소기업연구, 2000.
- 박영수 外 2인 공저,「창업경영과 세금」, 학현사, 2003.
- 박주관,「체인사업, 당신도 성공할 수 있다」, 창업컨설팅(주), 1999.
- 방용성,「틈새시장 개척 및 공략방법」, 신용보증기금, 2003.
- 백현기 · 배종태, "국내기업의 효과적인 사내벤처 구축방안," 벤처경영연구, 1998.
- 서울지방중소기업청 · 서울소상공인지원센터,「뉴 트랜드 창업 아이템」, 2002.
- 이상석, "중소기업 창업결정요인", 중소기업연구, 1998.
- 이석규,「창업 및 사업성검토」, 다산출판사, 1997.
- 이영철 · 김병훈 · 주윤황,「광고 프로모션」, 도서출판 원주, 2001.
- 임재석 · 엄명철,「창업보감」, 형설출판사, 2004.
- 장수덕, 이장우, "벤처기업의 기업가, 환경, 전략, 그리고 조직구조 특성과 성과변화," 경영과학회지, 2000.
- 정대용,「창업스쿨」, 21세기북스, 1998.
- 정승화,「벤처창업론」, 박영사, 1999.
- 조동훈 · 양화석,「경영전략 벤처창업」, 한올출판사, 2000.
- 조병주 · Karl H. Vesper,「기회발견과 창업메카닉스」, 청아출판사, 1999.
- 조보상,「소자본창업과 경영의 실무」, 무역경영사, 2004.
- 진영재,「관광벤처창업론」, 대왕사, 2004.

- 한국전산원, "소비자대상 전자상거래의 성공요인 분석을 통한 전자상거래 시장 활성화 전략 수립," 2000.
- 한길석,「창업과 경영」, 법문사, 2004.
- 함봉진,「마케팅 원론」, 형설출판사, 2002.
- 함봉진 · 김영이,「e-Business와 마케팅 전략」, 남두도서, 2007.
- 함천수,「최신 IR 실무」, 한국IR협의회, 2007.
- 홍성도,「벤처기업 창업경영론」, 학문사, 1998.

2. 해외자료

- Longenecker, J., Moore, C., and Petty, J. W., *Small Business Management : An Enterpreneurial Emphasis*, 12th ed., Southwestern Publishing, 2003.
- Megginson, W. L., Byrd, M. J., and Scott, C. R., *Small Business Management*, Irwin, 1994.
- William J. Gordon, *Synectics : The Development of Creative Capacity*, New York : Harper & Row, 1991.

3. 인터넷 사이트

- 근로복지공단 – www.kcomwel.or.kr
- 삼성경제연구소 – www.seri.org
- 소상공인시장진흥공단 – www.semas.or.kr
- 신용보증기금 – www.kodit.co.kr
- 중소기업진흥공단 – www.sbc.or.kr
- 중소기업청 – www.smba.go.kr
- 통계청 – www.kostat.go.kr
- 한국여성경제인협회 – www.womanbiz.or.kr
- 한국프랜차이즈협회 – www.ikfa.or.kr

찾아보기
INDEX

ㄱ

가격(Price) 262
가격 차별화 241
가맹비 346
가맹점 경영의 단점 및 보완책 344
가맹점 경영의 장점 343
가정식 대용품의 등장 335
가족기업 85
강제연관법 56
개업 준비 절차 299
개인기업과 법인기업 90
개인기업의 설립 절차 94
결과의 평가 285
경영 능력 평가 84, 112
경영 전략의 분석방법 222
경영 전략의 정의 222
경쟁력 분석 305
경쟁수준 분석 254
경쟁자 분석 253
경쟁적 지위 분석 122
경쟁 포지션 분석 254
경제 · 기술적 환경 35
경제성 84
경제성 분석 120
경제성 분석 절차 121
경제적 환경 42
경험과 지식 분석 112
계획적 탐색 53
고객 니즈 분석 257
고객 서비스의 차별화 240
고급음식점 332
공장건축허가 295
공장매입 296
공장설립 승인제도 293
공장신축 296
공장임차 296
공장입지 선정 291
공장입지의 유형 290
공장확보 295
교육의 실시 285
교육 · 훈련 281
교육 · 훈련 · 개발의 구분 282
교육 · 훈련방법 선택 285
교육 · 훈련의 개념 281
교육 · 훈련의 목적 282
교육 · 훈련의 순환 282
교착상태의 산업 238
권리의 취득 51
금전등록기 214
급속촉진-고가 전략 264
급속촉진-침투 전략 264
기술보증기금 169
기술성 83
기술적 타당성 분석 113
기술적 환경 43
기술 창업자 22
기업가 정신(entrepreneurship) 6, 13
기업가 정신의 역할 13
기업경영 272
기업 설립 87
기업설명회의 실시 193
기업설명회의 준비와 진행 186
기업설명회의 필요성 187
기업설명회의 효과 187
기업의 마케팅 전략 수립 248
기업의 자금 조달방법 149

기업 형태 분류 67

기업 형태의 결정기준 66

기회요인의 발굴 34

ㄴ

내부 자금의 원천 150

내부환경 41

네이버페이 314

네트워크 305

노동생산성 213

니치 플레이어 256

ㄷ

단일지역 프랜차이즈 340

단체급식회사 333

단편형 산업 238

담보취득대상물 162

대리납부 217

대학생 창업의 증가 7

도입기의 마케팅 전략 264

도전자 255

독자브랜드의 개발 335

ㄹ

로열티 348

롱제넥커(J. Longenecker) 50

ㅁ

마케팅계획 135

마케팅 믹스의 활용 261

마케팅비용 대비 판매액 분석 268

마케팅 수명주기별 전략의 활용 263

마케팅 수행에 따른 위기관리 266

마케팅 전략 개발 246

마케팅 전략 개발 프로세스 251

마케팅 전략에 따른 신제품 개발 249

마케팅 전략 활용 252

마케팅환경의 변화 243

매장구성 300

매장입지 선정 297

매출액총이익률 212

목적 설정 및 확인 284

목표수준 설정 284

목표시장 선정(Targeting) 260

무점포 창업 26

물적 담보 162

ㅂ

반품 및 재고관리 307

발기인 97

법인세율표 93

법・정치적 환경 33

벤치마킹 분석 256

보조부의 종류 205

보증금 347

보증기관 이용방법 164

본사와 가맹점의 관계 346

부채비율 210

분화된 시장 250

브레인스토밍 54

비즈니스 모델 분석의 중요성 76

비즈니스 패키지형 프랜차이즈 341

빅드림법 56

ㅅ

사내 벤처의 과정 모형 23

사내 창업자 23

사업계획서의 작성서식 예 142

사업계획서 작성 305

사업계획서 작성 시 주의사항 139

사업계획서 작성원칙 130

사업계획서 작성의 절차 131

사업계획서 작성의 중요성 128

사업계획 수행 능력 평가요소 227

사업성 분석 305

사업 성장 단계별 소요 자금 148

사업 아이템의 선정 304

사업자등록 신청 301

사업장 28

사업타당성 분석 108
사업타당성 분석 절차 110
사전 테스트 285
사회 · 문화적 환경 35
사회적 규제와 정부규제 증가 250
산업 분석 134
산업유형별 차별화 기회 238
상품계획 134
상품매입 및 진열 300
상품수급 계약 299
상품판매형 프랜차이즈 341
생계형 소자본 창업 7
생산성비율 212
설립 절차 97
설명회의 준비 절차 188
성숙기의 마케팅 전략 265
성장기의 마케팅 전략 265
소득세율표 92
소비자 분석 120
소비패턴(환경)의 변화 243
소프트웨어 306
손익계산서 208
쇠퇴기의 마케팅 전략 266
수익성비율 211
스마트스토어 314
시네틱스 55
시장규모 분석 119
시장 리더 255
시장 및 제품환경 분석 123
시장성 83
시장성 분석 절차 117, 118
시장세분화(Segmentation) 259
시장에 기초한 점수 분석 268
시장점유율 분석 267
시장특성 및 구조 분석 120
시장환경 42
식생활 가치관의 변화 336
신고 또는 허가지역의 구분 294
신고 · 허가 · 승인의 대상 294
신고 · 허가 · 승인의 의미 293
신용보증기금 165
신용카드 216
신입사원 교육 프로그램 286
신제품 개발과정의 비용증대 250
신제품 개발의 실패원인 249
신제품 개발의 장애요인 249

ㅇ

아파트형 공장 입주 297
안정성비율 210
양적 산업 238
업종 분석 조사서 74
업종 선택 28, 65
업종 선택의 적합성 분석 112
업종 선택의 판단기준 65
여성 창업의 증가 8
연령별 창업 유형 70
연회전문점 332
예비 아이디어 분석 61
외국요리 전문점 332
외식산업의 동향 333
외식산업이 다양한 형태로 발전 335
외식업의 유형 330
외식업의 유형별 분류 332
외식업의 특성 326
외식업 창업 326
우수 벤처 중소기업 지원 170
원가우위 전략 248
위협요인의 발굴 34
유동부채비율 211
유동성비율 210
유망한 창업 아이디어 70
유통(Place) 262
유통경로의 차별화 240
유통업 창업 297
유한책임회사 89
유한회사 90
인력계획 134

인력확보방식 검토 275
인적 담보 162
인적자원관리의 의의 273
인터넷 쇼핑몰 성공 가이드 309
인테리어비 348
인 · 허가 유무 68
일반음식점 332
일반 창업자 22
임금계획 279
임금관리의 원칙 280
임금의 개념 279
입지기준확인서 발급제도 292
입지 선정 290, 297
입지 선정 시 고려할 사항 297
입지유형별 장단점 291

ㅈ
자기자본비율 211
자기자본이익률 212
자본생산성 213
자본의 부족 250
자유연상법 55
자유입지의 지정 292
장부의 비치 및 기장 213
재무계획 136
재무 분석 268
재무상태표 206, 207
저속촉진-고가 전략 264
저속촉진-침투 전략 265
적성과 자질 분석 111
적정 자금 투입범위 결정 66
전략 42
전략적 IR활동의 실천 199
전문화된 산업 239
점수법 63
점수법 체크리스트 64
점포 중심형 창업 26
정부의 창업 지원정책 8
정부정책(제도) 84
정치 · 사회적 환경 42
제조업 창업 290
제조입지 선정 290
제품(Product) 261
제품개발기간의 단축 250
제품 및 서비스의 차별화 239
제품성 분석 122
조직구조 41
주식회사 89
주식회사의 설립 절차 96
주요 재무비율 210
중소기업창업지원법 6, 11
지역단위 프랜차이즈 340
지역분할 프랜차이즈 340
직원채용 274, 299
직원채용방법 276
직장관의 변화 7
진출산업의 환경 분석 244
집중화 전략 248

ㅊ
차별화 전략 248
창업 6, 8
창업가 자질 테스트 29
창업과 재무제표 206
창업 성공률 43
창업 아이디어 선정의 기본원칙 67
창업 아이디어 선정의 핵심 3요소 69
창업 아이디어의 선별방법 62
창업 아이디어의 선정 65
창업 아이디어의 선정 절차 60
창업 아이디어의 원천 49
창업 아이디어의 유형 50
창업 아이디어의 창출기법 53
창업 아이디어 탐색 매트릭스 58
창업 아이템 48
창업의 결정요인 83
창업의 기본절차 80
창업의 성패요인 44

창업의 정의 6
창업의 중요성 9
창업의 핵심요소 49
창업자 41
창업 자금 148
창업 자금의 조달방법 151
창업자의 경영 마인드 12
창업자의 유형 22
창업자의 특성 11
창업 전략 도출 39
창의성 15
창의성과 혁신 14
초도상품(물품)비 348
촉진(Promotion) 263
총자산이익률 212
추종자 255
침체기의 마케팅 전략 246

ㅋ
커뮤니케이션의 차별화 241
커피 앤 케이크점 332

ㅌ
택배방법 306
투자메시지의 개발 184
투자용 사업계획서 137
특급호텔 내 음식점 332
틈새시장 개척 234
틈새시장 공략하기 236
틈새시장 분석 243
틈새시장의 차별화 238

ㅍ
판매계획 분석 124
판매 분석 267
패밀리 레스토랑(F/R) 332
패스트푸드점 332
포장음식점 332
포지셔닝(Positioning) 260
포지셔닝 관련 흐름도 260
포커스 그룹 56
표준산업분류표 331
프랜차이즈 가맹점 24
프랜차이즈 본부 24
프랜차이즈 사업 실무 349
프랜차이즈 성공조건 350
프랜차이즈 시스템 338
프랜차이즈 시스템의 종류와 형태 340
프랜차이즈 시스템의 특징 339
프랜차이즈 창업 338
프레젠테이션 기술 196
프레젠테이션 시 유의사항 198
프레젠테이션 요령 197
프레젠테이션의 중요성 196
피교육자 선발 284
필요성 확인 283

ㅎ
하드웨어 305
한국 식품위생법상 분류 332
합명회사 87
합자회사 88
핸들러(Handler) 85
혁신 16
환경 분석 결과 정리 시트 36
회계의 방법 205
회계의 본질 204

A
AIDA 원칙 197

B
B2B(Business to Business) 303
B2C(Business to Customer) 303
B2G(Business to Government) 303
BCG의 성장 점유율 매트릭스 분석 258

C

C2B(Customer to Business) 303

C2G(Customer to Government) 303

C2C(Customer to Customer) 304

E

e-business 사업계획 수립 304

e-business 시스템 구성 305

e-business 운영 306

e-business 창업 301

e-business 창업 절차 304

I

IR과 PR 173

IR의 개념 172

IR의 목적 175

IR 작성 실무 184

O

Opportunities(외부기회) 245

S

STP 전략과 CBP 전략 308

STP 전략의 활용 259

Strengths(내부강점) 244

SWOT 분석 40

T

Threats(외부위험) 246

W

Weaknesses(내부약점) 245

2분류법 62

2분류법 체크리스트 63

3C 분석 252

3M 235

4P 전략 135

저자소개
AUTHORS

방 용 성

[경력]
• 가천대학교 대학원 졸업 경영학박사 마케팅 전공
• 단국대학교 대학원 경영학과 졸업 경영학석사 인적자원관리 전공
• 홍익대학교 금속공학과 졸업, 한국방송통신대학교 경영학과 졸업
• 브랜드관리사 1급, 상표가치평가사, 기술지도사, 품질관리기사 1급, 금속기사
• M-eCONOMY 객원 편집위원
• 현재 컨설팅 전문기업 방스커뮤니티(주) 대표이사(경영/마케팅/리서치/교육)

[저서 및 논문]
• 컨설팅 실무(학현사)
• 컨설팅 방법론(학현사)
• 창업경영(개정판, 학현사)
• 브랜드 마케팅론(한국지식개발원)
• 컨설팅 프로세스와 컨설팅 수행기법(학현사)
• 창업경영(학현사)
• 브랜드 마케팅(법문사)
• 창업(학현사)
• 유통 · 물류 일반관리(서울고시각)
• 2급 유통관리사 때려잡기(서울고시각)
• CEO로 가는 길(에이드북)
• 틈새시장 개척 및 공략방법(신용보증기금)
• 고객 불만을 활용한 마케팅 전략(신용보증기금)
• 마케팅 조사방법의 이해(서울디지털대학교)
• 리서치 실무(서울디지털대학교)(외)
• (박사) 고객서비스에 있어서 제3고객이 구매과정에 미치는 영향에 관한 연구
• (석사) 유연적 근로시간제에 관한 연구 등

[주요 활동 분야]
• 경영컨설팅 : 상장기업, 중소기업, 벤처기업, 창업 초기 기업 마케팅 컨설팅
• 연구용역 : 정부산하기관 조사용역, 지방자치단체 관광마케팅 전략 연구용역
• 경영컨설턴트 양성교육 : 한국경영기술지도사회 컨설턴트 대상 강의, 서울산업진흥원 창업스쿨 경영컨설팅 창업과정 강의(외)
• 직무교육 : 벤처기업 임직원 대상 경영, 마케팅 전략 강의, 창업보육센터 입주기업 대상 사업화 촉진 전략 강의, 재직자 마케팅 전략 강의
• 창업교육 : 기술창업자, 여성 예비창업자, 농업경영인, 대학생 창업교육, 창업캠프 주관

주 윤 황

[경력]
- 가천대학교 대학원 경영학박사 마케팅 전공
- 現 장안대학교 온라인쇼핑과 교수
- 現 한국상업교육학회 부회장, 한국유통경영학회 이사
- 現 한국산업기술평가관리원 평가위원
- 現 서울시 송파구 유통업상생발전협의회 위원
- 現 화성시 예산심의위원회 위원장
- 前 경기도의회 연구활동 지원심의위원회 위원
- 前 가천대학교, 서울디지털대학교 겸임교수

[저서 및 논문]
- 창업경영 제3판(도서출판 창명)
- 컨설팅 방법론(학현사)
- 머천다이징(도서출판 인쇄마을)
- 컨설팅 프로세스와 컨설팅 수행기법(학현사)
- 인터넷마케팅(학현사)
- 1인 창조기업 창업전략(도서출판 글로벌)
- e-Business와 마케팅 전략(남두도서)
- TV홈쇼핑의 브랜드 증거가 이용 만족, 브랜드 태도, 그리고 지속적 이용 의도에 미치는 영향
- LDA를 이용한 편의점(CVS) 연구동향 토픽모델링
- 모바일 앱을 이용한 다차원적 쇼핑동기가 충성도에 미치는 영향: 소비자 감정, 이용만족의 매개효과
- 소비자가 지각한 기업의 사회적 책임 활동에 따른 기업명성, 기업신뢰 및 행동의도의 관계 분석: CSR진정성의 조절효과 중심으로
- The Influence of Super-Center's Social Responsibility Activities and Authenticity on Consumer Attitude and Purchase Intention 외 다수

[주요 활동 분야]
- 창업 초기 기업, 벤처기업, 중소기업, 상장기업 경영/마케팅/리서치 컨설팅
- 정부기관, 지방자치단체 연구용역 컨설팅
- 기업 임직원 대상 경영 및 마케팅 전략 강의
- 예비창업자, 소상공인, 기업체 재직자 대상 경영/마케팅/e-Biz 강의 등

조 희 영

[경력]

- 건국대학교 대학원 경영학박사 마케팅 · 전략 및 국제경영전공
- 現 세종대학교 산업대학원 유통산업학과, 삼육대학교 경영학과, 숭의여자대학교 겸임교수
- 現 서울디지털대학교, 숭실대학교, 장안대학교, 동서울대학교 외래교수
- 現 컨설팅 전문기업 방스커뮤니티(주) 컨설팅사업부 책임컨설턴트
- 現 한국상업교육학회 부회장
- 現 한국물류학회 이사
- 前 경기도 홍보물 심의위원회 심의위원
- 前 재단법인 한국산업전략연구원 선임연구원
- 前 용산인력개발센터 기업체 ERP전문가 양성과정 강사

[저서 및 논문]

- TV홈쇼핑의 브랜드 증거가 이용 만족, 브랜드 태도, 그리고 지속적 이용 의도에 미치는 영향
- 스크린 골프장 이용 소비자가 지각하는 브랜드 증거와 브랜드 신뢰, 이용만족 및 재방문의도간의 영향 관계
- LDA를 이용한 편의점(CVS) 연구동향 토픽모델링
- LDA를 이용한 HMR 연구동향 토픽모델링 분석
- 모바일 앱을 이용한 다차원적 쇼핑동기가 충성도에 미치는 영향: 소비자 감정, 이용만족의 매개효과
- COVID-19로 인한 소비자의 지각된 불안감과 소비자 혁신 성향이 대형마트 셀프계산대 이용만족 및 지속적 이용의도에 미치는 영향
- 소비자가 지각한 기업의 사회적 책임 활동에 따른 기업명성, 기업신뢰 및 행동의도의 관계 분석: CSR진정성의 조절효과 중심으로
- Effects of Mobile App Users' Perceived Mobile App Characteristics and Consumer Innovativeness on Continuous Use Intention: Focused on Mediating Effects of User Satisfaction and Trust
- Effects of user-perceived important factors of social commerce on satisfaction and purchasing intention: Focusing on impulse buying.
- A Study on Behavioral Intention According to the Shopping Orientation of Consumers Using Distributors; Focusing on the Mediating Effect of Omni- Channel's Perceived Value.
- Effects of e-Servicescape of Eco-friendly Agricultural Product Specialty Shopping Malls on Site Loyalty of Shopping Mall Users: Focusing on Mediation Effects of Trust, Site Image and involvement 외 다수

[주요 활동 분야]

- 정부기관, 지방자치단체 연구용역 컨설팅
- 예비창업자, 소상공인, 기업체 재직자 대상 경영/마케팅/e-Biz 강의

창업경영(제4판)

2010년 9월 1일 1판 1쇄 발행
2014년 3월 3일 2판 1쇄 발행
2017년 8월 5일 3판 1쇄 발행
2024년 2월 15일 4판 1쇄 인쇄
2024년 2월 22일 4판 1쇄 발행

저 자 방용성 · 주윤황 · 조희영

발행인 김사설

발행처 도서출판 **창명**
12946 경기도 하남시 미사대로 540 AA동 8층 33호(한강미사2차)
전화 (031)795-1214 팩스 (031)5175-8033
이메일 kimsaseol@hanmail.net

출판등록 2016년 5월 20일
등록번호 제131-93-14552호

정가 28,000원 ISBN 979-11-88109-29-6